プリント形式のリアル過去問で本番の臨場感！

大阪府

大阪教育大学附属中学校 平野

2025年春受験用 解答集

本書は，実物をなるべくそのままに，プリント形式で年度ごとに収録しています。
問題用紙を教科別に分けて使うことができるので，本番さながらの演習ができます。

■　収録内容

・解答集（この冊子です）

書籍ＩＤ番号，この問題集の使い方，最新年度実物データ，リアル過去問の活用，
解答例と解説，ご使用にあたってのお願い・ご注意，お問い合わせ

・2024（令和６）年度 ～ 2019（平成31）年度　学力検査問題

○は収録あり　年度	'24	'23	'22	'21	'20	'19
■ 問題収録	○	○	○	○	○	○
■ 解答用紙	○	○	○	○	○	○
■ 配点						

全教科に解説がありります

☆問題文等の非掲載はありません

教英出版

■ 書籍ＩＤ番号

入試に役立つダウンロード付録や学校情報などを随時更新して掲載しています。
教英出版ウェブサイトの「ご購入者様のページ」画面で，書籍ＩＤ番号を入力してご利用ください。

書籍ＩＤ番号　102129

（有効期限：2025年9月30日まで）

【入試に役立つダウンロード付録】
「要点のまとめ(国語／算数)」
「課題作文演習」ほか

■ この問題集の使い方

年度ごとにプリント形式で収録しています。針を外して教科ごとに分けて使用します。①片側，②中央のどちらかでとじてありますので，下図を参考に，問題用紙と解答用紙に分けて準備をしましょう（解答用紙がない場合もあります）。

針を外すときは，けがをしないように十分注意してください。また，針を外すと紛失しやすくなりますので気をつけましょう。

① 片側でとじてあるもの　　② 中央でとじてあるもの

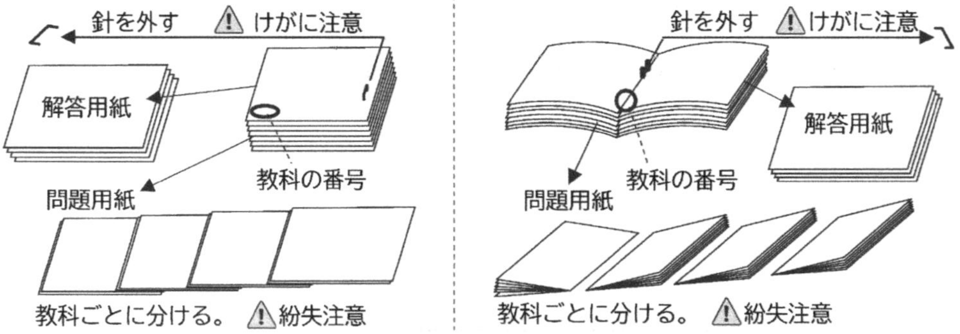

※教科数が上図と異なる場合があります。
解答用紙がない場合や，問題と一体になっている場合があります。
教科の番号は，教科ごとに分けるときの参考にしてください。

■ 最新年度 実物データ

実物をなるべくそのままに編集していますが，収録の都合上，実際の試験問題とは異なる場合があります。実物のサイズ，様式は右表で確認してください。

問題用紙	Ａ４冊子(二つ折り)
解答用紙	Ｂ４片面プリント 国：Ａ３片面プリント

リアル過去問の活用

～リアル過去問なら入試本番で力を発揮することができる～

本番を体験しよう！

問題用紙の形式（縦向き / 横向き），問題の配置や余白など，実物に近い紙面構成なので本番の臨場感が味わえます。まずはパラパラとめくって眺めてみてください。「これが志望校の入試問題なんだ！」と思えば入試に向けて気持ちが高まることでしょう。

入試を知ろう！

同じ教科の過去数年分の問題紙面を並べて，見比べてみましょう。

①　問題の量

毎年同じ大問数か，年によって違うのか，また全体の問題量はどのくらいか知っておきましょう。どのくらいのスピードで解けば時間内に終わるのか，大問ひとつにかけられる時間を計算してみましょう。

②　出題分野

よく出題されている分野とそうでない分野を見つけましょう。同じような問題が過去にも出題されていることに気がつくはずです。

③　出題順序

得意な分野が毎年同じ大問番号で出題されていると分かれば，本番で取りこぼさないように先回りして解答することができるでしょう。

④　解答方法

記述式か選択式か（マークシートか），見ておきましょう。記述式なら，単位まで書く必要があるかどうか，文字数はどのくらいかなど，細かいところまでチェックしておきましょう。計算過程を書く必要があるかどうかも重要です。

⑤　問題の難易度

必ず正解したい基本問題，条件や指示の読み間違いといったケアレスミスに気をつけたい問題，後回しにしたほうがいい問題などをチェックしておきましょう。

問題を解こう！

志望校の入試傾向をつかんだら，問題を何度も解いていきましょう。ほかにも問題文の独特な言いまわしや，その学校独自の答え方を発見できることもあるでしょう。オリンピックや環境問題など，話題になった出来事を毎年出題する学校だと分かれば，日頃のニュースの見かたも変わってきます。

こうして志望校の入試傾向を知り対策を立てることこそが，過去問を解く最大の理由なのです。

実力を知ろう！

過去問を解くにあたって，得点はそれほど重要ではありません。大切なのは，志望校の過去問演習を通して，苦手な教科，苦手な分野を知ることです。苦手な教科，分野が分かったら，教科書や参考書に戻って重点的に学習する時間をつくりましょう。今の自分の実力を知れば，入試本番までの勉強の道すじが見えてきます。

試験に慣れよう！

入試では時間配分も重要です。本番で時間が足りなくなってあわてないように，リアル過去問で実戦演習をして，時間配分や出題パターンに慣れておきましょう。教科ごとに気持ちを切り替える練習もしておきましょう。

心を整えよう！

入試は誰でも緊張するものです。入試前日になったら，演習をやり尽くしたリアル過去問の表紙を眺めてみましょう。問題の内容を見る必要はもうありません。どんな形式だったかな？受験番号や氏名はどこに書くのかな？…ほんの少し見ておくだけでも，志望校の入試に向けて心の準備が整うことでしょう。

そして入試本番では，見慣れた問題紙面が緊張した心を落ち着かせてくれるはずです。

※まれに入試形式を変更する学校もありますが，条件はほかの受験生も同じです。心を整えてあせらずに問題に取りかかりましょう。

大阪教育大学附属平野中学校

《国　語》

[1] 一．1．生息地　2．適応　3．営む　二．A．エ　B．ア　C．ウ　三．空が暗いと思ったら／雨が降ってきた　四．X．大胆　Y．臆病　五．自然界で水面のエサをとりに行くと、他の肉食動物に食べられる危険性が高まるから。　六．安全な我が　七．イ　八．Ⅰ．それぞれ長所と短所を持つ　Ⅱ．どちらを選んでも弱点はある　Ⅲ．冷静で客観的な判断や、時にはリスクヘッジが必要だということ。　九．イ　十．ウ　十一．イ　十二．ア

[2] 一．1．整備　2．似　3．境　二．A．ア　B．ウ　C．イ　三．表現技法…比ゆ　効果…イ　四．ア　五．エ　六．このまえ来たとき、新品のパンツを見てなんか変だ　七．ウ　八．Ⅰ．ばあちゃんが不在であること　Ⅱ．ばあちゃんの代わりに自分がパンツに刺しゅうをして、じいちゃんを安心させたいという気持ち。　九．ア

《算　数》

[1] (1)52　(2)26　(3)7.3　(4)1

[2] (1)[5]÷([3]÷[2]－[1])＝10　(2)26　(3)6　(4)10月12日木曜日　(5)11

[3] (1)5250　(2)1750

[4] (1)18　(2)24

[5] (1)右図　(2)55

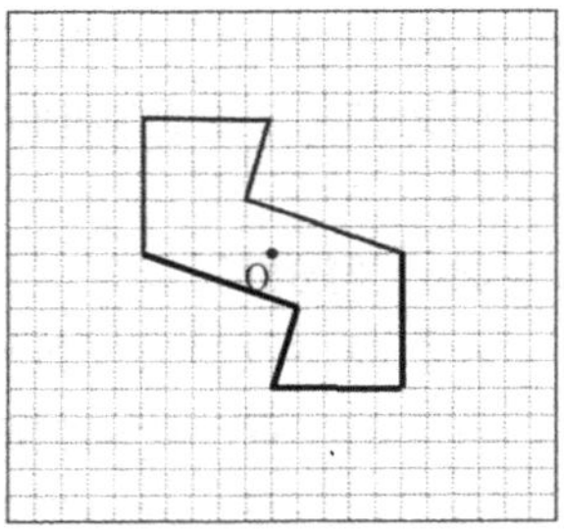

[6] (1)150　(2)144

[7] (1)7.74　(2)10.5　(3)12.28

《理　科》

[1] (1)①理由1…街灯などの明かりが少ないから。　理由2…自動車のはい気ガスなどの空気中の汚れが少ないから。　②新月の日だったから。　(2)①2　②イ　(3)ア

[2] (1)分銅をのせている皿にも，折りたたんだ薬包紙をのせる。　(2)9　(3)エ　(4)①ウ　②ア　(5)イ　(6)①ビーカーA…○　ビーカーB…×　②あ．イ　い．エ　③ラップシートの内側についた水滴を蒸発皿にとり，加熱して水を蒸発させる。

[3] (1)①10　②しゃ光板　③北　④ウ　(2)イ　(3)ウ　(4)ア　(5)①ア　②オ

[4] (1)ウ　(2)B　(3)コイルに流れる電流が強い方が，電磁石の強さが強くなる。　(4)導線が熱くなって危険だから。　(5)ウ，ク，シ　(6)①[い]ア　[う]イ　②[あ]ウ　[い]エ　[う]ウ

[5] (1)オ　(2)木を登るのに適している。　(3)エ　(4)森の外から種子や病気などが持ちこまれることを防ぐため。　(5)①○　②○　③×　④○　⑤×　(6)すでにアメリカザリガニやアカミミガメを飼育している家庭は多く，これらの飼育を禁止すると，野外に大量に放されるおそれがあるから。

《社　会》

1 ⑴インド　⑵①江戸　②ア，エ　③ア　④海外からの輸入に頼る原料や海外に輸出する製品を，船で輸送する　⑶①えぞ　②シャクシャイン　③ウ　⑷①ウ　②源氏物語　⑸①仙台　②記号…X　海流名…親潮〔別解〕千島海流　③オ　④C，E，F　⑤写真…a　位置…ア　⑹①足利義政　②(ⅰ)エ　(ⅱ)ロシア

2 ⑴①1945年8月6日　②人物名…平清盛　記号…エ　③PKO　⑵イ　⑶①ウ　②一文字目…デ　本文…出かけよう　車じゃなくて　電車でね　⑷①イ，オ　②イ，エ　⑸①X．国会　Y．内閣　②A．オ，キ　B．ウ　⑹①法律　②裁判員　③3

3 総合的な学習の時間で，地域の空き地や耕作放棄地を整備して畑にし，野菜を生産して野菜チップスを作る。出来上がった野菜チップスを，図工の時間にデザインした袋に入れて地域のバザーで販売し，売り上げを地域の空き地や耕作放棄地の再生に活用しながら，継続的に野菜生産を行い，地域の特産品として町おこしに取り組む。

《2024 国語 解説》

1 三 案の定とは、予想通りという意味。

四 2段落前に「一匹はとても大胆《だいたん》で、もう一匹はとても臆病《おくびょう》な性質を持っている」とある。「水面で金魚のエサを取ることを覚えた」方のドジョウが「大胆」な個体であり、「ためらいなくルアーに食いつく」魚も、同じように「大胆」な個体だと言える。よって、Xは「大胆」、Yは「臆病」が入る。

五 安全な、筆者の家の水槽《すいそう》とは異なり、「自然界には危険がいっぱい」である。「水鳥などの肉食動物が待ちかまえていたりする」状きょうで、「水面のエサを食べるという」のは、自分の命を危険にさらす行動だと言える。

六 ぬけている一文ではドジョウの話をしているので、文章の最初から――線②をふくむ段落までのどこかに入ることがわかる。また、ぬけている一文は「しかし」で始まっているので、この一文の前には、「大胆に水面までのぼってくるドジョウの個性」は「プラスに働く」といった内容の話が書かれていることがわかる。また、話の流れから、ぬけている一文の後には、「大胆に水面までのぼってくるドジョウの個性」はマイナスに働くこともあるといった内容の話がくることが推測できる。よって、ぬけている一文は、「安全な我が家の水槽とは違《ちが》い」の前に入る。

七 イの「結果はうまくいかなかった」というのは単なる結果であり、「何かを得るために何かを失うという関係性」には当てはまらない。よって、イが正解。

八Ⅰ・Ⅱ 1～2行後に「僕らの前に存在する選択肢《せんたくし》は、それぞれ長所と短所を持つことが多い。どちらを選んでも弱点はある～環境《かんきょう》問題に関する選択には、このようなトレードオフが存在することが多々あるのだ」とある。

Ⅲ 再生可能エネルギーについて書かれている部分に、「それぞれに一長一短がある」ため、「冷静に、客観的な判断が求められる」ことや、「ときには、複数の選択肢を併存《へいぞん》させるリスクヘッジという考え方が必要になったりする」と書かれている。「それぞれ長所と短所を持つ」選択肢が存在するときには、再生可能エネルギーの問題と同様に、「冷静に、客観的な判断が求められ」、「ときには～リスクヘッジという考え方が必要に」なる。

九 2行前に「僕らの前に存在する選択肢は、それぞれ長所と短所を持つことが多い」とある。再生可能エネルギーについての話は、このことを説明するための具体例なので、太陽光・風力・地熱などの選択肢は、「それぞれ長所と短所を持つ」ということがわかる。よって、イの「一長一短」が入る。

十 ――線④をふくむ段落に、「環境問題に関する選択には、このようなトレードオフが存在することが多々ある～それぞれに一長一短がある。僕らは冷静に、客観的な判断が求められる。ときには、複数の選択肢を併存させるリスクヘッジという考え方が必要になったりする」とあるので、ウが適する。

十一 この文章では、ドジョウの行動、魚の生き方、環境問題などといった具体例を使い、いろいろなところにトレードオフが存在することを説明している。よって、イが適する。

十二 この文章では、トレードオフについて、ドジョウの行動、魚の生き方、環境問題などといった具体例を示し、わかりやすく説明している。よって、アが適する。

2 二A うまが合うとは、気がよく合うこと。直後の「店でもしょっちゅうしゃべっていた」より、気が合うことが読み取れる。　B 直前に「ぼくの気持ちをうつしているように空はどんより重い」とある。「ぼく」の重苦しい気持ちに合う歩き方としては、ウの「とぼとぼ」が適する。　C ――線②の1～2行前に「ぼくは少しほっとした。『聡子は？』とか聞かれたらどうしようと思ったんだ」とある。「ぼく」は、じいちゃんにばあちゃん(聡子)のことを尋《たず》ねられることをおそれている。 C の前後の場面では、おそらく病室に入ってすぐに「聡子は具合が悪いのか？」と聞かれたので、突然のことにおどろき、おそれているのである。よって、イが適する。

三　じいちゃんの手術は「足の手術」なので、「ばあちゃんが死んでしまったこと」を忘れてしまったことと、手術の成否は関係がない。よって、イが正解。

四　――線②では、主人公である「ぼく」の行動が細かく描《えが》かれ、じいちゃんを起こさないように気をつけようという心情を共有させる効果がある。よって、アが適する。

五　この時点で、じいちゃんの仕事の腕《うで》が落ちているかどうかはわからない。よって、エが正解。

六　じいちゃんの入院から三日後の場面に、「下着を入れようとして、手が止まった。なにか違うと思ったんだ」とある。[X]の前の「刺しゅうがないパンツがあった」というじいちゃんの言葉で、「ぼく」は違和感《いわかん》の正体に気づいたのである。

七　２行前に「じいちゃんはばあちゃんが亡くなったことを覚えていなかった」とある。このことから導き出される内容は、じいちゃんの頭の中ではまだばあちゃんは生きているということなので、ウが適する。

八Ⅰ　新しいパンツを買うと、ばあちゃんは必ずじいちゃんの名前「嘉彦《よしひこ》」の「よし」を刺しゅうしていた。パンツに刺しゅうがないことは、ばあちゃんの手が加わっていないことを意味し、ばあちゃんの不在を連想させる。

Ⅱ　直後の「今度は間違えずに持ってくるよ」という言葉から、次は刺しゅうをしたパンツを持ってくるつもりであることが読み取れる。このように言った理由は、「今はまだ、ばあちゃんが死んでしまったことを、身にしみて感じさせるようなことはしたくなかった」からであり、じいちゃんを安心させたいという気持ちが読み取れる。

九　「父さん」の責任感の強さは、この文章からは読み取れない。よって、アが正解。

《2024　算数　解説》

[1]

(1)　与式＝72－４×５＝72－20＝**52**

(2)　与式＝101×13－99×13＝(101－99)×13＝２×13＝**26**

(3)　与式＝0.6＋0.25＋2.3＋0.4＋3.75＝(0.6＋0.4)＋(0.25＋3.75)＋2.3＝１＋４＋2.3＝**7.3**

(4)　与式＝$(\frac{1}{1}-\frac{1}{2})+(\frac{1}{2}-\frac{1}{3})+\frac{1}{7}+(\frac{1}{3}-\frac{1}{4})+(\frac{1}{4}-\frac{1}{5})+(\frac{1}{5}-\frac{1}{6})+(\frac{1}{6}-\frac{1}{7})$＝**1**

[2]

(1)　[ア]÷([イ]÷[ウ]－[エ])＝10とする。[ア]が１けたの整数で10より小さいから，([イ]÷[ウ]－[エ])は１より小さく，分数になる。[エ]が１けたの整数だから，[イ]÷[ウ]は１より大きい分数であり，[エ]より大きい。[エ]に２以上の数を入れると[イ]÷[ウ]は[エ]より小さくなるので，[エ]＝１に決まる。したがって，[ア]は10の約数のうち１以外の数だから，２か５である。いくつかのパターンを試してみると，**５÷（３÷２－１）＝10**が見つかる。

(2)　**【解き方】５＋13＝18，25％＝$\frac{1}{4}$より，鉛筆の全部の本数を18と４の最小公倍数の㊱とする。**

はじめに持っていた鉛筆の本数について，たかしさんは，㊱×$\frac{5}{18}$＝⑩，みゆさんは㊱×$\frac{13}{18}$＝㉖と表せる。

たかしさんが㊱×$\frac{1}{4}$＝⑨をみゆさんにあげたことで，たかしさんの本数が⑩－⑨＝①になった。これが１本にあたるから，①は１本にあたる。よって，みゆさんがはじめに持っていた本数は**26**本である。

(3)　**【解き方】クリームパン１個をメロンパン１個におきかえるごとに代金が150－120＝30(円)上がる。**

個数を入れかえたことで，クリームパン180÷30＝６(個)をメロンパン６個におきかえたのだから，予定していた個数では，メロンパンの方がクリームパンより６個少なかった。よって，予定していたメロンパンの個数は，(18－６)÷２＝**6**(個)

(4)　2023年12月31日は20日前，11月30日はさらに31日前，10月31日はさらに30日前である。

100－20－31－30＝19より，10月31日の19日前を求めればよいので，求める日付は10月31日－19日＝**10月12日**である。100日前は，100÷７＝14余り２より，14週と２日前だから，曜日は土曜日の２つ前の，**木曜日**である。

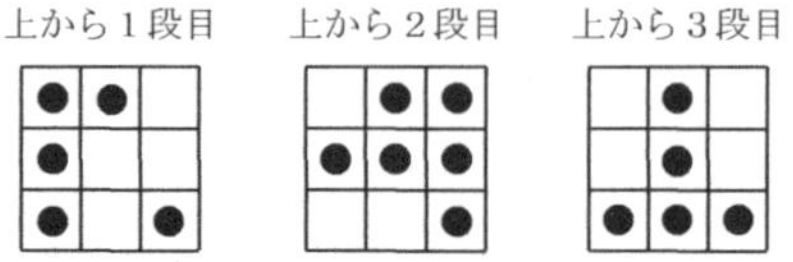

⑸　右図のように３段に分けて，それぞれの段で穴があいている立方体に印をつける。１つも穴があいていない立方体は，**11**個である。

3　⑴　**【解き方】ＣＤ間で速さを速くしなければ，かかった時間は70＋５＝75(分)→$\frac{75}{60}$時間＝$\frac{5}{4}$時間になるはずだった。**

ＡＢ間の道のりは，時速4.2㎞で$\frac{5}{4}$時間かかる道のりだから，$4.2\times\frac{5}{4}$＝5.25(㎞)→**5250**ｍである。

⑵　**【解き方】速さを1.25倍にする前とあとで速さの比は１：1.25＝４：５だから，同じ道のりを進むのにかかる時間の比は，この逆比の５：４である。**

速さを1.25倍にしたことでＣＤ間でかかる時間が５分短くなった。ＣＤ間を時速4.2㎞で進んだときと速さを1.25倍にしたときのかかる時間の比は５：４で，この比の数の５－４＝１が５分にあたるから，時速4.2㎞で進むと５×$\frac{5}{1}$＝25(分)→$\frac{25}{60}$時間＝$\frac{5}{12}$時間かかる。よって，ＣＤ間の道のりは，$4.2\times\frac{5}{12}$＝1.75(㎞)→**1750**ｍである。

4　⑴　紙が１枚のとき画びょうは４個必要で，さらに紙を１枚追加するごとに画びょうが２個必要になる。

よって，紙が８枚のときに必要な画びょうの個数は，４＋２×(８－１)＝**18**(個)

⑵　紙が１枚のとき横の長さは10㎝で，さらに紙を１枚追加するごとに10－１＝９(㎝)長くなる。

よって，長さが217㎝のときの紙の枚数は，１＋(217－10)÷９＝**24**(枚)である。

5　⑴　点対称な図形において，対応する２つの点を結んだ直線のちょうど真ん中に対称の中心がくることを利用して作図する。

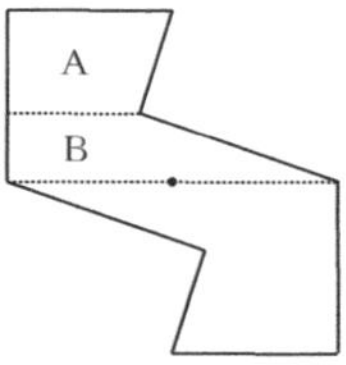

⑵　**【解き方】右図の台形Ａと台形Ｂの面積の和を２倍すればよい。**

台形Ａの面積は，(５＋４)×３÷２＝$\frac{27}{2}$(㎠)，台形Ｂの面積は，(４＋10)×２÷２＝14(㎠)

よって，求める面積は，($\frac{27}{2}$＋14)×２＝**55**(㎠)

6　⑴　全校生徒の10%が15人だから，全校生徒は，15÷$\frac{10}{100}$＝**150**(人)

⑵　①と③の割合の合計は100－10－26＝64(%)だから，①の割合は，64×$\frac{5}{5+3}$＝40(%)

よって，㋐＝360°×$\frac{40}{100}$＝**144**°

7　⑴　**【解き方】２つの半円の面積の和は，半径が６÷２＝３(㎝)の円の面積と等しい。**

求める面積は，(四角形ＡＢＣＤの面積)－(半径３㎝の円の面積)＝６×６－３×３×3.14＝**7.74**(㎠)

⑵　**【解き方】(四角形ＡＢＣＤの面積)－(半径３㎝の円の面積)＝34.74㎠である。**

四角形ＡＢＣＤの面積は，(半径３㎝の円の面積)＋34.74＝３×３×3.14＋34.74＝63(㎠)

よって，ＡＤ＝63÷ＡＢ＝63÷６＝**10.5**(㎝)

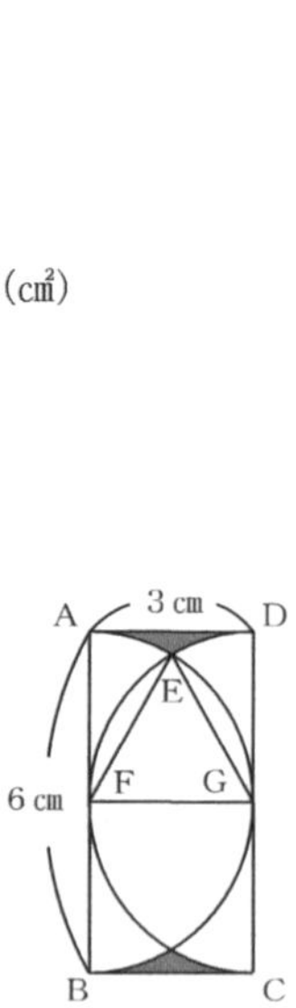

⑶　**【解き方】２つの半円と四角形ＡＢＣＤが重なっていない部分は右図の色をぬった部分である。その周りの長さのうち曲線部分の長さは，曲線ＤＥの長さの４倍である。**

三角形ＥＦＧは１辺が３㎝の正三角形だから，角ＤＧＥ＝90°－60°＝30°

したがって，曲線ＤＥの長さは，３×２×3.14×$\frac{30}{360}$＝$\frac{1}{2}$×3.14(㎝)

よって，求める長さは，３×２＋($\frac{1}{2}$×3.14)×４＝６＋２×3.14＝**12.28**(㎝)

《2024　理科　解説》

1　⑴②　月の光は，星の観察のさまたげになる。新月は明け方ごろに東の地平線からのぼり，正午ごろに南中し，日の入りごろに西の地平線にしずむ。よって，新月の日は，月が一晩中地平線上に出てくることがなく，星の観察に最も適しているといえる。

(2)① てこを回転させるはたらき〔おもりの重さ(g)×支点からの距離《きょり》(cm)〕が時計回りと反時計回りで等しくなると，てこは水平につり合う。ここではおもりの重さをおもりの数に，支点からの距離をうでの番号に置きかえて考える。左の６番におもりを２個つけたときのてこを反時計回りに回転させるはたらきは２×６＝12であり，右の２番におもりを３個つけたときのてこを時計回りに回転させるはたらきは３×２＝６である。よって，右の３番につけたおもりがてこを時計回りに回転させるはたらきが12－６＝６になればよいので，おもりの数は６÷３＝２(個)である。　② てこを回転させるはたらきが等しくなるのは，支点の左右でおもりの重さ(数)の比と支点からの距離(うでの番号)の逆比が等しくなるときである。つまり，左の３番と右の４番につけるおもりの数の比が４：３になればよい。イのようにすると，左の３番と右の４番につけるおもりの数の比が(１＋３)：(１＋２)＝４：３になる。

2 (1) 図１のように，左の皿に薬包紙をのせずに１ｇをはかりとった場合，はかりとったミョウバンの重さは薬包紙の重さの分だけ１ｇよりも小さくなる。

(2) 水の温度が一定であれば，水の量が100mLの半分の50mLになると，水にとけるミョウバンの最大量も半分になる。表より，30℃のとき，ミョウバンは水100mLに16ｇまでとけたから，水50mLには16÷２＝８(ｇ)までとける。よって，８＋１＝９(ｇ)加えたときに，とけ残りが出る。

(3) ミョウバンは30℃の水100mLに16ｇまでとけるから，50℃のときにとかした36ｇのうち36－16＝20(ｇ)がとけきれなくなって，つぶとしてあらわれる。

(4) あらわれるつぶの重さは(3)のときと同じだが，ゆっくり冷やされたときのほうが１つぶの大きさが大きくなる。

(5) ミョウバンは30℃の水100mLに16ｇまでとけるから，(4)であらわれた20ｇをとかすには30℃の水が$100\times\frac{20}{16}=$125(mL)必要である。

(6)① Ａでは，水が蒸発することで水の量が100mLよりも少なくなるので，とけきれなくなった食塩のつぶがあらわれる。Ｂでは，水がほとんど蒸発しておらず，室温は30℃に保たれているので，食塩のつぶはあらわれない。

③ 水を蒸発させた後に，白い固体が残れば食塩が含《ふく》まれていたと考えることができる。なお，ラップシートの内側についた水滴《すいてき》は，水面から蒸発した水が水蒸気となって出ていった後，ラップシートの内側で再び水に戻ったものだから，食塩は含まれていない(水を蒸発させた後に白い固体は残らない)と考えられる。

3 (1)① 短針は８時の向きだから，８時と12時のちょうど真ん中の10時の向きが南である。　③ 影《かげ》は太陽がある方向と反対方向にできるので，短針を影の向きに合わせると，①のときから文字盤《ばん》を時計回りに180度回転させることになる。よって，短針と12時のちょうど真ん中の向きは北になる。　④ ①のとき南は10時の向きだから，③より，短針を影の向きに合わせる方法では，南は10時の反対の４時の向きになる。同様に考えると，４時に短針を太陽の向きに合わせると12時とのちょうど真ん中の２時の向きが南だから，短針を影の向きに合わせる方法では，２時の反対の８時の向きが南になる。よって，南の方位は４時から８時の範囲《はんい》にある。

(2) 太陽は棒に対して東から西へ時計回りに動くから，棒の影は棒を中心に西から東へ，時計回りに動く。

(3) 棒の影は，太陽が高い位置にあるときほど短くなる。よって，日の出から日の入りまで，太陽が東《朝》→南《昼》→西《夕方》と動くとき，太陽の高さは低→高→低と変化するので，影の長さは長→短→長と変化する。

(4) 太陽が高い位置にあるときほど同じ面積あたりの地面が受ける光の量が多くなる。太陽が最も高い位置にくるのが正午ごろであり，そこから地面があたためられた後に，その上にある空気があたためられて気温が上がるので，晴れの日に気温が最も高くなるのは正午の少し後の午後２時ごろである。

(5) 満月も太陽と同じように動くので，棒の影は(2)と同じように動き，その長さは(3)と同じように変化する。ここでは，満月が南に見えたときから観察を始めたから，北にできた短い影が，棒を中心に時計回りに東へ動き，だんだん長くなっていく。

4 (2) コイルの巻き数が多く，コイルに流れる電流が大きいほど，電磁石の強さは強くなる。直列つなぎの乾電池《かんでんち》の数を多くするほど電流は大きくなる。

(3) 並列つなぎの乾電池の数を多くしても，コイルに流れる電流の大きさは乾電池１個のときと同じである。

(5) ある条件のちがいが結果に影響《えいきょう》をおよぼすかどうかを確かめるには，その条件だけが異なる実験の結果を比べる必要がある。ここでは，導線の巻き数のちがいによる影響を確かめたいので，乾電池のつなぎ方が同じで導線を巻いた回数が異なる，ウ，ク，シの結果を比べればよい。

(6)① あ の方位磁針のＮ極が西を向いたということは，方位磁針のＳ極が鉄心の左端《はし》に引きつけられたということだから，鉄心の左端がＮ極，右端がＳ極になっていると考えられる。よって，い では方位磁針のＳ極が鉄心の左端に引きつけられ，う では方位磁針のＮ極が鉄心の右端に引きつけられる。　② 乾電池の＋極と－極を入れかえると，電磁石の極も反対になるから，方位磁針の針の向きは①のときと反対になる。

5 (1) 主食が樹液であるのはエとオである。セミのなかまであるエは，木にさして中の樹液を吸う口になっている。これに対し，カブトムシのなかまであるヤンバルテナガコガネやオは，木の外にしみ出している樹液をなめる口になっている。

(2) ヤンバルテナガコガネは樹上で生活しているので，足の先にはかぎ爪《づめ》がついていて，木の表面にしっかりはりつくことができる。

(3) 昆虫《こんちゅう》の体は，頭，胸，腹の３つの部分に分かれていて，６本(３対)の足はすべて胸についている。よって，６個の足のつけ根がすべてぬりつぶされた部分にあるエが正答となる。

(5) ①について，雨がふるとヤンバルクイナのえさであるミミズやカタツムリなどがはい出てくる。梅雨《つゆ》は５月から６月である。②について，ヤンバルクイナの子育ての時期は４月から６月である。よって，５月は①②④の３つの理由が重なるため，交通事故が最も多くなると考えられる。なお，③について，ヤンバルクイナは渡《わた》り鳥ではない。また，⑤について，ヤンバルクイナは冬眠しない。

《2024　社会　解説》

1 (2)① 徳川家康は1603年に征夷大将軍に任じられ，江戸幕府を開いた。江戸時代は約260年間続いた。

② 日本の端の島については右表を参照。

最北端		最東端	
島名	所属	島名	所属
択捉島	北海道	南鳥島	東京都
最西端		最南端	
島名	所属	島名	所属
与那国島	沖縄県	沖ノ鳥島	東京都

③ イは中京工業地帯，ウは阪神工業地帯，エは北九州工業地帯(地域)。

④ 太平洋ベルトは関東から東海，近畿，中国・四国，北九州の各地方の臨海部に帯状に連なる工業地域のことであり，資源の輸入や製品の輸出に便利で，かつ大都市が多く労働力を確保しやすい。

(3)① 漢字では「蝦夷地」と書く。蝦夷地にはアイヌの人々が住んでいた。明治政府によって 1869 年に蝦夷地から北海道と改められ，開拓使が置かれて計画的に開発されていった。

② 大量のサケなどをわずかな米や日用品と交換させられていたアイヌの人々は，1669年にシャクシャインを中心として団結して立ち上がった。しかし，松前藩との戦いに敗れ，さらに厳しく支配された。

③ 石狩平野では客土と品種改良により稲作，十勝平野では畑作，根釧台地では酪農が盛んである。

(4)① 平安時代の貴族の屋敷の建築様式である，寝殿造の建物のウを選ぶ。アは日光東照宮陽明門(江戸時代)，イは東大寺正倉院(奈良時代)，エは慈照寺銀閣(室町時代)。

② 「望月の歌」は，藤原道長の三女の威子が，後一条天皇の皇后となったときの宴で詠んだ和歌といわれている。

紫式部は，一条天皇の中宮彰子(藤原道長の長女)に仕え，長編小説『源氏物語』を著した。

(5)① 宮城県仙台市である。

② 潮目には魚のエサとなるプランクトンが多く発生し，好漁場となる。日本近海の海流は右図を参照。

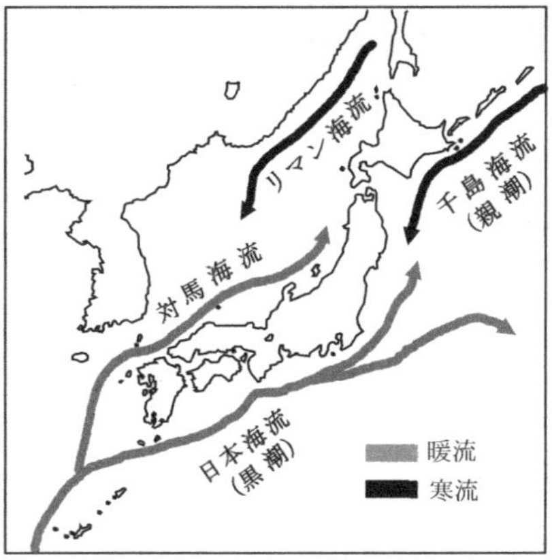

③ どちらも山梨が1位であるYとZは，2位以降の県に注目する。

④ 表Ⅲのコメの収穫量上位5位のうち，東北地方にある県は，3位の秋田県(F)，4位の山形県(E)，5位の宮城県(C)である。1位の新潟県は中部地方，2位の北海道は北海道地方にある。

⑤ aは，「北海道・北東北の縄文遺跡群」の構成資産である三内丸山遺跡(青森県)である。bは吉野ヶ里遺跡(佐賀県)，cは大仙古墳(大阪府)，dは法隆寺(奈良県)。

(6)① 細川氏(細川勝元)と山名氏(山名持豊)の幕府内での勢力争いや，8代将軍足利義政の跡継ぎ争いなどを理由として，1467年に京都を主戦場とする応仁の乱が始まった。

②(ⅰ) ウ(富士川の戦い 静岡県)→イ(一の谷の戦い 兵庫県)→ア(屋島の戦い 香川県)→エ(壇ノ浦の戦い 山口県) 源平合戦は，戦場を東から西に移していった。 (ⅱ) 魚(朝鮮)を手に入れようとする日本(左側)と清(右側)の争いを見て，漁夫の利を狙うロシアを表現している。

2 (1)① 1945年8月6日午前8時15分に広島に，同年8月9日午前11時2分に長崎に原子爆弾が投下された。

② 平安時代の終わりごろ，保元の乱・平治の乱に連勝した平清盛は，武士として初めて太政大臣に就いた。大輪田泊を修築し，厳島神社に海路の安全を祈願して日宋貿易を推進したことでも知られる。

③ 平和維持活動は，Peace Keeping Operationから，PKOと呼ばれる。1992年にPKO法が成立し，カンボジアに自衛隊が派遣されて以降，自衛隊はモザンビーク・ルワンダなど，多くの平和維持活動に参加している。

(2) 日本からアメリカ合衆国に輸出している「自動車部品」の輸出額は12.6兆円の5.5%なので，およそ0.7兆円，日本がアメリカ合衆国から輸入している「肉類」の輸入額は7.5兆円の5.5%なので，およそ0.4兆円である。

(3)① プラスチックは自然界で完全に分解されることはなく，水や紫外線により細かく粉砕されてマイクロプラスチックとなり，海洋汚染の原因の1つとして問題になっている。

② 温室効果ガスの排出量と吸収量を等しくすることを「カーボンニュートラル」という。

(4)① イ．誤り。消費税を支払うのは国民の権利ではなく，義務である(納税の義務)。オ．誤り。平和条約は内閣が結ぶ。 ② イは国会，エは内閣の仕事である。

(5) 日本では，立法権・行政権・司法権において，三権分立の仕組みを採用している。それぞれの仕組みについては右図を参照。

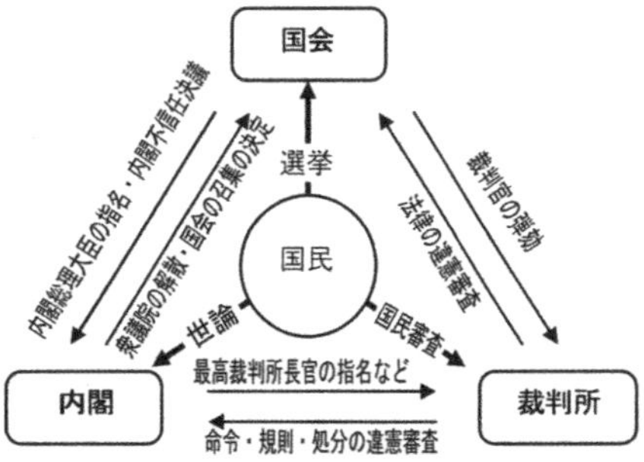

(6)② 18歳以上の国民の中からくじで選ばれた6人の裁判員が，3人の裁判官とともに，重大な刑事事件の第一審に臨むのが裁判員裁判である。

③ 日本では，えん罪を防ぎ，国民の人権を守るために三審制を採用している。第1審の判決に不服があるとき，第2審を求めることを控訴，第2審の判決に不服があるとき，第3審を求めることを上告という。

3 第1次産業は農林水産業，第2次産業は製造業や建設業など，第3次産業はサービス業や商業などである。自分たちが生産→加工→流通・販売等を一貫して行う方法を考えよう。「地域の活性化につなげる」とあるので，地域住民と協力したり，地域の魅力を発信したりする取り組みがよい。

大阪教育大学附属平野中学校

《国　語》

1 一．ウ　二．a．○　b．○　c．○　d．×　A．エ　B．イ　C．ア　D．ウ　三．ウ　四．イ　五．倒れた選手　六．Ⅰ．背が高い　Ⅱ．やさしすぎる　Ⅲ．イ，エ　七．エ　八．イ　九．Ⅰ．そのままの自分で、やさしくてもゴールが奪えるフォワードになればいいのだとわかった　Ⅱ．試合に出ている姿を祖父に見せられなかった

2 一．(例文)かんげい会の準備は大変だった。／無事に終わったので私は安心した。　二．２．挙　３．世紀　４．文脈　三．A．エ　B．ウ　四．マルセル・デュシャンが、便器をアートにした。　五．ウ　六．存在　七．ア．キトラ古墳の壁画　イ．埋もれていた石室　ウ．まったく無視されて　八．ありふれたものに対して優れた芸術だという認識や評価を持つようになる心の化学反応。　九．エ　十．ウ　十一．ア

《算　数》

1 (1)175　(2)$\frac{1}{10}$　(3)３　(4)$\frac{5}{16}$

2 (1)26　(2)９　(3)105　(4)84　(5)ノート…５　えんぴつ…７　けしごむ…８

3 右図

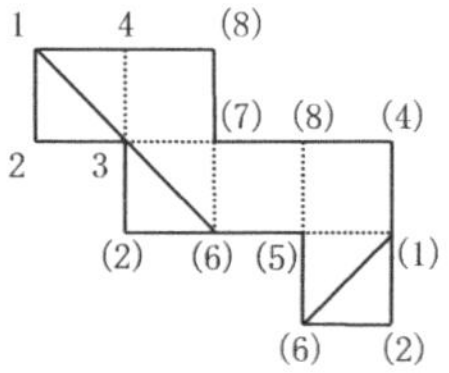

4 (1)122　(2)749　(3)2.9

5 (1)①1430　②減少した　(2)7590　(3)2014→2018→2010　(4)290

6 (1)66　(2)24　(3)79

7 (1)120　(2)３，20　(3)450

《理　科》

1 (1)ウ　(2)イ　(3)エ　(4)ア　(5)ア，エ，カ

2 (1)右図　(2)右図　(3)ア〔別解〕イ　(4)ボウルの内部で反射した光が一点に集まったから。

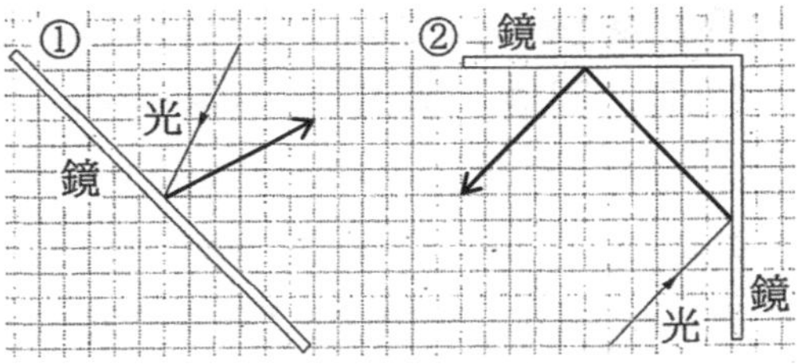

2(1)の図

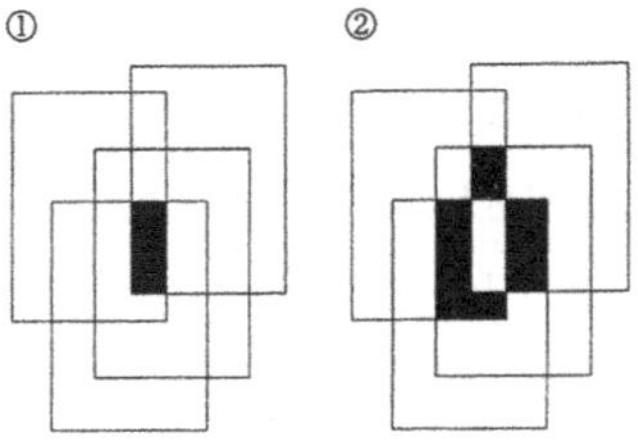

2(2)の図

3 (1)ア　(2)イ　(3)エ　(4)右　(5)ウ
(6)A．ア　B．イ　(7)イ　(8)先になるほど台風の中心の位置を予想しにくくなるから。　(9)その後の大雨を貯えられるようにダムの水量を減らし，下流で洪水が起こらないようにするため。

4 (1)水が突然ふっとうするのを防ぐことができるから。　(2)空気中で蒸発して水蒸気になったから。　(3)試験管の中の水で冷やされて水になったから。　(4)エ　(5)空気

5 (1)気体を集めたびんの中でろうそくを燃やすから。　(2)ウ
(3)びんの中に石灰水を入れてふったとき，白くにごらなかった方がちっ素である。　(4)イ

6 (1)イ　(2)がく　(3)記号…エ　理由…花粉がつきやすくなるから。　(4)め花　(5)ウ　(6)①×　②×　③×
(7)右上に動かす。

《社　会》

1 (1)国名…サウジアラビア　位置…ウ　(2)ウ　(3)①高度経済成長期　②エ　(4)①WHO　②エ　③ウ
(5)①大阪府議会　②(例文)キャッチフレーズ…“ええ”技術は，もっと広めていくのが“ええ”ねん！／大阪には，東大阪市を筆頭に技術力の高い中小企業が数多くあります。大阪の中小企業が持つ技術力を今後も継承し発展させるには，企業が利益を上げて成長し，人材も集めていかなければなりません。そのためには，産官学連携によって大きなプロジェクトを立ち上げ，高度な技術を必要とする製品開発を行い，世界に向けて販売して知ってもらうのがええねん！　③Ⅰ．a．基本的　b．永久　Ⅱ．ア，オ

2 (1)①ⅰ．ノルマントン号事件　ⅱ．関税自主権　②会議〔別解〕国会　③カ　④イ
(2)①サンフランシスコ平和条約　②三種の神器　(3)①明智光秀　②ⅰ．ク　ⅱ．キ　ⅲ．ア　ⅳ．カ
(4)①ⅰ．記号…カ　人物名…福沢諭吉　ⅱ．記号…イ　人物名…野口英世　②b　③富岡製糸場　(5)①執権
②自らの活躍に対する恩賞をもらうこと。

3 (1)イギリス…B　フランス…C　(2)ドイツ　(3)①岡山県／広島県　②徳島県／香川県　(4)山梨県
(5)①石狩平野…B　根釧台地…D　②(い)茨城県　(お)和歌山県　③三内丸山遺跡　④ウ
⑤フランシスコ＝ザビエル

《2023　国語　解説》

1　一　本文は「ぼく」（主人公の月人《つきと》）の視点で描《えが》かれているので、ア・イ・エのような語りが可能になる。

二a・A　本文中に「ぼくは初戦からスタメンのフォワードとしてピッチに立った。一回戦はノーゴールに終わった」とある。　b・B　本文中に「二回戦は２ゴールを決め、チームの勝利に貢献《こうけん》した」とある。

c・C　本文中に「三回戦の前半～ファウルをとられたのは、ぼくだった～主審《しゅしん》は～イエローカードを差し出したのだ」「前半が終わって～ベンチにもどるなり、『交代は月人』と松岡コーチの冷ややかな声がした」とある。

d・D　本文中に「チームは四回戦まで勝ち上がるが、ぼくに挽回《ばんかい》の機会は与《あた》えられなかった。ぼくの代わりに起用されたのは、一学年下の～選手だ」とある。

三　「ぼく」が見たその一瞬《いっしゅん》の状況《じょうきょう》を、ありありと描写《びょうしゃ》している。――線③の前後は「～した。～きた。」「～いた。～だった。」など過去を表す文末になっているが、――線③は「～止まる。～倒《たお》れている。」と、現在を表す文末になっている。ウの「擬人法《ぎじんほう》」（人間でないものを人間に見立てて表現する方法）は用いられていない。

四　「相手が勝手にぶつかって、倒れたにすぎない」のに、背が高い「ぼく」がファウルをとられ、イエローカードまで出されたが、「――なんで？　ぼくはそう思いながらも（反論などせず）、倒れた選手に手を差しのべた」とある。この出来事と同じような、理不尽《りふじん》な（道理に合わない）出来事として、――線④の「手を出してきたのは相手のほうなのに～ぼくが悪者扱《あつか》いされた～『あなたは大きいんだから』と先生に怒鳴《どな》られ、なにも言えなくなった」という話を取り上げている。これらの共通点として、ア・ウ・エのようなことが読みとれる。イにある「一目置《いちもくお》く」という言葉は、自分より相手がすぐれていることを認め、敬意を表して一歩ゆずるという意味。「ぼく」がそのような扱いをされたということは書かれていない。

五　「だれかが後ろからぶつかってきた～ファウルをとられたのは、ぼくだった～主審は～イエローカードを差し出した～わけがわからなかった。相手が勝手にぶつかって、倒れたにすぎない。――なんで？　ぼくはそう思いながらも、倒れた選手に手を差しのべた」とある。理不尽だと反論することもなく受け入れた「ぼく」の様子を見ていた松岡コーチが、――線⑤のように思ったのである。

六Ⅰ　「相手が勝手にぶつかって、倒れたにすぎない」のに、「ぼく」がファウルをとられ、イエローカードまで出された。それを受けて「――背が高いと損だ。そのときつくづく思ったんだ」とあることから、自分にカードが出されたのは背が高いせいだと思っていることが読みとれる。　Ⅱ　松岡コーチの「おまえさ、フォワードやるには、やさしすぎんだよ」という言葉そのままでは［Ⅱ］に合わない。――線⑧の３行前で「ぼく」が晴男《はるお》（祖父）に言った「おまえは、フォワードやるには、やさしすぎるって」より。　Ⅲ　「ぼく」は、交代の理由は「カードをもらったからだと思った」が、「松岡コーチは別の理由を口にした」ので、イの「意表をつかれた」（予想外のことを言われ、おどろかされた）が適する。また、下を向いているだけで何も言えない様子から、おどろいてぼんやりしていることがうかがえるので、エの「ぼう然とした」が適する。

七　――線⑥の直後の段落から――線⑦の直前までに語られた内容から、ア・イ・ウのようなことが読みとれる。エの「コーチに誤解されたまま」が適当でない。

八　晴男の「おまえはそのままでいい。やさしくても、ゴールが奪《うば》えるフォワードになってみせろ」という考えは、「フォワードやるには、やさしすぎんだよ」「なんで月人君がフォワードやってるの」といった見方とは異なるものである。よって、イの「周囲の評価をもっともだと受け止めている」が適当でない。

九Ⅰ　晴男から「おまえはそのままでいい。やさしくても、ゴールが奪えるフォワードになってみせろ」と言われて「あたたかな涙《なみだ》」が出た、胸にじんときたことから考える。　Ⅱ　――線⑦では泣けなかった「ぼく」が、「どこかさびしそう」な晴男の後ろ姿を見て「たぶんそれは、ぼくが試合に出られなかったせいだ」と思っていることから考える。

2　一　「ともあれ」は、いずれにせよ、とにかく、という意味。前で述べたことには関わらず、それは問題にしないで、というつながりになる二文を作る。

四　――線①は、「ありふれたもの」が「何らかの心の化学反応によって、アートに変容する」こと、つまり「ありふれたものの変容」である。その具体例なので、「マルセル・デュシャンが、便器をアートにした。まさにそれが、ありふれたものの変容だ」より、下線部をぬき出す。

五　――線②のある段落と、その直後の段落で、「美しく精巧《せいこう》な絵画で、おそらく日本で最も古い絵画でもあり、世紀の大発見と騒《さわ》がれた」「そこには～四つの神の姿が描かれていた。それで～一躍《いちやく》有名になった。それは日本の絵画史の始まりを見せてくれる壁画《へきが》でもあり、日本のいちばん最初の絵画が現れたという大発見になった」ということが述べられている。よって、ア・イ・エは適する。ウの「それまでだれにも知られていなかった」は適当でない。[B]のある段落に「昭和に壁画が発見される以前から～地元の人たちには知られていた」と書かれている。

六　[B]のある段落以降で、キトラ古墳《こふん》の壁画の存在は、「地元の人たちには知られていた」が「日本の文化財～絵画史という文脈にのっていなくて、まったく無視されていた～存在しないことになっていた～あるのはわかっていたが、優《すぐ》れた芸術だという認識《にんしき》や評価は存在していなかった」ということが述べられている。ここから、「それまで知られていなかった」ということは「存在していなかった」も同然だ、ということが読みとれる。

七　――線④は、直前で述べた「昭和の大発見といわれたアキトラ古墳の壁画発見だが、すでにそれ以前に、この壁画の存在は～知られていたのだ。知られてはいたが、日本の文化財、あるいは絵画史という文脈にのっていなくて、ウまったく無視されていた」ということをたとえている。[イ]は壁画がある場所なので、――線②のある行から「埋《う》もれていた石室」をぬき出す。

八　「ありふれたもの」が「何らかの心の化学反応によって、アートに変容する」のである。アートでない「ありふれたもの」がアートになるのは、「心の化学反応」が起きて、それをアート(芸術)だと認めるようになるからである。つまり、「ありふれたもの」に対して「優れた芸術だという認識や評価」を持つようになるという「心の化学反応」が、アートとアートでないものの「境」を生み出すと言える。

九　キトラ古墳の壁画の存在が「知られてはいたが、日本の文化財、あるいは絵画史という文脈にのっていなくて、まったく無視されていた～優れた芸術だという認識や評価は存在していなかった」ということを述べ、「これは～芸術の歴史のいろんなもの、いろんな作品に当てはまる」と言っている。ここから、エのようなことが読みとれる。

十　ウの「一般的《いっぱんてき》な見方を否定して」が適当でない。「ありふれたもの」が変容してアートになるというのは、「現代アート」に限らず、「人類数千年～先史時代からの数万年の芸術の歴史の中で、何度も起こってきたことだ」として、キトラ古墳の壁画の例を挙げているので、アは適する。「『ありふれたものの変容』(アーサー・C・ダントー著～)という本がある。そのタイトルが～『アートとは何か？』ということを語っている」と述べているので、イは適する。本文の最初で「アートとアートでないものの境は何なのか？」と問いかけ、「マルセル・デュシャンが、便器をアートにした」「キトラ古墳の壁画」といった例を取り上げたうえで、「ありふれたもの」が「優れた芸術だという認識や評価」によってアートになるということを述べているので、エは適する。

十一　本文では一貫《いっかん》して「アート」とは「ありふれたものの変容」だということを述べているので、アが適する。

1　(1)　与式$=7\times5\times10\div2=$**175**

(2)　与式$=(\frac{1}{6}-\frac{2}{15})\times3=(\frac{5}{30}-\frac{4}{30})\times3=\frac{1}{30}\times3=\mathbf{\frac{1}{10}}$

(3)　与式$=1+\frac{3}{2}\times\frac{8}{5}\div\frac{6}{5}=1+\frac{3}{2}\times\frac{8}{5}\times\frac{5}{6}=1+2=\mathbf{3}$

(4)　$\frac{1}{2}-\frac{1}{4}=\frac{1}{4}$，$\frac{1}{8}-\frac{1}{16}=\frac{1}{16}$だから，与式$=\frac{1}{2}-\frac{1}{4}+(\frac{1}{4}+\frac{1}{8})-(\frac{1}{4}+\frac{1}{16})=\frac{1}{2}-\frac{1}{4}+\frac{1}{8}-\frac{1}{16}=\frac{1}{4}+\frac{1}{16}=\mathbf{\frac{5}{16}}$

2　(1)　右図において，折り返した角度は等しいから，

角ＡＢＤ＝38°，角ＣＢＥ＝65°

よって，角㋐＝角ＡＢＦ＋角ＡＢＤ＋角ＣＢＨ＋角ＣＢＥ－180°＝

38°×２＋65°×２－180°＝(38°＋65°)×２－180°＝

103°×２－180°＝206°－180°＝**26°**

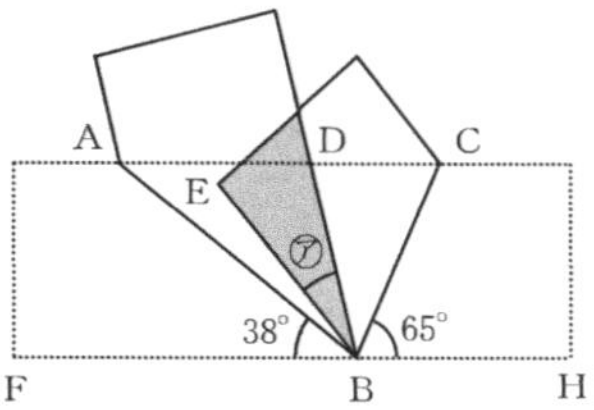

(2)　**【解き方】３種類の硬貨を少なくとも１枚ずつ使うから，１枚ずつ使った場合の金額である10＋50＋100＝160(円)を360円から引いて，残りの360－160＝200(円)を支払《しはら》う硬貨の枚数の組み合わせを考える。**

200円を支払うときの硬貨の組み合わせを(100円玉の枚数，50円玉の枚数，10円玉の枚数)で表すと，

(２，０，０)(１，２，０)(１，１，５)(１，０，10)(０，４，０)(０，３，５)(０，２，10)(０，１，15)(０，０，20)の**９**通りある。

(3)　乗車率が140%の電車から乗客の25%が降りたから，降りた後の乗車率は，140×(１－0.25)＝**105**(%)となる。

(4)　**【解き方】長方形の面積から，順に辺の長さを求めていく。**

右図より，ＥＩ＝10÷３＝$\frac{10}{3}$(cm)より，ＡＤ＝７－$\frac{10}{3}$＝$\frac{11}{3}$(cm)

ＡＧ＝33÷$\frac{11}{3}$＝９(cm)より，ＢＣ＝９－３＝６(cm)

ＤＢ＝40÷６＝$\frac{20}{3}$(cm)より，ＩＣ＝$\frac{20}{3}$－$\frac{10}{3}$＝$\frac{10}{3}$(cm)

ＩＦ＝50÷$\frac{10}{3}$＝15(cm)より，ＨＦ＝15－３＝12(cm)

以上より，色つき部分の面積は７×12＝**84**(㎠)

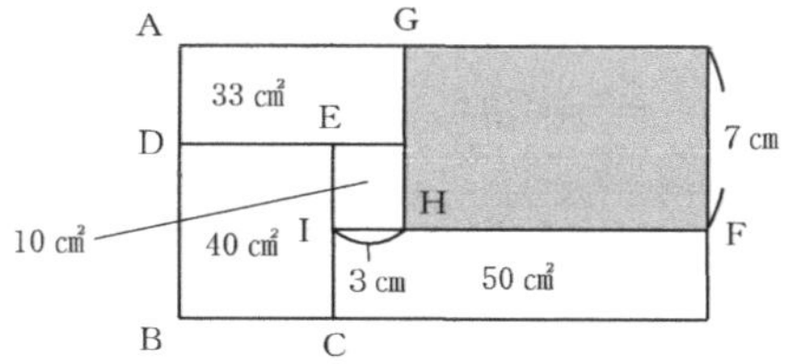

(5)　**【解き方】同じ数ずつあまりがないように分けるとき，子どもの人数が60，84，96の公約数であればよい。できるだけ多くの子どもに分けるのだから，最大公約数を求める。**

2)	60	84	96
2)	30	42	48
3)	15	21	24
	5	7	8

最大公約数を求めるときは，右の筆算のように割り切れる数で次々に割っていき，割った数をすべてかけあわせればよい。よって，60と84と96の最大公約数は，２×２×３＝12

したがって，12人の子どもに分けるから，ノートを60÷12＝**５**(冊)，

えんぴつを84÷12＝**７**(本)，けしごむを96÷12＝**８**(個)ずつ分ければよい。

3　(1)　**【解き方】同じ辺を共有する面どうしを比べて頂点を当てはめていく。**

右図のように展開図の各頂点をａからｊとする。平面１２３４以外で辺３４を共有する平面は，平面４８７３だから，ａ＝**８**，ｂ＝**７**である。以下同様に考えると，

ｃ＝**２**，ｄ＝**６**，ｅ＝**８**，ｆ＝**５**，ｇ＝**４**，ｈ＝**１**，ｉ＝**６**，ｊ＝**２**となる。

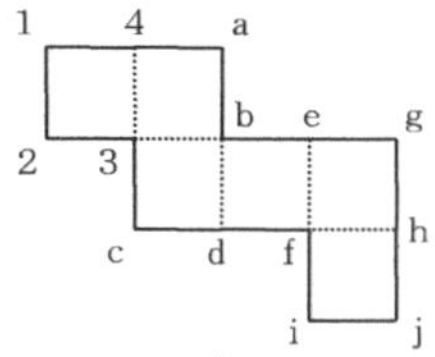

(2)　切り口の線は右図の太線部だから，解答例のように作図すればよい。

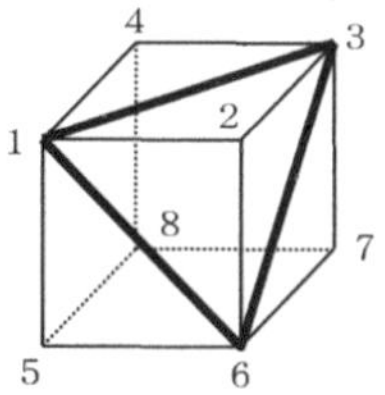

4　(1)　【図１】の容器の底面を色つき部分としたときの高さが10cmだから，

色つき部分の面積は，1220÷10＝**122**(㎠)である。

(2)　**【解き方】【図３】の容器の体積は直方体Ａの体積と等しいから，【図１】の容器の体積から【図３】の容器の体積を引くと，直方体Ｂの体積になる。**

【図３】の容器の体積は５×５×3.14×６＝471(㎤)だから，直方体Ｂの体積は，1220－471＝**749**(㎤)である。

(3)　直方体Ｂの体積から【図２】の容器の体積を引いた値《あたい》がはじめに入っていた水の体積だから，

749－５×５×3.14×４＝435(㎤)である。この水は直方体Ｂに入っているので，水の高さは

435÷(10×15)＝**2.9**(cm)である。

5　(1)　総発電量は2010年が11494億kWh，2020年が10064億kWhだから，11494億－10064億＝**1430億(kWh)減少した。**

(2)　2010年の火力発電の発電量は総発電量の66%である。よって，11494億×0.66＝7586.04億より，

7590億kWhとなる。

(3)　火力発電の発電量は2014年が10583億×0.87＝9207.21億(kWh)，2018年が10501億×0.77＝8085.77億(kWh)

より，発電量は**2014年→2018年→2010年**の順に多い。

(4)　2020年の新エネルギーにおける発電量は総発電量の12%であり，そのうちバイオマス発電は24%を占める。

よって，バイオマス発電の発電量は10064億×0.12×0.24＝289.8432億(kWh)より，**290**億kWhとなる。

6　(1)　**【解き方】20，23を素数の積で表して考える。**

20＝２×２×５より，20の約数は１，２，４，５，10，20だから，《20》＝１＋２＋４＋５＋10＋20＝42である。

また，23は素数だから，《23》＝１＋23＝24である。よって，《20》＋《23》＝42＋24＝**66**

(2)　77＝７×11より，77の約数は１，７，11，77だから，《77》＝１＋７＋11＋77＝96，[77]＝４である。

よって，《77》÷[77]＝96÷４＝**24**

(3)　**【解き方】[□]＝２より，□は約数の個数が２個だから素数である。**

□は素数だから，《□》＝80より，□＝80－１＝**79**　　これは条件に合う。

7　**【解き方】兄の状態をグラフにかきこむと，右グラフのようになる。**

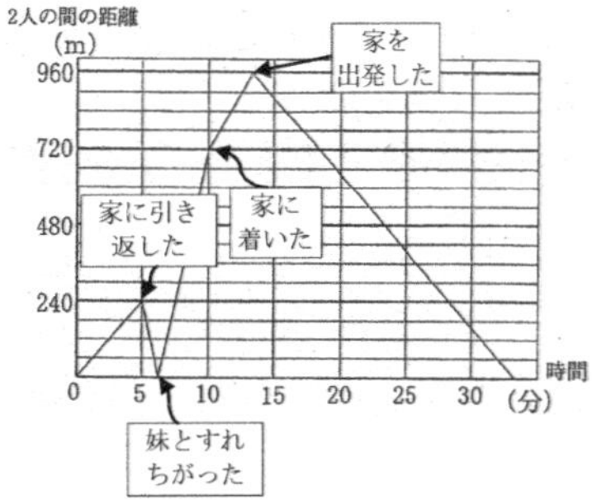

(1)　**【解き方】同じ時間に進む道のりは速さに比例することを利用する。**

同時に出発してから５分後の２人の間の距離《きょり》は240ｍである。妹と兄の速さの比は３：５だから，兄は５分間で240×$\frac{5}{5-3}$＝600(ｍ)進んだことになる。よって，兄の速さは，600÷５＝120より，**分速120ｍ**

(2)　兄は５分後に家に引き返したから，出発してから５＋５＝10(分後)に家に着いた。このとき２人の間の距離は720ｍであり，休憩《きゅうけい》後に家を出発したときの２人の間の距離は960ｍになっているので，兄が休憩中に妹は960－720＝240(ｍ)進んだことになる。妹の速さは，120×$\frac{3}{5}$＝72より，分速72ｍだから，

兄の休憩時間は，240÷72＝$\frac{10}{3}$＝$3\frac{1}{3}$(分間)である。よって，兄は家に着いてから**３分20秒後**に出発した。

(3)　**【解き方】２人がすれちがうときまでに妹が進んだ距離を求めればよい。**

家を出発してから５分間で妹が進んだ距離は72×５＝360(ｍ)である。ここから兄と妹が両方向から240ｍを進むので，求める距離は360＋240×$\frac{3}{3+5}$＝**450**(ｍ)である。

《2023　理科　解説》

1　(4)　てこを回転させるはたらき〔おもりの重さ×支点からの距離《きょり》〕が時計回りと反時計回りで等しくなると，つり合う。1kgのおもりがてこを反時計回りに回転させるはたらきは一定だから，手の位置をアの向きに動かすと，支点からの距離が小さくなり，てこを下向きに押す力を大きくしなければ，つり合わなくなる。

2　(2)　図ｉ参照。多くの枚数の鏡から反射した光が当たっている部分ほど，明るく，温度が高くなる。よって，①は4枚の鏡から反射した光が当たっている部分，②は3枚の鏡から反射した光が当たっている部分をぬりつぶせばよい。

図ｉ

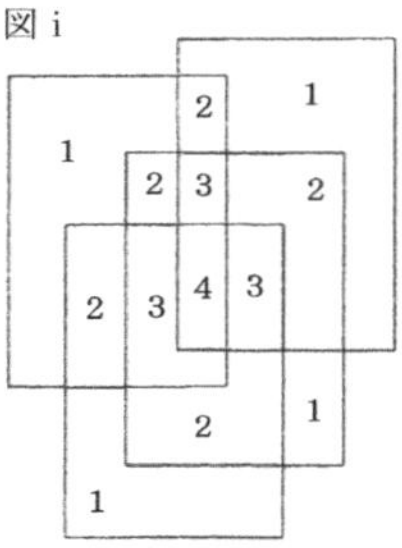

図ⅱ

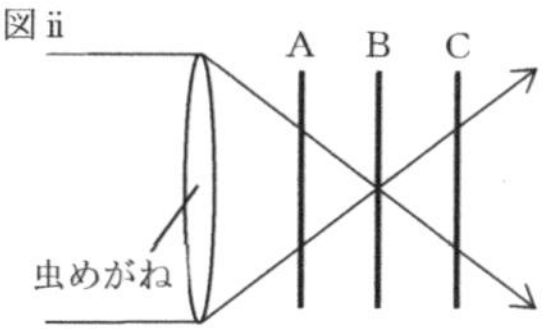

(3)　紙が早く焦《こ》げるのは，日光が集まるところが小さくなるときである。虫めがねで折れ曲がった光は図ⅱのように進む。日光が集まるところが最も小さくなるのは紙がBの位置にあるときだから，はじめの紙の位置がAのときにはア，はじめの紙の位置がCのときにはイが適切である。

3　(2)(3)　東風は東から西に向かって吹《ふ》く風，西風は西から東に向かって吹く風である。台風の進路はこれらの風の影《えい》響《きょう》を受ける。また，台風は通常，南から北へ向かって進む。

(4)　台風は低気圧であり，低気圧では中心に向かって反時計回りに風が吹きこんでくる。台風が進む方向の右側では，台風の進む方向と中心に向かって吹きこむ風の向きが同じになるため，特に強い風が吹く。

(6)　Aはアで強風域，Bはイで暴風域という。

(7)　Cはイで暴風警戒《けいかい》域という。

(8)　台風の進む方向や速さが一定ではないため，先になるほど台風の中心の位置を予想するのが難しく，予報円は大きくなる。

(9)　大雨によってダムが満水になってしまうようなときには，下流でも水量が増加していると考えられる。そのような状況でダムからの放流があれば，下流で洪水《こうずい》が起こる可能性が高くなる。事前放流を行うことで，その後に予想される大雨を貯《たくわ》えられるだけの空きを確保することができる。

4　(2)　水面のすぐ上には水蒸気があり，その水蒸気が空気中で冷やされて水てき(液体)に変化したものが湯気である。湯気はその後，蒸発して再び水蒸気になる。

(3)　加熱を続けたときに出てきた大きな泡《あわ》は水が水蒸気(気体)に変化したものである。よって，試験管に泡が集まらなかったのは，発生した気体が水にとけたからではなく，発生した水蒸気が冷やされて水に変化したためである。

(5)　同じ物質でも，状態によって体積の変化の割合が異なる。体積の変化の割合が大きい順に，気体＞液体＞固体となる。

5　(1)　方法の2で，びんの中でろうそくを燃やすことになっている。ろうが直接びんの底にたれるとびんが割れるおそれがあるため，水を少し入れておく。

(2)　酸素にはものが燃えるのを助けるはたらきがある。

(3)　石灰水に二酸化炭素を通すと白くにごるが，ちっ素を通しても変化しない。

(4)　空気に含《ふく》まれている気体の割合は，ちっ素が約78%，酸素が約21%，アルゴンが約1%であり，その他に二酸化炭素などがわずかに含まれている。

6　(2)　外側から順に，がく(ア)，花びら(イ)，おしべ(ウ)，めしべ(エ)である。

(3)　めしべの先端《せんたん》部分を柱頭といい，柱頭に花粉がつくことを受粉という。受粉後，めしべの根元のふくらんだ部分(子房《しぼう》)が果実になり，子房の中にある胚珠《はいしゅ》が種子になる。

(4)(5)　ウリ科の植物は，おしべがなくめしべがあるめ花と，めしべがなくおしべがあるお花の２種類の花を咲《さ》かせる。図の花は果実のもとになる子房が見られるので，め花である。

(6)　①×…日光が直接あたらない明るい場所で観察する。　②×…真横から見ながら対物レンズとプレパラートをできるだけ近づけた後，接眼レンズをのぞきながら対物レンズとプレパラートを遠ざけていくことでピントを合わせる。　③×…プレパラートを置く前に，接眼レンズをのぞきながら明るくする。

(7)　顕微鏡《けんびきょう》の視野は上下左右が反対になっている。よって，顕微鏡をのぞいたときに右上に見えているものは，実際には左下にあるので，中央に移動させるにはプレパラートを右上に動かす必要がある。

《2023　社会　解説》

1　(1)　サウジアラビア／ウ　　アはトルコ，イはイラク，エはオマーン。

(2)　ウ　　センターピボット方式では，くみ上げた地下水に肥料などを混ぜてスプリンクラーで円形に散水するので，円形の農場ができる。

(3)①　高度経済成長期　　1955 年頃から 1970 年代前半までを高度経済成長期と呼ぶ。第１次石油危機によって，高度経済成長期は終わった。　②　エ　　ア．誤り。ハイブリッド車は電気とガソリンで動くため，石油を使用する必要がある。イ．誤り。石炭は化石燃料であり，石油より二酸化炭素の排出割合は高い。ウ．誤り。東日本大震災以降，原子力発電に代わるエネルギーとして，ＬＮＧや石炭による火力発電の発電量が増えた。オ．誤り。リサイクル運動や分別収集，マイ・バッグ運動が進められているが，石油の使用量はゼロになっているわけではない。

(4)②　エ　　京都議定書が先進国だけに温室効果ガスの削減を義務づけたのに対して，パリ協定は，すべての国に温室効果ガスの削減目標を設定することを義務づけたことに意義があった。　③　ウ　　アは政府開発援助，イは石油輸出国機構，エは核拡散防止条約(核兵器不拡散条約)，オは新興工業経済地域の略称である。

(5)①　大阪府議会　　府知事が提出した予算案を，府議会が承認・決定する。　②　解答例は，大阪の産業についての提案である。大阪らしいキャッチフレーズをつくり，どのような取り組みを行うかが書かれていればよい。

③Ⅱ　ア，オ　　国会の召集を内閣が決め，天皇が召集する。また，衆議院の解散を内閣が決め，天皇が解散する。イとウは国会，エは裁判所の仕事である。

2　(1)①ｉ　ノルマントン号事件　　この作品の題名は「メンザレ号の救助」である。ビゴーはメンザレ号の事件を通して，ノルマントン号事件が起きたことで不平等条約の改正の気運が高まったことを批判した。ⅱ　関税自主権

不平等条約の改正については，1894年にイギリスとの間で領事裁判権の撤廃に成功し，1911年にアメリカとの間で関税自主権の回復に成功した。　②　会議〔別解〕国会　　「広く会議を興《おこ》し万機公論に決すべし」を訳したものである。　③　カ　　大名が知藩事として残った版籍奉還は，実質的な効果が上がらなかったため，廃藩置県を行って，府知事・県令を中央政府から派遣し，知藩事(旧大名)に東京居住を命じた。地租改正…税収を安定させるため，土地所有者に地価を定めた地券を発行し，地価の３％を地租として現金で納めさせる制度。

④　イ　　ア．誤り。西郷隆盛は薩摩藩の出身である。ウ．誤り。西郷隆盛は岩倉使節団に参加していない。

エ．誤り。1877 年の西南戦争で命を落とした西郷隆盛は，大日本帝国憲法の制定に重要な役割を果たしていない。大日本帝国憲法の制定は1889 年のことであり，重要な役割を果たしたのは伊藤博文である。

(2)①　サンフランシスコ平和条約　　アメリカを中心とした西側 48 か国と講和をしたことで独立国として承認されたが，ソ連・ポーランド・チェコスロバキアは出席したが調印を拒否，インド・ビルマ(現ミャンマー)・ユーゴ

スラビアは招かれたが欠席，中華民国・中華人民共和国は招かれなかった。日本の全権は吉田茂首相で，吉田茂首相は，同日に日米安全保障条約も締結している。　② 三種の神器　カラーテレビ・自動車(カー)・クーラーは３Ｃ(または新三種の神器)と呼ばれた。

(3)① 明智光秀　齋藤道三に仕えた光秀は，浪人となり，朝倉義景のもとで数年間生活した。その後，室町幕府第15代将軍足利義昭に仕え，足利義昭が追放されてからは織田信長に仕えた。

② ｉ＝ク　ii＝キ　iii＝ア　iv＝カ　鉄砲は，堺(大阪府)や国友(滋賀県)の刀鍛冶によって生産された。

(4)① ｉ＝カ／福沢諭吉　ii＝イ／野口英世　アは樋口一葉，ウは夏目漱石，エは伊藤博文，オは聖徳太子。

② ｂ　聖徳太子だけが飛鳥時代の人物で，それ以外は近代以降の人物である。役人の心構えは十七条の憲法，能力のある人を身分に関係なく役人に取り立てる制度は冠位十二階である。ａは平安時代，ｃは奈良時代，ｄは古墳時代。　③ 富岡製糸場　フランス人のお雇い外国人ブリューナによって，富岡の地に製糸場が建設されることが決定され，フランス製の機械が導入された。ブリューナの雇用や富岡製糸場の建設に携わったのが渋沢栄一であった。

(5)① 執権　源頼朝の妻である北条政子の父の北条時政が初代執権，政子の弟の義時が第２代執権であった。

② 竹崎季長の活躍とその後を描いた『蒙古襲来絵詞』である。

3 (1) イギリス＝Ｂ　フランス＝Ｃ　Ａはドイツ，Ｄはスペイン，Ｅはイタリア，Ｆはギリシャ。

(2) ドイツ　国旗の色は，19世紀のドイツ統一運動のときに，学生義勇軍が着ていた黒いマント，赤い肩章，金色のボタンに由来する。

(3) ①岡山県，広島県　②徳島県，香川県　ジオパークがない都道府県のうち，佐賀県・福岡県・沖縄県は九州地方，滋賀県・大阪府・三重県は近畿地方，山梨県・岐阜県・愛知県は中部地方，栃木県は関東地方である。

(4) 山梨県　山梨県と静岡県の県境に，日本の最高峰富士山(3776m)がある。

(5)① 石狩平野＝Ｂ　根釧台地＝Ｄ　(あ)は北海道，Ａは上川盆地，Ｃは十勝平野である。

② (い)＝茨城県，(お)＝和歌山県　世界遺産に登録されている熊野古道は，奈良県・和歌山県・三重県に広がるが，みかんの生産が日本一であることから和歌山県と判断する。　③ 三内丸山遺跡　青森県にある三内丸山遺跡は，約5500年前の縄文時代の人々が暮らしていた遺跡である。北海道・北東北の縄文遺跡群として，世界文化遺産に登録されている。　④ ウ　(え)はレタスの生産が日本一だから，長野県である。長野県の松本市は，１年を通して降水量が少なく，夏と冬の気温差が大きい内陸性の気候である。

⑤ フランシスコ＝ザビエル　(か)は鹿児島県である。

★大阪教育大学附属平野中学校

《国　語》

1　一. 1. 単調　2. 再　3. 不快感　二. (例文)だいたい君は、ふだんの練習にのぞむ態度がなってない。
三. ウ　四. X. ヒマワリの種　Y. いやな記憶　五. ウ　六. イ　七. ライバル　八. ⑥自分にとってハセオはもう友だちなのだということ。　⑦ハセオにも傷ついた経験があるのかもしれないこと。
九. ア, エ　十. ア, イ　十一. イ　十二. エ

2　一. 1. (1)あわ　(2)ウ　2. (1)たけのこ　(2)ア　3. (1)どんぐり　(2)イ　二. エ　三. ウ
四. 葉の表～ぎます　五. 枝から送られる水を使って葉が光合成をし、葉の作り出した養分が枝に送られるから。
六. イ　七. X. ア　Y. 代々と命が受け継がれる様子　Z. 子孫繁栄のシンボル　八. じつは　九. エ
十. ウ

《算　数》

1　(1)10　(2)$1\frac{1}{2}$　(3)$\frac{3}{4}$　(4)4545

2　(1)8　(2)4　(3)①C, 160　②460　(4)1.68　(5)85

3　(1)71.4　(2)15.7

4　(1)840　(2)B

5　(1)17　(2)5　(3)[グー／チョキ／パー]…[2／0／0], [1／1／0], [1／0／1]

6　37.68

7　(1)36　(2)右図　(3)七

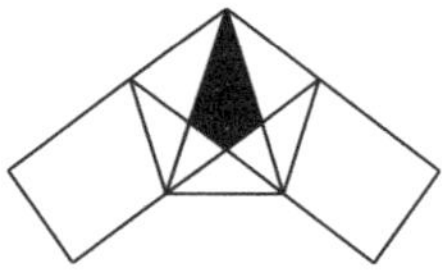

《理　科》

1　(1)オ　(2)二酸化炭素　(3)エ　(4)ウ　(5)ピンポン球の中の空気があたためられて体積が大きくなるから。
(6)電気が流れているときだけ磁石としてはたらくから。

2　(1)イ　(2)1つ目…卵をうみつける場所になるから。　2つ目…光が当たることで酸素をつくり出すから。
(3)①ア　②受精　(4)イ　(5)①カ　②イ　(6)水面付近にあるえさを見つけやすいため, しずみにくいえさを与える。　(7)水面付近にあるえさを口の中に入れやすい。

3　(1)イ, ウ, オ　(2)ア　(3)ろ紙をろうとに密着させるため。　(4)イ　(5)二酸化炭素　(6)ウ, カ　(7)ウ
(8)オ, カ　(9)①二酸化炭素　②二酸化炭素　③イ

4　(1)ア, ク, コ　(2)東　(3)南　(4)エ　(5)星座早見　(6)エ

5　(1)イ, エ　(2)ウ　(3)理由…発光ダイオードは電流が流れる向きが決まっているから。　なおす方法…＋と－のたんしを逆につなぐ。　(4)豆電球　(5)①ハンドルが手で回していたときと同じ向きに回転し続ける。
②発光ダイオード　(6)発光ダイオードは熱をあまり発生させず, 雪をとかしにくいから。

《社　会》

1　⑴正倉院　⑵東大寺　⑶ウ　⑷北条政子　⑸①卑弥呼　②エ　⑹①ロシア　②与謝野晶子　⑺①十七条の憲法　②法隆寺　⑻全国水平社　⑼藤原道長　⑽清少納言　⑾ア　⑿③Ｆ　⑤Ｈ　⑦Ｉ

2　⑴①イ，エ　②16000　⑵①エ　②ウ　③イ　⑶ウ　⑷①イ　②オ　③Ａ．環境　Ｂ．安全

3　⑴①平和維持　②Ⅰ．ユネスコ　Ⅱ．ユニセフ　⑵①国民主権　②イ，エ　⑶イ　⑷審議を慎重に行い，国民の権利を守るため。　⑸エ　⑹オ　⑺（例文）活動テーマ…生駒山の森林整備と植林で地球温暖化防止！
活動内容…生駒山の森林で，下草刈りや間伐のボランティア活動をする。間伐で出た木材を使って，自分用のはし作りもすることで，温暖化防止と３Ｒへの発信をする。

《2022　国語　解説》

1　三　ハセオは「悪かったよ」と「ためらいもなく、頭を下げて」きたので、素直《すなお》な気持ちを示したのだとわかる。ソラの態度は何を意味するのか。「ハセオらしい」と思う余裕《よゆう》がありながらも、自分が怒《おこ》っていることを「反応を示さなかった」ことで伝えた、つまり、自分の不快な思いを素直に表現したと言える。よって、ウが適する。

四　「顔がくもる」とは、明るさが消えてしずんだ顔つきになること。なぜ「顔がくもった」のかというと、――線②の直前の「ヒマワリの種」を見たからである。「ヒマワリの種」は、ソラに何をよみがえらせるのか。前書きにあるように、ソラは「同級生に顔のホクロをからかわれたことをきっかけに保健室《ほけんしつ》登校になった」のであり、「ハセオに『ヒマワリの種みたいだなそのホクロ』と(俳句《はいく》を)詠《よ》まれたことがショックで学校を休んで」いるのである。つまり、「ヒマワリの種」は、「いやな記憶《きおく》」(本文２行目)をよみがえらせるものと言える。

五　「ぽつぽつと話す」は、少しずつゆっくり話す様子。ハセオは、ソラを傷つけてしまったことを謝《あやま》っているのである。自分にとっての「ヒマワリ」や「ヒマワリの種」のイメージ、「ぜんぜん～バカにするつもりは、なかった～北村センセに言われて、ようやく気づいたんだ。でも、どうしたらいいのかわからなくて」という事情を説明している。この状況《じょうきょう》に、「不安げに」「慎重《しんちょう》に」「申し訳なさそうに」は合うが、ウの「冷静に」は合わない。

六　「ソラに謝っているというよりも、自分の俳句の下手さにしょげている」ことから、「マイペース」だと言える。また、「まだまだ、俳句、下手くそでさ～ソラに何か挨拶《あいさつ》の俳句が作れんかなと思って～でも～まだまだだよな」と言っていること、この後で「たとふれば～」の句について「こういうたとえができるのって、カッコいいと思うんだよな」と言っていることから、「探究心」や「向上心」の強さがうかがえる。イの「きまぐれ」(思いつきや気分で行動すること)という性格や様子は読み取れない。

七　⑤ の後で、この句の意味を「コマがばちばち一って戦うような二人だって言っててさ」と説明している。よって、「ライバル」(競争相手)が適する。

八⑥　「はっと」は、思いがけない出来事におどろく様子。直前で自分が思った「だいたい～不吉《ふきつ》じゃないか。友だちの前で」の「友だち」は、ハセオから見たソラ自身を意味する。つまり、自分とハセオは友だち関係にある、「僕《ぼく》にとっては、ハセオはもう友だちなんだ」ということを自覚したのである。　⑦　ハセオが「ソラだけなんだ、『俳句なんて』って言わなかったやつ。オヤジもさ、友だちもさ～『～何の役にも立たない』とかって……」と話すのを聞いて、ソラは「こういうふうに見えて、ハセオも、いろいろな言葉に傷《きず》ついてきたのかもしれない」と思っている。この時にそう思ったということは、今までそんなふうに思ってもみなかったということ。

九　自分のてのひらに残った「ヒマワリの種」を見て、ソラは「なに、これ」と、冷めた言い方をする。あげるつもりのハセオの気持ちは伝わらなかったようだ。ハセオから「いや、やるよ」と言われたソラは、「こんなんもらっても～植える庭、ないよ」と、二人の気持ちをつなぐことになった「ヒマワリの種」を、いらないかのように言う。ここから、アの「意志疎通《いしそつう》がうまくいっていない」と言える。そのように、スムーズにはいかないものの、エの「互《たが》いの言葉をしっかり伝えあっている」とは言える。

十　ハセオが「ヒマワリの種」を見せたときの「さっと手を出す～てのひらを、ひらく」という動作と、このときのソラの「てのひらをさしだしてみせる」は、似たような動作である。よって、アが適する。ソラは、ハセオがくれた「ヒマワリの種」を投げずに持っていたのである。ハセオと自分をつないでくれたもの、「大地のパワーのおおもと」だと思えるようになったもの、それをしっかり握《にぎ》って、「取っておく」と言っている。この様子から、ハセオの気持ち、ハセオにとっての「ヒマワリの種」の意味を受け止めたのだと読み取れる。よって、イが適する。

十一　「けたたましい音」はエ。「ときどきやってくる電車の轟音《ごうおん》」はウ。ソラが「こんなんもらっても～植える庭、ないよ」と言っていた「ヒマワリの種」を、大切なものとして「取っておく」心境になったときの「鎖《くさり》をひきずるような音」は、ア。よって、イがどれにも当てはまらない。

十二　ア.「コイツ、どれだけ、俳句好きなんだよ～だいたい～不吉じゃないか。友だちの前で」などに見られる特徴《とくちょう》である。　イ.「ヒマワリの種」に関する手の描写《びょうしゃ》をはじめ、ハセオが説明しているときの手の様子、ハセオがソラの手をぶんぶん振《ふ》る様子などに見られる特徴である。　ウ.ハセオの会話文の「……」や、ソラの気持ちを述べた文の「——」に見られる特徴である。　エ.「気持ちとひびきあうようにえがかれた」は適さない。

2　**二**　——線②は「照葉樹」のこと。次行の「たとえば～サカキやシキミなどは照葉樹です」より、エが適する。

三　「神様に捧《ささ》げるサカキやシキミなど」に加えて、「クスノキやシイノキ、タブノキなどは神社のご神木とされます」と、同様の例を取り上げているので、ウの「また」が適する。これらの具体例をまとめて「照葉樹は、神聖な植物とされてきました」ということを述べている。

四　——線④の直後に「<u>ワックス層のみで寒さから身を守る</u>照葉樹の対応策」とあることから、下線部が「照葉樹の頑張《がんば》り」だと読み取れる。この内容を指定字数で説明しているのは、——線②の前行の「葉の表面をワックス層で厚く覆《おお》って冬の間の水分の蒸発を防ぎます」という部分。

五　——線⑤は、直前で述べた内容から言えることをまとめた文である。よって、「葉は光合成をして～養分を作り出す～枝からは光合成に必要な水が葉に送られ～葉で作られた養分は枝へと送られる」という関係であることが、「切っても切れない」理由だと言える。

六　「切っても切れない関係を断《た》ち切ろう」とする、「枝と葉との関係を切り離《はな》す」しくみなので、イが適する。

七X　——線⑦の前行で「カシワはこの離層《りそう》の発達が不十分です」と述べている。　**Y・Z**　——線⑦の直前から、「葉が枯《か》れたまま、枝から落ちずにくっついて」いる「カシワ」を見て、人々が「たくましい」「めでたい」と思い、心を惹《ひ》かれたということが読み取れる。空らんに合う表現をさがすために、「カシワ」を「めでたい植物」だとする理由を説明している部分に着目する。２段落目に「カシワは、新しい芽が生まれてから古い葉が落ちます。<u>代々と命が受《う》け継《つ》がれる様子</u>から、<u>子孫繁栄《しそんはんえい》のシンボル</u>とされたのです」とあることから、下線部をぬき出す。

八　一～二段落では「マツ」と「カシワ」の両者にふれ、三段落で「マツ」に注目し、「針葉樹や照葉樹」の説明をしている。いきなり「じつは～カシワは落葉樹です」と話が変わっているので、この直前に入ると判断できる。

九　ア.落葉樹は「葉を落として冬を乗り越《こ》える」ので、適さない。　イ.「照葉樹の頑張りには限界がある～より寒い地域では十分ではありません」と述べているので、適さない。　ウ.針葉樹は「葉を細くして寒さに耐《た》えている」、「照葉樹も冬の間、緑を保ちます」と述べているので、適さない。　エ.針葉樹について「葉を落とすというしくみを持たずに、葉を細くして寒さに耐えている」、照葉樹について「葉を落とすしくみを持たず～葉の表面をワックス層で厚く覆って冬の間の水分の蒸発を防ぎます」と述べていることに、適する。

十　「マツ」は、「新しいシステム」(「葉を落として冬を乗り越えるという方法」)を持たない、「古いタイプ」の植物である。「カシワ」は、「落葉樹」ではあるが「離層の発達が不十分」なため、「葉が枯れたまま、枝から落ちずにくっついて」いるという状態になる。つまり、「マツ」も「カシワ」も、古いシステムだからこそ、「多くの木々が葉を落とす中で、冬の間も葉を残している～古来よりめでたい植物とされてきました」という価値を持つのである。ここから言えることなので、ウが適する。

―《2022　算数　解説》―

1 (1) 与式＝5×3－5＝15－5＝10

(2) 与式$=\frac{5}{3}\times 2\frac{1}{4}\div\frac{5}{2}=\frac{5}{3}\times\frac{9}{4}\times\frac{2}{5}=\frac{3}{2}=1\frac{1}{2}$

(3) 与式より，$\frac{20}{60}-\frac{12}{60}+\frac{5}{60}-\frac{3}{60}+\square=\frac{11}{12}$　　$\frac{1}{6}+\square=\frac{11}{12}$　　$\square=\frac{11}{12}-\frac{2}{12}=\frac{9}{12}=\frac{3}{4}$

(4) 与式＝101×1＋101×2＋…＋101×9＝101×(1＋2＋3＋4＋5＋6＋7＋8＋9)＝101×45＝4545

2 (1) **【解き方】表にまとめて考える。**

		国語		合計
		○	△	
算数	○	㋒	㋑	20
	△		9	
合計		15	㋐	36

まとめると，右表のようになる。㋐＝36－15＝21，㋑＝21－9＝12，

㋒＝20－12＝8だから，求める人数は8人である。

(2) **【解き方】$\frac{1}{7}=1\div 7=0.1428571\cdots$より，$\frac{1}{7}$を小数で表すと，小数第1位から，「142857」の6つの数が連続して並ぶ。**

20÷6＝3余り2より，小数第20位までに，「142857」が3回並び，次に1，4と続くから，求める数は4である。

(3)① AとB，BとCを買うときを比べると，AをCに変えることで金額が1140－980＝160(円)高くなるから，AとCとでは，Cの方が160円高い。

② CはAより160円高いので，Cを2つ買うと1200＋160＝1360(円)になる。

よって，C1つは1360÷2＝680(円)だから，B1つは，1140－680＝460(円)

(4) **【解き方】同じ道のりを進むのにかかる時間の比は，速さの比の逆比に等しいことを利用する。**

行きと帰りで歩いた時間の合計は，10時－9時－15分＝45分である。

行きに歩いた時間と帰りに歩いた時間の比は，速さの比である70：80＝7：8の逆比に等しく，8：7である。

よって，行きに歩いた時間は，$45\times\frac{8}{8+7}=24$(分)だから，求める道のりは，70×24＝1680(m)，つまり，1.68㎞である。

(5) **【解き方】余りを除けば割り切れるのだから，ある整数は2022－67＝1955の約数である。**

余りが67になるので，ある整数は67より大きい。1955を素数の積で表すと，1955＝5×17×23となることから，67より大きい数のうち，1955の約数となる最も小さい数は，5×17＝85であり，これが求める数である。

3 (1) 色のついた部分の周りの長さのうち，縦の直線部分の長さ，横の直線部分の長さの和はそれぞれ，おうぎ形の半径に等しく20㎝である。また，曲線部分の長さは半径が20㎝である円の$\frac{1}{4}$のおうぎ形の曲線部分の長さに等しく，$20\times 2\times 3.14\times\frac{1}{4}=31.4$(㎝)だから，求める長さは，20＋20＋31.4＝71.4(㎝)

(2) **【解き方】右図のように記号をおく。㋐＝㋑のとき，㋐＋㋒＝㋑＋㋒だから，長方形の面積とおうぎ形の面積は等しくなる。**

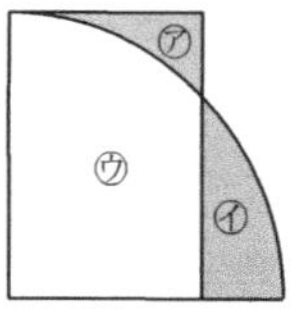

長方形の面積は，半径が20㎝の円の$\frac{1}{4}$のおうぎ形の面積に等しく，

$20\times 20\times 3.14\times\frac{1}{4}=314$(㎠)

長方形の縦の辺の長さは20㎝なので，横の辺の長さは，314÷20＝15.7(㎝)

4 (1) **【解き方】2020年も2021年もアンケートに答えた人数は同じだから，割合で引き算ができる。**

2021年は2020年から72－30＝42(%)増えたから，人数にすると，$2000\times\frac{42}{100}=840$(人)増えた。

(2) Bさんの意見が正しい。Aさんの意見は，グラフから読み取ることはできない。

Cさんの意見は，グラフから2022年にレジ袋を買わなかった人数の割合がわからないので，正しいとはいえない。

5 (1) Aさんの得点の合計は，$3\times4+2\times2+1\times1=17$(点)

(2) Aさんの1回目と2回目で出した手と得点の合計をまとめると右表のようになる。よって，考えられるAさんの得点の合計は，2点，3点，4点，5点，6点の5通りある。

		2回目		
		グー	チョキ	パー
1回目	グー	6	5	4
	チョキ	5	4	3
	パー	4	3	2

(3) Aさんの得点の合計が1点なので，Aさんはパーで1回勝ち，もう1回は負けている。つまり，Bさんはグーで1回負け，もう1回はグー，チョキ，パーのいずれかを出して勝っている。

よって，考えられる出し方は，「グー2回」「グー1回とチョキ1回」「グー1回とパー1回」の3通りある。

6 **【解き方】Cが通ったあとは，右図の太線部分である。**

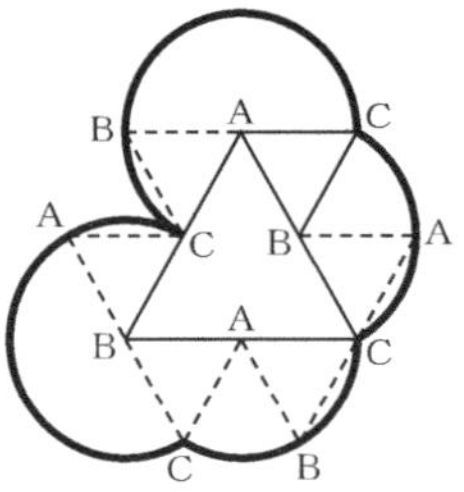

求める長さは，半径が3cm，中心角が$180°-60°=120°$のおうぎ形の曲線部分2つ分と，半径が3cm，中心角が$360°-60°\times2=240°$のおうぎ形の曲線部分2つ分の和だから，$3\times2\times3.14\times\frac{120°}{360°}\times2+3\times2\times3.14\times\frac{240°}{360°}\times2=$
$3\times2\times3.14\times2\times(\frac{120°}{360°}+\frac{240°}{360°})=12\times3.14=37.68$(cm)

7 (1) 正五角形の内角の和は$180°\times(5-2)=540°$だから，1つの角の大きさは$540°\div5=108°$である。よって，△EADはEA＝EDの二等辺三角形であり，∠AED＝108°だから，

角ア＝$(180°-108°)\div2=36°$

(2) 折れた紙テープを1枚ごとに色をぬると，右図のようになる。よって，4枚重なっている部分は，解答例のようになる。

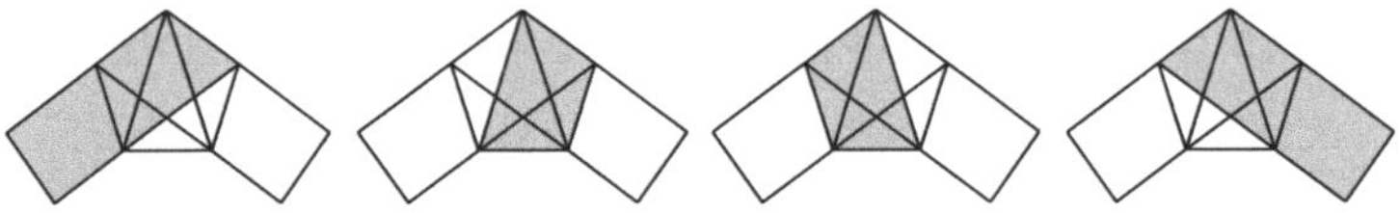

(3) **【解き方】図2，3をふまえ，結ぶために折った回数に注目して考える。**

図2のように結ぶと，結ぶために3回折る。この折ることでできた折り目の3つの辺と，結び目に入る紙テープと結び目から出る紙テープによって，正五角形ができる。

図4のように結ぶと，結ぶために右図の○印で5回折る。折り目5つと結び目に入るテープと結び目から出るテープで，全部で7本の辺ができるのだから，結び目には正七角形ができる。

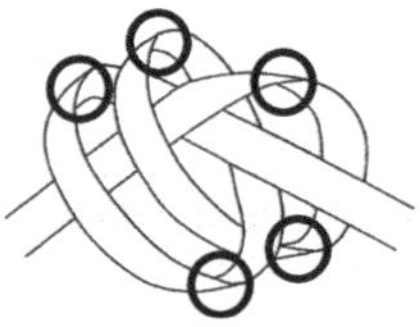

《2022　理科　解説》

1 (1) アとイは，卵→幼虫→成虫の順に育つ不完全へんたいの昆虫《こんちゅう》であり，ウとエは昆虫ではない。

(2) 石油や石炭などの化石燃料は有機物であり，炭素をふくむため，燃焼させると温室効果ガスである二酸化炭素が発生する。

(4) ウ○…カマキリは秋にたまごを産み，たまごで冬をこす。

(6) 永久磁石の場合，運んだ先で鉄のかたまりをはなすには，その磁石の力よりも強い力が必要になるが，電磁石であれば，電気を流すのをやめるだけで，簡単に鉄のかたまりをはなすことができる。

2 (3)① 背びれに切れこみがなく，しれびれの後ろが短いアがめすである。

(5) 水が緑色に変化したのは，植物プランクトンによるものである。植物プランクトンは，水と二酸化炭素を材料にしてでんぷんをつくり出す光合成を行うため，メダカにとってはよい栄養となる。

3 (1) 水溶液《すいようえき》と呼べるのは，にごりがなく，透明《とうめい》な液体である(色はついていてもよい)。

⑵　液体をろうとに注ぐときにはガラス棒を伝わらせ，ろうとの足の長い方をビーカーのかべにつけて，液体が飛び散らないようにする。

⑷　４つに分けたおうぎ形のうち，となり合う２つで液体を受ける。

⑸　炭酸水は二酸化炭素の水溶液《すいようえき》である。砂糖などの固体は，水の温度が高いほど溶《と》ける量が多くなるものが多いが，二酸化炭素などの固体はふつう，水の温度が高いほど溶ける量が少なくなる。

⑹　炭酸水は酸性の水溶液である。酸性の水溶液をつけると，青色リトマス紙は赤色に変化し，赤色リトマス紙の色は変化しない。なお，中性の水溶液をつけたときにはオとカ，アルカリ性の水溶液をつけたときにはイとオのようになる。

⑺　酸性の水溶液であるウを選べばよい。なお，アとエは中性，イとオはアルカリ性である。

⑻⑼　水草は，太陽の光がよく当たると，水と二酸化炭素を材料にしてでんぷんと酸素をつくり出す光合成を盛んに行う。よって，⑹のときと異なる変化があるとすれば，二酸化炭素が使われたことで酸性から中性に変化し，青色リトマス紙の色が変化しなくなったということである。また，⑹のときと同様に，赤色リトマス紙の色は変化しない。酸素の増減が水溶液の液性(酸性，中性，アルカリ性)に影響《えいきょう》を与《あた》えないことに注意しよう。

4　⑴　夏の大三角は，アのデネブ，クのベガ，コのアルタイルの３つの星をむすんだものである。

⑵　南の空を通る星は，太陽と同じように東の地平線からのぼり，南の空で最も高くなったあと，西の地平線にしずむ。

⑶　さそり座は，夏の大三角より先に東の地平線からのぼってくる。

⑹　星座早見は，頭上にかざして星空と見比べて使うので，地面に置いて南北の向きを合わせると，東西の位置が実際の方角とは逆になる。

5　⑴⑵　豆電球の数が１つのとき，イやエのように並列つなぎの乾電池《かんでんち》の数を増やしても豆電球の明るさは変化せず，アのように直列つなぎの乾電池の数が増えると豆電球は明るく光る。また，ウでは２個の乾電池の向きが逆になっているので，回路に電流が流れない。

⑶　豆電球は電流の向きにかかわらず明かりがつくが，発光ダイオードは決まった向きにしか電流が流れないので，明かりがつかないときには，＋と－のたんしをつなぎかえる必要がある(はじめから正しい向きにつなぐように注意する)。なお，＋と－のたんしをつなぎかえず，手回し発電機のハンドルを反対方向に回転させると，電流の向きが逆になり，発光ダイオードの明かりがつく。

⑷　大きな電流が流れるときほど手回し発電機のハンドルの手ごたえは大きい。豆電球と発光ダイオードを同じように光らせるには，豆電球の方が大きな電流が必要なので，豆電球をつないだときの方が手ごたえが大きくなる。

⑸②　発光ダイオードの方が明かりをつけるときに使う電気の量が少ないので，コンデンサーに同じだけ電気が蓄《たくわ》えられていれば，発光ダイオードの方が明かりがついている時間が長くなる。

⑹　発光ダイオードは電球に比べ，電気を光に効率よく変換《へんかん》するため，発生する熱の量が少ない。このため，発光ダイオードの信号機では，積もった雪がとけにくく，表示が見えなくなることがある。

《2022　社会　解説》

1　⑴　奈良時代の唐には，シルクロードを通って西アジアから様々な宝物が伝わっており，その一部が遣唐使によって日本に持ちこまれ，東大寺の正倉院に納められた。

⑵　聖武天皇は，仏教の力で世の中を安定させようとして全国に国分寺を，奈良の都に東大寺と大仏をつくらせた。

(3)　鎌倉は神奈川県の三浦半島にあるから，ウと判断する。

(4)　北条政子は鎌倉幕府初代将軍源頼朝の妻である。1221 年に鎌倉幕府打倒をかかげた後鳥羽上皇が挙兵すると，鎌倉幕府方は北条政子の呼びかけのもと，これを打ち破った(承久の乱)。

(5)①　『魏志』倭人伝に，弥生時代に邪馬台国の卑弥呼が魏に使いを送り，「親魏倭王」の称号や金印，銅鏡を授かったこと，卑弥呼が占いやまじないで邪馬台国をおさめていたことなどが記されている。　②　エの銅鐸(弥生時代)を選ぶ。アは縄文土器(縄文時代)，イは瑠璃杯(奈良時代)，ウは埴輪(古墳時代)。

(6)①　ロシアに日本を立ち向かわせようとするイギリスとアメリカが描かれている。　②　与謝野晶子は，出征した弟を思って詩を発表し，日露戦争に反対した。

(7)①　聖徳太子は，冠位十二階で個人の能力に応じて役人に取り立てた後，十七条の憲法で豪族に役人としての心構えを説いた。　②　聖徳太子が飛鳥時代に建てた法隆寺は世界遺産に登録されている。

(8)　全国水平社は，厳しい部落差別に苦しむ人々が部落解放運動のために結成した。

(9)　藤原道長は平安時代の有力な貴族であり，藤原氏の摂関政治(娘を天皇のきさきとし，生まれた子を次の天皇に立て，自らは天皇の外戚として摂政や関白となって実権をにぎる政治)が全盛だった頃の摂政であった。和歌には，自分の娘が立后したことを喜んだ道長の満ち足りた様子が詠まれている。

(10)　『枕草子』は，平安時代に清少納言が宮廷生活の中で感じたことをまとめた随筆である。

(11)　アを選ぶ。殖産興業政策として，生糸の品質や生産技術の向上を目的に，フランス製機械を輸入し，フランス人技師を雇って富岡製糸場をつくった。イは地券を交付し，土地の所有者に現金で税(地価の３％)を納めさせた政策。ウは，藩を廃止して政府から派遣された役人にそれぞれの県を治めさせた政策。エは，全国の大名が所有していた土地と人民を朝廷に返還させた政策。

(12)　E．縄文時代→C．弥生時代→F．飛鳥時代→A．奈良時代→H．平安時代→B．鎌倉時代→I．明治時代初め→D．明治時代後半→G．大正時代

2　(1)①　イとエが正しい。経度０度の本初子午線縦線はイギリスの旧グリニッジ天文台を，緯度０度の赤道は南アメリカ大陸のアマゾン川河口を通る。　ア．たての線を経線，横の線を緯線と言う。ウ．「インド洋」ではなく「太平洋」である(右図参照)。

②　$40000\times\frac{8}{20}=16000$(km)になる。

(2)①　エ．2019 年の契約数が最も少ないBは公衆電話である。残ったうち，個人が携帯電話を使用するようになって，固定電話の契約数が減っていったことから，Aを固定電話，Cを携帯電話と判断する。　②　ウが正しい。2019 年度の運行距離は，1990 年度の 65040÷25389＝2.56…(倍)である。　ア．2019 年度の貨物量は 1990 年度よりも増え，貨物数は表からは読み取れない。　イ．2019 年度の貨物量は，1990 年度の 146÷62＝2.35…(倍)なので，３倍以下である。

③　イが正しい。　ア．2020 年度の訪日外客数は 2019 年度よりも減少している。　ウ．2019 年度と 2020 年度は，出国日本人数よりも訪日外客数のほうが多い。

(3)　となり合うのは「アメリカ・カナダ」「ロシア・中国」で，小麦・大豆はアメリカからの輸入量が最も多いことから，ウを選ぶ。中国からは機械類や衣類，ロシアからは原油・液化天然ガス・石炭などの資源を輸入している。

(4)①　イが正しい。自動車工場では主にジャスト・イン・タイム生産方式が取られており，それぞれの部品をつくる関連工場から自動車部品を仕入れている。　ア．ライン作業は人の手でも行われるので，すべてがロボットによ

る作業ではない。　ウ．自動車は飛行機ではなく自動車運搬船で輸出される。　エ．現地のほうが人件費や部品が安いので費用は低くなる。　② オ．グラフより，1990 年から生産開始のＣを海外生産と判断する。表より，国内生産台数は輸出台数を上回ることから，Ａが国内生産，Ｂが輸出。　③Ａ　ハイブリッドカー(モーターとガソリンを組み合わせて走る自動車)や燃料電池自動車(水素を燃焼させて電気を取り出す自動車)は，走行時に二酸化炭素の排出量を少なくできるので大気汚染から地球を守れる。　Ｂ　自動ブレーキや誤発信防止システムを搭載した自動車は，交通事故を防げる。

3 (1)① 国際連合は，第二次世界大戦の反省から，世界の平和と安全を守ることを目的に設立された機関である。国際連合の平和維持活動(ＰＫＯ)では，戦いを続ける兵力を引きはなし，停戦を監視して，戦争の再発を防いでいる。

②Ⅰ　ユネスコ(国連教育科学文化機関)は，歴史的な建造物や貴重な自然を世界遺産に登録している。

Ⅱ　ユニセフ(国連児童基金)は，世界の子どもたちが平和で健康な生活を送れるように，食糧や医薬品を届けたり，予防接種を受けられるようにするための募金活動を行ったりしている。

(2)① 日本国憲法の基本原則は「基本的人権の尊重」「平和主義」「国民主権」である。　② イとエが誤り。

イ．保護者は，子どもに普通教育を受けさせる義務をもち，子どもは教育を受ける権利をもつ。　エ．国会議員に立候補できる権利は，衆議院議員が満 25 歳以上，参議院議員が満 30 歳以上である。アは生存権(社会権)，ウとオは自由権。

(3) イ．17 の目標の「持続可能な開発目標(ＳＤＧｓ)」が掲げられ，環境・経済・人間社会のバランスがとれた社会を取り戻し継続していくことが世界中で目指されている。

(4) 一院制だと審議が不十分のまま終わってしまう場合もあるが，二院制ならば国民の様々な意見を反映させ，話し合いや決定を慎重に行えるという考えに基づき，衆議院と参議院の二院制が採用されている。

(5) エ．2000 年代になって急激に工業化が進んだ中国は，二酸化炭素排出量が急増した①と判断する。残ったうち，二酸化炭素排出量が最も多い②をアメリカ，増加している③をインドと判断し，④はロシアになる。

(6) 海に流れ込んだ微小なプラスチック粒子(マイクロプラスチック)を魚などが食べ，その魚を食べている人間の体に移行して影響を及ぼす危険性が問題視されている。そのため，プラスチック製ストローを使用しないことや，繰り返し使用できる詰め替え用ボトルを買うことなどがすすめられている。

(7) 人工林は，間伐・枝打ちをしないと生い茂る葉で日光が地面に届かなくなり，下草が生えなくなる。そうすると土がむき出しになり，保水力が低下してしまうため，大雨の際に土砂災害が発生する恐れがある。また，間伐材がリサイクルされないまま焼却されると，二酸化炭素の排出量が増える。二酸化炭素などの温室効果ガスが大量に排出されると，地球表面の気温が高くなっていく地球温暖化現象が引き起こされる。そのため，ごみの発生を抑える「リデュース」，そのままの形体でくり返し使用する「リユース」，資源として再利用する「リサイクル」(３Ｒ)を進め，新たな天然資源の使用を減らす循環型社会が目指されている。

★大阪教育大学附属平野中学校

《国　語》

1 一．X．ア　Y．ウ　二．エ　三．ア　四．ぐちゃぐち～という作品　五．イ　六．ウ　七．何を描いて、何を描かないかをいっきに、簡単に整理すること　八．エ　九．ア　十．A．ア　B．イ

2 一．1．散歩　2．似合　3．保健　4．器官　二．エ　三．ア　四．ア　五．エ　六．ア，イ　七．海底にいる気分と、そこからはよく見えない星空を味わえるから。　八．ア　九．きれいだから気に入っているんでしょ。　十．相手の気持ちをあまり考えずに話し、相手が怒ってもその原因　十一．ア，イ　十二．エ

《算　数》

1 (1)7　(2)10　(3)$1\frac{1}{3}$　(4)4

2 (1)ひろみ　(2)4.8　(3)45　(4)33　(5)ウ　(6)13.76

3 (1)1470　(2)2　(3)（4，7），（8，4），（12，1）

4 (1)④　(2)350　(3)右グラフ

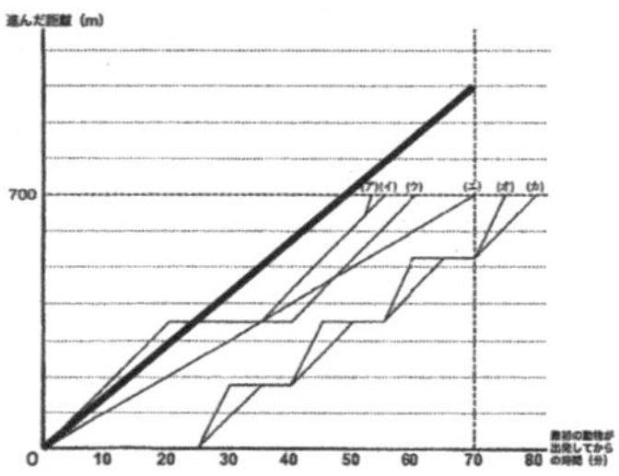

5 (1)A．6　B．4　(2)260

6 (1)35　(2)15　(3)32

7 (1)あ．4　い．4　(2)魔法Bまたは魔法Cを，合わせて2回使う。　(3)2034

《理　科》

1 (1)ウ　(2)エ　(3)オ　(4)①エ→ア→ウ→イ　②食物連さ　(5)イ，エ，ク

2 (1)明るさの条件を同じにするため。　(2)水や種子の中にわずかに酸素がふくまれているから。
(3)①茶／青むらさき　②右図　③色の変化が小さくなる。　④種子の発芽やその後の成長にデンプンが使われたから。　(4)オ

3 (1)アルカリ性　(2)酸性　(3)水溶液が目に入らないように保護めがねをかける。　(4)危険を回ひしやすいから。
(5)黄　(6)手についたあせで，リトマス紙が反応することがあるから。　(7)アルカリ性と酸性の水溶液を混ぜると，たがいの性質を打ち消し合うから。　(8)呼吸

4 (1)ふりこの10往復する時間を数回はかって平均を求め，それを10で割って1往復する時間を求める。
(2)ふりこの長さだけ変えて，おもりの重さとふれはばを変えない。　(3)おもりをつるす位置を，ふりこの長さが同じになるように変える。　(4)オ　(5)①6.35　②10　③55　(6)ア

5 (1)ア　(2)エ　(3)ア

6 (1)ク　(2)エ　(3)ウ　(4)イ　(5)エ

《社　会》

【1】⑴X．エ　Y．オ　⑵①ハザードマップ〔別解〕防災マップ　②エ　⑶ウ　⑷①X．種子　Y．足利
②[記号／名称]　A．[ウ／桶狭間の戦い]　B．[イ／長篠の戦い]　C．[ア／本能寺の変]　③イ
⑸a．直接的　b．○　⑹イ，ウ　⑺エ　⑻すがよしひで　⑼①緊急事態　②ア
⑽a．○　b．指名　c．任命

【2】⑴あ．B　い．A　う．C　⑵①外気温の影響を受けにくく，風も防ぐことができるから。　②ウ
⑶環濠集落　⑷ウ　⑸租　⑹ア　⑺同じ土地で１年に２回別の作物を作ること。　⑻地域によって異なっていた長さの単位を統一するため。

【3】エ

←解答例は前のページにありますので，そちらをご覧ください。

《2021　国語　解説》

1 二　──線①は、言っていることと思っていることが正反対なので、エの「裏腹」が適する。「裏腹」には、背中合わせという意味と、正反対であるという意味がある。

三　「はちゃめちゃ」は、道理や常識からひどく外れているさま。

四　「学生の作品のすばらしいもの」はどういう作品であるかを前の部分から探すと、同じ段落で「成績優秀《ゆうしゅう》者の絵」について、「ぐちゃぐちゃなのだけれど、ある種の規則のようなものを見つけかかっている、という作品」と述べている。よってここからぬきだす。

五　［④］をふくむ、芸術におけるコミュニケーションについて、直後の段落で「自分もわからないけれど相手もわからないかもしれない～なんとも言いがたいような思いをなんとか伝えようとする」と述べている。言葉では表現しがたいこと、相手に伝わらないかもしれないことを伝えようとするのだから、イの「伝達不可能と思える内容」が適する。

六　直後の「美は混沌《こんとん》にある。混沌の中から、あるルールや規律、序列、そういうものを見つけ出すときに、美が発見される」を参照。「発見される」のだから、今までなかった美が急に見えてくるようになるということ。よってウの「こつぜんと(＝突然《とつぜん》)姿を現す」が適する。他は「発見される」様子を表現するのには適さない。

七　「きれいな絵」を描《か》くとはどういうことかを考えてまとめる。［B］の直後に、「きれい」には「整理するとか整とんするという意味」があるとあり、若い人は、将来にかかわる大切なことについて、簡単に整理せず、捨てずにできるだけかかえもっていてほしいと述べている。このことは絵を描くことについても言えて、──線③の直後では、「何を描いて、何を描かないかをいっきに整理して、大切かもしれないものも捨ててしまって～そんな単純なことではない」と述べている。この部分の表現を用いて「ではない」につながるようにまとめる。

八　エは、［B］の直前の「美は混沌にある。混沌の中から、あるルールや規律、序列、そういうものを見つけ出すときに、美が発見されるのです」と、最後の２段落の「『美は乱調にあり』といいますが、まさに混沌～の中にこそ大切なものがあり、そこにはじめて秩序《ちつじょ》ができたときに、わたしたちは美的感覚を覚えていくのです。身近な例では、美しい森がそうでしょう」と一致《いっち》する。

九　「きれいな絵」と「美しい絵」について、「きれい」と「美しい」という言葉のちがいを説明する過程で、混沌の中に秩序が見つけ出されたときに美が発見されるという主張を述べているので、アが適する。

十　筆者の最も述べたいことは、文章の最後にまとめられていることが多い。　A　［A］の最後にある「美は混沌にある。混沌の中から～美が発見されるのです」より、アの「混沌の中から生まれるもの」が適する。

B　最後の２段落を参照。最後から２番目の段落の「『美は乱調にあり』～まさに混沌～の中にこそ大切なものがあり、そこにはじめて秩序ができたときに、わたしたちは美的感覚を覚えていくのです」から、イの「美は乱調にあり」が適する。最後の段落では、このことを「身近な例」である「美しい森」をあげて、くわしく説明している。

2 三　直前の「普段《ふだん》から『科学』派で、宇宙に関する本だっていっぱい読んでいる妹は、私より、今もずっとたくさんのことを考えて、感動しながら星空を眺《なが》めているかもしれない」から、うみかの邪魔《じゃま》をしないようにという気づかいがうかがえるので、イとエは理由として適当。また、うみかの方が宇宙のことにくわしいことと、うみかが何か言うと必ず言い返してくる性格であることから、星空や宇宙のことで何か言っても、言い返されるかもしれないと恐《おそ》れていると考えられる。よってウも理由として適当。消去法で残った、アが答え。

四　家族旅行で海に来て、夜の浜辺《はまべ》を散歩しているという特別な状きょうと、――線③の直前の「遠い場所に来たことで～きれいな夜空は、自分の家から見る空と違《ちが》って『宇宙』なのだとはっきり思えた」とあることを参照。「私」は今の状きょうを非日常であると感じており、「波の音」にもその感覚を強調する効果がある。よってアが適する。

五　うみかに聞き返されたものの、自分の考えを率直に言葉にすることができたので「ほこらしい」「満足」といった気持ちがあると考えられる。その一方で自分の言ったことを「恥《は》ずかしいセリフ」とも感じており、聞き取ってもらえなかったこともあって「きまりが悪い」という思いもあるはずである。しかし、この後で、巻き貝を拾ってうみかに話しかけているので、「傷ついた」というほどではない。よってエが答え。

六　「ザリガニのハサミのように」とたとえているので、アの比喩《ひゆ》が適する。「ごつごつした」は、事物の状態をことばで表現しているので、イのオノマトペ(擬態語)が適する。

七　――線⑥の前後の「海の音がするよ」「貝の内側から、水の底で聞くような遠い音が流れ込《こ》んできた」「だって、貝が沈んでいた海底では～星は見えなかったはずだ」を参照。海の底の音を聞きながら、そこからは見えない星空を眺《なが》めていることを、贅沢《ぜいたく》だと感じている。

八　「私」は、貝から海の音が聞こえることに感動し、「うみかにも聞かせたくて」貝を手渡した。うみかに共感してもらいたかったのである。ところが、うみかは科学的な根拠《こんきょ》をもって、「私」の言ったことを全て否定した。そのことに「私」は猛烈《もうれつ》に腹を立てたが、――線⑨にあるように、うみかは自分の言ったことを「私」がどう感じるかがわかってない。――線⑦でも、姉を傷つけるかもしれないなどとは思わず、正しいことを伝えたいという思いで発言していると考えられる。したがって、「――」は、自分の説明を姉が理解しているかを確かめるための、気づかいの間《ま》と考えることができる。この後で再び「その音は――」と話を続けようとしていることからも、悪気のなさがうかがえる。よってアが適する。

十　八の解説を参照。「私」からすると、うみかは、相手がどう感じるかを想像せずに、自分の思ったことをそのまま口に出してしまう点で無神経なのである。

十一　「私」は、――線②で、うみかを気づかって迂闊《うかつ》に声をかけないようにしていた。一方のうみかは、「私」からすると人の気持ちをあまり考えないように見えている。しかし、「私」に貝を渡《わた》された後、本当は貝から音がしているわけではないことを知っていたのに、「私と同じようにしばらく音を聞いた」し、八で見たように、間を取って気づかいしていた。しかし、その気づかいは「私」に伝わらず、「私」は腹を立ててしまった。また、「私」のうみかへの気づかいも、うみかに伝わっていない。よってアとイが適する。

十二　「私」の視点から書かれているので、主人公(「私」)がいないときは、他の登場人物の行動を語ることはできない。よって、エが適する。

《2021　算数　解説》

1　(1)　与式$=21-(16-2)=21-14=7$

(2)　与式$=15-(\frac{2}{3}\times12-\frac{1}{4}\times12)=15-(8-3)=15-5=10$

(3)　与式$=\frac{1}{2}\times\frac{10}{3}\div\frac{5}{4}=\frac{1}{2}\times\frac{10}{3}\times\frac{4}{5}=\frac{4}{3}=1\frac{1}{3}$

(4)　与式より，$\square\div\frac{1}{5}=(6+\square)\div\frac{1}{2}$　　$\square\times5=(6+\square)\times2$　　$\square\times5=6\times2+\square\times2$

$\square\times5-\square\times2=12$　　$\square\times(5-2)=12$　　$\square\times3=12$　　$\square=12\div3=4$

2 (1) (カブトムシ１匹あたりの容積)$=\dfrac{(虫かごの容積)}{(飼っているカブトムシの数)}$は，ひろみさんの虫かごが$\dfrac{22950}{8}$＝2868.75(cm³)，しげみさんの虫かごが$\dfrac{9600}{4}$＝2400(cm³)，としみさんの虫かごが$\dfrac{4500}{2}$＝2250(cm³)だから，最も大きいのは，ひろみさんの虫かごである。

(2) **【解き方】同じ道のりを進むのにかかる時間の比は，速さの比の逆比に等しいことを利用する。**

行きと帰りの速さの比は 18：12＝３：２だから，行きと帰りでかかった時間の比は２：３である。

この比の差の３－２＝１が８分にあたるから，行きでかかった時間は，８×$\dfrac{2}{1}$＝16(分)，つまり，$\dfrac{16}{60}$時間＝$\dfrac{4}{15}$時間

よって，家から図書館までは，18×$\dfrac{4}{15}$＝4.8(km)

(3) もらったあめの個数は，だいきさんが 150×$\dfrac{4}{10}$－２＝58(個)，かずみさんが(150－58)×$\dfrac{5}{10}$＋１＝47(個)だから，ゆうたさんは，150－58－47＝45(個)

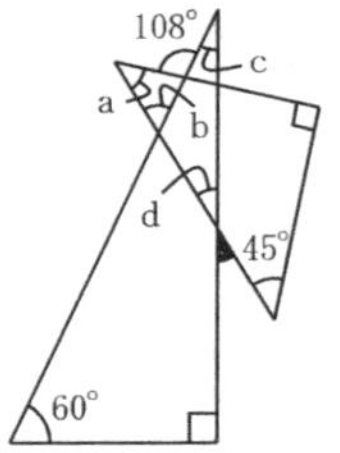

(4) **【解き方】三角形の１つの外角は，これととなりあわない２つの内角の和に等しいこと，対頂角は等しいことを利用する。**

右図のように記号をおく。三角形の外角の性質より，角ｂ＝108°－角ａ＝108°－45°＝63°

角ｄ＝角ｂ－角ｃ＝63°－30°＝33°　対頂角は等しいから，求める角度は角ｄ＝33°である。

(5) **【解き方】正方形になっている折り紙が最後に置いた折り紙だから，最後に置いた折り紙から，順に取りのぞいていき，残った折り紙が最初に置いた折り紙である。**

アから順に取りのぞいていくと，下図のようになるから，最初に置いた折り紙はウである。

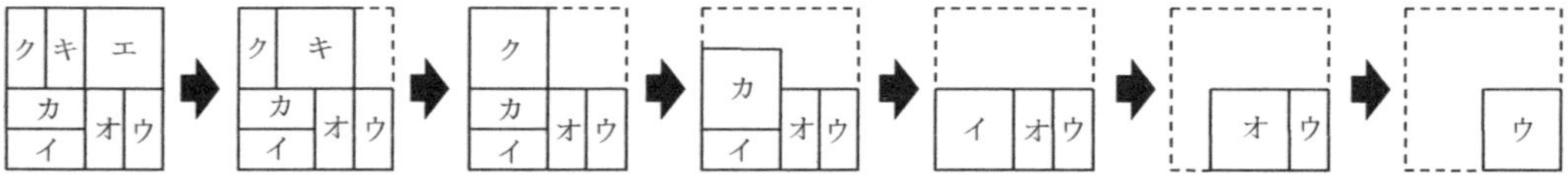

(6) **【解き方】色のついた部分の面積の和は，１辺が８cmの正方形の面積から，㋐対角線の長さが８cmの正方形の面積をひき，さらに㋑図ⅰの太線で囲まれた部分の面積４つ分をひけばよい。また，㋑は図ⅱの斜線《しゃせん》部分の面積２つ分に等しい。**

図ⅰ

図ⅱ

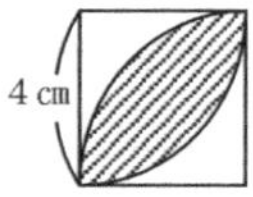

１辺が８cmの正方形の面積は，８×８＝64(cm²)

正方形(ひし形)の面積は，(対角線)×(対角線)÷２で求められるから，

㋐は，８×８÷２＝32(cm²)

図ⅱの斜線部分の面積は，半径が４cm，中心角が 90°のおうぎ形の面積２つ分から，１辺が４cmの正方形の面積をひけばよいので，４×４×3.14×$\dfrac{90°}{360°}$×２－４×４＝８×3.14－16＝25.12－16＝9.12(cm²)

よって，㋑は 9.12×２＝18.24(cm²)だから，求める面積は，64－32－18.24＝13.76(cm²)

3 (1) 荷物の大きさが 100 cmのときは，100 cm以上 120 cm未満なので，配送料は 1470 円である。

100 cm未満は，100 cmをふくめないので，気をつけよう。

(2) **【解き方】つるかめ算を用いて求める。**

荷物の大きさは 60 cm以上 80 cm未満なので，配送料は 1050 円である。

13 枚すべてが 84 円切手だった場合，全部で 84×13＝1092(円)となり，1092－1050＝42(円)多く支払うことになる。84 円切手１枚を 63 円切手１枚に置きかえると，支払う金額は 84－63＝21(円)少なくなるので，配送料を

ちょうど支払うためには，63 円切手は 42÷21＝２(枚)必要である。

⑶　**【解き方】84 円切手 840÷84＝10(枚)で，ちょうど支払うことができる。また，63 と 84 の最小公倍数は 252 だから，84 円切手 252÷84＝３(枚)は，63 円切手 252÷63＝４(枚)に置きかえられる。**

(０，10)から，84 円切手３枚を 63 円４枚に置きかえる操作をくり返すと，(４，７)(８，４)(12，１)となる。

4　⑴　傾き具合が大きい方が速く，進んだ距離が一定となっているところは休憩《きゅうけい》している。

ウシ，カメ，ネズミは山頂まで同じ速さで進んでいるから，(ア)，(イ)，(エ)のいずれかである。速さが変わったとき，(ア)と(イ)の方が(エ)より速くなるから，ウシ，ネズミは(ア)か(イ)である。ネズミは最後，ウシより早くゴールしたから，(ア)がネズミ，(イ)がウシである。

山頂でのみ休憩しているのは(ウ)だけだから，(ウ)がウサギである。

少し進んでは休憩をくり返しているのは(オ)と(カ)であり，進む速さは(オ)の方が速いから，(オ)がサル，(カ)がイヌである。

⑵　行き帰りが同じ道で，合わせて 700m進んだのだから，求める道のりは，700÷２＝350(m)

⑶　⑵をふまえる。イノシシは，ゴールするまでの 70 分間で(350＋150)×２＝1000(m)進んでおり，一度も休憩していないのだから，２点(０分，０m)(70 分，1000m)を直線で結べばよい。

5　⑴　１日＝24 時間だから，0.25 日＝(0.25×24)時間＝$_{\mathrm{A}}\underline{6}$時間

１年につきあと約６時間必要なので，24÷６＝$_{\mathrm{B}}\underline{4}$(年)で約 24 時間必要となる。

⑵　24 時間＝１日で地球は，94200×$\frac{1}{365.25}$＝257.9…より，約 260 万km進むから，求める距離は，260 万kmである。

6　**【解き方】できた立体を[真上から見た図]について考えるとよい。**

⑴　最も多い場合，[真上から見た図]は，図ｉのようになる(色付き部分は３個，斜線部分は２個，色のついてない部分は１個の積み木が積まれている)。

図ｉ

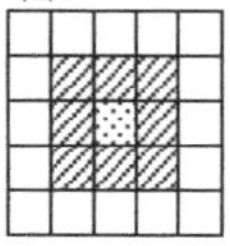

図ⅱ

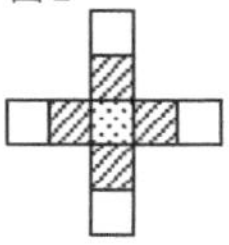

よって，求める個数は，５×５＋３×３＋１＝35(個)

⑵　⑴をふまえる。最も少ない場合，[真上から見た図]は，図ⅱのようになる。

よって，求める個数は，９＋５＋１＝15(個)

⑶　**【解き方】上下，前後，左右から見える図形の面積を考える。**

⑴，⑵をふまえる。最も多い場合も最も少ない場合も，前後，左右から見える図形の面積は同じである。

上下から見える図形は，最も多い場合は図ｉ，最も小さい場合は図ⅱのようになるので，上下から見える図形の面積の和はそれぞれ，(５×５)×２＝50(㎠)，９×２＝18(㎠)となる。よって，表面積の差は，50－18＝32(㎠)

7　⑴　魔法《まほう》Ｂを１回使うとミカンが３個増えるから，(あ)にあてはまる数は，１＋３＝４

魔法Ｃを１回使うとイチゴが４個増えるから，(い)にあてはまる数は，０＋４＝４

⑵　**【解き方】リンゴの個数の変化だけに注目する。**

魔法Ａを１回使うと，リンゴが２個増え，魔法Ｂを１回，魔法Ｃを１回使うとそれぞれリンゴが１個減る。

よって，魔法Ａを１回使った後は，魔法Ｂまたは魔法Ｃを，合わせて２回使うと，リンゴの個数が魔法を使う前と同じになる。

⑶　**【解き方】魔法Ａ，Ｂ，Ｃを使った回数をそれぞれ○回，△回，□回とする。リンゴ，イチゴの個数が魔法を使う前と同じになるから，増えた量と減った量が同じになる。**

リンゴは○×２(個)増え，△＋□(個)減るから，○×２＝△＋□より，△＝○×２－□…①

イチゴは□×４(個)増え，○＋△(個)減るから，□×４＝○＋△より，△＝□×４－○…②

①，②より，○×２－□＝□×４－○だから，○×２＋○＝□×４＋□　　○×３＝□×５

よって，○：□＝５：３とわかるので，少なくとも魔法Ａを５回，魔法Ｃを３回使っている。

魔法Ａを５回，魔法Ｃを３回使うと，ミカンが５＋３＝８(個)減り，リンゴが２×５－３＝７(個)，イチゴが４×３－５＝７(個)増えるので，魔法Ｂを７回使うことで，リンゴとイチゴの個数が魔法を使う前と同じになる。

このとき，ミカンは魔法を使う前から３×７－８＝13(個)増えるので，求める個数は，2021＋13＝2034(個)

これは2024個以上であり，魔法の回数をこれ以上同じ回数の割合で増やしてもミカンの個数は減らないので，正しい。

《2021　理科　解説》

1　⑷①　ミドリムシ→ゾウリムシ→ボルボックス→ミジンコの順である。

⑸　夏の大三角をつくる星は，はくちょう座のデネブ，こと座のベガ，わし座のアルタイルである。なお，冬の大三角を作る星は，オリオン座のベテルギウス，おおいぬ座のシリウス，こいぬ座のプロキオンである。

2　⑴　種子を冷蔵庫に入れると温度の条件以外に光の条件も変わるので，もう１つの種子は日光が当たらないところへ置いて箱をかぶせることで，明るさの条件を同じにする。

⑵　種子が発芽する条件は，水，空気(酸素)，適当な温度である。種子を水の中に沈めると酸素が不足して発芽しないが，水や種子の中にわずかに酸素がふくまれているので，発芽することもある。

⑶　インゲンマメの子葉はデンプンをふくんでいるので，ヨウ素液をかけると青むらさき色に変化する。

⑷　オ○…芯についていた部分があるほうの①には，根，くき，葉になるはいの部分があるので発芽するが，はい乳の部分が③よりも小さいので，③より小さな葉で発芽する。②には，はいの部分がないので発芽しない。

3　⑴　石灰水はアルカリ性だから，フェノールフタレイン溶液はアルカリ性の水溶液に反応して赤色になることがわかる。

⑵　食塩水は中性，うすい塩酸は酸性である。アルカリ性の水溶液に中性の水溶液を加えても赤色(アルカリ性)のままで，酸性の水溶液を加えると無色に戻る。

⑸　ＢＴＢ液は酸性で黄色，中性で緑色，アルカリ性で青色に変化する。

⑹　リトマス紙を使うときは，ガラス棒を使って水溶液をリトマス紙につける。

⑺　息にふくまれる二酸化炭素は水にとけると酸性を示す。二酸化炭素は水にとけてアルカリ性の石灰水とたがいの性質を打ち消し合う中和が起こるので，アルカリ性の性質が打ち消されて赤色が消える。

⑻　もやしの呼吸によって二酸化炭素が発生したと考えられる。

4　⑴　測定ご差をなくすために，10往復する時間を数回はかって平均値を求め，それを10で割って１往復の時間を求める。

⑵　ある条件が結果にどのような影響を与えているかを調べるとき，その条件以外を同じにして結果を比べる実験を対照実験という。

⑶　おもりをたてにならべてつるすと，おもりの数が多いほどふりこの長さが長くなってしまうので，複数のおもりをつるすときには，横にならぶようにしてつるす。

⑷　オ○…ふりこの長さを変えると，１往復する時間は変わるが，おもりの重さやふれはばを変えても，１往復す

る時間は変わらない。

⑸① ⑷解説より，ふりこの長さに着目する。ふりこの長さが 40cm のときの１往復する時間は 1.27 秒だから，５往復する時間は 1.27×５＝6.35(秒)となる。　② 20 往復する時間が 12.7 秒だから，１往復する時間は 12.7÷20＝0.635(秒)である。表より，ふりこの長さが４倍になると，１往復する時間が２倍になることがわかるので，１往復する時間が 0.635 秒の２倍の 6.35×２＝1.27(秒)のときのふりこの長さが 40cm であることから，ふりこの長さは 40÷４＝10(㎝)となる。　③ くぎにかかってからのふりこの長さによる１往復の時間とふりこの長さが 80cm のふりこの１往復の時間を平均すると，１往復する時間が 1.39 秒となる。表より，80cm のふりこの１往復する時間は 1.78 秒だから，くぎにかかってからのふりこの長さでの１往復する時間は 1.39×２－1.78＝1.00(秒)となる。したがって，くぎにかかってからのふりこの長さは 25cm であり，天井からくぎまでの長さは 80－25＝55(㎝)となる。

⑹ ふりこの長さを長くすると，１往復する時間が長くなり，１分間にふれる回数が少なくなる。

6 ⑴ ク○…図２の月は三日月である。三日月はア(新月)とキ(上弦の月)の間に見える。

⑵⑶ 三日月は日没後に西の空に見える。

⑷ イ○…月は新月→三日月(３日後)→上弦の月(７日後)→満月(15 日後)→下弦の月(22 日後)の順に満ち欠けし，約 29.5 日後に新月にもどるので，三日月から満月までの日数はおよそ 12 日である。

⑸ エ○…日食は，太陽，月，地球の順に一直線に並び，太陽が月によってかくされる現象である。このような位置関係になるときの月は新月だから，およそ 27 日後である。

《2021　社会　解説》

【１】

⑴Ｘ エ．北のオホーツク海気団と南の小笠原気団がぶつかって梅雨前線が発生し，南西諸島から東北地方まで，順に北上して梅雨入りしていく。2020 年の梅雨末期に梅雨前線が２週間近く停滞したため，熊本県の球磨川が氾濫した。　Ｙ オ．大雨特別警報が出された場合，土砂崩れや浸水などがすでに発生している可能性が高いので，命を守るための行動をとらなければならない。

⑵① ハザードマップには，洪水や地震のほか，火山噴火，津波，土砂災害などの自然災害について，災害が起きたときに被害が発生しやすい地域や緊急避難経路，避難場所などが示される。　② 災害時に自助・共助・公助が連携することで，被害を最小限にするだけでなく，早期復興にもつながると言われている。

⑶ 中央高地に位置している松本市は，冬の気温が低く，降水量は一年を通じて少ないので，ウと判断する。アは北西季節風の影響で冬の降水量が多い福井市(日本海側の気候)，イは比較的温暖で降水量が一年を通じて少ない高松市(瀬戸内の気候)。

⑷①Ｘ 鉄砲は，種子島に漂着したポルトガル人によって伝えられ，その後戦国大名に注目されて各地に広まった。Ｙ 織田信長は，姉川の戦いで浅井・朝倉の連合軍を破り，延暦寺を焼き打ちし，足利義昭を追放して室町幕府を滅亡させた。　②Ａ ウ．３万の軍勢で尾張の桶狭間に攻め入った駿河の今川義元を，織田信長は３千の兵で打ち破った。　Ｂ イ．長篠の戦いでは，織田信長・徳川家康連合軍が鉄砲を有効に用いて，武田勝頼の騎馬隊を破った。　Ｃ ア．本能寺の変で織田信長を倒した明智光秀は，直後の山崎の戦いで信長の家臣である羽柴(豊臣)秀吉に滅ぼされた。　③ イが正しい。織田信長は仏教勢力と対立し，キリスト教を保護した。アは足利尊氏，

ウは藤原氏による摂関政治や平清盛，エは豊臣秀吉による刀狩についての記述である。オの安土城下では，楽市・楽座令によって商人に自由な商売を認めていたことから，武士だけを住まわせていたはずがない。

(5)a　長の選出方法には，地方自治体の首長のような「直接選挙」と，内閣総理大臣のような「間接選挙」がある。

(6)　イとウが正しい。予算の執行と議会の解散は首長が持つ権限である。

(7)　ふるさと納税制度は，地方自治体と都市部との格差是正などを理由に導入されたから，エが正しい。地方自治体に寄付をすると，所得税や住民税が控除されたり，自治体から返礼品として地域の特産品などがもらえたりする。

(8)　菅義偉内閣総理大臣は，安倍晋三内閣で官房長官として新元号「令和」を発表したことでも知られる。

(9)①　飛沫や接触によって感染する新型コロナウイルス感染症の拡大を防ぐため，緊急事態宣言が出されて三密を避ける活動自粛が求められた。　②　アが誤り。日本の緊急事態宣言は外出自粛の要請であり，外出禁止などの強制力はない。

(10)a・b　内閣総理大臣は国会の議決によって国会議員の中から指名される。　c　内閣総理大臣の任命は，天皇が行う国事行為である。

【2】

(1)(あ)　板付遺跡は福岡県にあるからBを選ぶ。　(い)　登呂遺跡は静岡県にあるからAを選ぶ。　(う)吉野ケ里遺跡は佐賀県にあるからCを選ぶ。

(2)①　寒い地域の竪穴住居が背丈以上に掘り下げられていたことから，防寒対策をしていたと考えられる。半地下式にすることで，壁が外気に接しないため，外気温の影響を受けにくくなる。このため，竪穴住居内は夏は涼しく，冬は暖かい居住空間であったと考えられている。　②　ウ．米作りが始まると，定住生活が広まり，生産手段を持つ者は作業の指導者として地位を高め，生産手段を持たない者との格差を広げていった。そのため，稲作が広まった弥生時代には，支配する者と支配される者の身分差がはっきりとしていた。

(3)　周りを堀や柵で囲まれた環濠集落は敵の侵入を防ぐためにつくられた。弥生時代に米作りが盛んになると，土地や用水を目的とした争いが発生した。

(4)　ウ．日本は，唐の進んだ制度や文化を学ぶために遣唐使を送っており，701年に大宝律令が作られた。

(5)　税については右表参照。

名称	内容	収める場所
租	収穫した稲の約３％	国府
調	布または特産物	都
庸	10日間の労役にかわる布	都

(6)　アが正しい。鰯を干して作った肥料(干鰯)や，菜種油をしぼって作った肥料(油粕)は江戸時代以降に使用された。

(7)　鎌倉時代，牛馬の糞を肥料にして土地の生産力が上がったことから米と麦の二毛作が始まった。

(8)　豊臣秀吉がものさしの長さを統一するまで，地方によって長さの基準が違ったため，年貢の量もそろっていなかった。しかし，秀吉が行った太閤検地では予想される収穫量を米の体積である石高で表したため，年貢を確実に集めることができるようになった。

【3】

エ．Aは工業出荷額が最も高く，輸送用機械の生産が盛んだから中京工業地帯である。Bは化学工業が盛んだから，大規模な石油化学コンビナートがある瀬戸内工業地域である。Cは工業出荷額が最も低いから北九州工業地帯である。残ったうち，輸送用機械の生産が盛んなDを京浜工業地帯，金属工業が盛んなEを阪神工業地帯と判断する。

★大阪教育大学附属平野中学校

《国　語》

1 一. 1. 時折　2. 情報　3. 程度　二. 講演／公演／好演／広遠／高遠 などから2つ
三. A. エ　B. ウ　C. イ　四. 巣に近づく天敵をみつけると親鳥が繰り返す鳴き声。
五. 警戒しながら集まれ　六. ア　七. X. ア　Y. エ　Z. 仲間とコミュニケーションをとっている
八. 5　九. エ　十. ウ

2 一. X. エ　Y. イ　Z. ア　二. 1. 白状　2. 整　3. 一目散　三. A. ウ　B. ア　C. エ
四. イ　五. (例文)兄が、「安い時計を買ったらすぐにこわれ、かえって高くついた。」となげいていた。
六. ア　七. わざと負けたりしないで、全力でいどんでほしいという気持ち。　八. エ　九. ウ
十. (例文)五人で過ごす最後の夏が終わってしまうことをなごりおしく思う心の痛み。

《算　数》

1 (1)20　(2)53　(3)62.8　(4)4

2 (1)72　(2)1000　(3)銅　(4)1　(5)8　(6)◆

3 (1)あ. 104　い. 25　(2)果樹園Aは85g以上90g未満の個数がもっとも多くその前後に個数が集中しているが，果樹園Bは85g以上90g未満の個数は少なく，果樹園Aより重さにばらつきがある。

4 (1)8　(2)16　(3)右図

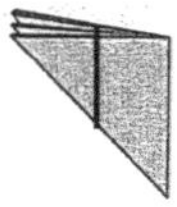

5 (1)①143　②741　(2)3　(3)持ち帰り／6

6 あ. 6　い. 60

7 (1)60　(2)30　(3)9

《理　科》

1　(1)ウ　(2)①３対　②胸　③ウ，オ　(3)①イ　②室温の水が，90℃の水によってあたためられたことで体積が大きくなったから。　(4)ア　(5)自然災害によるひ害の軽減などを目的として，その地域のひ難経路やひ難場所などを表示した地図。

2　(1)84　(2)右図　(3)ア，ウ，エ　(4)食塩水を加熱して水を蒸発させる。　(5)カ

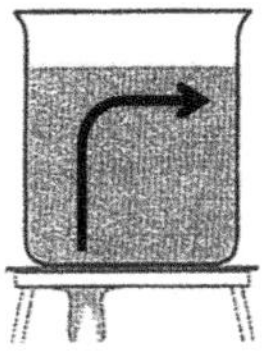
2(2)の図

3　(1)オ　(2)消化管　(3)かん臓　(4)①消化液　②消化液はヒトの体温と同じくらいの温度でよくはたらくから。　③ヨウ素液　④青むらさき　⑤B　⑥だ液にはデンプンを分解するはたらきがある。

4　(1)10　(2)30　(3)30　(4)36

5　(1)くぎBがくぎAに引きつけられる。　(2)エ　(3)図…右図　理由…すべての針金で，棒磁石にくっついていない方がN極になり，N極どうしが反発し合うから。

5(3)の図

6　(1)しん食　(2)運ぱん　(3)たい積　(4)外　理由…外側の方が水の流れが速くなるから。　(5)川底や他の石とぶつかることで角がとれたから。　(6)大雨などによって土砂が流出するのを防ぐ。

《社　会》

1　(1)(ⅰ)9　(ⅱ)16　(ⅲ)17　(2)①ア　②渡来人　③ウ　(3)友好関係にあった百済が新羅に滅ぼされ，新羅との関係が悪化したことで，唐まで陸に沿って渡る北路が使えなくなったから。　(4)①様式名…寝殿造　記号…ア　②ア　(5)①エ　②名前…雪舟　記号…ウ　③様式名…書院造　記号…ウ　(6)①エ　②記号…ア　県名…佐賀県　(7)ア　(8)西洋への輸出品として，質の高い生糸を生産するため。

2　(1)イ　(2)①仕切りによる居住空間の確保。　②掲示板による情報の伝達と収集。　(3)ウ　(4)中学校で学んだ防災に対する知識を，実際に地域の人に活用してもらえること。

3　(1)ア　(2)ア，イ　(3)輪中　(4)イ　(5)アイヌ民族　(6)①季節風　②ウ

4　(1)ウ　(2)①ア　②エ

2020 解説 大阪教育大学附属平野中学校

令和２年度

←解答例は前のページにありますので，そちらをご覧ください。

《2020　国語　解説》

[1] **四**　「このような鳴き声は～単なる『叫《さけ》び声』であると考えられてきた。しかし～この声は天敵の種類をヒナに伝える『単語』であることが明らかになった」の「このような鳴き声」と「この声」（── 線①）は同じ「声」を指している。「このような鳴き声」の直前の「親鳥は、巣に近づくカラスやヘビをみつけると、繰《く》り返し鳴き声を出して騒《さわ》ぎ立てる」を「～声」の形でまとめる。

五　直前に「仲間とともに協力してフクロウやモズなどの天敵を追い払《はら》うことがあるのだが、その際は『ピーツピ・ヂヂヂヂ』と組み合わせる」とある。「ピーツピ」は「仲間に危険を知らせる際」の鳴き声で「警戒《けいかい》しろ」、「ヂヂヂヂ」は「仲間を呼ぶ際」の鳴き声で「集まれ」という意味である。これを組み合わせた鳴き声であることから考える。

六　「正しい語順の音声（＝「ピーツピ・ヂヂヂヂ」）を～再生して聞かせてみると、シジュウカラは天敵を追い払うときと類似《るいじ》の行動～で反応する。一方、語順を逆にした合成音（＝「ヂヂヂヂ・ピーツピ」）を再生すると、これらの反応はみられない」という結果から考えると、シジュウカラは語順を認識《にんしき》して、その意味を解読していることが分かる。よってアが適する。

七　「鳥類の音声研究」で最近分かってきたことは、[1]段落に「最近の研究で、野鳥の一種・シジュウカラが、『単語』や『文法』を用いて仲間とコミュニケーションをとっていることがわかってきた」と述べられている。

八　[2]～[4]段落にはシジュウカラが単語を用いていることについて、[5]・[6]段落にはシジュウカラが文法を用いていることについての具体的な説明がされている。

九　「シジュウカラ語を解き明かす」ことは「人間の言語の起源を探《さぐ》るうえでも大きな鍵《かぎ》を握《にぎ》っている」ので、エが適する。

十　ア．筆者が[7]段落で「もう一度意見を述べている」ことがふくまれていない。　イ．事例を示す前に、筆者が[1]段落で「意見を示して」いることがふくまれていない。　エ．「予想される反対の意見を否定」している段落は本文中にない。　よってウが適する。

[2] **一**　本文中には「じゃがまるは～中学年としての」とある以外にそれぞれの「学年」を示した部分はない。しかし、［　　　］から、同級生は呼び捨て、下級生は呼び捨てかニックネームであることがうかがえる。よって、Ｘはエの章《あきら》、Ｙはイの恭《きょう》、Ｚはアのじゃがまるである。

四　「毎夏、いとこの少年たちと、子どもだけで『章くん』の海辺の別荘《べっそう》で過ごす」ことを「ぼくらの夏」と表現している。これが「何度もあった」ことを「不思議」ととらえている表現は本文中にない。よってイが正解。

五　文中の「かえって」は、逆にという意味で用いられている。

六　直後に「章くんの口から出てきたのは、ぼくの恐《おそ》れていたソースの話題じゃなかった」とあることから、ニラ炒《いた》めにソースをかけてしまったことを章くんにしかられると思って恐れていたため、名前を呼ばれて無意識にこのような態度をとったと思われる。よってアが適する。

七　「最後の勝負」とは「最後の競泳」のこと。「ぼくはもう手をぬかなかった」「前回のいかさまを白状しているようなもん」「わざと負けるなんて、もういやだ。『がんばれよ』とはっぱをかけられたとき、ぼくは章くんの目を正視できなかった。あんなやましさはたくさんだ」とあることから、前回は「ぼく」が章くんにわざと負けたということが分かる。章くんはそれに気づいていたから、「ぼくだけを見つめて、言った」のだ。章くんの言葉には、わざと負けたりせず、正々堂々と全力でいどんでほしいという気持ちがこめられていたと思われる。

八　──線⑤の直後で「ぼく」がじゃがまるに言った「そりゃあ、ぼくらの競泳は～知らせてくれよ」という言葉から考えると、「ぼく」が「必死で言葉を探した」のは「自分が泳ぎきった達成感」という自分本位なものからではなく、一番年下でまっすぐなじゃがまるを、今どんな言葉ではげましてやるべきかを考えていたからだと思われる。よってエが正解。

九　章くんが、海がこわくて近づけなかった「ぼく」にした「手をがしっとつかんで～水の中に放りこ」んだことを、厳しかったという意味で、「悪魔《あくま》かと思った」と表現している。しかし、「そうこうしているうちにちょっとずつ、ちょっとずつ、泳げるようになってった」と続けていることから、厳しかった章くんに感謝していることが分かる。「悪魔かと思った」は、当時の海での出来事になつかしさを感じながら、ユーモアをもって言った言葉だと思われる。よってウが正解。

十　章くんとの思い出を話したあと、「ぼくは再びまぶたをおろし」「章くんにつねられたほおに(右手を)当てた」。あらためて章くんの参加は今年で最後だということを実感して、５人で過ごす最後の夏休みが終わってしまうことへの心の痛みを感じている。「とうぶん消えそうもない」とあることから、５人で過ごしてきた夏休みへの思いの深さを読み取りたい。

《2020　算数　解説》

1　(1)　与式＝13＋(49－42)＝13＋７＝20

(2)　与式＝$\frac{7}{15}$×60＋$\frac{5}{12}$×60＝28＋25＝53

(3)　与式＝(６×６－４×４)×3.14＝(36－16)×3.14＝20×3.14＝62.8

(4)　与式より，□×８＝10＋22　　□＝32÷８＝４

2　(1)　１時間20分＝$1\frac{20}{60}$時間＝$\frac{4}{3}$時間なので，求める速さは，時速$(96\div\frac{4}{3})$km＝時速72kmである。

(2)　３つの数字の選び方はそれぞれ０～９の10通りあるので，暗証番号は全部で10×10×10＝1000(通り)できる。

(3)　体積１㎤あたりの重さは，金が579÷30＝19.3(ｇ)，銀が630÷60＝10.5(ｇ)，銅が623÷70＝8.9(ｇ)なので，一番軽いのは銅である。

(4)　外から見える面なので，正面だけでなく，右や左，後ろなどから見える面にも色をぬる。

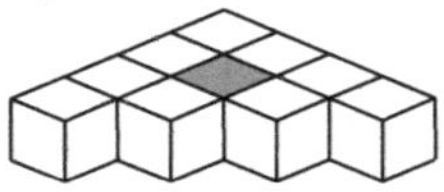

上から３段目までの積み木は，すべて外から見える面がある。４段目の積み木は，右図の色のついた部分の積み木が外から見える面がないので，１面もぬられていない積み木は，１個である。

(5)　２でも３でも割り切れる数は，２と３の最小公倍数である６の倍数である。１から50までの整数のうち，６の倍数は，50÷６＝８余り２より，８個あるので，Ｃに入る整数は８個である。

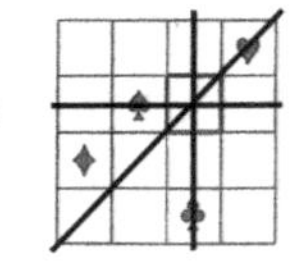

(6)　太枠を通る縦，横，ななめの列には，それぞれクローバー，スペード，ハートのマークがあるので，太枠に入るマークはダイヤである。

3　(1)　資料より，果樹園Ｂで収穫されたイチジクで，もっとも重い重さは，あ104ｇである。果樹園Ａで収穫された85ｇ未満のイチジクは，16個のうち，83ｇ，78ｇ，83ｇ，80ｇの４個だから，割合は，$\frac{4}{16}$×100＝い25(％)である。

(2)　表１の重さごとのイチジクの個数に注目すると，解答例のような説明になる。

4 (1)　1回紙を折るごとに，折る前に重なっている紙の枚数の2倍だけ紙が重なる。㋐のときは1枚で，㋓の状態になるまでに3回折ったから，紙は1×2×2×2＝8(枚)重なっている。

(2)　㋐→㋓と逆の手順で広げると，右図Ⅰのようになる(破線は折り目)。図ⅡのAの三角形は8個，Bの三角形は4個，Cの三角形は4個できるから，三角形は全部で8＋4＋4＝16(個)できる。

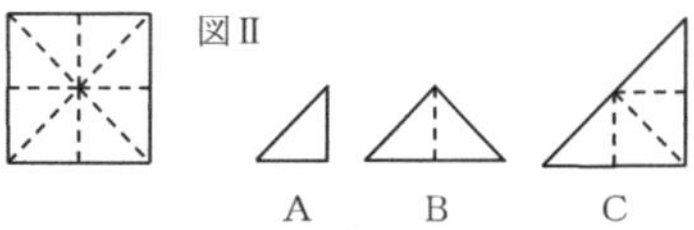

(3)　㋔を，㋐→㋓と同じ手順で折ると右図のようになる(色つき部分は切られた部分)から，解答例のようになる。

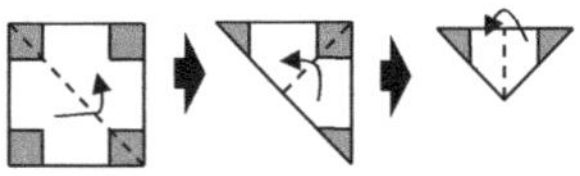

5 (1)①　店内で飲食の場合は消費税が10％＝$\frac{10}{100}$＝$\frac{1}{10}$なので，求める金額は，130×(1＋$\frac{1}{10}$)＝143(円)である。

②　平成2年の消費税は3％＝$\frac{3}{100}$なので，求める金額は，180×4×(1＋$\frac{3}{100}$)＝741.6より，小数点以下を切り捨てて，741円である。

(2)　税抜きの価格は同じなので，消費税の差だけ考える。ポテト1つ買うときの消費税は，平成10年が100×$\frac{5}{100}$＝5(円)，平成30年が100×$\frac{8}{100}$＝8(円)なので，差は8－5＝3(円)ある。

(3)　(2)と同様に考える。チーズバーガーとコーラを1つずつ買うときの消費税は，店内で飲食の場合が(180＋120)×$\frac{10}{100}$＝30(円)，持ち帰りの場合が(180＋120)×$\frac{8}{100}$＝24(円)なので，持ち帰りの方が30－24＝6(円)安い。

6　1箱分のきびだんごをつくるのに必要な仕事の量を，15と10と20の最小公倍数である60とすると，1分間の仕事の量は，イヌが60÷15＝4，サルが60÷10＝6である。イヌとサルの1分間の仕事の量の和は4＋6＝10なので，協力して作ると，60÷10＝あ6(分)で作れる。

競争が始まって30分後の仕事の量は，イヌが4×30，サルが6×30なので，差は6×30－4×30＝(6－4)×30＝2×30＝60である。キジの1分間の仕事の量は60÷20＝3なので，イヌとキジの1分間の仕事の量は4＋3＝7となり，サルより7－6＝1多くなる。よって，手伝い始めてから60÷1＝い60(分後)にイヌとキジは，サルに追いつく。

7 (1)　〔図③〕は〔図②〕のひし形をさらに4つに分けたものであり，〔図②〕のひし形は15個あるので，求める個数は，15×4＝60(個)である。

(2)　〔図③〕の下の角に注目すると，正十二角形の1つの内角の大きさは，ひし形Aの小さい方の角度5つ分であることがわかる。正十二角形の内角の和は，180×(12－2)＝1800(度)なので，1つの内角の大きさは1800÷12＝150(度)である。したがって，求める角度は150÷5＝30(度)である。

(3)　〔図②〕と〔図⑥a〕を比べると，くり抜いた小さい正十二角形は，〔図②〕のひし形をそれぞれ4等分してできたひし形が同じ並び方をしてできた図形とわかる。これより，小さい正十二角形の面積は，〔図①〕の面積の$\frac{1}{4}$(倍)である。よって，〔図①〕の面積から小さい正十二角形の面積をひくと，24－24×$\frac{1}{4}$＝18(㎠)となる。

ひし形の各辺の真ん中の点を結んでできた，色のついた長方形について考える。ひし形も長方形も，対角線の交わる点はそれぞれの真ん中の点を通るので，右のように作図すると，16個の合同な三角形ができる。長方形の面積はこの三角形8個分だから，色のついた長方形は，もとのひし形の面積の$\frac{8}{16}$＝$\frac{1}{2}$(倍)である。したがって，求める面積は，18×$\frac{1}{2}$＝9(㎠)である。

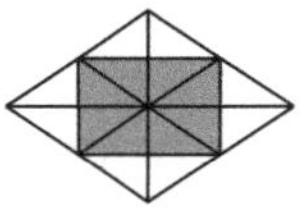

《2020　理科　解説》

1　(2)①②　昆虫《こんちゅう》の体は，頭，胸，腹の３つに分かれていて，３対のあしはすべて胸についている。なお，はねがある場合には，はねもすべて胸についている。　③　ウはクモ類，オは甲殻《こうかく》類である。

(3)　水はあたためられると体積が大きくなり，冷やされると体積が小さくなる。なお，このような温度による体積の変化は，水のような液体だけではなく，固体や気体でも同様にみられる。

(4)　ア×…津波《つなみ》は，海の深さが深いところほど速く伝わる。このため，津波が発生した場所から浅い方に向かっていくと，速さがおそくなっていき，後から来た波が追いつくことで，波が高くなっていく。

2　(1)　食塩がとける量は水の量に比例する。食塩は20℃の水70mLに25ｇまでとけたから，食塩を30ｇとかすために必要な20℃の水は$70\times\frac{30}{25}=84$(mL)である。

(2)　あたためられた水は軽くなって上に移動する。

(3)　ア×…火をつけるときは，静かに横の方からマッチの火を近づける。　ウ×…燃料のアルコールはびんの８分目まで入れる。　エ×…火をつける部分のしんの長さは５㎜ぐらいにする。

(4)　(1)解説の通り，水の量が少なくなればとけることができる食塩の量も少なくなり，食塩のつぶを取り出すことができる。

(5)　エ→イ→カ→ア→オ→ウ

3　(3)　養分は小腸で血液中に吸収されると，養分を多くふくんだ血液は小腸から直接かん臓に運ばれ，全身へ送られるとともに，その一部はかん臓にたくわえられる。

(4)①　消化液によってはたらくものが決まっている。例えば，だ液はデンプンに，胃液はタンパク質にはたらく。

②　消化液はヒトの体内ではたらくのだから，ヒトの体温がはたらきやすい温度になっている。　③④　ご飯つぶに最も多くふくまれている成分はデンプンである。ヨウ素液はデンプンに反応して青むらさき色に変化する。

⑤⑥　だ液にはデンプンを分解するはたらきがある。したがって，だ液を入れたＡではデンプンが分解されて，デンプンがなくなるので，ヨウ素液を加えても色が変化しない。だ液を入れなかったＢではデンプンがそのまま残るので，ヨウ素液を加えると青むらさき色に変化する。

4　(1)　支点の左右で棒をかたむけるはたらき〔おもりの重さ(ｇ)×支点からの距離《きょり》(㎝)〕が等しくなると，棒は水平になる。図１のとき，20ｇのおもりが棒を左にかたむけるはたらきは20(ｇ)×20(㎝)＝400であり，支点からＡまでの距離は60－20＝40(㎝)だから，Ａが棒を右にかたむけるはたらきが400になる(棒が水平になる)のは，Ａの重さが400÷40(㎝)＝10(ｇ)のときである。

(2)　糸①には，棒の両はしにつるしたおもりの重さの合計がかかるから，20＋10＝30(ｇ)が正答となる。

(3)　糸①にかかる力は30ｇだから，２つ目の棒を左にかたむけるはたらきは30(ｇ)×30(㎝)＝900である。糸②からＢまでの距離は60－30＝30(㎝)だから，Ｂが２つ目の棒を右にかたむけるはたらきが900になるのは，Ｂの重さが900÷30(㎝)＝30(ｇ)のときである。

(4)　支点の左右で棒をかたむけるはたらきが等しくなるとき，おもりの重さの比は，支点からの距離の逆比と等しくなる。(2)と同様に考えて，糸②にかかる力は30＋30＝60(ｇ)であり，Ｃの重さは90ｇだから，
糸③から糸②までの距離：糸③からＣまでの距離＝90：60＝３：２になれば，３つ目の棒も水平になる。したがって，糸③から糸②までの距離は$60\times\frac{3}{3+2}=36$(㎝)である。

5　(1)(2)　鉄でできたものを磁石にくっつけておくと，鉄が磁石になる。図１のとき，くぎＡは棒磁石のＮ極とくっつ

いている方がＳ極，とがっている方がＮ極の磁石になっている。このため，図２では，くぎＡの先のＮ極に，方位磁針のＳ極(色のついていない方)が引きつけられる。つまり，色のついたＮ極は，クギＡと反対の向きをさす。

6 (4) 水の流れが曲がっているところでは，外側の方が水の流れが速く，しん食作用が大きくはたらくので，川底や川岸がけずられて，がけができやすくなっている。これに対し，水の流れがおそい内側では，たい積作用が大きくはたらいて，川原ができやすくなっている。

(5) 下流にある石ほど，川を流れてくる間に，川底や他の石とぶつかって割れたり，角がとれたりするので，小さく丸みをおびている。

(6) 土砂が一気に流出することで，土石流などの災害が発生する恐れがある。

《2020 社会 解説》

1 (1)(ⅰ) ９世紀は 801 年～900 年で平安時代にあたる。Ｂの遣唐使の派遣は，唐の衰退と航海の危険を理由に 894 年に停止された。Ｃは平安時代の国風文化についての記述である。 (ⅱ) 16 世紀は 1501 年～1600 年で，鉄砲伝来は 1543 年，朝鮮出兵は 1592 年(文禄の役)と 1597 年(慶長の役)である。 (ⅲ) 17 世紀は 1601 年～1700 年で江戸時代にあたる。Ｇのキリスト教禁止令(禁教令)は 1613 年，オランダ商館の出島への移設は 1641 年である。Ｈは江戸時代についての記述で，備中ぐわや千歯こきなどによって農業の生産性が上がり，売ることを目的とした商品作物の栽培が盛んになった。

(2)① ア．古墳時代，大和(現在の奈良県)の豪族が強い勢力をほこり，やがて大和政権(大和王権)を中心にまとまった。 ② 渡来人は，須恵器の製法，漢字や儒学，仏教などを伝えた。 ③ 埼玉県の稲荷山古墳から出土した鉄剣と，熊本県の江田船山古墳から出土した鉄刀には，大和政権の王である「獲加多支鹵《ワカタケル》大王」の文字が刻まれていた。

(3) ８世紀に新羅との関係が悪化して以降，遣唐使船は荒波の東シナ海を横断する南路を航行した。

(4)① アが正しい。寝殿造は平安時代の貴族の住宅に見られる建築様式で，中央の「寝殿」や，渡り廊下の「渡殿」などが特徴である。イは飛鳥時代に見られる建築様式(エンタシス)である。ウは弥生時代の環濠集落である。エは安土桃山時代に千利休がつくった妙喜庵待庵が有名である。 ② アが正しい。紫式部が『源氏物語』，清少納言が『枕草子』を書いた。『徒然草(兼好法師著)』は鎌倉時代，『古事記』は奈良時代に書かれた。『土佐日記』を書いた紀貫之は男性である。

(5)① エが正しい。室町幕府３代将軍足利義満が建てた金閣は北山文化，８代将軍足利義政が建てた銀閣は東山文化を代表する建築物である。足利尊氏は初代将軍である。 ② ウの「天橋立図(雪舟筆)」を選ぶ。アは「富嶽三十六景―神奈川沖浪裏(葛飾北斎筆／江戸時代)」で浮世絵である。イは「鳥獣人物戯画(平安時代・鎌倉時代)」，エは「源氏物語絵巻(平安時代)」で絵巻物である。 ③ ウを選ぶ。室町時代，床の間を飾るため，生け花や水墨画の掛け軸などが発達した。アはちがい棚，イは畳，エは障子。

(6)① エ．鉄砲を伝えたのは種子島に漂着したポルトガル人，キリスト教を伝えたのはスペインの宣教師フランシスコ・ザビエルである。 ② 豊臣秀吉は佐賀県の名護屋城を本拠地にしたからアを選ぶ。イは熊本県，ウは宮崎県，エは鹿児島県。

(7) ア．江戸幕府は，キリスト教徒の増加がヨーロッパによる日本侵略のきっかけとなり，幕府の支配のさまたげになると考え，キリスト教の布教を行うスペインやポルトガルの船の来航を禁止した。キリスト教の布教を行わないオランダや，キリスト教と関係のない中国は長崎での貿易を認められ，ヨーロッパやアジアの情勢を報告することを義務づけられた(風説書)。

(8) 開国以来，生糸は日本の主要な輸出品だったが，輸出が急増し生産が追い付かず生糸の品質が低下してしまった。そのため，生糸の品質を高めることや生産技術を向上させることを目的に，1872 年，群馬県に富岡製糸場がつくられた。

2 (1) イが正しい。 X．災害対策本部が集めた情報をもとに，警察や消防，自衛隊などに被災地への出動指示を出す。都市再生本部と地域再生本部は内閣に設置されている。 Y．復興庁には，復興特区認定や復興交付金申請の窓口，被災地対策を一本化する機能がある。

(2)① 被災者のプライバシーを確保するため，紙製の間仕切りが活用されている。 ② 情報を共有できるようにするため，掲示版が活用されている。

(3) ウが正しい。アとイとエは災害対策基本法についての記述である。

(4) ヤスフミさんが「小学校でも学んだ…災害から…くらしを守るためにどんなことができるのかを学ぶ」と言っていることに着目し，中学生に対して地域防災の担い手としての意識を高めるねらいがあることを導く。

3 (1) アが正しい。 A．最上川は山形県の庄内平野を経て，日本海に流れ込む日本三急流の１つである。仙台平野は宮城県，越後平野は新潟県にある。 B．北西季節風が暖流の対馬海流の上空で大量の水蒸気をふくんだ後，山地にぶつかって日本海側に大量の雪を降らせる。

(2) アとイが正しい。 ウ．降り積もった雪が自然に下へ落ちるように屋根のかたむきが急になっている。エ．防寒のために二重窓にしている。

(3) 木曽三川(木曽川・長良川・揖斐川)に囲まれた下流域では，古くから河川の氾濫による洪水が多かったため，輪中と呼ばれる堤防で周囲をめぐらせ，土を盛るなどして周囲より高いところにひなん場所としての水屋を建てた。

(4) イ．田の面積を減らし，畑の面積を増やす転作が奨励されてきた(減反政策)が，農家の自立を目指すため廃止された。

(5) アイヌ民族は北海道の先住民族で，「札幌」「知床」はアイヌ語が語源である。

(6)② ウが正しい。 ⅱ・ⅲ．夏の南東季節風が太平洋側に雨を降らせ，冬の北西季節風が日本海側に雪を降らせる。ⅳ．冬の積雪が多い北陸地方には水田単作地帯が広がる。東海地方は太平洋に面する。

4 (1) ウが誤り。社会権のうちの生存権について規定した日本国憲法第 25 条の「健康で文化的な最低限度の生活」という文言はそのまま暗記しよう。

(2)① 違憲審査についての記述であるアが正しい。イは国会，ウとエは内閣の持つ権限である。 ② エが正しい。アは弾劾裁判についての記述で，国会議員の中から選ばれた裁判員が裁判する。イは天皇が行う国事行為である。

2019 解答例 平成31年度 ★大阪教育大学附属平野中学校

《国　語》

1 一．1．一節　2．法則　3．旅行　二．ウ　三．エ　四．とにかく机　五．やがて私は
六．イ　七．大事な「書き物」はできないので、とてもショックだったから。　八．ウ　九．「私」の「書き物」を勉学とは違う種類のものとして認め、敬意を払っていた　十．ウ　十一．イ

2 一．1．予期　2．加味　3．容易　4．検証　二．(例文)その地域では、気温が四十度をこえることもままある。　三．その人物の内なる心理を知りたい　四．ある行為 ～ あるから　五．ウ　六．ア，イ
七．本音　八．特定の個人への思い入れを抑えつつ、より広い視点から出来事の展開や意味を問う。
九．ア　十．エ

《算　数》

1 (1)1　(2)8　(3)8　(4)1020100

2 (1)16.8　(2)南　(3)105　(4)1667　(5)2　(6)12

3 (1)52　(2)$16\times x-4\times(x-1)$〔別解〕$12\times x+4$

4 (1)ADとBCが平行だから，2つの三角形の底辺をBCとしたときの高さが等しくなるため。
(2)記号…㋒　理由…台形の上底をa，下底をb，高さをhとする。灰色の三角形の面積の和は，a×h÷2，白色の三角形の面積の和は，b×h÷2で表せる。aとbではbのほうが長いから，b×h÷2のほうが大きい。
(3)3.6

5 (1)ア．10　イ．2　(2)120，150　(3)45

6 (1)1375　(2)39　(3)55

7 (1)3.14　(2)㋒　(3)①1　②9.42

《理　科》

1 ⑴イ　⑵エ　⑶イ，オ　⑷ボーリング　⑸エナメル線の両はしのエナメルを紙やすりではがす。　⑹矢印のイよりアの部分を持つ方が，支点から力点までのきょりが長くなるから。　⑺①ア　②ウ　③熱くなるので直接さわらないようにする。　⑻①イ　②イ，エ

2 ⑴ア．水平　イ．磁石　ウ．北　⑵下図　移動する方向…東　⑶下図　無敵ゾーンになる理由…自分の影がすべてコートの外にできるから。　⑷温度計に日光が直接あたらないようにする。

3 ⑴並列つなぎ　⑵A　⑶下図　⑷50

4 ⑴イ　⑵イ　⑶①アルミニウムは熱を伝えやすいから。　②空気とふれる表面積が広く，熱を逃がしやすいから。　⑷(ろ)→(に)→(い)→(は)

5 ⑴ウ　⑵かえってすぐのメダカの方が多くのエネルギーを必要とするから。　⑶ヒトは母親の体内で，母親から養分をもらって育つから。　⑷下図　⑸イ　⑹ア

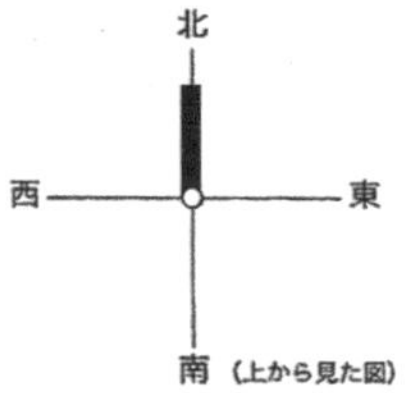

2⑵の図

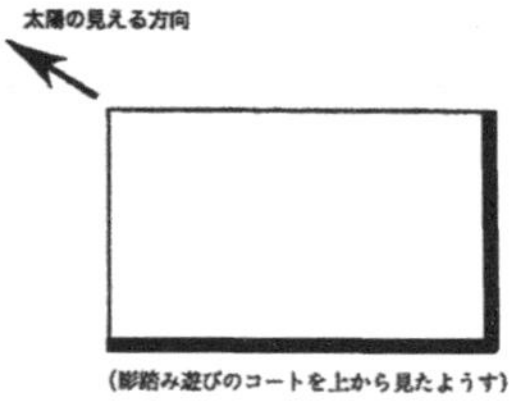

2⑶の図

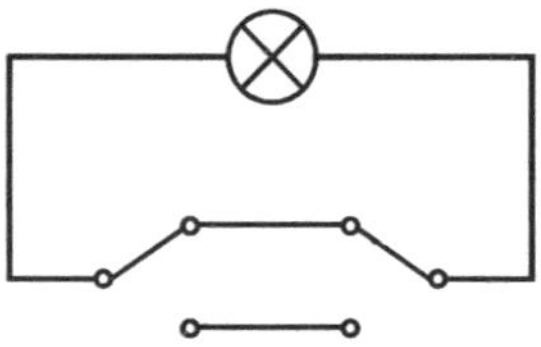
3⑶の図

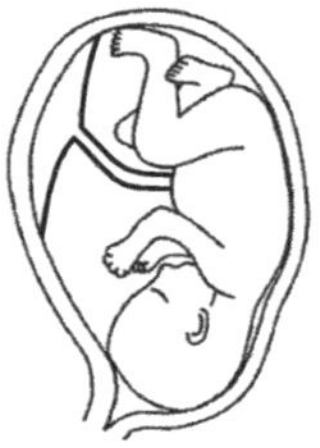
5⑷の図

《社　会》

1 ⑴ウ　⑵ア，エ　⑶ほ場整備が進んだことで，田植えや収穫作業に機械を導入することができたから。
⑷①ア　②ア　⑸別々の役割を持つ船が船団を組んで漁をするから。　⑹冷凍冷蔵庫　⑺ア．2　イ．×　ウ．×　エ．2　⑻計測したデータを，インターネットを使ってスマートフォンに送るようにした。

2 ⑴650　⑵イ　⑶ア　⑷ウ

3 ⑴後白河　⑵エ　⑶記号…ウ　都道府県名…静岡県　⑷ア　⑸ウ
⑹①宋　②記号…キ　都道府県名…兵庫県　⑺G．キ　H．エ　⑻①記号…イ　都道府県名…神奈川県
②ウ

4 ⑴①伊藤博文　②ドイツ〔別解〕プロイセン　③アメリカ(合衆国)　⑵ⅰ．11，3　ⅱ．5，3
⑶オ　⑷ウ　⑸記号…ア　正答…衆議院　記号…イ　正答…25　⑹イ，オ
⑺①国民主権〔別解〕主権在民　②(例文)私たちは主権者だから，自分たちの現在と将来を，自分たちで決めていきましょう。

2019 解説 平成31年度 ▶ 大阪教育大学附属平野中学校

←解答例は前のページにありますので，そちらをご覧ください。

《2019　国語　解説》

[1] 二　５行目に「おもちゃ以外のお土産をもらうのは生まれて初めてだった」とあるので、「父親から初めてもらったお土産」ではないことがわかる。よってウが適する。

三　「磨《みが》き込《こ》まれた流線型のペン先が現れ」たときの感情であること、「見ているだけでも～ほどに美しく」とあることから、エの「胸が高鳴る」が適する。胸が高鳴るとは、期待や希望などの思いが募《つの》ること。

四　「私」が書いているものは「自分たちの知っている漢字ばかり」と、大人たちが思いこんだ理由がわかる部分を探す。３行前に「例えば漢字の書き取りのようなものに違《ちが》いないと思い込んだらしい」とある。

五　「私はまず手始めに、自分の好きな本の一節を書き写してみた」とある。この頃《ころ》は「たとえ自分が考えた言葉ではないにしても、それらが私の指先を擦《す》り抜《ぬ》けて目の前に現れた途端《とたん》、いとおしい気持ちに満たされた」。その感覚に変化が表れたのが「やがて私は他人の文章を書き写すだけでは満足できなくなり、作文とも日記ともお話ともつかないものを書き付けるようになった～とにかく、ありとあらゆるものだった」で始まる段落からである。

六　「万年筆」という人間以外のものを人間に見立てて、「忠実に働いた」と表現している。よってイの擬人《ぎじん》法が適する。

七　「インクが切れた」ということは、この万年筆が使えなくなったということである。このとき「私」はまだ、新しいインクを補充《ほじゅう》すれば、今までと同じように使えるようになることを知らなかったので、万年筆が「壊《こわ》れた」と思い込んでうろたえた。この万年筆が使えないというだけで、うろたえ、叫《さけ》び声をあげたのはなぜかを考える。「私はいつどんな時も、書きたくて書きたくてたまらなくなった」や、「今日は何にも書くことがないという日は、一日もなかった」などから、「私」にとって、万年筆を使って書くことがとても大事でかけがえのないものだったことがわかる。万年筆が「壊れた」ことで、「私」は大切な〝書き物〟がもうできないと思ったのである。

八　直後に「私は自分の不注意を呪《のろ》い」とあることから、自分が不注意で万年筆を壊したのだと思い込んでいることがわかる。よって、「もう壊しちゃったの～壊したあなたが悪いんです」という母の台詞《せりふ》の「正当性を認め、自分を責めている」とあるウが適する。

九　キリコさんの「私」の〝書き物〟に対する態度が「他の大人たちと違って」どうだったのかがわかるのは、――線⑤８～９行前の「〝書き物〟に対する態度が他の大人と唯一《ゆいいつ》違っていたのがキリコさんだった～勉学とは違う種類のものとして認めていた。敬意さえ払《はら》っていたと言ってもいい」の部分である。

十　キリコさんは、「私」の〝書き物〟に対して「敬意さえ払っていた」。また「私」は、「救ってくれたのは、やはりキリコさん」と感じている。このことから、キリコさんは、「私」の絶望する気持ちに共感して、なんとか不安を取り除き安心させてあげたいという気持ちと、自分が救うのだという決意をもって「大きくうなずいた」と考えられる。よって、ア・イ・エはキリコさんの心情として適当である。スイスに行かないとインクが買えないという「私」の思い違いを「ただそうとする」意図はあるが、それは「正義感」によるものではないので、「適当でないもの」はウである。

十一　「一層」「光って見えた」などの表現から、「私」がそれまでもキリコさんに寄せていた信頼《しんらい》感や存在感が、より増したことを示している。よって、イが適する。

2 二 「まま」とは、時おりという意味。

三 「その思いが募ってきます」というのは「それが知りたい」という思い。「それ」とは「個人の内なる心理」。ここでは、「過去の大事件に関連した人物ともなると、いよいよその思いが募ってきます」とあるので、対象者のという意味で「その人物の」とまとめればよい。

四 「ある行為《こうい》をなした本当の理由は、その当人でさえうまく説明できないことがままあるから」「近親者たちから証言を集めて」も、「矛盾《むじゅん》があちこちで発生してくる」のは当然といえる。

五 直前の内容（その人物の実像に迫《せま》ろうとする努力をしても矛盾だらけになる）と直後の「ある人の生涯《しょうがい》の軌跡《きせき》を詳しくたどりたい、との思いから」（伝記が）書かれることは相反する内容なので、ウの「それでも」が適する。

六 ア．── 線⑤の次の行の「想像力をたくましくしてフィクション的な内容をも加味して執筆《しっぴつ》がなされます」より適する。　イ．── 線⑥の前の行の「自伝を含《ふく》む伝記とは、歴史的であると同時に文学的な性格を帯びている」より適する。　ウ．── 線⑥の２行前の「確かにその人物の真実に迫ることができたりするのです」より適さない。エ．最後の４行に「歴史家は個人の偉大《いだい》さとか愚《おろ》かさを検証することに重点を置いて研究するよりも、むしろ～より広い視点に立って出来事の展開や意味を問うていきます～以上の結果として、歴史家が扱う個人の歴史は、『伝記』ほどにはロマンチックでないかもしれません」とあるが、「伝記には、個人の偉大さや愚かさがえがかれていることもある」とは述べられていない。よって適さない。

八 直後の段落に、── 線⑦のある段落の内容を受けて、「ですから歴史家は～問うていきます」と、歴史家が歴史を組み立てていく方法が述べられている。

九 「個人の内なる心理を探る」にはどうしたらよいのかという一つの問いに対して、「伝記」のように「想像力をたくましくしてフィクション的な内容をも加味して執筆がなされ」ることによって、「確かにその人物の真実に迫ることができたりする」という方法と、「他方、虚構《きょこう》（ウソ）を排《はい》することを建前とする歴史家」が「特定の個人への思い入れ（共感）を抑えつつ、より広い視野に立って出来事の展開や意味を問うてい」くことによって、真のテーマへ行きつく方法があることを述べている。よってアが適する。

十 ア．そのような内容は本文に述べられていない。　イ．「人間集団の枠《わく》組みのみを意識して」は適さない。ウ．「歴史家が扱《あつか》う個人の歴史は、『伝記』ほどにはロマンチックでないかもしれません」とあるので、「ロマンチックである」と言い切ることはできない。　エ．第二段落で述べられている「結局のところ、個人の内なる心理を探るのは～難しい」の部分と一致している。よってエが適する。

《2019　算数　解説》

1 (1) 与式 $=\frac{8}{5}\times\frac{7}{2}\times\frac{5}{7}\times\frac{1}{4}=1$

(2) 与式 $=160\div\{23-(12-9)\}=160\div(23-3)=160\div20=8$

(3) 与式 $=\{10-(2\frac{5}{4}-1\frac{3}{4})\times\frac{11}{3}\}+3.5=10-1\frac{1}{2}\times\frac{11}{3}+\frac{7}{2}=10-\frac{3}{2}\times\frac{11}{3}+\frac{7}{2}=\frac{20}{2}-\frac{11}{2}+\frac{7}{2}=\frac{16}{2}=8$

(4) 2019は１から数えて $(2019+1)\div2=1010$（番目）の奇数である。

与式 $=(1+2019)+(3+2017)+(5+2015)+\cdots$ と考えていくと，2020が $1010\div2=505$（個）並ぶから，求める和は，$2020\times505=1020100$

2 (1) $2\frac{1}{2}$dL＝2.5dL＝0.25Lだから，１Lで $4.2\div0.25=16.8$（m^2）の板をぬることができる。

(2) 北プールには１m^2あたり，$80\div360=0.22\cdots$（人）が泳いでいる。南プールには１m^2あたり，$50\div200=0.25$（人）が泳いでいる。よって，南プールのほうがこんでいる。

(3)　点対称な図形の半分の面積を求めて2倍すればよい。点対称な図形の半分の面積は，長方形から台形の面積を引いて求めることにする。点対称な図形の半分の面積は，7×10－(2＋3)×7÷2＝52.5(㎠)だから，完成する図形の面積は，52.5×2＝105(㎠)

(4)　割り引くお金が500円を超える金額を考えると，500÷0.3＝1666.66…より，1667円以上の買い物をすれば得になる。1667円以上1670円未満の買い物だと，代金の3割が1670×0.3＝501(円)未満になり，500円割引よりも得になる金額が1円未満となるが，問題文に小数点以下の金額についてのあつかい方が書かれていないので，1667円と答えてよいであろう。

(5)　$1+\frac{3}{\square}=\mathrm{A}$とすると，$1+\frac{3}{\mathrm{A}}=\frac{11}{5}$より，$\frac{3}{\mathrm{A}}=\frac{11}{5}-1=\frac{6}{5}$　$\mathrm{A}=3\div\frac{6}{5}=3\times\frac{5}{6}=\frac{5}{2}$　$1+\frac{3}{\square}=\frac{5}{2}$
$\frac{3}{\square}=\frac{5}{2}-1=\frac{3}{2}$より，$\square=2$

(6)　式の中にかけられる，2×5＝10の個数分だけ0が並ぶ。式の中の2と5の数を考えると，明らかに5の方が少ないから5の個数を考える。5で1回割れる数は5の倍数だから，1から50までの整数のうち，5の倍数は，50÷5＝10(個)ある。5で2回割れる数は5×5＝25の倍数だから，1から50までの整数のうち，25の倍数は50÷25＝2(個)ある。5で3回割れる数は5×5×5＝125の倍数だから，1から50までに125の倍数はない。よって，1から50までの整数をかけた式の中に5は10＋2＝12(個)現れるから，0は12個並ぶ。

3　(1)　正方形の紙を4枚並べると，重なる部分は3か所になり，1か所重なることに1×4＝4(㎝)の長さが周りの長さから失われることになる。1枚の正方形の周りの長さは4×4＝16(㎝)だから，16×4－4×3＝52(㎝)

(2)　(1)のように考えれば，正方形の紙をx枚並べると，重なる部分は(x－1)か所になるので，求める長さは，16×x－4×(x－1)になる。

〔別の解法〕

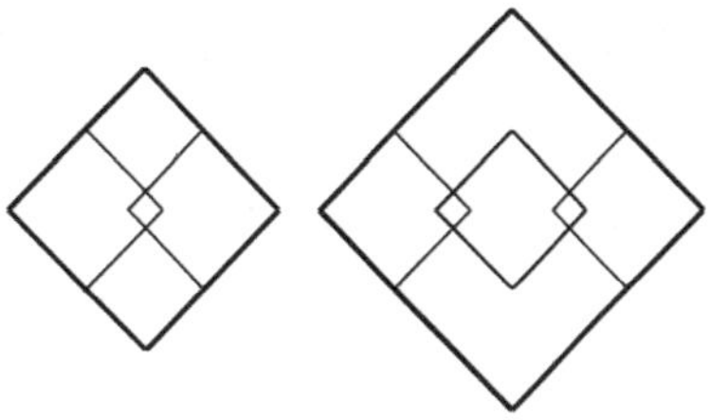

右図のように考えると，周りの長さは右図の正方形の長さに等しくなる。x枚並べたとき，周りの長さは1辺が(3×x＋1)㎝の正方形の周囲の長さに等しくなるから，求める長さは，(3×x＋1)×4＝12×x＋4(㎝)

4　(3)　高さの等しい三角形の面積の比は，底辺の長さの比に等しいことを利用する。三角形ＡＤＥと三角形ＢＥＦと三角形ＣＦＧの面積の比は，ＤＥ：ＥＦ：ＦＧ＝1：2：3だから，三角形ＢＥＦ＝2㎠，三角形ＣＦＧ＝3㎠になり，白色の三角形の面積の和は1＋2＋3＝6(㎠)になる。灰色の三角形の面積の和も6㎠であり，三角形ＡＢＥと三角形ＢＣＦの面積の比は，ＡＢ：ＢＣ＝2：3だから，三角形ＢＣＦの面積は，
$6\times\frac{3}{2+3}=\frac{18}{5}=3.6$(㎠)である。

5　(1)ア　90分以上120分未満は，100，100，110，100，90，95，95，90，110，115の10人いる。

イ　150分以上180分未満は，170，160の2人いる。また，アより，40－(2＋16＋10＋8＋2)＝2からも導き出せる。

(2)　150分以上が2＋2＝4(人)いて，120分以上が4＋8＝12(人)いるのだから，学習時間が長いほうから数えて10番目の人は，120分以上150分未満にいるとわかる。

(3)　90分未満の人は，2＋16＝18(人)だから，組全体の18÷40×100＝45(％)にあたる。

6　(1)　2019－645＋1＝1375(年)

(2)　2020年は平成32年にあたる。平成を昭和にするときは63を足せばよいから，平成32年は昭和95年にあたる。95－56＝39より，昭和39年のことである。

(3) (2)の解説をふまえる。次の大阪万博は2025年に開かれる。2025年は昭和100年にあたる。よって，大阪万博は，100－45＝55(年)ぶりの開催となる。

7 (1) 半径1cm(直径2cm)で中心角が60度のおうぎ形の曲線部分の長さは，$2\times3.14\times\frac{60}{360}=2\times3.14\times\frac{1}{6}$(cm)になるから，図形Xの周りの長さは，$(2\times3.14\times\frac{1}{6})\times3=3.14$(cm)

(2) おうぎ形が直線上をすべることなく回転するとき，曲線部分が直線とふれている状態を図に表すと右図のようになり，おうぎ形の頂点は太線部分を動く。よって，㋒になることがわかる。

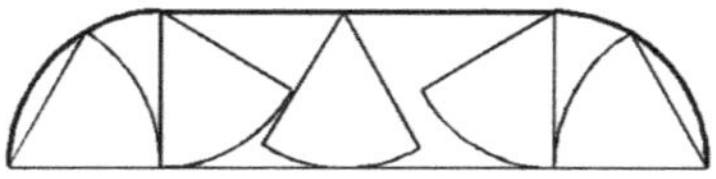

(3)① 円の半周の長さは，図形Xの周りの長さに等しく3.14cmだから，円周は3.14×2＝6.28(cm)になる。よって，この円の直径は6.28÷3.14＝2(cm)だから，半径は2÷2＝1(cm)になる。

② (2)をヒントに考えれば，直線上を動いたときに図形Xが通過した部分の上側が直線になったのだから，円周上を動いたときの図形Xが通過した部分の外側は円になると判断できる。つまり，図形Xは，右図の色のついた部分を動く。大きい円の半径は1＋1＝2(cm)だから，求める面積は，

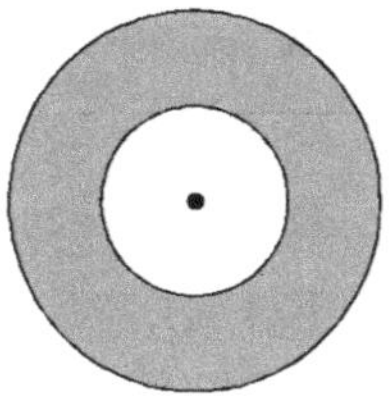

2×2×3.14－1×1×3.14＝(4－1)×3.14＝3×3.14＝9.42(cm²)

《2019 理科 解説》

1 (1) 太陽，月，地球の順に並ぶと，地球から月に太陽の光があたっている面を見ることができない。なお，太陽，地球，月の順に並ぶと，地球から月に太陽の光があたっている面をすべて見ることができるから満月になる。

(3) イ．火山のはたらきでできた地層の粒《つぶ》は，流れる水のはたらきを受けず，角がとれることなくそのまま積もるので，角ばっている。オ．小さいあなは火山ガスが抜けていくことでできる。

(5) エナメル線は電気を通さないまく(エナメル)でおおわれているので，これをはがさないとコイルに電流が流れず，電磁石にならない。

(6) ドアノブには輪軸《りんじく》のはたらきが利用されている。輪軸はてこと同じように，加わる力と支点までのきょりの積ではたらきを求めることができる。作用点でドアを開けるという一定の大きさのはたらきを得るとき，支点から力点までのきょりが長いほど，力点に加える力は小さくてすむ。

(7)① アの方にゴムのカバーをつけ，イの方を採取器にさしこむ。

(8)① インゲンマメの発芽に必要な条件は，空気，水，適当な温度の3つである。図からは，温度についての条件はわからないので，発芽する可能性があるのは，その他の2つの条件がそろっているイだと考えられる。

② 図のイの種子が発芽した場合，アは水がないため，ウは空気がないため，それぞれ発芽しなかった，つまり，発芽には水と空気が必要だとわかる。その他の条件についてはア～ウの種子ですべて同じだから，この実験の結果からは発芽にどのような影響《えいきょう》をあたえたか判断することができない。

2 (2) 棒の影《かげ》は太陽と反対方向にできる。正午の太陽はほぼ真南にあるので，棒の影はほぼ真北に向かってかけばよい。また，太陽は南の空で最も高くなったあと，西の地平線に向かって移動するので，棒の影は西の反対方向の東に移動していく。なお，太陽が高い位置にあるときほど影の長さは短くなるので，真北にできる棒の影が1日の中で最も短くなる。

⑶　矢印の方向に太陽が見えるから，影はその反対方向に向かってできる。したがって，図において，影踏《ふ》み遊びのコートの下と右の線上に立てば，影はすべてコートの外にできるので，鬼《おに》に自分の影を踏まれることはない。なお，無敵ゾーンの他にも，鬼が常に自分と太陽の間にいるようにして逃げていれば，影を踏まれることはない。

3　⑴　①のような乾電池《かんでんち》のつなぎ方を並列つなぎ，②のような乾電池のつなぎ方を直列つなぎという。

⑵　２本の乾電池が直列つなぎになると，豆電球により大きな電流が流れ，より明るくなる。このようなつなぎ方になるのはＡのときである。

⑶　正答例の図では明かりがついている状態で，この状態から，右のスイッチを操作すると明かりは消え，さらに左のスイッチを操作すると明かりはつく。このように，どちらのスイッチを操作しても，豆電球の状態を逆にすることができる。

⑷　右図より，光電池の傾《かたむ》きを 180－40－90＝50(度)にすれば，太陽の光が光電池に垂直にあたる。

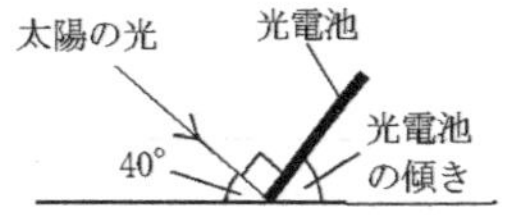

4　⑴⑵　あたためられた空気は軽くなるので，上に移動する。したがって，上にたまったあたためられた空気を外に出すように冷却ファンを設置すれば，効率よくＣＰＵの温度を下げることができる。

⑷　熱はアルミニウム板をあたためた場所に近いところから順に伝わっていく。このような熱の伝わり方を伝導という。

5　⑵　拍動《はくどう》とは，心臓が血液を送り出すときの運動である。血液は全身に酸素や養分を運ぶはたらきがあり，運ばれてきた酸素と養分を使って生きていくためのエネルギーをつくりだす。かえったばかりのメダカの方が，受精して７日目のメダカの卵よりも，体が大きく，活発に動くため，より多くのエネルギーが必要になる。

⑶　メダカは卵の中に，卵からかえるまでとその後２～３日の成長に必要な養分をたくわえている。これに対し，ヒトは母親の子宮の中である程度の大きさまで成長するので，母親から成長に必要な養分を受け取ることができる。

⑷　胎盤《たいばん》とへそのおをかき加えればよい。胎児の成長に必要な養分や酸素は，胎盤で胎児の血液中に渡され，へそのおを通って胎児に運ばれる。また，胎児の体内でつくられた二酸化炭素などの不要物はへそのおを通って胎盤に運ばれて母親の血液中に渡される。

⑸　体内で生じた有毒なアンモニアは肝臓《かんぞう》で尿素《にょうそ》に変えられ，じん臓で尿素が水などとともにこしとられ，尿がつくられる。

⑹　胎児のまわりは羊水という液体で満たされているので，空気中の酸素を取りこんで空気中に二酸化炭素を排《はい》出《しゅつ》するはたらきがある肺は，子宮の中でははたらいていない。生まれた後，産声《うぶごえ》をあげることで肺がはたらき始める。

《2019　社会　解説》

1　⑴　ウ．新潟県・北海道・秋田県では，消費者の要望に合わせて品種改良を重ねたブランド米(銘柄米)の生産もさかんである。

⑵　アとエが正しい。米の収穫量が増えた背景には，種の品種改良や化学肥料などの使用のほか，新しい農業機器の導入やかんがい設備の改善などもある。

⑶　ほ場整備とは田んぼの形を整えることで，これによって大型の機械で作業しやすくなり，効率のよい米づくり

が可能となった。資料Ⅰからは，人の手によって行われていた作業が機械で行われるようになったこと，資料2からは，田んぼの形が整えられて大きな区画となったことが読み取れる。

(4) 水深が浅い海では，海中にも太陽の光がよく届くのでプランクトンが増え，そのプランクトンをえさにする小魚や，小魚をえさにする魚などが多く生息している。

(5) 複数の船でチームを組んで，魚の群れを探す，魚を集めるなどという風に役割分担をして漁を行っている。

(6) 魚の鮮度を維持するため，冷凍冷蔵庫つきトラックで輸送する。

(7) ア．2を選ぶ。グラフより，日本の水産物の輸入額は，2010年が約1,300,000，1975年が約400,000なので，2010年は1975年の1300000÷400000＝3.25(倍)となり，2倍以上である。　イ．×を選ぶ。表より，1980年の漁かく量の4分の1は，いわし類が$2442\times\frac{1}{4}=610.5$，さば類が$1301\times\frac{1}{4}=325.25$，海そう類が$183\times\frac{1}{4}=45.75$となり，<u>2015年の漁かく量はこれ以上である。</u>　ウ．×を選ぶ。グラフより，日本の水産物の輸入額は2000年から2010年にかけて<u>減少している。</u>　エ．2を選ぶ。グラフより，日本の水産物の輸入額は，約400,000(1975年)→約750,000(1980年)→約1,200,000(1985年)→約1,600,000(1990年)→約1,750,000(1995年)と増加している。

(8) 計測した水位や水温などのデータはスマートフォンの専用のアプリから確認することができ，農家が朝晩見回り確認にかけていた時間を大幅に削減できるだけでなく，水田の品質や収かく量の向上にもつながっている。

2 (1) 6.5×100＝650(m)である。

(2) イ．実際のグラウンドの長さは，縦が1.2×100＝120(m)，横が1.0×100＝100(m)だから，実際のグラウンドの面積は120×100＝12000(㎡)である。

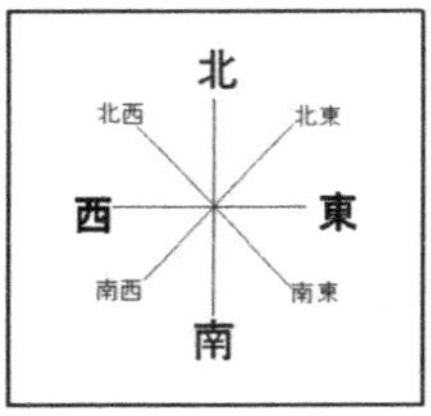

(3) アが正しい。八方位については右図参照。寺院の地図記号は「卍」である。
イ．消防署(Y)は大阪メトロ平野駅から大通りを東へ進んだ<u>右側</u>にある。　ウ．附属平野中学校は，大阪メトロ平野駅の西にある交番(X)から見て<u>南東</u>にある。　エ．最も西にある郵便局(〒)は地形図Ⅰ左上にあり，消防署はイの解説のもの1つなので，<u>違う道路沿いにある。</u>　オ．小中学校(文)も寺院も<u>同じ数</u>(8)である。

(4) ウを選ぶ。(右図参照)

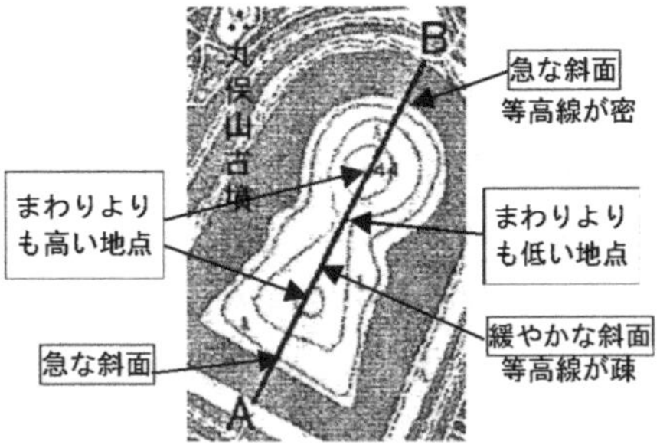

3 (1) 後白河天皇は，平安時代に皇位継承をめぐって崇徳上皇と争って保元の乱をおこした。平清盛はこの乱で活躍し，平氏の勢力をのばした。

(2) エを選ぶ。平治の乱は，保元の乱で活躍した平清盛と源義朝の対立や貴族間の対立から起こった戦いである。石橋山の戦いは1180年，一ノ谷の戦いは1184年のできごとである。

(3) ウの静岡県を選ぶ。アは岩手県，イは神奈川県，エは長野県，オは石川県，カは京都府，キは兵庫県，クは香川県，ケは山口県，コは福岡県である。

(4) ア．平清盛は娘の徳子を高倉天皇にとつがせ，その子を安徳天皇とした。

(5) ウ．1221年に発生した争いは承久の乱で，鎌倉幕府打倒をかかげた後鳥羽上皇が挙兵し，鎌倉幕府方に敗れた乱である。鎌倉幕府は，土地を仲立ちとした御恩と奉公による主従関係(封建制度)で支えられ，将軍は，御恩として御家人の以前からの領地を保護したり，新たな領地を与えたりして，御家人は，奉公として京都や幕府の警備につき命をかけて戦った。

(6)　平清盛は大輪田泊(兵庫の港)を整備し，厳島神社に海路の安全を祈願して，日宋貿易を進めた。

(8)①　源頼朝は，敵の攻撃から守るのにつごうがよいなどの理由から，三方を山に囲まれて海に面している鎌倉に幕府を開き，以後，約 700 年間にわたる武家政治が始まった。　②　ウを選ぶ。軍事・警察の役割を持つ守護は国ごとに，年貢の取り立てなどを行う地頭は荘園や公領ごとに置かれた。アとイは平清盛，エ(御成敗式目)は北条泰時がおこなったことである。

4　(1)①②　プロイセン憲法や大日本帝国憲法のような君主がきめた憲法を欽定憲法という。　③　戦後の日本を指導した連合国最高司令官総司令部(ＧＨＱ)は，財閥解体や農地改革，満20歳以上の男女すべてに選挙権を認めるなどの改革も行い，日本の民主化を進めた。

(2)　11 月 3 日は文化の日，5 月 3 日は憲法記念日として祝日になっている。

(3)　五日市憲法は 204 条からなる草案で，その 4 分の 3 が国民の権利について規定されていた。五日市憲法草案では，法律のもとに国民がみな平等であることや，国民が政治に参加することなどについて書かれていたが，大日本帝国憲法にいかされることはなかった。

(4)　ウが誤り。自由権は，大日本帝国憲法において法律の範囲内で保障されていた。

(5)　ア．貴族院は皇族・華族のほか，天皇が任命した議員で構成されたため，選挙では選ばれなかった。　イ．第一回衆議院議員選挙の有権者の資格は，満 25 歳以上で直接国税を 15 円以上納める男子に限られていた。

(7)①　日本国憲法の三大原則は，国民主権・平和主義・基本的人権の尊重である。　②　資料より，20 歳代の投票率が最低であることから考える。現在の日本の課題に，若い世代が政治に対してあまり関心を示さないため，投票率の高い高齢者世代の意見が政治に反映されやすいということがある。

■ ご使用にあたってのお願い・ご注意

（1）問題文等の非掲載

著作権上の都合により，問題文や図表などの一部を掲載できない場合があります。

誠に申し訳ございませんが，ご了承くださいますようお願いいたします。

（2）過去問における時事性

過去問題集は，学習指導要領の改訂や社会状況の変化，新たな発見などにより，現在とは異なる表記や解説になっている場合があります。過去問の特性上，出題当時のままで出版していますので，あらかじめご了承ください。

（3）配点

学校等から配点が公表されている場合は，記載しています。公表されていない場合は，記載していません。

独自の予想配点は，出題者の意図と異なる場合があり，お客様が学習するうえで誤った判断をしてしまう恐れがあるため記載していません。

（4）無断複製等の禁止

購入された個人のお客様が，ご家庭でご自身またはご家族の学習のためにコピーをすることは可能ですが，それ以外の目的でコピー，スキャン，転載（ブログ，ＳＮＳなどでの公開を含みます）などをすることは法律により禁止されています。学校や学習塾などで，児童生徒のためにコピーをして使用することも法律により禁止されています。

ご不明な点や，違法な疑いのある行為を確認された場合は，弊社までご連絡ください。

（5）けがに注意

この問題集は針を外して使用します。針を外すときは，けがをしないように注意してください。また，表紙カバーや問題用紙の端で手指を傷つけないように十分注意してください。

（6）正誤

制作には万全を期しておりますが，万が一誤りなどがございましたら，弊社までご連絡ください。

なお，誤りが判明した場合は，弊社ウェブサイトの「ご購入者様のページ」に掲載しておりますので，そちらもご確認ください。

■ お問い合わせ

解答例，解説，印刷，製本など，問題集発行におけるすべての責任は弊社にあります。

ご不明な点がございましたら，弊社ウェブサイトの「お問い合わせ」フォームよりご連絡ください。迅速に対応いたしますが，営業日の都合で回答に数日を要する場合があります。

ご入力いただいたメールアドレス宛に自動返信メールをお送りしています。自動返信メールが届かない場合は，「よくある質問」の「メールの問い合わせに対し返信がありません。」の項目をご確認ください。

また弊社営業日（平日）は，午前９時から午後５時まで，電話でのお問い合わせも受け付けています。

2025春

株式会社教英出版
〒422-8054　静岡県静岡市駿河区南安倍３丁目 12-28
TEL　054-288-2131　　FAX　054-288-2133
URL　https://kyoei-syuppan.net/
MAIL　siteform@kyoei-syuppan.net

神奈川県

①［県立］相模原中等教育学校
　　　　平塚中等教育学校
②［市立］南高等学校附属中学校
③［市立］横浜サイエンスフロンティア高等学校附属中学校
④［市立］川崎高等学校附属中学校
✿⑤聖光学院中学校
✿⑥浅野中学校
⑦洗足学園中学校
⑧法政大学第二中学校
⑨逗子開成中学校（1次）
⑩逗子開成中学校（2·3次）
⑪神奈川大学附属中学校（第1回）
⑫神奈川大学附属中学校（第2·3回）
⑬栄光学園中学校
⑭フェリス女学院中学校

新潟県

①［県立］村上中等教育学校
　　　　柏崎翔洋中等教育学校
　　　　燕中等教育学校
　　　　津南中等教育学校
　　　　直江津中等教育学校
　　　　佐渡中等教育学校
②［市立］高志中等教育学校
③新潟第一中学校
④新潟明訓中学校

石川県

①［県立］金沢錦丘中学校
②星稜中学校

福井県

①［県立］高志中学校

山梨県

①山梨英和中学校
②山梨学院中学校
③駿台甲府中学校

長野県

①［県立］屋代高等学校附属中学校
　　　　諏訪清陵高等学校附属中学校
②［市立］長野中学校

岐阜県

①岐阜東中学校
②鶯谷中学校
③岐阜聖徳学園大学附属中学校

静岡県

①［国立］静岡大学教育学部附属中学校
　　　　（静岡·島田·浜松）
②［県立］清水南高等学校中等部
　［県立］浜松西高等学校中等部
　［市立］沼津高等学校中等部
③不二聖心女子学院中学校
④日本大学三島中学校
⑤加藤学園暁秀中学校
⑥星陵中学校
⑦東海大学付属静岡翔洋高等学校中等部
⑧静岡サレジオ中学校
⑨静岡英和女学院中学校
⑩静岡雙葉中学校
⑪静岡聖光学院中学校
⑫静岡学園中学校
⑬静岡大成中学校
⑭城南静岡中学校
⑮静岡北中学校
⑯常葉大学附属常葉中学校
　常葉大学附属橘中学校
　常葉大学附属菊川中学校
⑰藤枝明誠中学校
⑱浜松開誠館中学校
⑲静岡県西遠女子学園中学校
⑳浜松日体中学校
㉑浜松学芸中学校

愛知県

①［国立］愛知教育大学附属名古屋中学校
②愛知淑徳中学校
③名古屋経済大学市邨中学校
　名古屋経済大学高蔵中学校
④金城学院中学校
⑤椙山女学園中学校
⑥東海中学校
⑦南山中学校男子部
⑧南山中学校女子部
⑨聖霊中学校
⑩滝中学校
⑪名古屋中学校
⑫大成中学校
⑬愛知中学校
⑭星城中学校
⑮名古屋葵大学中学校
　（名古屋女子大学中学校）
⑯愛知工業大学名電中学校
⑰海陽中等教育学校（特別給費生）
⑱海陽中等教育学校（I·II）
⑲中部大学春日丘中学校
新刊⑳名古屋国際中学校

三重県

①［国立］三重大学教育学部附属中学校
②暁中学校
③海星中学校
④四日市メリノール学院中学校
⑤高田中学校
⑥セントヨゼフ女子学園中学校
⑦三重中学校
⑧皇學館中学校
⑨鈴鹿中等教育学校
⑩津田学園中学校

滋賀県

①［国立］滋賀大学教育学部附属中学校
②［県立］河瀬中学校
　　　　守山中学校
　　　　水口東中学校

京都府

①［国立］京都教育大学附属桃山中学校
②［府立］洛北高等学校附属中学校
③［府立］園部高等学校附属中学校
④［府立］福知山高等学校附属中学校
⑤［府立］南陽高等学校附属中学校
⑥［市立］西京高等学校附属中学校
⑦同志社中学校
⑧洛星中学校
⑨洛南高等学校附属中学校
⑩立命館中学校
⑪同志社国際中学校
⑫同志社女子中学校（前期日程）
⑬同志社女子中学校（後期日程）

大阪府

①［国立］大阪教育大学附属天王寺中学校
②［国立］大阪教育大学附属平野中学校
③［国立］大阪教育大学附属池田中学校

④[府立]富田林中学校
⑤[府立]咲くやこの花中学校
⑥[府立]水都国際中学校
⑦清風中学校
⑧高槻中学校（A日程）
⑨高槻中学校（B日程）
⑩明星中学校
⑪大阪女学院中学校
⑫大谷中学校
⑬四天王寺中学校
⑭帝塚山学院中学校
⑮大阪国際中学校
⑯大阪桐蔭中学校
⑰開明中学校
⑱関西大学第一中学校
⑲近畿大学附属中学校
⑳金蘭千里中学校
㉑金光八尾中学校
㉒清風南海中学校
㉓帝塚山学院泉ヶ丘中学校
㉔同志社香里中学校
㉕初芝立命館中学校
㉖関西大学中等部
㉗大阪星光学院中学校

兵庫県

①[国立]神戸大学附属中等教育学校
②[県立]兵庫県立大学附属中学校
③雲雀丘学園中学校
④関西学院中学部
⑤神戸女学院中学部
⑥甲陽学院中学校
⑦甲南中学校
⑧甲南女子中学校
⑨灘中学校
⑩親和中学校
⑪神戸海星女子学院中学校
⑫滝川中学校
⑬啓明学院中学校
⑭三田学園中学校
⑮淳心学院中学校
⑯仁川学院中学校
⑰六甲学院中学校
⑱須磨学園中学校(第1回入試)
⑲須磨学園中学校(第2回入試)
⑳須磨学園中学校(第3回入試)
㉑白陵中学校
㉒夙川中学校

奈良県

①[国立]奈良女子大学附属中等教育学校
②[国立]奈良教育大学附属中学校
③[県立] 国際中学校
青翔中学校
④[市立]一条高等学校附属中学校
⑤帝塚山中学校
⑥東大寺学園中学校
⑦奈良学園中学校
⑧西大和学園中学校

和歌山県

①[県立] 古佐田丘中学校
向陽中学校
桐蔭中学校
日高高等学校附属中学校
田辺中学校
②智辯学園和歌山中学校
③近畿大学附属和歌山中学校
④開智中学校

岡山県

①[県立]岡山操山中学校
②[県立]倉敷天城中学校
③[県立]岡山大安寺中等教育学校
④[県立]津山中学校
⑤岡山中学校
⑥清心中学校
⑦岡山白陵中学校
⑧金光学園中学校
⑨就実中学校
⑩岡山理科大学附属中学校
⑪山陽学園中学校

広島県

①[国立]広島大学附属中学校
②[国立]広島大学附属福山中学校
③[県立]広島中学校
④[県立]三次中学校
⑤[県立]広島叡智学園中学校
⑥[市立]広島中等教育学校
⑦[市立]福山中学校
⑧広島学院中学校
⑨広島女学院中学校
⑩修道中学校
⑪崇徳中学校
⑫比治山女子中学校
⑬福山暁の星女子中学校
⑭安田女子中学校
⑮広島なぎさ中学校
⑯広島城北中学校
⑰近畿大学附属広島中学校福山校
⑱盈進中学校
⑲如水館中学校
⑳ノートルダム清心中学校
㉑銀河学院中学校
㉒近畿大学附属広島中学校東広島校
㉓AICJ中学校
㉔広島国際学院中学校
㉕広島修道大学ひろしま協創中学校

山口県

①[県立] 下関中等教育学校
高森みどり中学校
②野田学園中学校

徳島県

①[県立] 富岡東中学校
川島中学校
城ノ内中等教育学校
②徳島文理中学校

香川県

①大手前丸亀中学校
②香川誠陵中学校

愛媛県

①[県立] 今治東中等教育学校
松山西中等教育学校
②愛光中学校
③済美平成中等教育学校
④新田青雲中等教育学校

高知県

①[県立] 安芸中学校
高知国際中学校
中村中学校

福岡県

① [国立] 福岡教育大学附属中学校（福岡・小倉・久留米）

② [県立]
- 育徳館中学校
- 門司学園中学校
- 宗像中学校
- 嘉穂高等学校附属中学校
- 輝翔館中等教育学校

③西南学院中学校
④上智福岡中学校
⑤福岡女学院中学校
⑥福岡雙葉中学校
⑦照曜館中学校
⑧筑紫女学園中学校
⑨敬愛中学校
⑩久留米大学附設中学校
⑪飯塚日新館中学校
⑫明治学園中学校
⑬小倉日新館中学校
⑭久留米信愛中学校
⑮中村学園女子中学校
⑯福岡大学附属大濠中学校
⑰筑陽学園中学校
⑱九州国際大学付属中学校
⑲博多女子中学校
⑳東福岡自彊館中学校
㉑八女学院中学校

佐賀県

① [県立]
- 香楠中学校
- 致遠館中学校
- 唐津東中学校
- 武雄青陵中学校

②弘学館中学校
③東明館中学校
④佐賀清和中学校
⑤成穎中学校
⑥早稲田佐賀中学校

長崎県

① [県立]
- 長崎東中学校
- 佐世保北中学校
- 諫早高等学校附属中学校

②青雲中学校
③長崎南山中学校
④長崎日本大学中学校
⑤海星中学校

熊本県

① [県立]
- 玉名高等学校附属中学校
- 宇土中学校
- 八代中学校

②真和中学校
③九州学院中学校
④ルーテル学院中学校
⑤熊本信愛女学院中学校
⑥熊本マリスト学園中学校
⑦熊本学園大学付属中学校

大分県

① [県立] 大分豊府中学校
②岩田中学校

宮崎県

① [県立] 五ヶ瀬中等教育学校

② [県立]
- 宮崎西高等学校附属中学校
- 都城泉ヶ丘高等学校附属中学校

③宮崎日本大学中学校
④日向学院中学校
⑤宮崎第一中学校

鹿児島県

① [県立] 楠隼中学校
② [市立] 鹿児島玉龍中学校
③鹿児島修学館中学校
④ラ・サール中学校
⑤志學館中等部

沖縄県

① [県立]
- 与勝緑が丘中学校
- 開邦中学校
- 球陽中学校
- 名護高等学校附属桜中学校

もっと過去問シリーズ

北海道

北嶺中学校
7年分（算数・理科・社会）

静岡県

静岡大学教育学部附属中学校
（静岡・島田・浜松）
10年分（算数）

愛知県

愛知淑徳中学校
7年分（算数・理科・社会）
東海中学校
7年分（算数・理科・社会）
南山中学校男子部
7年分（算数・理科・社会）
南山中学校女子部
7年分（算数・理科・社会）
滝中学校
7年分（算数・理科・社会）
名古屋中学校
7年分（算数・理科・社会）

岡山県

岡山白陵中学校
7年分（算数・理科）

広島県

広島大学附属中学校
7年分（算数・理科・社会）
広島大学附属福山中学校
7年分（算数・理科・社会）
広島学院中学校
7年分（算数・理科・社会）
広島女学院中学校
7年分（算数・理科・社会）
修道中学校
7年分（算数・理科・社会）
ノートルダム清心中学校
7年分（算数・理科・社会）

愛媛県

愛光中学校
7年分（算数・理科・社会）

福岡県

福岡教育大学附属中学校
（福岡・小倉・久留米）
7年分（算数・理科・社会）
西南学院中学校
7年分（算数・理科・社会）
久留米大学附設中学校
7年分（算数・理科・社会）
福岡大学附属大濠中学校
7年分（算数・理科・社会）

佐賀県

早稲田佐賀中学校
7年分（算数・理科・社会）

長崎県

青雲中学校
7年分（算数・理科・社会）

鹿児島県

ラ・サール中学校
7年分（算数・理科・社会）

※もっと過去問シリーズは
国語の収録はありません。

教英出版

〒422-8054
静岡県静岡市駿河区南安倍3丁目12－28
TEL 054-288-2131
FAX 054-288-2133
詳しくは教英出版で検索
教英出版　検索
URL https://kyoei-syuppan.net/

令和六年度　入学選考

国語　問題冊子

（40分）

受検番号〔　　　　〕　氏名〔　　　　〕

（注意事項《じこう》）

1. 「はじめ」の合図があるまで、この問題冊子を開いてはいけません。
2. 試験時間は四〇分です。
3. 問題冊子は大問が二問、十ページまであります。（表紙などをのぞく）
4. 開始後、最初に受検番号と氏名を決められたところ［二か所］にそれぞれ記入しなさい。
5. 答えはすべて「解答用紙」にていねいに記入しなさい。
6. 試験終了の合図があれば、すぐに筆記用具を置きなさい。
7. 字数指定のある問題は、特に指示のない限り、句読点や「　」などの記号も一字と数えます。

大阪教育大学附属平野中学校

1　次の文章を読んで、後の問いに答えなさい。

魚を飼っていると、おもしろい発見がある。ドジョウと金魚をおなじ水槽《すいそう》で飼っていたことがあった。ドジョウは本来、水底を主な1セイソクチとして砂のなかでエサを探して生活しているはずである。［A］、金魚と一緒《いっしょ》の環境《かんきょう》に2テキオウしたドジョウは、金魚のエサが投入されると自分も水面までのぼっていって金魚と一緒にエサをつつくようになったのである。最初のころ、そのドジョウはエサを食べるのが下手で、水面までのぼってエサを口にほおばるのだが、うまく飲《の》み込《こ》めず口から出してしまい、金魚に横取りされることも多々あった。しかし、金魚のエサを食べるという努力を毎日やっていると、徐々《じょじょ》に食べるのがうまくなってきた。やがて、最短コースで水槽の底から水面にやってきて、エサをかっさらうとまたすぐ水槽の底に戻《もど》り、そこでゆっくりモグモグするという習性を持つに至ったのである。この水槽では、二匹《ひき》のドジョウを飼っていた。飼いはじめたのは同時で、当時はおなじくらいのサイズだったのだが、一匹《ぴき》はとても大胆《だいたん》で、もう一匹はとても臆病《おくびょう》な性質を持っていることに気づいた。①案の定、水面で金魚のエサを取ることを覚えたのは大胆なほうのドジョウだ。臆病なドジョウはいつまでたっても水槽の底の砂に身を隠《かく》し、たまに落ちてくる金魚のエサのおこぼれを食べるという状況《じょうきょう》に甘《あま》んじていたのである。こういう状況が半年くらい続いて、ついに二匹のドジョウに二倍ほどの体格差が生じてしまった。

ここまでだと、「大胆にチャレンジするのはすばらしい」みたいな教訓の話のように聞こえてしまったかもしれない。安全な我《わ》が家《や》の水槽とは違《ちが》い、自然界には危険がいっぱいだ。小魚を食べようと、水鳥などの肉食動物が待ちかまえていたりする。そんなとき、水面のエサを食べるという行動は②むしろマイナスになり、おとなしく砂にもぐっているほうがプラスになるかもしれない。

僕《ぼく》は釣《つ》り人《びと》でもある。おなじ種類の魚でも、個体によって個性があることを経験上知っている。ためらいなく*ルアーに食いつく［X］な個体もいれば、［Y］で用心深い個体もいる。なんでも口に入れてみるタイプの個体は、場合によってはたくさんエサを食べて大きく成長するかもしれない。しかし、ルアーにだまされて釣《つ》り上《あ》げられそこで一生を終える、なんて確率も高くなるのである。

そこで考えたのは、魚の生き方のトレードオフである。③トレードオフとは、何かを得るために何かを失うという関係性のこと。ドジョウの場合、「エサをたっぷり食べる」というプラスには、「我《わ》が身《み》を危険にさらす」というマイナスがつきものなのだ。自然界で生きている生物はみな、このようなトレードオフにさらされている。たとえば、恐竜《きょうりゅう》は大きな体を持つことで繁栄《はんえい》したが、その巨体《きょたい》を維持《いじ》するためにはたくさんのエサが必要になる。だから*白《はく》亜《あ》紀《き》末期に地球環境が激変したときに絶滅《ぜつめつ》してしまい、代わりに体の小さな哺乳類《ほにゅうるい》が栄えることになったのである。

環境問題を考えるときも、このトレードオフが重要になってくる。ドジョウとおなじように、僕ら人間の行動にもトレードオフは存在している。［B］、環境問題を気にせず好き勝手に生きるという選択《せんたく》。そうすると、いまは楽しいけど将来たいへんなことが生じる。逆に、環境問題を防止するため禁欲的な生活を送る。そうすると未来の環境は守られるけど、僕らは強いストレスにさらされることになってしまう。

④トレードオフが存在するとき、答えはひとつに決まらない。もしも、長所しかない選択肢《せんたくし》があるなら、僕らは迷わずそれを選択することだろう。ところが、僕らの前に存在する選択肢は、それぞれ長所と短所を持つことが多い。どちらを選んでも弱点はある。［C］、環

境問題に関する選択には、このようなトレードオフが存在することが多々あるのだ。たとえば、僕らが文明生活を3イトナムのに必要なエネルギーのつくり方。再生可能エネルギーにも太陽光・風力・地熱・＊潮汐《ちょうせき》などいろんなタイプがあり、それぞれに Z がある。僕らは冷静に、客観的な判断が求められる。ときには、複数の選択肢を併存《へいぞん》させるリスクヘッジという考え方が必要になったりする。このように、環境問題の解決はむずかしいことを理解しておくことはなにかの役に立つと思う。もしあなたの前に「〇〇をやれば環境問題はすべて解決！」みたいなことを言う人が現れたら、その人は十中八九、あるいはそれ以上の確率で詐欺師《さぎし》であることを見破れるのだ。

（伊勢武史《いせたけし》『二〇五〇年の地球を予測する—科学でわかる環境の未来』ちくまプリマー新書より。出題にあたり、一部表記を改めた。）

＊ルアー……魚つりのえさにする虫などの色・形に似せて作った疑似餌《ぎじえ》。
＊白亜紀《はくあき》……およそ一億四五〇〇万年前からおよそ六六〇〇万年前までの時代。
＊潮汐《ちょうせき》……潮の満ち引きのこと。潮の干満。

問い

一　本文中の〜〜線1〜3のカタカナを漢字に直しなさい。ただし、送りがなも正しく記すこと。

二　本文中の A 〜 C に入る語句として適当なものを次から一つずつ選び、記号で答えなさい。

ア　たとえば　イ　つまり　ウ　そして　エ　ところが

三　——線①「案の定」を使って、解答らんに合うように一文を完成させなさい。なお、短文には主語と述語を必ず記すこと。

四　本文中の X と Y に入る語句として適当なものをそれぞれ漢字二字で本文中から書きぬきなさい。

五　——線②「むしろマイナスになり」とあるが、その理由を四十字以内で答えなさい。

六　本文には、次の一文がぬけています。本文中のどこに入るのが適切か。次の一文が入る直後の五字を書きぬきなさい。

しかし僕《ぼく》は生態学者であり、大胆《だいたん》に水面までのぼってくるドジョウの個性は、果たしていつでもプラスに働くのかどうか？と考えてしまう。

七　――線③「トレードオフとは、何かを得るために何かを失うという関係性のこと」とあるが、トレードオフの具体的なエピソードとして適当でないものを次からひとつ選び、記号で答えなさい。

ア　機械の自動化が進んだことで、働く人の作業時間が短縮したが、その分人員さく減にあってしまった。

イ　新しいことにチャレンジしたことで、自分の苦手に気づくことができたが、結果はうまくいかなかった。

ウ　お手伝いをさせることは、子どもの自立のために効果的だが、余計に時間がかかってしまう。

エ　前から欲しかったゲームを買って楽しむことができたが、貯金が減ってしまった。

八　――線④「トレードオフが存在するとき、答えはひとつに決まらない」とあるが、どういうことか。解答らんに合うように［Ⅰ］～［Ⅲ］に当てはまる言葉を書きなさい。ただし、［Ⅰ］、［Ⅱ］は十五字以内でそれぞれ本文中から書きぬきなさい。また、［Ⅲ］は本文中の語句を用いて、三十字以内で考えて答えなさい。

［Ⅰ］選択肢《せんたくし》が存在するとき、［Ⅱ］ので、［Ⅲ］

九　本文中の［Z］に入る四字熟語として最も適当なものを次から選び、記号で答えなさい。

ア　一朝一夕《いっちょういっせき》　イ　一長一短　ウ　一石二鳥　エ　一喜一憂《いっきいちゆう》

十　本文の内容に合うものとして最も適当なものを次から選び、記号で答えなさい。

ア　環境問題について考えるときには、再生可能エネルギーの活用について検討しなければならない。

イ　環境問題の解決はむずかしいが、弱点がない解決策を客観的に判断し、選択《せんたく》しなければならない。

ウ　環境問題に関する選択には、それぞれ長所と短所があるので、冷静かつ客観的に考えなければならない。

エ　環境《かんきょう》問題について考えるときには、「今」のことよりも「将来」のことを考えることが重要である。

十一　この文章に小見出しをつける場合、最も適当なものを次から選び、記号で答えなさい。

ア　「トレードオフと生物の進化」
イ　「トレードオフはいろんなところに」
ウ　「魚の生き方のトレードオフ」
エ　「トレードオフの重要性」

十二　本文の説得、説明の筋道を説明したものとして最も適当なものを次から選び、記号で答えなさい。

ア　ひとつのことに対して、いくつかの具体例を示し、わかりやすく説明している。
イ　似ているいくつかの具体例を示して、そのちがいを明らかにすることで自分の主張を強めている。
ウ　前半部と後半部で正反対の具体例を示すことで、自分の考えを明確に説明している。
エ　先に自分の意見を提示し、その次に具体例を示すことで、自分の主張を支えている。

2　次の文章を読んで、後の問いに答えなさい。

〔小学六年生の山田智広《ともひろ》（ぼく）は『山田クリーニング店』店主のじいちゃんと、裁縫《さいほう》名人のばあちゃんの影響《えいきょう》で裁縫好きになる。山田クリーニング店は、じいちゃんが衣類をきれいにするだけでなく、裁縫名人のばあちゃんがお直しすることもできたので、繁盛《はんじょう》していた。じいちゃんとばあちゃんは、最強コンビだった。しかし、ばあちゃんが突然《とつぜん》亡《な》くなった。それから三か月、智広は裁縫を続けていた。ただ、じいちゃんの店に立ち寄らなくなったことだけが変わった。〕

家に帰ったぼくを待っていたのは、じいちゃんが自転車で転んで大けがをしたという知らせだった。

「おじいちゃん、これから手術なんだって。お母さんが先に病院に行っているから、お父さんが帰ってきたら私たちも行くよ！」

＊ミカ姉ちゃんがあわてている。帰ってきて父さんは、もっとあわてていた。

「どうしよう。おれ、どうしよう」

「お父さん！」

「だって、ミカ、じいちゃんが……」

「お父さんがシャンとしないでどうするの！」

「うん、そうだな。おれが、そうだよな」

父さんは＊お婿《むこ》さんだけど、じいちゃんとは A が合い、店でもしょっちゅうしゃべっていた。タイヤメーカーに勤める父さんは、ロードバイクに乗るのが好きで、うちにあるド派手な自転車はいつも1セイビが行き届いている。衣類をきれいにするじいちゃんと、自転車をぴかぴかにする父さん。ガンコ系と軽い系でまったく正反対に見える二人だけど、どこか2ニたところがあるのかもしれない。

「あれー、車のカギがないぞ。どこだー。カギー、カギー」

「お父さん、落ち着いて！」

父さんのあわてぶりは病院に行ってもおさまらず、「うちのじいちゃん、どこっすかー」と看護師さんにふぬけのように聞いていた。ミカ姉ちゃんが適切な質問をして、ようやくじいちゃんが手術の真っ最中であること、母さんが待合室で待っていることがわかった。

「おじいちゃんね、横から飛び出してきた子どもをよけようとして、歩道と車道の3サカイでずるっとすべったみたいなの。近くにいた人がすぐに救急車を呼んでくれたからよかったけど、起き上がることができなかったらしいのよ」

母さんが事故の様子を話す。自転車のハンドルも、ひどくひしゃげていたのだそうだ。

「大腿骨《だいたいこつ》……、足のつけ根を骨折したんだけどね、骨が自然にくっつくのを待つっていう選択肢《せんたくし》もあったけど、しばらくベッドに寝《ね》たきりになるでしょう。若い人ならいいけど、年寄りがそれすると、歩けなくなるかもしれないんだって。おじいちゃん、七十六歳《さい》でしょう。年が年だから全身麻酔《ますい》するのは心配だったけど……」

足の手術は成功した。意識もちゃんと戻《もど》った。でも、目を覚ましたとき、じいちゃんはぼんやり言った。

「①聡子《さとこ》は？」

その言葉にみんなが凍《こお》りついた。

「聡子はまだ来ないのか……」

聡子というのはばあちゃんのことだ。ばあちゃんが死んでしまったこと、じいちゃんは忘れてしまったのだろうか。

みんなにも答えられなかった。胸が苦しくなるような時間だった。

「おじいちゃん」

ミカ姉ちゃんがじいちゃんの手を取った。少しほっとしたように、じいちゃんが目をとじる。静かな寝息《ねいき》が聞こえてきた。

脳の検査をした結果、異状は見あたらなかった。

「念のため、しばらく入院して様子を見ることにしましょう。リハビリもすぐにはじめた方がいいでしょうから」

担当の先生は言った。なのにじいちゃんはすっかり弱ってしまい、ベッドの上でぼんやりしたまま、ちっともリハビリをしようとしなかった。本当に寝たきりになってしまうんじゃないかって、みんなで心配した。

入院から三日後。ぼくはじいちゃんの着替《きが》えを届けに行った。病室は三階の六人部屋で、入ってすぐ右手のベッドだ。じいちゃんは眠《ねむ》っていて、ぼくは少しほっとした。「聡子は？」とか聞かれたらどうしようと思ったんだ。

目をつぶったじいちゃんは本当のおじいさんになってしまったみたいで、なんだか弱々しく見えた。②音をたてないように袋《ふくろ》の中から着替えを出し、棚《たな》にしまっていく。

（あれ……）

タオルを入れ、下着を入れようとして、手が止まった。なにか違《ちが》うと思ったんだ。真っ白なパンツ。買ったばかりだろうか、新しいというだけで変なところはなにもない。

（なにか、違うような気がする……）

なんだろうなと思いながらも、ぼくは家に帰った。

じいちゃんの入院はのびそうだった。近くのホームセンターにパートに出ている母さんだけでは大変なので、平日はぼくとミカ姉ちゃんが交替《こうたい》で病院に着替えを届けにいくことにした。サッカーの練習のない月水金はぼく、火木がミカ姉ちゃん、土日は父さんと母さんの都合のいい方が行くことになった。

ほとんどしゃべらず、リハビリもがんばろうとしない、そんなじいちゃんを見るのがつらくて、病院に行くのは気が重かった。でも家族全員、じいちゃんに元気になってもらいたい気持ちは同じだった。

学校からの帰り道。

（今日は病院の日か……）

③まだ梅雨《つゆ》前なのに、ぼくの気持ちをうつしているように空はどんより重い。**B** 歩いていると、店の上にいつも当たり前にかかっている『山田クリーニング店』の看板が、ふと目に入った。「山」の字の横棒がはげて、「川田」に見える。古い看板は歴史があるってじいちゃんは自慢《じまん》してたけど、今は店のカーテンもしまっていて、なんだかさびれて見える。

このあたりは昔の街道筋《かいどうすじ》で、じいちゃんが子どものころは個人商店がたくさん並んでいたそうだ。でも今は、うちと四軒《けん》先にある、あんまり繁盛《はんじょう》していなさそうな＊呉服屋《ごふくや》さんがあるだけだった。山田クリーニング店はじいちゃんで四代目、昔は紺屋《こうや》といって染物屋さんをしていたと聞いたことがある。

ぼくは玄関《げんかん》に準備してあった着替えの袋をかごに載《の》せ、自転車で病院に向かった。

じいちゃんは目をあけていた。

「聡子は具合が悪いのか？」

その言葉に **C** とする。

「昨日、朝子が着替えを持ってきてくれたんだが……」

聡子はばあちゃんで、朝子は母さんだ。

「刺《し》しゅうがないパンツがあった。聡子はどうした」

その言葉にはっとする。それだったか、とぼくは思った。

じいちゃんのパンツには、ばあちゃんが刺しゅうをした「よし」の文字が必ずあった。昔からそうしているようで、新しいパンツを買うと、ばあちゃんは必ずじいちゃんの名前「嘉彦《よしひこ》」の「よし」を刺しゅうしていた。**X** と思ったのは「よし」の刺しゅうがなかったからだったんだ。

手術のあと目を覚ましたとき、じいちゃんはばあちゃんが亡くなったことを覚えていなかった。お医者さんは「しばらく様子を見ましょう」と言ったけれど、状況《きょう》はよくなっていないということだ。

（ **Y** ）

そんなじいちゃんに、「もう、ばあちゃんは死んじゃったんだよ」とは、とても言えなかった。最強コンビのばあちゃんが亡くなり、お客さんは減り、大けがまでしてしまったじいちゃんに、今はまだ、ばあちゃんが死んでしまったことを、身にしみて感じさせるようなことはしたくなかった。

「母さんが、ぼくのパンツと間違《まちが》えちゃったんだね。ははは……」

④棚から刺しゅうのないパンツをひっつかむと、ぼくはとっさに言った。

「今度は間違えずに持ってくるよ」

しばらくすると、規則正しい寝息が聞こえてきた。ぼくは大きく息をはき出した。

（小川雅子《まさこ》『ライラックのワンピース』より。出題にあたり、一部表記を改めた。）

＊ミカ姉ちゃん……山田智広の姉。
＊お婿《むこ》さん……娘《むすめ》の夫。結婚《けっこん》して、妻の家系に入る男性。
＊呉服屋《ごふくや》……着物や着物用の生地《きじ》をあつかう店。

問い

一　本文中の～～線1～3のカタカナを漢字に直しなさい。

二　A ～ C に入る言葉として適当なものを次から選び、それぞれ記号で答えなさい。

A　ア　うま　イ　いき　ウ　目　エ　口

B　ア　すたすた　イ　よちよち　ウ　とぼとぼ　エ　だらだら

C　ア　ズキン　イ　ドキン　ウ　ブルッ　エ　シュン

三　――線①「「聡子《さとこ》は?」その言葉にみんなが凍《こお》りついた。」とあるが、「凍りついた」に用いられている表現技法を答えなさい。また、その効果として適当でないものを次からひとつ選び、記号で答えなさい。

ア　全く予期していなかった質問に、みんなが答えることができない様子を表す効果。
イ　じいちゃんの手術が実は成功していないのではないか、というみんなの絶望を表す効果。
ウ　じいちゃんの具合の深刻さに、みんなが衝撃《しょうげき》を受けていることを表す効果。
エ　具合の悪いじいちゃんをこれ以上傷つけないように、みんなが懸命《けんめい》に考えている様子を表す効果。

四　――線②「音をたてないように袋《ふくろ》の中から着替《きが》えを出し、棚《たな》にしまっていく」とあるが、この表現の効果として最も適当なものを次から選び、記号で答えなさい。

ア　主人公の行動を細かく表現することで、主人公の心情を共有させる効果。
イ　五感に関わる描写《びょうしゃ》をくわしくすることで、読者の想像をかき立てる効果。
ウ　倒置《とうち》法を用いて表現することで、読者にエピソードを印象づける効果。
エ　文末表現を変化させることで、臨場感《りんじょうかん》やスリルを演出する効果。

五　——線③『山田クリーニング店』の看板が、ふと目に入った。「山」の字の横棒がはげて、「川田」に見える。古い看板は歴史があってじいちゃんは自慢《じまん》してたけど、今は店のカーテンもしまっていて、なんだかさびれて見える。」とあるが、なぜ「ぼく」には、看板がそのように見えたのか。その理由として適当でないものを次からひとつ選び、記号で答えなさい。

ア　「ぼく」とじいちゃんの関係が薄《うす》れてしまいつつあるから。
イ　じいちゃんが入院して、歴史ある店の店主が不在だから。
ウ　ばあちゃんが亡《な》くなって、名コンビが解消されてしまったから。
エ　ケガをしてじいちゃんの仕事の腕《うで》が落ちてしまったから。

六　［X］に入る「ぼく」が思った内容を二十五字以内で考えて答えなさい。

七　［Y］に入る「ぼく」の心情として最も適当なものを次から選び、記号で答えなさい。

ア　じいちゃんが、クリーニング店に復帰することはもうないかもしれない……
イ　じいちゃんはぼくのこともいつか忘れてしまうんじゃないか……
ウ　じいちゃんの頭の中では、今もばあちゃんは生きているんだ……
エ　じいちゃんが、ばあちゃんのところへいってしまうのも、そう遠くないかもしれない……

八　——線④「棚《たな》から刺《し》しゅうのないパンツをひっつかむと、ぼくはとっさに言った」とあるが、これについて次のⅠ、Ⅱの問いに答えなさい。

Ⅰ．本文中の「刺しゅうのない」「真っ白なパンツ」は、じいちゃんにとって、別の何かを連想させるものとして描《えが》かれている。それについて説明した次の文中の［　］に当てはまる言葉を考えて答えなさい。

「刺しゅうのない真っ白なパンツ」はじいちゃんにとって、［　　］を表している。

Ⅱ．このときの「ぼく」の心情を四十五字以内で考えて答えなさい。

九　この物語の登場人物の特ちょうとして適当でないものを次からひとつ選び、記号で答えなさい。

ア　父さんは、頼《たよ》りない一面とうらはらに、じいちゃんゆずりの責任感の強い人物として描《えが》かれている。

イ　ミカ姉ちゃんは、家族の非常時でも冷静で、家族のなかで頼れる存在として描かれている。

ウ　じいちゃんは、ガンコな一面もあるが、自分の仕事に誇《ほこ》りをもつ職人気質《かたぎ》な人物として描かれている。

エ　「ぼく」は繊細《せんさい》な性格で、入院中のじいちゃんを支える家族思いな人物として描かれている。

令和６年度　入学選考

算数　問題冊子

（40分）

（注意事《じ》項《こう》）

１．「はじめ」の合図があるまで、この問題冊子を開いてはいけません。

２．試験時間は４０分です。

３．問題冊子は大問が７問、５ページまであります。（表紙などをのぞく）

４．開始後、最初に受検番号と氏名を決められたところ［２か所］にそれぞれ記入しなさい。

５．答えはすべて「解答用紙」にていねいに記入しなさい。

６．試験終了の合図があれば、すぐに筆記用具を置きなさい。

７．計算は問題冊子の余白や表紙のうらをつかってもかまいません。

受検番号［　　　　　　］　　氏名［　　　　　　　　　　　］

大阪教育大学附属平野中学校

1 次の計算をしなさい。

(1) $8\times9-16\div4\times5$

(2) $(76+25)\times13-99\times(17-4)$

(3) $0.6+\frac{1}{4}+2.3+\frac{2}{5}+3.75$

(4) $\frac{1}{2}+\frac{1}{6}+\frac{1}{7}+\frac{1}{12}+\frac{1}{20}+\frac{1}{30}+\frac{1}{42}$

2 次の問いに答えなさい。

）1, 2, 3, 5の4つの数を1回ずつ使って，下の式を完成させなさい。

$\square \div (\square \div \square - \square) = 10$

2） たかしさんとみゆさんの持っていた鉛筆《えんぴつ》の本数の割合は5:13でした。たかしさんが2人の持っている鉛筆の合計の25%をみゆさんにあげたところ，たかしさんの鉛筆は1本だけになりました。みゆさんがはじめに持っていた鉛筆の本数を答えなさい。

3）かんなさんはパン屋さんに行って，1個150円のメロンパンと1個120円のクリームパンを合わせて18個買いました。しかし，予定していたそれぞれの個数を入れかえて買ったため，予定していた金額より180円高くなりました。予定していたメロンパンの個数を答えなさい。

4）2024年1月20日は土曜日です。100日前は2023年の何月何日何曜日か答えなさい。

5） 27個の小さい立方体を積み重ねて，図のような大きい立方体をつくりました。黒丸の位置から反対側の面をつきぬけるまで面に対して垂直に，太い棒で穴をあけました。このとき，1つも穴があいていない小さい立方体は何個ありますか。

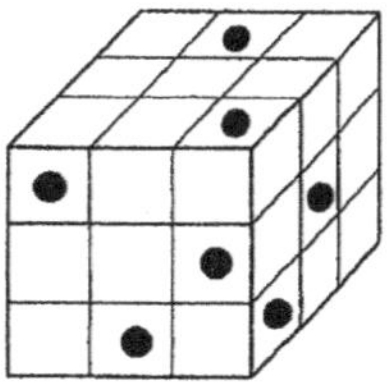

3 たかしさんは，A 地点から B 地点に向かって，最初は時速 4.2 km の速さで歩いています。途中《とちゅう》の C 地点から D 地点の間は，今までの 1.25 倍の速さで進み，D 地点から B 地点までは最初と同じ速さで歩きました。すると，A 地点から B 地点まで時速 4.2 km で歩いたときよりも 5 分早く到着《とうちゃく》することができました。このとき，次の問いに答えなさい。

(1) A 地点から B 地点まで合計で 70 分かかりました。
A 地点から B 地点までの距離《きょり》は何 m か答えなさい。

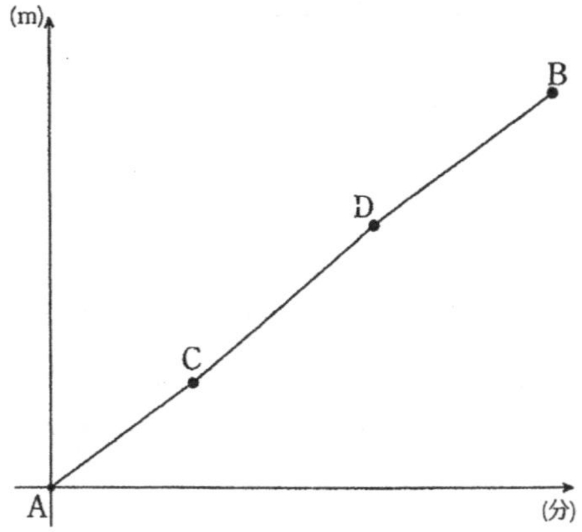

(2) C 地点から D 地点までの距離は何 m か答えなさい。

4 掲示板《けいじばん》に，横の長さが 10 cm の紙を，1 cm ずつ重ねて，図のように画びょうでとめて横につなげます。このとき，次の問いに答えなさい。

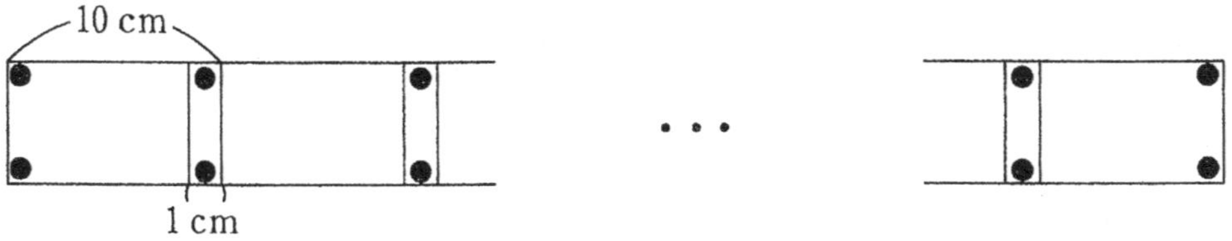

(1) 紙を 8 枚つなげるときに必要な画びょうの数を答えなさい。

(2) つなげた紙の長さを 217 cm にするために必要な紙の枚数を答えなさい。

5　右下の図形は，点 O を対称の中心とした点対称な図形の半分です。次の問いに答えなさい。

(1) 残りの半分をかいて点対称な図形を完成させなさい。

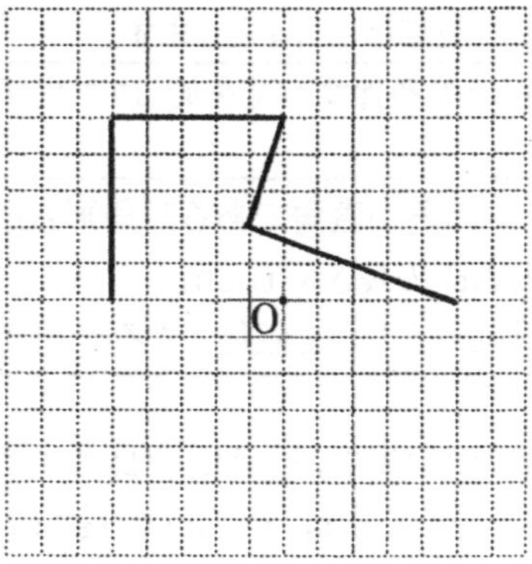

(2) 完成した点対称な図形の面積を答えなさい。
ただし,1 目もりを 1 cmとします。

6　ある中学校の生徒の通学方法を右のような表と円グラフにまとめました。複数の乗り物を使う生徒はいません。また，表の①と③の割合は 5:3，自転車で通学する生徒は 15 人でした。次の問いに答えなさい。

(1) この中学校の全校生徒は何人ですか。

	通学方法	割合
①	徒歩のみ	(　　　) %
②	自転車	10%
③	バス	(　　　) %
④	電車	26%

(2) 円グラフの㋐の大きさは何度ですか。

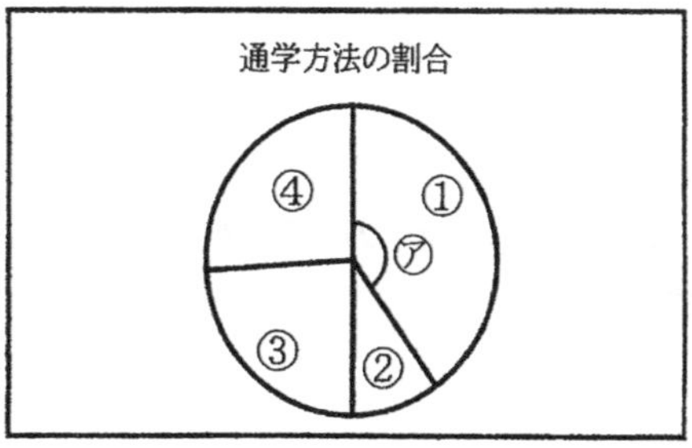

7 田中先生とみさきさん，こうたさんの会話を読んで，次の問いに答えなさい。
ただし，円周率は 3.14 とします。

田中先生：次の条件すべてを使ってできる図形をノートに書いてみてください。

① 4つの角が直角である四角形ABCD
② 辺 AB の長さが 6 cm
③ 辺AB，辺DCを直径とする半円が 2 つとも四角形の内側にある

みさきさん：田中先生，辺 AD の長さは何 cm にすればよいですか。
田中先生　：そうですね。辺 AD の長さについての条件はありません。辺 AD の長さをいろいろ変えて考えてみましょう。
こうたさん：辺 AD の長さを変えることで，変化するものは何なのだろう。
みさきさん：四角形 ABCD の周りの長さ。あと，四角形 ABCD の面積も変わってくるね。
こうたさん：辺 AD の長さが 6 cmのときの図形をかいてみました。
2 つの半円と四角形ABCDが重なっていない部分に色をぬりました。

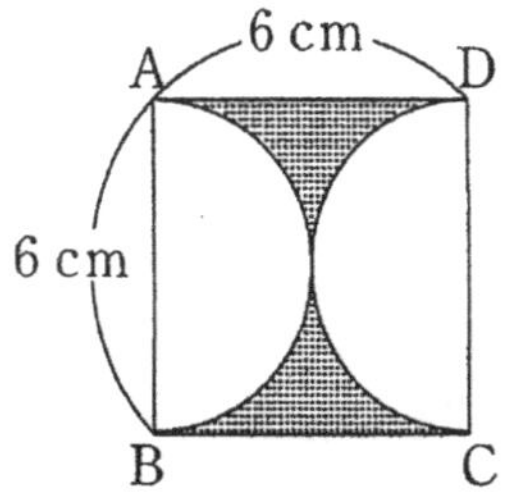

みさきさん：辺 AD の長さがわからないから，2 つの半円が重なる場合と重ならない場合がありそうですね。

(1) こうたさんがかいた図形のうち，色をぬった部分の面積を答えなさい。

(2) 2 つの半円と四角形ABCDが重なっていない部分の面積が 34.74 cm^2 のとき，辺ADの長さを答えなさい。

(3) 辺ADの長さが 3 cm のとき，2 つの半円と四角形ABCDが重なっていない部分の周りの長さを答えなさい。

2024(R6) 大阪教育大学附属平野中
K 教英出版

令和６年度　入学選考

理　科　問　題　冊　子

（40分）

（注意事項《じこう》）

1．「はじめ」の合図があるまで、この問題冊子を開いてはいけません。

2．試験時間は４０分です。

3．問題冊子は大問が5問、９ページまであります。（表紙などをのぞく）

4．開始後、最初に受検番号と氏名を決められたところ［２か所］にそれぞれ記入しなさい。

5．答えはすべて「解答用紙」にていねいに記入しなさい。

6．試験終了の合図があれば、すぐに筆記用具を置きなさい。

受検番号［　　　　　　　］氏名［　　　　　　　　　　　　］

大阪教育大学附属平野中学校

1 次の問いに答えなさい。

(1) マナブさんは，ある天文台の夜間天体観望会（星の観察会）に参加しました。

> ●研究員の解説より
>
> みなさん，こんばんは。このような郊外《こうがい》の天文台まで，わざわざお越《こ》しいただき，ありがとうございます。今日，1月11日は，今年の1月の中で，最も観察のさまたげになる光のない日です。さらに，雲ひとつない良い天気となりました。
>
> さあ，みなさん。一緒《いっしょ》に星空を楽しみましょう。

① 都会よりも郊外の方が星の観察に適している理由を２つ答えなさい。

② 研究員が下線部のように言ったのは，この日がどのような日だったからですか。簡単に説明しなさい。

(2) リカさんは「実験用てこ」と10gのおもりを使って，つり合いの実験をしました。右の図は，左のうでの6番の穴におもりを1個つけた場合，右のうでの2番の穴におもりを3個つけると，てこが水平につり合うことを表しています。

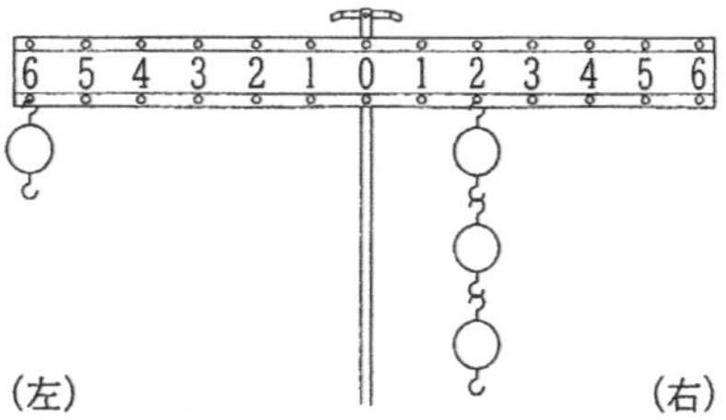

① 図の状態から，左のうでの6番の穴につけたおもりの下に，さらにおもりを1個つけました。このとき，右のうでの3番の穴に何個のおもりをつければ，てこは水平につり合いますか。

②「実験用てこ」につけたおもりをすべて外しました。改めて左のうでの3番の穴に1個，右のうでの4番の穴に1個おもりをつけました。左右のおもりの下に，それぞれあと何個のおもりをつければ，てこは水平につり合いますか。次のア～エから1つ選び，記号で答えなさい。

	左	右
ア	2個	3個
イ	3個	2個
ウ	3個	4個
エ	4個	3個

(3) カリコとワイスマンは，2023年のノーベル生理学・医学賞を受賞しました。彼らの研究が，新型コロナウイルスのワクチン開発につながりました。開発されたワクチンの種類は何とよばれていますか。次のア～エから1つ選び，記号で答えなさい。

ア mRNAワクチン　イ nRNAワクチン　ウ oRNAワクチン　エ pRNAワクチン

2 リカさんとマナブさんは，学校の理科室で下の実験をしました。次の問いに答えなさい。ただし，理科室の部屋の温度は，30℃に保たれているものとします。

【方法1】
(i) 30℃の水を100mLはかり，ビーカーに入れる。
(ii) <u>ミョウバンを1g</u>加え，かき混ぜてとかす。
(iii) とけたら，さらにミョウバンを1g加え，とけるかを調べる。
とけ残りが出るまで，これをくり返して，何gまでとけるかを調べる。

【方法2】
40℃の水，50℃の水を，それぞれ100mLずつビーカーに用意して，
【方法1】と同じように調べる。

【方法3】
ミョウバンの代わりに食塩を使って，【方法1】，【方法2】と同じように調べる。

【結果】
実験の結果を下の表にまとめました。

表

水の温度	30℃	40℃	50℃
ミョウバン	16gまでとけた	24gまでとけた	36gまでとけた
食塩	36gまでとけた	36gまでとけた	36gまでとけた

(1) 下線部において，リカさんは，図1のように，上皿てんびんを使って，1gのミョウバンをはかり取ろうとしたところ，マナブさんに使い方の誤りを指摘《してき》されました。上皿てんびんを使って，1gのミョウバンを，正確にはかり取るには，どのようにすればよいですか。簡単に説明しなさい。

図1
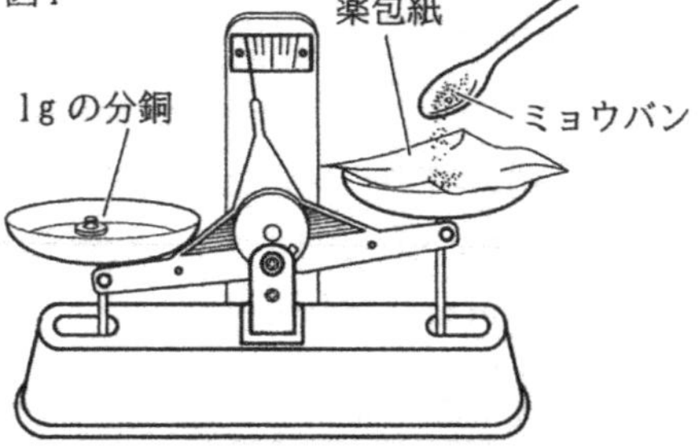

(2) ビーカーに30℃の水50mLを用意しました。【方法1】の(ii)，(iii)と同じ操作をすると，ミョウバンを合計何g加えたときに，とけ残りが出ますか。

(3) 50℃の水100mLに，36gのミョウバンをとかしました。その後，図2のように，ビーカーをラップシートでおおい，氷水に入れ，水溶液《すいようえき》を30℃まで冷やすと，ミョウバンがあらわれました。このとき，およそ何gのミョウバンがあらわれると考えられますか。最も適切なものを，次のア～カから1つ選び，記号で答えなさい。

図2
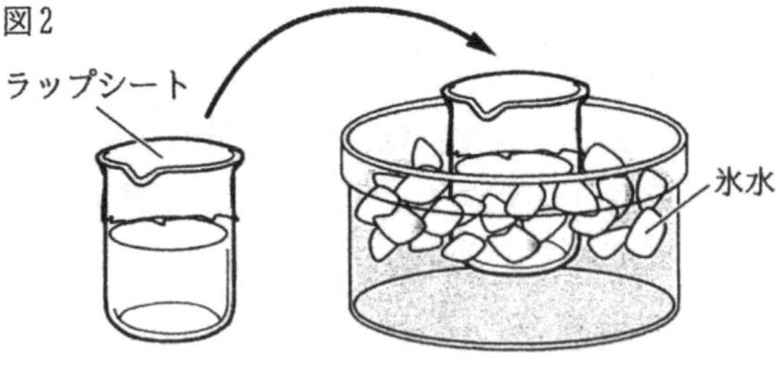

ア 8g　イ 12g　ウ 16g　エ 20g　オ 24g　カ 36g

(4)　50℃の水 100mL に，36g のミョウバンをとかしました。その後，図 3 のように，ビーカーをラップシートでおおい，氷水に入れずに，30℃になるまで，理科室に放置しました。このときにあらわれたミョウバンは，(3) と比べて，次の①，②がどのようになりますか。下のア～ウから 1 つずつ選び，記号で答えなさい。

図3

①　あらわれたミョウバンの重さ

②　あらわれたミョウバンの 1 つぶの大きさ

ア　大きくなる。　　イ　小さくなる。　　ウ　変わらない。

(5)　(4) であらわれたミョウバンをとかすためには，30℃の水を，少なくとも何 mL 加えるとよいですか。最も適切なものを，次のア～カから 1 つ選び，記号で答えなさい。

ア　100 mL　　イ　125 mL　　ウ　150 mL　　エ　175 mL　　オ　200 mL　　カ　225 mL

(6)　図 4 のように，ビーカー A，B を用意し，それぞれのビーカーに 30℃の水を 100 mL 入れて，36g の食塩をとかし，水面の位置に，ビニルテープで印をつけました。ビーカー B にのみ，ラップシートでおおい，理科室にそれぞれ 1 週間放置しました。

1 週間後，ビーカー A，B の水溶液の量を調べると，ビーカー A は減っていたのに対し，ビーカー B はほとんど変化が見られませんでした。次の①～③の問いに答えなさい。

図4

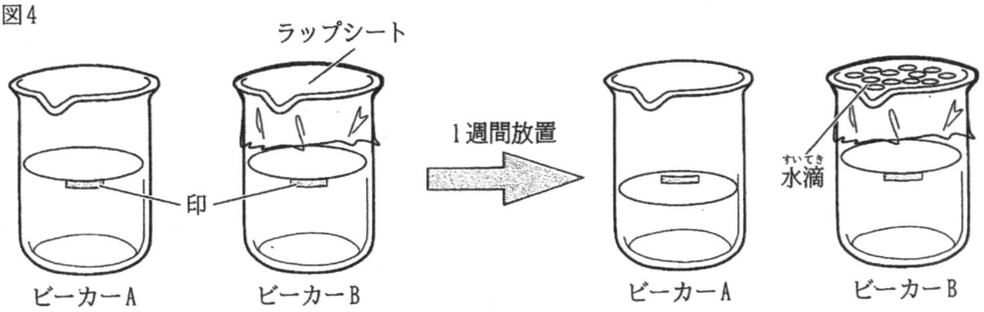

①　1 週間後のビーカー A，B の水溶液に，食塩のつぶはあらわれましたか。つぶがあらわれたものには「○」で，あらわれなかったものには「×」でそれぞれ答えなさい。

②　1 週間後のビーカー A の水溶液の量が減った理由を次の文にまとめました。（　あ　），（　い　）に当てはまる言葉を，次のア～オからそれぞれ 1 つずつ選び，記号で答えなさい。

水が，表面から（　あ　）して（　い　）になり，ビーカーの外に出ていったからです。

ア　ふっとう　　イ　蒸発　　ウ　空気　　エ　水蒸気　　オ　湯気

③　1 週間後のビーカー B には，ラップシートの内側に水滴《すいてき》がついていました。その水滴には，食塩が含《ふく》まれているのか，含まれていないのかを確かめる方法を，簡単に説明しなさい。

3 リカさんは，5月のよく晴れた風のないある日に，大阪市の公園で，下の【観察】をしました。次の問いに答えなさい。

【観察】

図1のように，日なたの地面に，紙を置いて，棒を垂直に立てました。午前8時から午後4時まで，1時間おきに，棒の影《かげ》を鉛筆《えんぴつ》でなぞって紙にうつしました。

図1

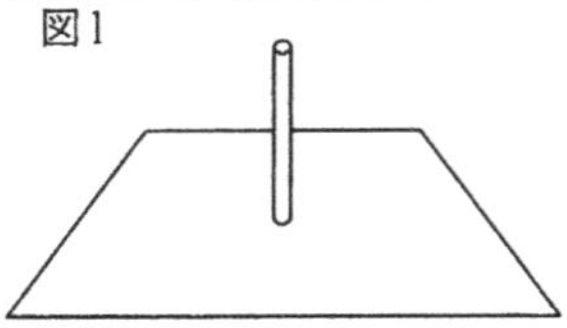

(1)　下の方法のようにアナログ時計を使うと，おおよその方位を調べることができます。次の①～④の問いに答えなさい。

【方法】

(i) アナログ時計の文字盤《もじばん》が水平になるように持つ。

(ii) 現在の時刻のアナログ時計の短針（長さが短い方の針）を太陽の向きに合わせる。

(iii) 短針の向きと文字盤の12時の向きのちょうど真ん中の向きが，おおよその南の方位になる。

①　図2のアナログ時計の短針を，太陽の向きに合わせたとき，文字盤の1～12のどの向きが南の方位になりますか。数字で答えなさい。

図2

②　太陽は直接見てはいけないので，アナログ時計の短針を太陽の向きに合わせるときには，ある道具を使って太陽を見なければいけません。道具の名前を答えなさい。

③　②の道具がないときは，太陽ではなく，影の向きに短針を合わせるようにします。アナログ時計の短針を影の向きに合わせると，短針の向きと文字盤の12時の向きのちょうど真ん中の向きは，どの方位になりますか。東，西，南，北のいずれかで答えなさい。

④　リカさんは，②の道具を持っていなかったので，午前8時から午後4時まで1時間ごとに，アナログ時計と影の向きで，方位を調べました。このとき南の方位は，アナログ時計の文字盤の，どの範囲《はんい》にありましたか。右のア～ウから1つ選び，記号で答えなさい。

(2)　【観察】の結果，棒の影は，どのように動きましたか。次のア～エから1つ選び，記号で答えなさい。

ア　棒を中心に，東から西へ，時計回りに動いた。
イ　棒を中心に，西から東へ，時計回りに動いた。
ウ　棒を中心に，東から西へ，反時計回りに動いた。
エ　棒を中心に，西から東へ，反時計回りに動いた。

(3)　【観察】の結果，棒の影の長さは，どのように変化しましたか。次のア～オから1つ選び，記号で答えなさい。

ア　朝から夕方にかけて長くなり続けた。
イ　朝から夕方にかけて短くなり続けた。
ウ　朝から昼にかけて短くなり，昼から夕方にかけて長くなった。
エ　朝から昼にかけて長くなり，昼から夕方にかけて短くなった。
オ　変わらなかった。

(4)　【観察】を行った同じ日に，リカさんは1時間ごとに気温をはかりました。この日の気温の変化を表したグラフはどれですか。次のア～エから，最も適切なものを1つ選び，記号で答えなさい。

ア

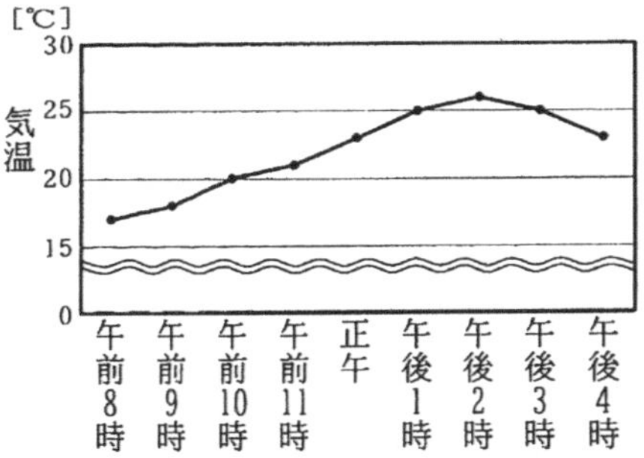

イ

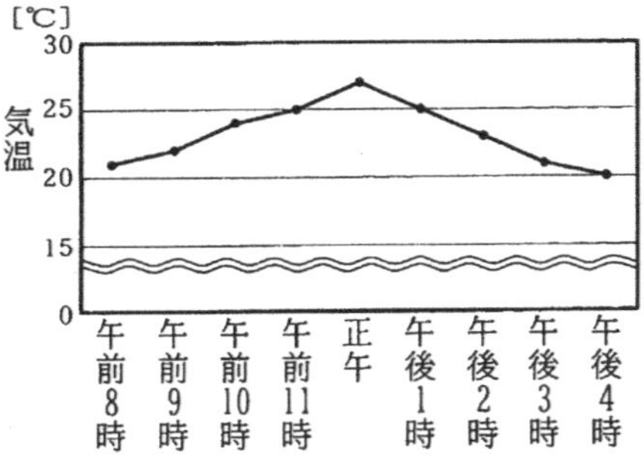

ウ

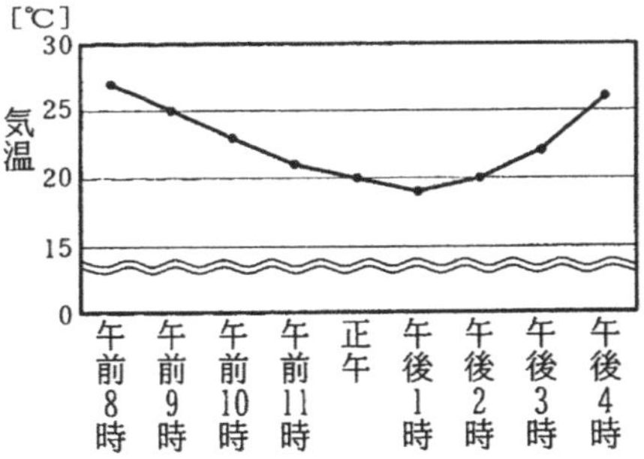

エ

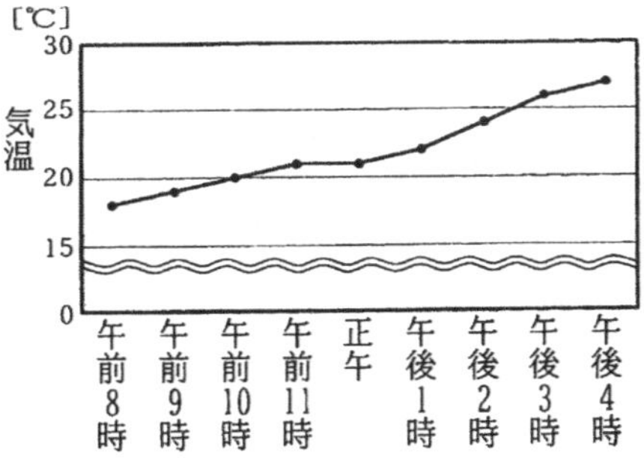

(5)　【観察】で用いた道具を使って，夜に月の光でできる影を観察できるとします。南の方位に満月が見えたときから，1時間おきに棒の影を観察すると，①棒の影はどのように動きますか。次のア～エから1つ選び，記号で答えなさい。また，②棒の影の長さはどのように変化しますか。次のオ～キから1つ選び，記号で答えなさい。

ア　棒を中心にして，北から東に動く。
イ　棒を中心にして，北から西に動く。
ウ　棒を中心にして，南から東に動く。
エ　棒を中心にして，南から西に動く。

オ　長くなる。
カ　短くなる。
キ　変わらない。

4 リカさんは，どのようにすれば電磁石が強くなるかを調べるために，下の実験をしました。次の問いに答えなさい。

【方法 1】

(i) 図 1 のように，5 m の導線の両端《りょうたん》を 50 cm ずつ残し，100 回巻きの電磁石をつくる。

(ii) (i)の電磁石を使い，図 2 のような回路をつくる。

(iii) スイッチを入れた後，電磁石をたくさんの鉄のゼムクリップに近づけ， 鉄心の先に引きつけられて，つり上げることのできたゼムクリップを数える（実験 A）。

(iv) 数え終わったら，スイッチをすぐに切る。

図1

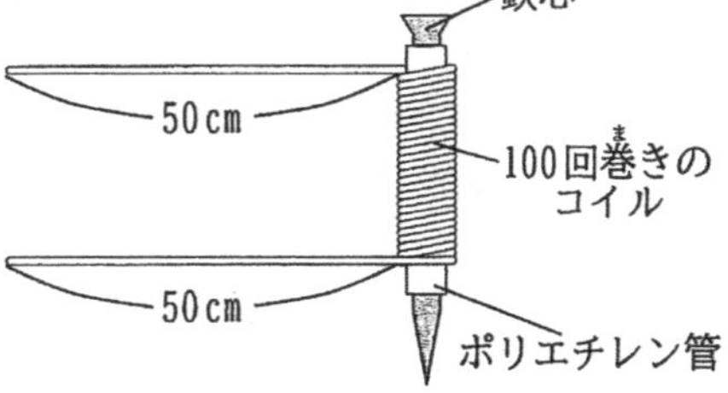

図2

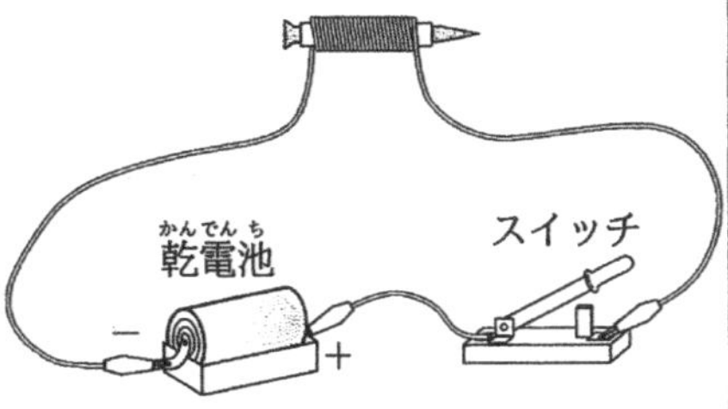

【方法 2】

図 2 の乾電池《かんでんち》を，2 個直列につないだものや，2 個並列《へいれつ》につないだものにかえて，【方法 1】の(iii)と同じ実験をする（実験 B，C）。

【方法 3】

5 m の導線で 50 回巻きの電磁石をつくり，実験 A～C と同じ実験をする（実験 D，E，F）。

【方法 4】

すべて実験の結果を，右の表にまとめる。

表

	導線を巻いた回数	乾電池の数とつなぎ方	つり上げることのできたゼムクリップの数
実験 A	100 回	1 個	
実験 B	100 回	2 個を直列	
実験 C	100 回	2 個を並列	
実験 D	50 回	1 個	
実験 E	50 回	2 個を直列	
実験 F	50 回	2 個を並列	

(1) 【方法 3】で，50 回巻きの電磁石をつくったところ，図 3 のように，導線が 2 m 余りました。このとき，余った導線はどのようにすればよいですか。次のア～ウから 1 つ選び，記号で答えなさい。

図3

ア　両端を 50 cm ずつ残し，50 回巻くことができるように，ポリエチレン管を太いものにかえて，巻きなおす。

イ　余った部分を切る。

ウ　切らずに残しておく。

(2) 実験 A ～ F で，ゼムクリップを最も多くつり上げられると考えられるのは，どの実験ですか。A ～ F から 1 つ選び，記号で答えなさい。

(3)　実験Ｅと実験Ｆの結果を比べたとき，つり上げられたゼムクリップの数は，Ｅの方が多いことがわかりました。このことからいえることは何ですか。「電磁石」，「電流」という言葉を使って，簡単に説明しなさい。

(4)　下線部の操作をしなければならないのはなぜですか。その理由を簡単に説明しなさい。

(5)　リカさんは『導線の巻き数によって，電磁石の強さは変わる。』と予想しました。リカさんの予想は実験Ａ～Ｆのどの組み合わせで確かめることができますか。最も適切なものを，次のア～ソからすべて選び，記号で答えなさい。

ア　ＡとＢ	イ　ＡとＣ	ウ　ＡとＤ	エ　ＡとＥ	オ　ＡとＦ
カ　ＢとＣ	キ　ＢとＤ	ク　ＢとＥ	ケ　ＢとＦ	コ　ＣとＤ
サ　ＣとＥ	シ　ＣとＦ	ス　ＤとＥ	セ　ＤとＦ	ソ　ＥとＦ

(6)　リカさんは，図２の電磁石のまわりに，方位磁針を３つ置きました。図４は，スイッチを入れる前に，あ～うのすべての方位磁針のＮ極が，北の方位を指していることを表したものです。

図4

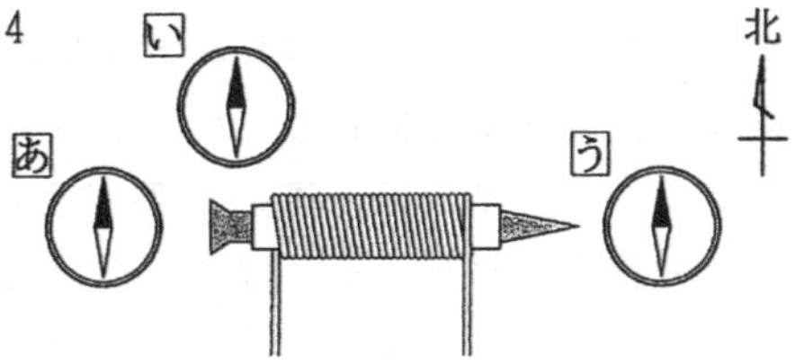

①　スイッチを入れた後，あの方位磁針のＮ極が西の方位を指しました。このとき，いとうの方位磁針のＮ極は，どの方向を指しますか。右のア～エから１つ選び，それぞれ記号で答えなさい。

②　乾電池の＋極と－極を入れかえ，同様の実験をおこなったとき，あ～うの方位磁針のＮ極は，それぞれどの方向を指しますか。右のア～エから１つ選び，それぞれ記号で答えなさい。

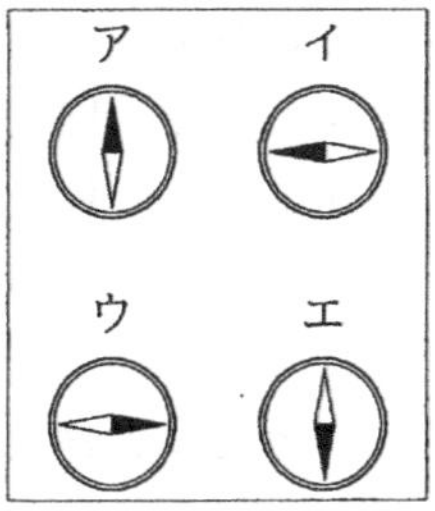

5 次の問いに答えなさい。

●リカさんのレポート

2021年7月，「奄美大島《あまみおおしま》，徳之島《とくのしま》，沖縄本島《おきなわほんとう》北部及《およ》び西表島《いりおもてじま》」は，世界自然遺産として登録されました。この地域には，アマミノクロウサギやヤンバルクイナ，イリオモテヤマネコなど，それぞれの島にしか生息していない『固有種』も多く，生物多様性に富んだ魅力《みりょく》的な自然が広がっています。一方で，これらの自然は，外来生物（もともと，その地域で生活していなかった生物）の侵入《しんにゅう》や環境《かんきょう》の変化にとても弱いことが知られています。

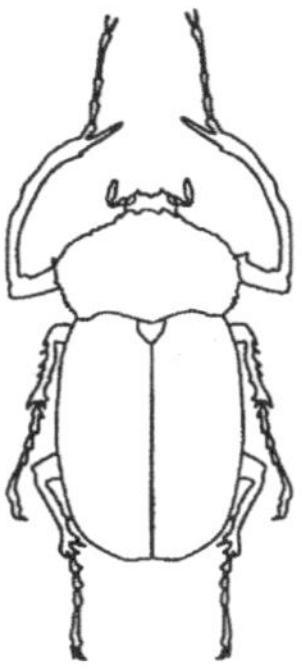

ヤンバルテナガコガネは，国の天然記念物に指定されている，日本最大の甲虫《こうちゅう》（カブトムシなどのなかま）で，オスの前足の長さは約9cmにもなります。イタジイやオキナワウラジロガシの大木の樹洞《じゅどう》（木のうろ）の中のみに生息し，幼虫はうろの底の腐《くさ》った植物を食べ，約3年かけて育ちます。すみかとなる大木があるような森でないと生きていけず，非常に数の少ない，沖縄本島北部の「やんばる」の森にしか生息していない固有種です。

ヤンバルクイナは，国の天然記念物に指定されています。世界中で沖縄本島北部「やんばる」の森だけに生息する貴重な鳥です。ヤンバルクイナの翼《つばさ》は，他の鳥と比べても面積が非常に小さく，翼を動かす事がないため筋肉も発達せず，ほとんど飛ぶことができません。1981年に新種として発表されたのですが，地元の山仕事の人たちには「アガチ」「アガチャー」（あわてもの），「ヤマドゥイ」（山に住む鳥）などと呼ばれ，その存在が知られていたようです。

ゴールデンウィークに，家族旅行で沖縄本島北部の「やんばる国立公園」に行きました。やんばる野生生物保護センター「ウフギー自然館」を訪《おとず》れた際，野生のヤンバルクイナなどの固有種が交通事故にあう（ロードキル）という事実を知りました。固有種のロードキル防止のため，車の運転には気をつけてほしいと思いました。

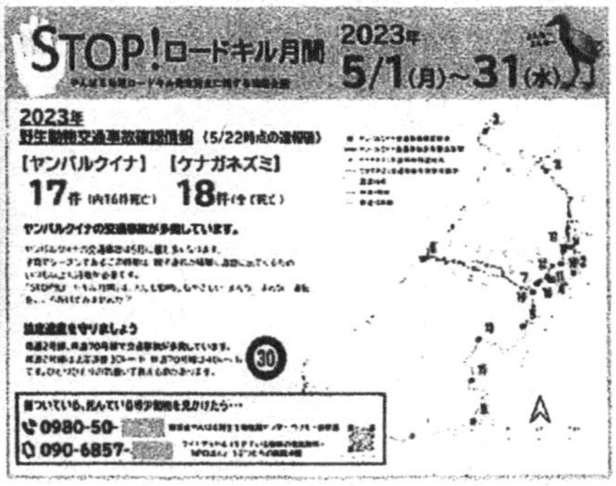

(1)　昆虫の口は食べ物によってさまざまな形に変化しています。ヤンバルテナガコガネの成虫の主食は樹液です。ヤンバルテナガコガネの成虫の口の形に最も近いと考えられるのはどの昆虫の口ですか。次のア～オから1つ選び，記号で答えなさい。

ア　アゲハチョウの幼虫　　イ　ヤンバルテナガコガネの幼虫

ウ　モンシロチョウの成虫　　エ　アブラゼミの成虫　　オ　オオクワガタの成虫

(2)　昆虫の足のつくりは，それぞれの生活や，住む場所に適したものになっています。ヤンバルテナガコガネの足のつくりは，どのようなことに適していると考えられますか。簡単に説明しなさい。

(3)　右の図は，ヤンバルテナガコガネの成虫を裏（体の下側）から観察したものです。下のア～カの図の中で，ヤンバルテナガコガネの「胸」の部分をぬりつぶしているのはどれですか。ア～カから1つ選び，記号で答えなさい。ただし，図中の「・」は，あしのつけ根を示しています。

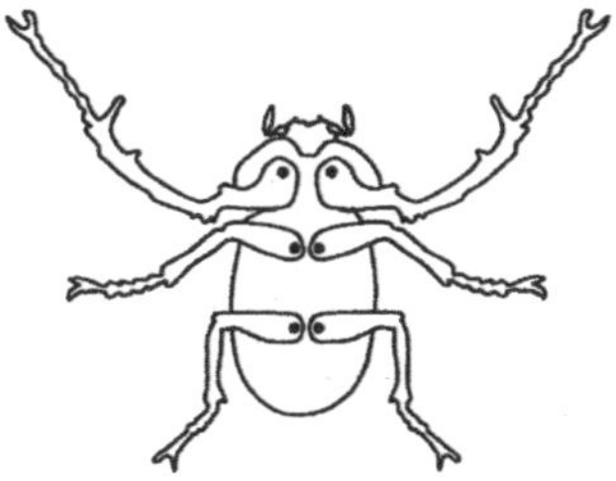

ア　イ　ウ　エ　オ　カ

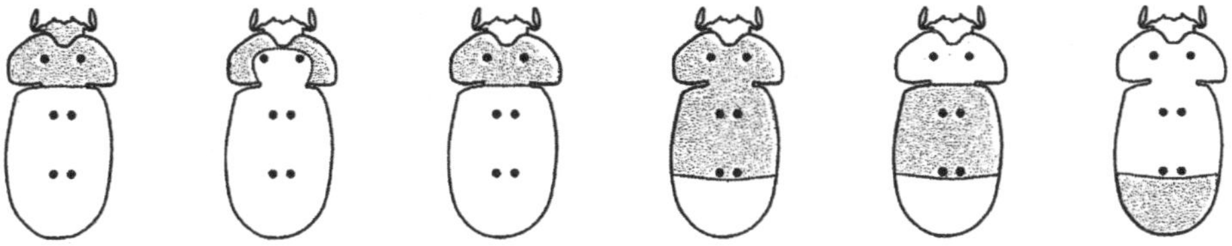

(4)　右の写真のように，やんばるの森への入り口には，「靴《くつ》の底の土を落とすためのマット」が置かれていることがあります。その理由を簡単に説明しなさい。

(5)　下の表は，2023年のヤンバルクイナの交通事故発生件数を月ごとに示したものです。次の①～⑤の説明のうち，5月にヤンバルクイナの交通事故が最も多くなる理由として，正しいものには「○」で，誤っているものには「×」でそれぞれ答えなさい。

ただし，ヤンバルクイナが道路に出てくる理由は，道路の側溝《そっこう》（みぞ）に，はい出してきたミミズやカタツムリなどを食べるためであるとします。

	1月	2月	3月	4月	5月	6月	7月	8月	9月	10月	11月	12月
ヤンバルクイナの交通事故確認件数	－	－	4	6	8	5	3	3	2	－	1	－

環境省やんばる野生生物保護センター「ウフギー自然館」HPより引用（一部改変）

① 沖縄の梅雨《つゆ》の季節で雨が多くなるから。

② ヤンバルクイナの子育ての時期だから。

③ 大陸から渡《わた》って来たばかりで，体力が落ちているから。

④ ゴールデンウィークなどで，交通量が増えるから。

⑤ 冬眠《とうみん》から覚めたばかりで，体力が落ちているから。

(6)　アメリカザリガニとアカミミガメは，私たちにとって身近な生き物として，たくさんの家庭で飼育されていることが知られていますが，外来生物です。これらを日本の自然のなかに放すと，環境に影響《えいきょう》を与《あた》えるとして，これまでも問題視されてきました。そこで、令和5年6月1日から「条件付特定外来生物」に指定され、野外に放したり逃《に》がしたりすると罰則《ばっそく》・罰金の対象になりました。一方で、捕かくや『飼育』は今までどおり可能です。『飼育』が可能なままになっているのはなぜだと考えられますか。簡単に説明しなさい。

2024(R6) 大阪教育大学附属平野中
K 教英出版

令和６年度　入 学 選 考

社会　問題冊子

(40分)

（注意事《じ》項《こう》）

１．「はじめ」の合図があるまで、この問題冊子を開いてはいけません。
２．試験時間は４０分です。
３．問題冊子は大問が３問、９ページまであります。（表紙などをのぞく）
４．開始後、最初に受検番号と氏名を決められたところ［２か所］に
　　それぞれ記入しなさい。
５．答えはすべて「解答用紙」にていねいに記入しなさい。
６．試験終了の合図があれば、すぐに筆記用具を置きなさい。

受検番号［　　　　　　　］氏名［　　　　　　　　　　　］

大阪教育大学附属平野中学校

1 マリコさんは，アメリカのニューヨーク・タイムズという新聞社が「行くべき52の場所」というものを毎年発表していることを知りました。そこで，2020年から2024年までの1位～3位と日本の順位を調べると，表Ⅰのようになりました。これについて，次の各問いに答えなさい。

表Ⅰ

2020年		
	国名	場所(市)
1位	アメリカ	ワシントンD. C.
2位	イギリス	バージン諸島《しょとう》
3位	ボリビア	ルレナバケ
～	～	～
9位	日本	東京都《とうきょうと》

2021年		
	国名	場所(市)
1位	イギリス	南ウェールズ
2位	北マリアナ諸島	サイパン
3位	A	カリヤ・ドロー
～	～	～
39位	日本	北海道《ほっかいどう》

2022年		
1位	イタリア	キオッジャ
2位	モザンビーク	チマニマニ国立公園
3位	アメリカ	クイーンズ
～	～	～
19位	日本	京都市《きょうとし》

2023年		
1位	イギリス	ロンドン
2位	日本	盛岡市《もりおかし》
3位	アメリカ	モニュメントバレー
～	～	～
19位	日本	福岡市《ふくおかし》

2024年		
1位	北アメリカ各地	皆既日食《かいきにっしょく》
2位	フランス	パリ
3位	日本	山口市《やまぐちし》

（1）表Ⅰの2021年のAには，日本と同じアジアにある国があてはまります。図Ⅰは，Aの国旗です。Aの国名を答えなさい。

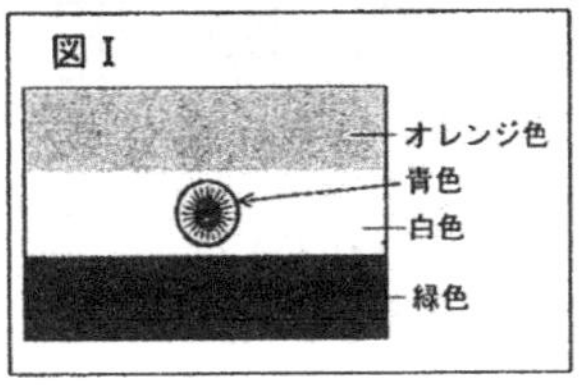

（2）2020年9位の東京都は，2020年に，夏季オリンピック・パラリンピックも開催《かいさい》予定だった（実際の開催は2021年）ため，改めて世界に注目されました。そこで，マリコさんは東京都について調べることにしました。

① 東京都が日本の政治の中心となったのは，徳川《とくがわ》家康《いえやす》が幕府を開いたことがきっかけであるとわかりました。幕府が開かれた今から約４２０年前，東京都は何と呼ばれた都市であったか答えなさい。

② 東京都が管理する地域には，太平洋《たいへいよう》上の島々もあるため，かなり広いことがわかりました。次のア～エは日本の東西南北のはしにある島です。このうち東京都にある島をすべて選び記号で答えなさい。

ア．沖ノ鳥島《おきのとりしま》　　イ．択捉島《えとろふとう》
ウ．与那国島《よなぐにじま》　　エ．南鳥島《みなみとりしま》

③ 東京湾の湾岸部《わんがんぶ》は，工業地帯や工業地域が集中する太平洋ベルトの一角をなしています。グラフⅠは，日本の工業地帯・地域のうち，北九州・阪神・中京・京浜の工業地帯・地域の製品出荷額の割合を表したものです。このうち京浜工業地帯にあたる最も適切なグラフを，次のア～エより選び記号で答えなさい。

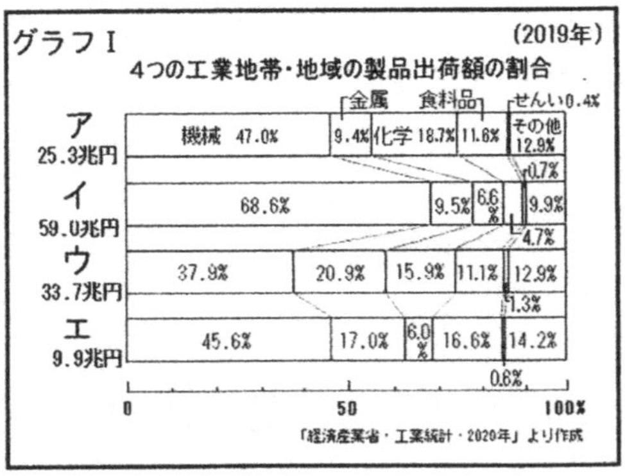

「経済産業省・工業統計・2020年」より作成

④　太平洋ベルトのように，日本の工業地帯や工業地域は海沿いに多い。それはなぜか。次の〔　　〕に入る文章を【原料，製品】の語句を用いて答えなさい。

「海に面していると，〔　　　　　　　　　　　　　　　　　　　　〕のに便利だから。」

（3）2021 年 39 位の北海道は，日本の主な島のなかで一番北に位置し，夏はすずしい気候で，冬は寒く，毎年多くの雪がふり，温泉地やスキー場も多く，国内外から観光地としても注目されています。そこで，マリコさんは北海道について調べることにしました。

①　北海道という名前が使われたのは明治《めいじ》時代からということがわかりました。それ以前は「〇〇地」とよばれていました。「〇〇地」にあてはまる当時の呼び方の漢字の読みを，ひらがな２字で答えなさい。

②　17 世紀半ば，アイヌの人々は松前藩《まつまえはん》と戦ったことがわかりました。この時，アイヌの人々を率いた人物の名前を答えなさい。

③　北海道は，多くの農産物の生産量が全国１位であることがわかりました。次の図Ⅱに示されたＡ～Ｃは，農業がさかんにおこなわれている平野や台地です。名前の組み合わせとして最も適切なものを，次のア～カより選び記号で答えなさい。

ア．Ａ：十勝《とかち》平野　Ｂ：石狩《いしかり》平野　Ｃ：根釧《こんせん》台地
イ．Ａ：十勝平野　Ｂ：根釧台地　Ｃ：石狩平野
ウ．Ａ：石狩平野　Ｂ：十勝平野　Ｃ：根釧台地
エ．Ａ：石狩平野　Ｂ：根釧台地　Ｃ：十勝平野
オ．Ａ：根釧台地　Ｂ：石狩平野　Ｃ：十勝平野
カ．Ａ：根釧台地　Ｂ：十勝平野　Ｃ：石狩平野

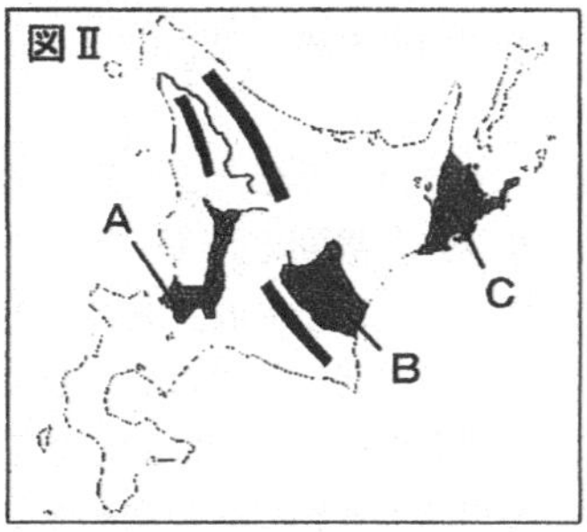

（4）2022 年は 19 位に京都市が選ばれました。その理由としては，感染症《かんせんしょう》の流行によって観光業の収入が減少した古都京都を，もう一度活性化させることなどがあげられています。そこで，マリコさんは京都市について調べることにしました。

①　８世紀の終わりに平城京から平安京に都がうつされ，平安時代がはじまったことがわかりました。平安時代に関係する最も適切な建物を，次のア～エより選び記号で答えなさい。

ア

イ

ウ

エ

② 平安時代には，朝廷《ちょうてい》を中心とした美しくはなやかな日本風の文化が生まれました。例えばある人物は「この世をば　我《わ》が世とぞ思ふ　もち月の　かけたることも　なしと思へば」という歌をよんでいます。この人物のむすめに教育係としてつかえた女性が書いた物語名を答えなさい。

（５）2023 年盛岡市は２位に選ばれました。その理由としては「東京から新幹線で数時間で行くことができる」「人ごみのない，歩きやすい宝石のような街である」「平安時代の城跡が公園になっている」などがあげられています。そこでマリコさんは，盛岡市について調べることにしました。

図Ⅲ

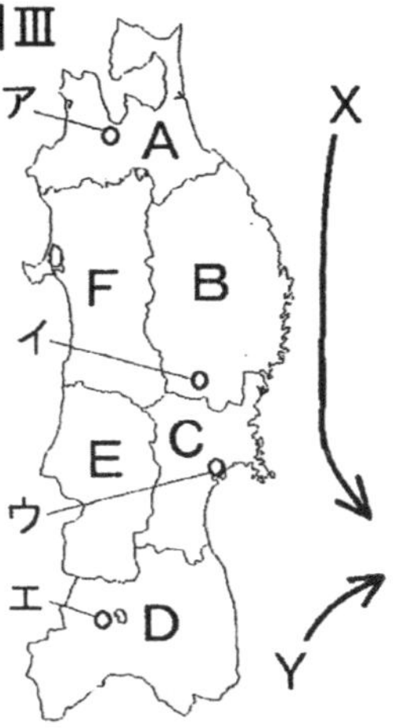

① 盛岡市のある岩手県《いわてけん》は，東北地方に位置することがわかりました。東北地方と呼ばれる６県のうち，県名と県庁所在地の都市名が異なる県が，岩手県のほかにもう一県あります。その県の県庁がある都市名を答えなさい。

② 盛岡市がある，東北地方の東側に広がる海域には，寒流と暖流とがぶつかってできるところ（潮目）があり，よい漁場となっていることがわかりました。このうち寒流を図Ⅲの X・Y の海流より選び，記号と海流名を答えなさい。

③ マリコさんは，東北地方の農業のようすを調べ，果樹の収穫量《しゅうかくりょう》について都道府県別の順位を示す表Ⅱをつくりました。

表ⅡのX～Zはもも・りんご・ぶどうのいずれかの作物がはいります。X～Zにあてはまる作物の組み合わせとして，最も適切なものを，次のア～オより選び記号で答えなさい。

ア．X：りんご　Y：ぶどう　Z：もも
イ．X：ぶどう　Y：もも　Z：りんご
ウ．X：もも　Y：ぶどう　Z：りんご
エ．X：ぶどう　Y：りんご　Z：もも
オ．X：りんご　Y：もも　Z：ぶどう

表Ⅱ

都道府県別果樹収穫量の順位（2021）

	X	Y	Z
1位	青森《あおもり》	山梨《やまなし》	山梨《やまなし》
2位	長野《ながの》	福島《ふくしま》	長野
3位	岩手《いわて》	長野	岡山《おかやま》
4位	山形《やまがた》	山形	山形
5位	福島	和歌山《わかやま》	福岡《ふくおか》

「日本国勢図絵2023/24」より　作成

④ 東北地方は稲作《いなさく》がさかんであることがわかりました。表Ⅲはコメの収穫量上位５位までを示したものです。表Ⅲの中から東北地方にある県を選び，その県の位置を上の図ⅢのＡ～Ｆよりすべて選び記号で答えなさい。

表Ⅲ

コメの収穫量上位５位

1位	新潟《にいがた》
2位	北海道
3位	秋田《あきた》
4位	山形
5位	宮城《みやぎ》

「日本国勢図絵2023/24」より作成

⑤　東北地方には，中尊寺《ちゅうそんじ》などを中心とした平泉《ひらいずみ》が，世界遺産《いさん》（文化遺産）に登録されていることがわかりました。またもう１つ，世界遺産（文化遺産）に登録されている遺跡があります。その遺跡《いせき》を示す最も適切な写真を，次のａ～ｄより選び記号で答えなさい。また，遺跡のある位置を前ページ図Ⅲのア～エより選び記号で答えなさい。

a

b

c

d

（6）2024年山口市は３位に選ばれました。その理由としては，「『西の京都』とも呼ばれるが，観光客で混雑していない」「約 600 年の歴史がある山口祇園祭《ぎおんまつり》が開催されている」などがあげられています。そこでマリコさんは，山口市について調べることにしました。

①　山口市が『西の京都』と呼ばれている理由を調べたところ，15 世紀後半におこった応仁《おうにん》の乱によって，当時京都に住んでいた貴族が，山口を治めていた大名の保護を受けるために逃《のが》れてきたことにより，京都のさまざまな文化が山口に伝わったことがわかりました。応仁の乱は室町《むろまち》幕府８代将軍の後継者をめぐっておこったものでした。８代将軍の名前を答えなさい。

②　山口県は，様々な時代で歴史の舞台《ぶたい》になっていることがわかりました。

（ｉ）源氏が平氏を滅ぼした戦いは，現在の山口県でおこりました。この戦いの名前について最も適切なものを，次のア～エより選び記号で答えなさい。

ア．屋島《やしま》の戦い　　イ．一ノ谷《いちのたに》の戦い　　ウ．富士川《ふじがわ》の戦い　　エ．壇ノ浦《だんのうら》の戦い

（ii）19 世紀末におこった日清戦争を終わらせる平和条約は，山口県の下関《しものせき》で結ばれました。次の図は，日清戦争に関するものです。図ⅣのＸはどこの国か答えなさい。

図Ⅳ

2　社会科の授業で「日本と世界とのつながり」について，各班でテーマを決めて，調べることになりました。下の会話文を読んで，次の各問いに答えなさい。

ゆ き	「日本と世界とのつながりに関係することで，去年(2023 年)は，どんなことがあったのかなぁ。」
ゆづる	「５月には，(a)広島《ひろしま》でサミット(Ｇ７主要国首脳会議)があったね。」
かづき	「Ｇ７の首脳とＥＵ(ヨーロッパ連合)の代表が集まり，国際平和や経済問題などについて話しあったって聞いているよ。」
ゆ き	「そういえば，10 月には(b) Ｇ７大阪《おおさか》・堺《さかい》貿易大臣会合があったね。」
ゆづる	「去年は，日本がＧ７の議長国だったので，日本で色々な国際会議が開《ひら》かれたみたいね。」
かづき	「それに去年(2023 年)は，『世界人権宣言』が(c)国際連合で採択《さいたく》されて，75 周年を迎《むか》えるってニュースで言っていたよ。」
ゆ き	「そうだ，(d)日本国憲法で保障された人権や，(e)日本の政治や(f)裁判のしくみについても調べてみようよ！」

(１) 下線部ａについて，次の各問いに答えなさい。

写真Ⅰ

① 写真Ⅰは，Ｇ７の首脳とＥＵの代表者が広島の平和記念公園に訪《おとず》れた時のものです。この写真には原爆《げんばく》ドームも写っています。世界で初めて原子爆弾が投下された広島では，多くの方々の尊い命が失われました。広島に原子爆弾が投下されたのは，西暦《せいれき》何年の何月何日か答えなさい。

写真Ⅱ

② 広島サミットでは，写真Ⅱの厳島《いつくしま》神社のある宮島《みやじま》でも，会合が行われました。世界遺産の一つでもある厳島神社を，12 世紀後半に大規模な社殿に建てかえ，中国《ちゅうごく》の宋《そう》と貿易を行った人物名を答えなさい。

また，この人物の説明として，下の『　　』の文につながる最も適切なものを，次のア～オより選び記号で答えなさい。

『この人物は，武士として初めて』

ア．征夷《せいい》大将軍になった。　　イ．関白《かんぱく》になった。
ウ．摂政《せっしょう》になった。　　エ．太政大臣《だいじょうだいじん》になった。
オ．執権《しっけん》になった。

写真Ⅲ

③ 広島サミットでは，国際平和についても話し合われました。写真Ⅲは，日本の自衛隊が国際連合の平和維持《いじ》活動に参加しているときのものです。国際連合の平和維持活動の略称《りゃくしょう》をアルファベット３文字で答えなさい。

令和六年度 入学選考

国語 解答用紙

受検番号

氏名

※100点満点
（配点非公表）

1

一
1
2
3

二
A
B
C

三
案の定
。

四
X
Y

五
20
40

六

七

八
Ⅰ
選択肢が存在するとき、
Ⅱ
ので、

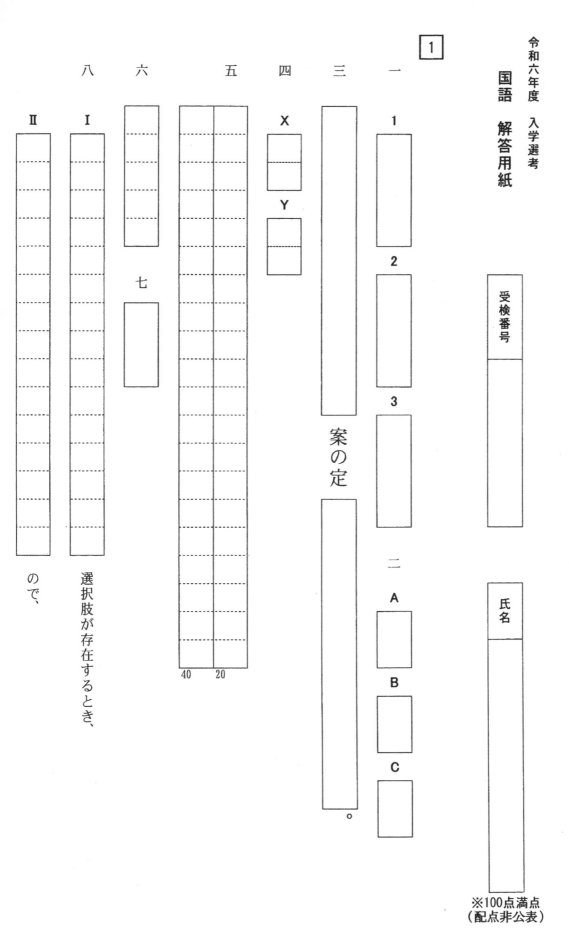

5

(1)

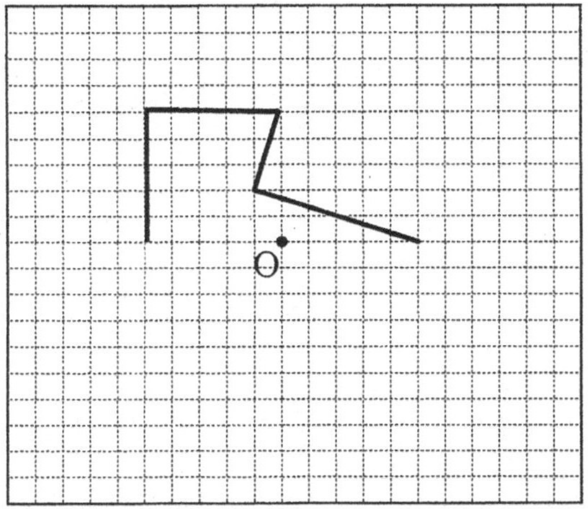

(2) cm^2

6

(1)	人	(2)	度

7

(1)	cm^2	(2)	cm	(3)	cm

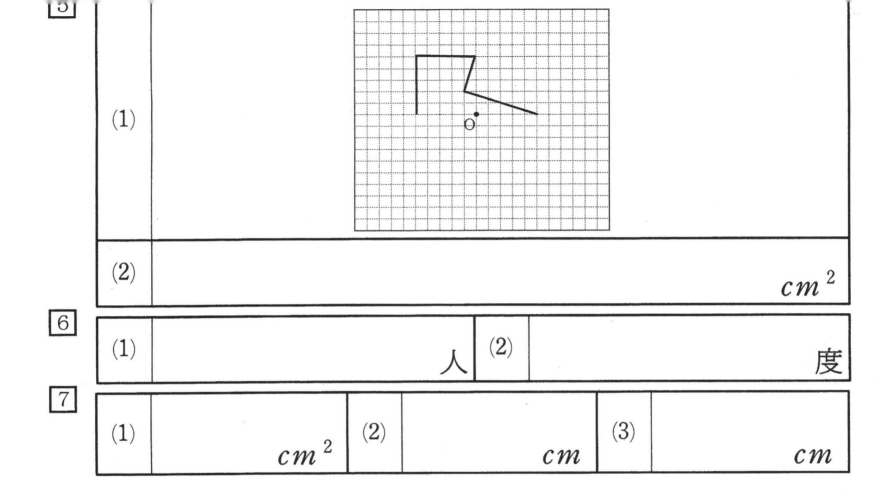

4

(1)		(2)	
(3)			
(4)			
(5)			

(6)	① い	う	② あ	い	う

5

(1)					
(2)					
(3)					
(4)					
(5)	①	②	③	④	⑤
(6)					

(4)	①	②		
(5)	①X	Y	②A	B
(6)	①	②	③	

3

40

80

120

150

160

170

令和6年度 社会 解答用紙

受検番号	名前

※100点満点
（配点非公表）

1

(1)		(2)	①	②	③	
(2)	④海に面していると、〔 〕のに便利だから。					
(3)	①（ ）地	②	③			
(4)	①	②				
(5)	① 市	②記号	海流名			
	③	④	⑤写真	位置		
(6)	①	②（ i ）	（ ii ）			

2

(1)	① 年 月 日	②人物名	記号			
	③	(2)		(3)	①	

【解答

※100点満点
（配点非公表）

令和６年度 理科 解答用紙

受検番号	氏名

1

(1)	①（理由1）			
	（理由2）			
	②			
(2)	① 個	②	(3)	

2

(1)								
(2)	g	(3)		(4)	①	②	(5)	
(6)	① ビーカーA：	ビーカーB：			② あ	い		
	③							

【解答

※100点満点
（配点非公表）

令和６年度　入学選考

算数　解答用紙

受検番号	
氏　名	

1

(1)		(2)		(3)		(4)	

2

(1)	□ ÷(□ ÷ □ − □)＝10		
(2)	本	(3)	個
(4)	月　日　曜日	(5)	個

3

(1)	m	(2)	m

4

【解答

九

十

十一

十二

2

一

1

2

3

二

A

B

C

三

表現技法

効果

四

五

六

七

八

Ⅰ

Ⅱ

九

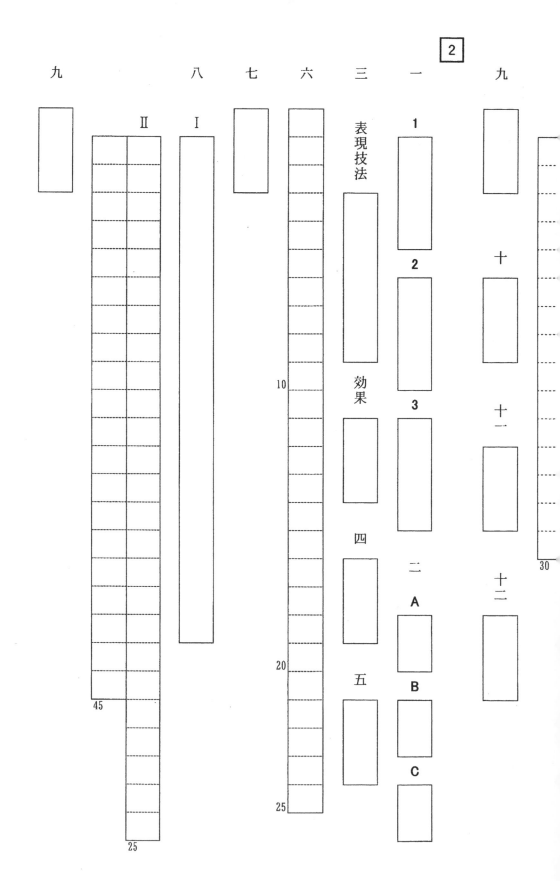

(2) 下線部bの会合では，経済や貿易に関するさまざまな内容が話し合われました。グラフⅠは，日本とアメリカ合衆国との貿易関係を表したものです。グラフⅠから読み取れる説明として，誤っているものを次のア～エより１つ選び記号で答えなさい。

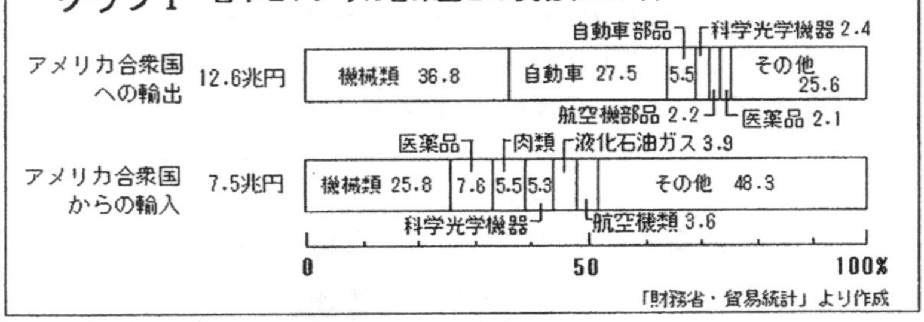

グラフⅠ　日本とアメリカ合衆国との貿易(2020年)

ア．日本からアメリカ合衆国に輸出される「自動車」の割合は，輸出額全体の４分の１をこえている。

イ．日本からアメリカ合衆国に輸出している「自動車部品」の輸出額と，日本がアメリカ合衆国から輸入している「肉類」の輸入額は等しい。

ウ．「科学光学機器」の輸出入額を比べると，アメリカ合衆国への輸出額より，アメリカ合衆国からの輸入額のほうが大きい。

エ．「医薬品」の輸出入額の額を比べると，アメリカ合衆国からの輸入額は，アメリカ合衆国への輸出額の２倍以上になっている。

(3) 下線部cの国際連合は，６月５日を「世界環境《かんきょう》デー」に定めています。これについて次の各問いに答えなさい。

① 2023年の「世界環境デー」では，コートジボワールで「プラスチック汚染《おせん》の解決策」についての発表が行われました。「プラスチックによる汚染問題」の説明として最も適切なものを，次のア～エより選び記号で答えなさい。

ア．プラスチック製品を適切に処理しないと，劣化《れっか》して土壌《どじょう》に吸収されてしまうため，自然環境だけでなく，生物や人にも大きな影響《えいきょう》を与《あた》えてしまうという問題

イ．プラスチック製品を適切に処理しないと，蒸発したプラスチックにより，水の循環に影響を与え，二酸化炭素を吸収する森林が失われるという問題

ウ．プラスチック製品を適切に処理しないと，小さく細かい破片《はへん》になったプラスチックが，河川《かせん》や海に流出して自然の生物にも影響を与えるという問題

エ．プラスチック製品を適切に処理しないと，劣化するときに二酸化炭素が大量に排出《はいしゅつ》され，地球温暖化や気候変動に大きな影響を与えてしまうという問題

② 日本でも，６月５日を「環境の日」と定めていて，環境省では，図Ⅰのような国民運動で脱炭素(カーボンニュートラル)社会の実現に向けて取り組んでいます。
「デコ活」という名称《めいしょう》は，公募《こうぼ》によって 2023 年に決まったもので，「脱炭素《だつたんそ》(Decarbonization)」と「環境に良いエコ(Eco)」からできた言葉です。
環境省では，「デコ活」のための「アクション(行動)」を標語として募集《ぼしゅう》しています。そこで，例のように「デ」「コ」「カ」「ツ」のいずれか一文字を頭にして，身近にできる「デコ活アクション」の標語を，解答欄《かいとうらん》の指示に従って１つ答えなさい。

図Ⅰ

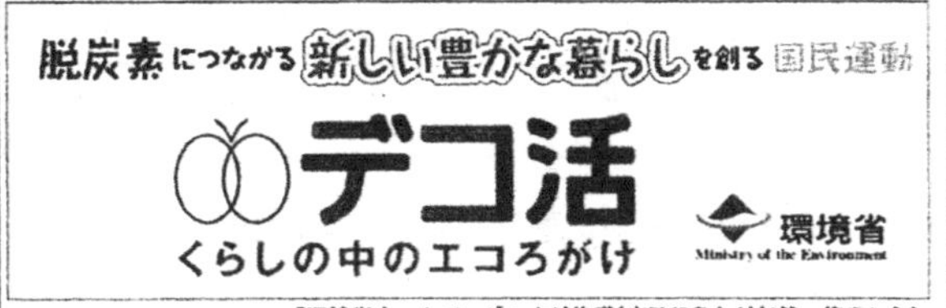

「環境省ホームページ」より作成(出題にあたり加筆・修正した)

【例】 「デ」…電気も省エネ　ヒーターよりもセーターを
「コ」…こだわる楽しさ　エコ・グッズ
「カ」…考えるよりも行動を　めざせフード・ロス０(ゼロ)
「ツ」…つかう責任　つなごう未来へ

（４）下線部ｄの日本国憲法について，次の各問いに答えなさい。

① 日本国憲法は，人が生まれながらにもっていて侵《おか》すことのできない権利として，基本的人権を保障しています。次のア～カは，昨年，25歳《さい》になったケンタくんが，体験したできごとです。下の文章のそれぞれの下線部が，日本国憲法で定められている国民の権利として誤っているものを，次のア～カよりすべて選び記号で答えなさい。

ア．友人とお金の貸し借りで意見が食い違《ちが》い，裁判を受けて解決した。
イ．家電量販店《りょうはんてん》で冷蔵庫を買ったときに，10パーセントの消費税を支払《しはら》った。
ウ．選挙で，日本をより発展させてくれそうな候補者に投票した。
エ．就職したことをきっかけに，東京に引《ひ》っ越《こ》して一人暮らしを始めた。
オ．世界平和のために，国際会議で平和条約が結ばれるのを見た。
カ．安い給料に不満があり，会社の仲間と団結して経営者と交渉《こうしょう》した。

② 日本国憲法では，国民主権が定められています。そのため，天皇は政治の権限をもたず，日本国憲法に定められた仕事（国事行為《こくじこうい》）を内閣の助言と承認《しょうにん》によって行います。天皇の仕事として誤っているものを，次のア～カより２つ選び記号で答えなさい。

ア．衆議院を解散する
イ．法律を改正する
ウ．国会を召集《しょうしゅう》する
エ．外国と条約を結ぶ
オ．外国の大使などに会う
カ．憲法改正，法律，条約を公布する

（5）下線部ｅについて，日本では政治の権力が集中することをさけるため，図Ⅱのように三権分立のしくみになっています。

① 図ⅡのＸ・Ｙにあてはまる機関の名前をそれぞれ答えなさい。

② 図ⅡのＡ・Ｂの矢印にあてはまる関わりをア～コよりそれぞれ選び記号で答えなさい。ただし，答えが１つとは限りません。

図Ⅱ

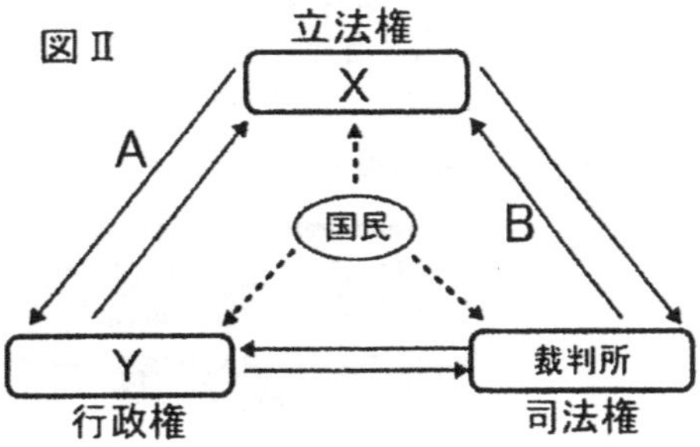

ア．裁判官をやめさせるかどうかの裁判を行う　　イ．選挙で投票する
ウ．法律が憲法に違反《いはん》していないか調べる（審査《しんさ》）　　エ．国民審査を行う
オ．内閣総理大臣を指名する　　カ．衆議院の解散を決める
キ．内閣の不信任を決議する　　ク．最高裁判所長官を指名する
ケ．国会の召集を決める　　コ．行政処分（政治）が憲法に違反していないか審査する

（6）下線部ｆについて，下の文章を読み，（ ① ）～（ ③ ）にあてはまる語句・数字をそれぞれ答えなさい。

裁判所のはたらきとして，犯罪が起きたときに，（ ① ）に基《もと》づき，有罪や無罪の判決を行います。また，重大な事件（重い犯罪）の裁判では，裁判官とともに，国民からくじで選ばれた「（ ② ）」と呼ばれる人たちが，有罪か無罪か，有罪の場合はどのくらいの刑《けい》にするかを判断します。

このような刑罰《けいばつ》を決める裁判や，人々の争いごとを解決する裁判は，人々の人権を守り，裁判の間違《まちが》いをなくすために，同じ事件で（ ③ ）回まで裁判を受けることができます。

3 社会科の授業で，身近な地域を調べていると，下の写真のような「自社牧場直送」という看板がある焼肉《やきにく》の店を見つけました。「産地直売」や「産地直送」の看板や旗(のぼり)はよく見かけますが，「自社牧場直送」という看板はあまり見かけないので，お店のホームページを調べてみると，「自分たちが育てた牛を，自分たちで加工し，安心・安全な食肉を，消費者のもとに届ける」という『６次産業化』を進めていることがわかりました。

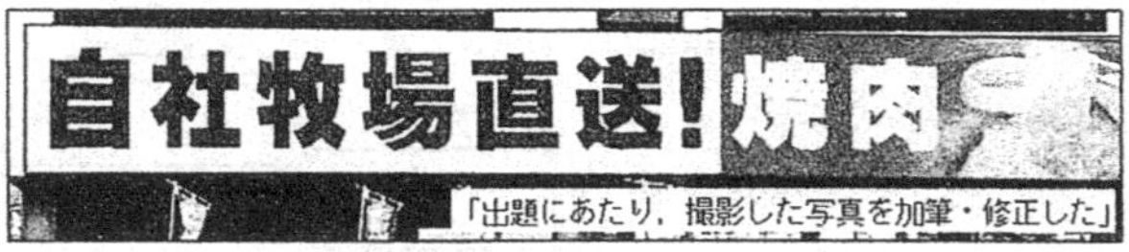

「出題にあたり，撮影した写真を加筆・修正した」

そこで『６次産業化』について，インターネットで調べると，農林水産省のホームページに「六次産業化・地産地消法(2010 年制定)」に基づいて，国や地方公共団体などが，農林水産業(第一次産業)がさかんな地域(村や町)の『６次産業化』を支援していることが書かれていました。

さらに『６次産業化』について，くわしく調べてみると，『６次産業化』を進めるための「方法や目的」についてまとめた下の図を見つけました。

なぜ，『６次産業』と呼ぶかについて調べてみると，「第１次・第２次・第３次産業者が密接に連携《れんけい》，一体化しあう必要性があるため，この３つの産業をかけ合わせた（１次×２次×３次＝６次）新しい言葉(造語)である」ことがわかりました。

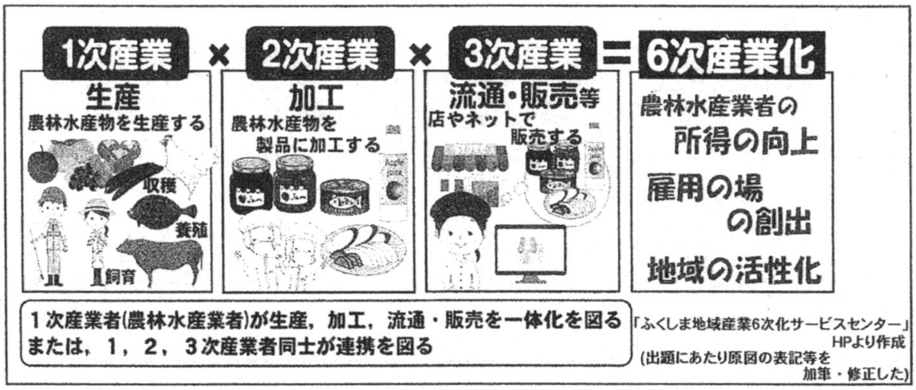

「ふくしま地域産業6次化サービスセンター」HPより作成
(出題にあたり原図の表記等を加筆・修正した)

そこで，皆《みな》さんにも，あなた独自の『新しい６次産業』を起こしてもらおうと思います。上の図の『６次産業化』の方法や目的を参考にして，「自分たちで，どのようなものを生産(収穫《しゅうかく》・飼育・漁獲《ぎょかく》)し，どのように加工し，どのような方法で販売《はんばい》し，どのように地域の活性化につなげるか。」について，150 文字程度にまとめて解答欄に書いてください。

令和5年度　入学選考

国語　問題冊子

（40分）

受検番号〔　　　　〕

氏名〔　　　　〕

（注意）

1　「はじめ」の指示があるまで問題冊子を開いてはいけません。

2　問題は九ページまであります。

3　答えはすべて、「解答用紙」に記入しなさい。

4　字数指定のある問題は、特に指示のない限り、句読点や「　」などの記号も一字と数えます。

大阪教育大学附属平野中学校

1　次の文章を読んで、後の問いに答えなさい。

主人公の月人《つきと》は、小学六年生ながら身長一七三センチメートル。月人の所属するウェーブＦＣは、全日本少年サッカー大会の県予選に出場した。

①今年の春、全日本少年サッカー大会県予選でのことだ。

8人制の試合ながら、ぼくは初戦から＊②スタメンのフォワードとしてピッチに立った。一回戦はノーゴールに終わった。けれど二回戦は2ゴールを決め、チームの勝利に貢献《こうけん》した。

三回戦の前半、高く上がったボールをぼくがヘディングしようとしたとき、だれかが後ろからぶつかってきた。

③笛が鳴り、ゲームが止まる。

振《ふ》り返ると、足もとに対戦相手の選手が倒《たお》れている。

主審《しゅしん》の右手は、相手ボールを示していた。ファウルをとられたのは、ぼくだった。

思わず「えっ？」と声を上げてしまった。

すると、主審が「36番」とぼくの背番号を呼んだ。

しかたなく前に立つと、ぼくのほうが背が高かった。

主審は、胸ポケットから＊イエローカードを差し出したのだ。

わけがわからなかった。相手が勝手にぶつかって、倒れたにすぎない。

——なんで？

ぼくはそう思いながらも、倒れた選手に手を差しのべた。

立ち上がらせた選手は、あきらかに自分より小柄《こがら》だった。

「ごめん」と言ったのは、相手のほうだった。

でも、ファウルをとられたのはぼくで、しかもカードまでもらうはめになった。

——背が高いと損だ。

そのときつくづく思ったんだ。

自分はイエローカードをもらうような危険なプレーをしたわけではない。乱暴に振《ふ》る舞《ま》ってもいない。暴言を吐《は》いたわけでもない。

それなのに……。

サッカーでは、肩《かた》同士をぶつけ合うショルダーチャージは認められている。でも多くの場合、ぼくの肩は、相手の肩にはぶつからない。なぜなら、背が高いからだ。

そして相手の肩は、ちょうどぼくの脇腹《わきばら》あたりに入ってくる。でも、笛が鳴ったためしがない。

――大きいからだ。
敵とぶつかると、ぼくがファウルをとられることになる。
④四年生のとき、学校でけんかをしたときもそうだ。手を出してきたのは相手のほうなのに、組《く》み伏《ふ》せたぼくが悪者扱《あつか》いされた。説明しようとしたら、「あなたは大きいんだから」と先生に怒鳴《どな》られ、なにも言えなくなった。
大きい人はできてあたりまえ。
小さい人はよくがんばりました。
できなければ、デカいくせにと笑われる。
おまけに失敗すれば目立つ。
そのくせ、大きいやつはいいよな、とうらやましがられる。
好きで大きくなったわけじゃない。目立つのも苦手だ。
イエローカードをもらったぼくは、少なからず動揺《どうよう》した。もう一枚もらえば退場。次の試合に出場できなくなる。
プレーはどうしても遠慮《えんりょ》がちになった。それから、敵との競《せ》り合《あ》いでのシュートチャンスを二度ふいにしてしまった。
前半が終わって、0対0。
ベンチにもどるなり、「交代は月人」と松岡コーチの冷ややかな声がした。
理由はカードをもらったからだと思った。
けれど、松岡コーチは別の理由を口にした。
「おまえさ、フォワードやるには、⑤やさしすぎんだよ」
⑥その言葉に、ぼくはうつむくしかなかった。
母さんも、ほかの選手の親から言われたらしい。「月人君は、ほんとにフォワードをやりたいのかしら」とか、「なんで月人君がフォワードやってるの」と。
後半、ぼくと交代した選手がゴールを決めて試合に勝った。

チームは四回戦まで勝ち上がるが、ぼくに挽回《ばんかい》の機会は与《あた》えられなかった。
ぼくの代わりに起用されたのは、一学年下のすばしっこいフォワード。＊トレセンに選ばれている選手だ。
県予選五回戦。敵にリードされたまま後半に入った。
ぼくはベンチを立ち、自分からアップをはじめた。
――試合に出たい。
その気持ちを示したかった。

試合を見ながら、自分ならこうするのにと思った。
でも、ぼくの出番は、この日もなかった。
結局、0対5で完敗。
相手は、Jリーグの下部組織のクラブだった。
前日、松岡コーチは、親しい保護者との会話のなかで、「勝てるわけないじゃないですか」とへらへら笑いながら話していた。
全日本少年サッカー大会は、ぼくにとって、小学生年代、最後の全国大会。県予選であるものの、その舞台《ぶたい》に立つことはもうない。
試合に出場したチームメイトのなかには、泣いている者もいた。
でも、五年生にポジションを奪《うば》われたぼくは、⑦泣くことすらできなかった。

「――なしておまえ、今日も出られんかった？」
試合後、グラウンドに来ていた＊晴男《はるお》が、めずらしく声をかけてきた。
ぼくは唇《くちびる》を結んだまま答えなかった。
「ん？　ケガでもしたんか？」
晴男は、ぼくの顔をのぞきこむようにした。
「コーチに言われた」
「なんて？」
「おまえは、フォワードやるには、やさしすぎるって」
ぼくはまた唇を強く結んだ。
「――ほう、そうかい」
⑧晴男はうなずき、目を細めた。
「で、おまえはどう思った？」
「悔《くや》しかった」
「そうか、悔しかったか」
⑨晴男は首を縦に何度も振った。
「いいか、月人、おまえは、たしかにやさしい子だ。じいちゃんもそう思う。でもな、それでいい。おまえはそのままでいい。やさしくても、ゴールが奪えるフォワードになってみせろ。それから、今日のことは絶対に忘れるな」
それだけ言うと、晴男は足を引き、観戦者の人混みのなかに消えていった。
後ろ姿は、老人とは思えないほど姿勢がよく、そして大きく見えた。

でも、どこかさびしそうでもあった。
たぶんそれは、ぼくが試合に出られなかったせいだ。
⑩そのときになって初めて、あたたかな涙《なみだ》が頬《ほお》を流れた。
たくさんの人が近くにいたが、しゃくり上げて泣いた。
チームメイトのノブに、「ねえ、帰ろうよ」と声をかけられても泣き続けた。
不思議そうな目をして大人たちが通り過ぎていく。
どの目も、こんなに大きい子がなにを泣いてるんだ、と言っている気がした。
ぼくはそのときに決めたのだ。
もっとうまくなる。
もっと強くなる。
そのためには、中学に入ったら、新しい場所でサッカーをはじめよう。
晴じいの言ったことを、実現するためにも。
――そう、決めたのだ。

（はらだみずき『太陽と月　サッカー・ドリーム』より。出題にあたり、一部表記を改めた。）

*スタメン……試合の初めから出場する選手。
*フォワード……主に得点を取ることを役割とする選手。
*イエローカード……反則をした選手に警告するためのカード。
*トレセン……選抜《せんばつ》されたメンバーが集まって行うトレーニング。
*晴男……月人の祖父。月人よりも身長が高い。

一　この物語の語り手の特ちょうとして適当でないものを次から一つ選び、記号で答えなさい。

ア　行動とは相反する主人公の心情について語ることができる。
イ　主人公の見ているものに心情をたくして語ることができる。
ウ　主人公が見ていないときの他《た》の登場人物の行動を語ることができる。
エ　登場人物全員の心情を語ることはできないが、主人公の心情はくわしく語ることができる。

二　――線①「今年の春、全日本少年サッカー大会予選」、②「スタメンのフォワード」とあるが、大会での主人公の状況《じょうきょう》について、整理した次の表を完成させなさい。a～dには、出場した場合には○を、不出場の場合には×を書きなさい。また、A～Dには、□から選び、記号で答えなさい。

	出場	活躍
一回戦	（ a ）	（ A ）
二回戦	（ b ）	（ B ）
三回戦	（ c ）	（ C ）
四回戦	（ d ）	（ D ）
五回戦	×	出場機会はなく、チームは敗退。

ア　イエローカードをもらい途中《とちゅう》退場。
イ　2ゴールを決める。
ウ　年下に出場機会をうばわれる。
エ　ノーゴールに終わる。

三　――線③「笛が鳴り、ゲームが止まる。／振《ふ》り返ると、足もとに対戦相手が倒れている。」とあるが、この表現の効果として適当でないものを次から一つ選び、記号で答えなさい。

ア　主人公の感覚を細やかに示すことで、読者を主人公と一体化させている。
イ　この二文の文末表現を前後の文と変化させることで、臨場感を演出している。
ウ　擬人法《ぎじんほう》を用いて主人公が感情移入していることを強調している。
エ　読点を短く重ねることで、スローモーションのような効果を出している。

四　――線④「四年生のとき、学校でけんかをした」とあるが、このエピソードがはさまれることで強調されることとして適当でないものを次から一つ選び、記号で答えなさい。

ア　高身長の月人は昔から理不尽《りふじん》な扱いを受けているということ。
イ　高身長の月人は学校でも、一目置かれる存在であるということ。
ウ　高身長の月人は理不尽な扱いに対して、反論できない性格であること。
エ　高身長の月人に対する大人の扱いは一貫《いっかん》しているということ。

五　――線⑤「やさしすぎんだよ」とあるが、このように言われるもとになる主人公の行動を十五字以内でぬき出し、その最初の五字を答えなさい。

六　――線⑥「その言葉に、ぼくはうつむくしかなかった」とあるが、その理由を説明した次の文について、[Ⅰ]～[Ⅲ]にあてはまる語句を答えなさい。ただし、[Ⅰ]は四字、[Ⅱ]は六字で本文中から書きぬきなさい。また、[Ⅲ]はあとのア～エから二つ選び、記号で答えなさい。

ぼくは、[Ⅰ]ためにカードをもらったことが交代の理由と思っていたが、[Ⅱ]ことを指摘《してき》されて[Ⅲ]から。

ア　がっかりした　イ　意表をつかれた　ウ　度肝《どぎも》をぬかれた　エ　ぼう然とした

七　――線⑦「泣くことすらできなかった」とあるが、その理由を説明したものとして適当でないものを次から一つ選び、記号で答えなさい。

ア　勝つことに対して真剣《しんけん》でない大人たちから自分の資質を指摘《してき》されたから。
イ　勝負に関わることができなかった無力感にさいなまれたから。
ウ　小学生年代の最後の試合で、下級生に出場機会をうばわれたから。
エ　自分の体格のせいで、コーチに誤解されたまま県予選を終えたから。

八　――線⑧「晴男はうなずき、目を細めた」、⑨「晴男は首を縦に何度も振った」とあるが、月人に対する晴男の気持ちとして適当でないものを次から一つ選び、記号で答えなさい。

ア　月人への周囲の評価を不当に思い、心を痛めている。
イ　月人への周囲の評価をもっともだと受け止めている。
ウ　月人の気持ちをしっかりと受け止めようとしている。
エ　月人の気持ちに前向きな可能性を感じている。

九　――線⑩「そのときになって初めて、あたたかな涙《なみだ》が頬《ほお》を流れた」とあるが、その時の主人公の心情を次の[Ⅰ]、[Ⅱ]にあてはまるように答えなさい。ただし、[Ⅰ]は四十字以内、[Ⅱ]は二十字以内で書くこと。

・[Ⅰ]うれしさ。
・[Ⅱ]くやしさ。

2 次の文章を読んで、後の問いに答えなさい。

同じようなものが、何かはアートになって、何かはアートにならない、そのアートとアートでないものの境は何なのか？『ありふれたものの変容』（アーサー・C・ダントー著、松尾《まつお》大《ひろし》訳、慶應義塾《けいおうぎじゅく》大学出版会）という本がある。そのタイトルが何よりも「アートとは何か？」ということを語っている。何でもいい。そこにある身近なものでもいい。つまり「ありふれたもの」だ。それが何らかの心の化学反応によって、アートに変容する。マルセル・デュシャンが、便器をアートにした。まさにそれが、ありふれたものの変容だ。1ともあれ、この本のタイトルが、①現代アートというものの意味を語っている。

しかし、ありふれたものの変容というのは、芸術においては、人類数千年の歴史で、あるいは先史時代からの数万年の芸術の歴史の中で、何度も起こってきたことだ。

A、日本の古代の「古墳《こふん》」を一つの例に2アげてみたい。

奈良県の明日香村に②キトラ古墳という、壁画《へきが》で有名な古墳がある。昭和の時代に、埋《う》もれていた石室の調査が行われ、石の壁《かべ》に壁画が描《えが》かれていると発見された。美しく精巧《せいこう》な絵画で、おそらく日本で最も古い絵画でもあり、3セイキの大発見と騒《さわ》がれた。この約10年前、近くの高松塚《たかまつづか》古墳でも壁画が見つかり、それが契機《けいき》になり、周辺の古墳にも壁画が描かれたものがあるのではないかと調査がされ、キトラ古墳の壁画発見へとつながった。

それまで知られていなかった（＝③していなかった）ものが、見つかったのだ。そこには玄武《げんぶ》という亀《かめ》と蛇《へび》が絡《から》まったものや、白虎《びゃっこ》など、四つの神の姿が描かれていた。それでキトラ古墳は一躍《いちやく》有名になった。それは日本の絵画史の始まりを見せてくれる壁画でもあり、日本のいちばん最初の絵画が現れたという大発見になった。

B、それは「大発見」ではあったが、このキトラ古墳というのは、昭和に壁画が発見される前からキトラ古墳という名前があった。地元の人たちは、この古墳を「キトラ古墳」と呼んでいた。キトラ、つまり亀と虎《とら》である。まさに玄武である亀や、白虎である虎だ。ということは、昭和に壁画が発見される以前から、この古墳内部の壁には亀や虎が描かれていることは、地元の人たちには知られていた。だからキトラ（亀虎）古墳という名前が付けられていた。昭和の大発見といわれたキトラ古墳の壁画発見だが、すでにそれ以前に、この壁画の存在は（江戸《えど》時代か、何時代かはわからないが）知られていたのだ。

知られてはいたが、日本の文化財、あるいは絵画史という4ブンミヤクにのっていなくて、まったく無視されていた。＊『みんなの現代アート』の言い方にならえば、④それは冷蔵庫の中にあって、扉《とびら》が閉じられていて、その中には何も存在しないことになっていた。あるいは「見るべき目」を持った人が、観客として存在していなかった。そこを「ゴミ箱」に喩《たと》えれば、何かがあるのはわかっていたが、優《すぐ》れた芸術だという認識《にんしき》や評価は存在していなかった。

これは日本の古墳だけでなく、芸術の歴史のいろんなもの、いろんな作品に当てはまる。だからデュシャンのような、あるいは＊AKI INOMATAのような現代アートだけが、「ありふれたもの」が変容してアートになったわけではなく、芸術とは、芸術の誕生とは、そもそもそういうものだったのだ。

もちろん、その傾向《けいこう》がより顕著《けんちょ》になったのが、現代アートなのである。

（布施《ふせ》　英利《ひでと》『現代アートはすごい』より。出題にあたり、一部表記を改めた。）

＊マルセル・デュシャン……フランス出身の芸術家。
＊『みんなの現代アート』……現代アートについて論じた本。
＊ＡＫＩ　ＩＮＯＭＡＴＡ……日本の現代アート作家。

一　～～線1「ともあれ」を使って**二文で組み立てた**短文を作りなさい。なお、短文には主語と述語を必ず記し、解答らんに合うように答えること。

二　～～線2～4のカタカナを漢字に直しなさい。

三　［Ａ］、［Ｂ］に入る言葉として最も適当なものを、次からそれぞれ選び、記号で答えなさい。

ア　そして　　イ　なぜなら　　ウ　しかし　　エ　たとえば

四　――線①「現代アートというものの意味」がわかる具体例を、本文中から**二十字以上二十五字以内**で書きぬきなさい。

五　――線②「キトラ古墳という、壁画で有名な古墳」とあるが、キトラ古墳が有名になった理由として**適当でないもの**を次から一つ選び、記号で答えなさい。

ア　高松塚古墳の壁画よりも古い壁画が発見されたから。
イ　日本の絵画史のはじまりを見せてくれる壁画があったから。
ウ　それまでだれにも知られていなかったものが見つかったから。
エ　美しく精巧《せいこう》な四つの神の姿が描かれた壁画が見つかったから。

六　［③］にあてはまる語句を、本文中から**二字の熟語**で書きぬきなさい。

七　――線④「それは、冷蔵庫の中にあって、扉《とびら》が閉じられていて、その中には何も存在しないことになっていた」を、本文の内容に対応させて、［ア］～［ウ］にあてはまる言葉を、本文中からそれぞれ十字以内で書きぬきなさい。

それは……［ア］は
冷蔵庫の中にあって、……［イ］にあって、
扉が閉じられていて、……［ウ］いて、
その中には何も存在しないことになっていた。……［イ］の中には芸術的な価値あるものが存在しないことになっていた。

八　══線部「アートとアートでないものの境は何なのか?」とあるが、「境」を生み出すものは何か。本文中の言葉を用いて四十字以内で答えなさい。

九　この文章の内容を説明したものとして最も適当なものを次から選び、記号で答えなさい。
ア　マルセル・デュシャンのアートは、明らかに今までのアートとまったく異なる。
イ　高松塚古墳の壁画も、キトラ古墳の壁画と同じ「大発見」である。
ウ　江戸時代には、日本の文化財についての評価がなかった。
エ　アートには、優れた芸術だという認識や評価が不可欠である。

十　筆者が用いている説明、説得の筋道を説明したものとして適当でないものを次から一つ選び、記号で答えなさい。
ア　過去の歴史と現代を比べて、共通点から主張を強めている。
イ　他の著作物を引用して、問いに対する答えを示している。
ウ　一般的《いっぱんてき》な見方を否定して、自身の主張の新しさを強調している。
エ　初めに問題を提起し、中の事例をふまえて、終わりに結論を述べている。

十一　この文章の小見出しとして最も適当なものを次から選び、記号で答えなさい。
ア　ありふれたものの変容
イ　キトラ古墳の「大発見」
ウ　アートの過去と現在
エ　現代アートの独自性

令和5年度　入学選考

算数　問題冊紙

(40分)

(注意)

1.「はじめ」の合図があるまで問題冊子を開いてはいけません。

2.問題は7ページまであります。

3.答えはすべて「解答用紙」に記入しなさい。

4.計算は問題冊子の余白や表紙の裏《うら》を使ってもかまいません。

受検番号[　　　　　　]　氏名[　　　　　　　　　　]

大阪教育大学附属平野中学校

問題は次のページからです

1 次の □ にあてはまる数を求めなさい。

(1) $7\times(8-3)\times(4+6)\div2=$ □

(2) $\left(\dfrac{1}{6}-\dfrac{2}{15}\right)\div\dfrac{1}{3}=$ □

(3) $1+1.5\times1.6\div1.2=$ □

(4) $\dfrac{1}{2}-\left(\dfrac{1}{2}-\dfrac{1}{4}\right)+\left(\dfrac{1}{2}-\dfrac{1}{4}+\dfrac{1}{8}\right)-\left(\dfrac{1}{2}-\dfrac{1}{4}+\dfrac{1}{8}-\dfrac{1}{16}\right)=$ □

2 次の問いに答えなさい。

(1) 下の図は,長方形の紙をAB, BCでそれぞれ折り曲げて重ねたものです。角㋐の大きさを求めなさい。

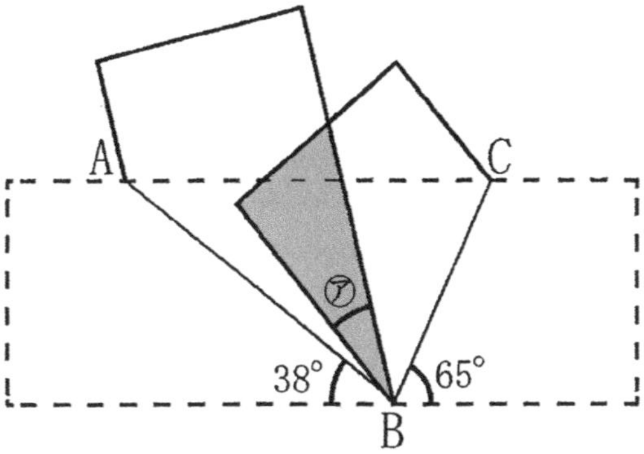

(2) 10円玉, 50円玉, 100円玉の3種類の硬貨《こうか》がたくさんあります。これら3種類の硬貨を少なくとも1枚ずつ使って,360円の買い物をしておつりが出ないように支払《しはら》う方法は全部で何通りありますか。

(3)「座席数に対する乗客の割合を百分率で表したもの」を乗車率といいます。乗車率が140%の電車から,乗客の25%が次の駅で降りました。降りた後の乗車率は何%になりますか。

(4) 下の図のような長さと面積の長方形をしきつめた図形があります。色のついた長方形の面積を求めなさい。

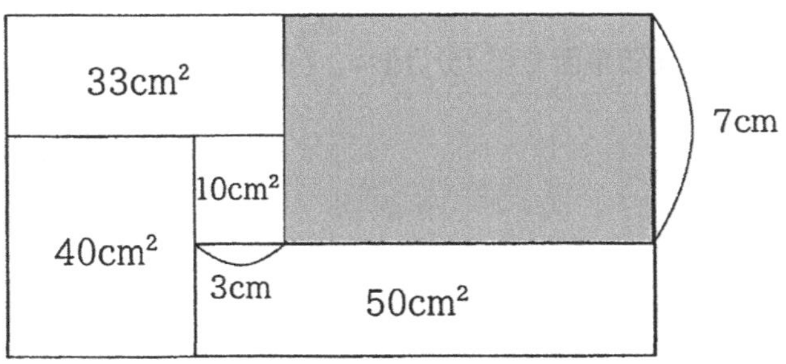

(5) ノートが60冊，えんぴつが84本，けしごむが96個あります。これをできるだけ多くの子どもに同じ数ずつ，あまりがないように分けるとき，一人分のノート，えんぴつ，けしごむはそれぞれいくつずつになりますか。

3 【図1】のような立方体があります。【図2】は【図1】の立方体の展開図です。次の問いに答えなさい。

【図1】

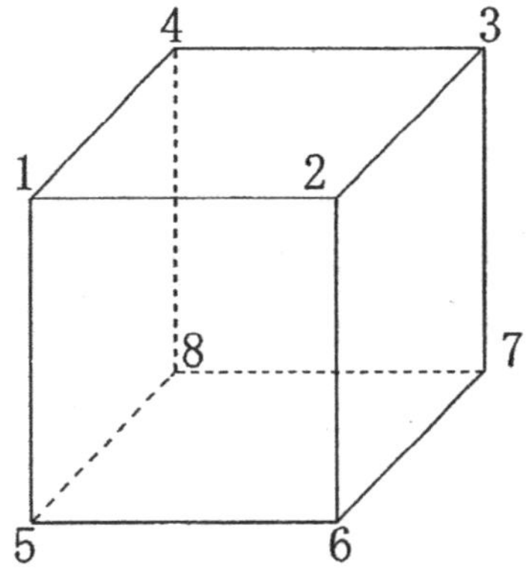

【図2】

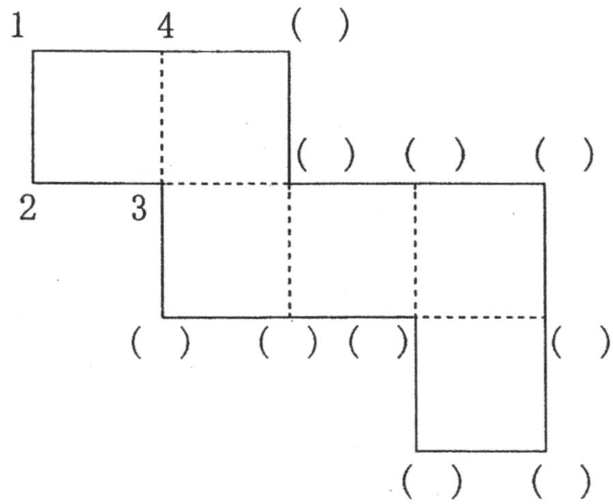

(1) 【図2】の(　　)は【図1】の 1～8 のどの頂点になりますか。解答用紙の展開図に書き入れなさい。

(2) 【図1】の立方体を，3 つの頂点 1，3，6を通る平面で切り分けます。その切り口の線を解答用紙の展開図に書き入れなさい。

4 【図1】のような直方体Aと直方体Bをつなぎ合わせた容器に，ある高さまで水が入っています。そこに，下のような手順でさらに水を入れていきました。【図1】の容器の体積が 1220cm^3のとき,次の問いに答えなさい。(容器の厚さは考えないものとし,円周率は 3.14 とします。)

手順１：【図2】のような円柱の形をした容器いっぱいに入っている水を,【図1】の容器に移す。
手順2：【図3】のような円柱の形をした容器いっぱいに入っている水を,【図1】の容器に移す。

手順1の後,【図1】の水の高さはちょうど直方体 B の高さになりました。
手順2の後,【図1】の容器は満水になりました。

【図 1】

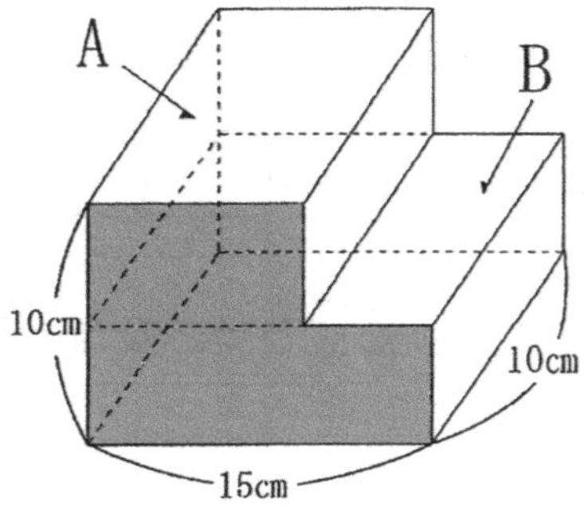

(1) 【図1】の色のついた部分の面積を答えなさい。

【図2】

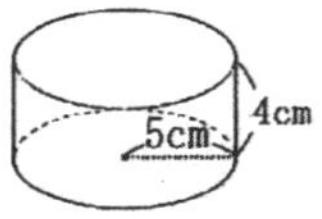

(2) 直方体Bの体積を答えなさい。

【図3】

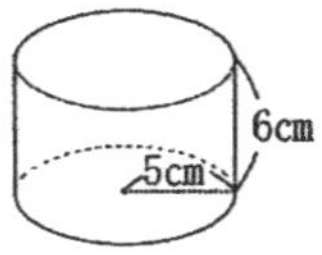

(3) はじめに【図1】の容器に入っていた水の高さは何cmか答えなさい。

5 日本の総発電量の割合について調べました。

次の【グラフ1】は，2010 年から 2 年ごとの日本の発電量の割合を表しており，グラフの右の数字は，その年の総発電量です。また，【グラフ 2】は 2020 年の新エネルギーにおける発電量の割合を表しています。次の問いに答えなさい。

【グラフ1】

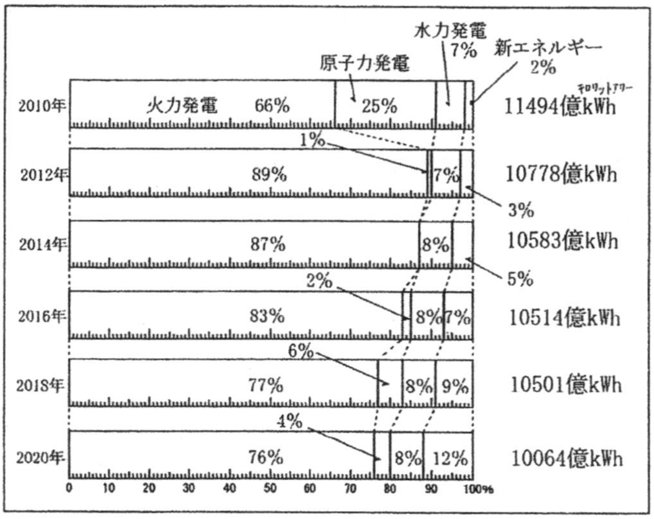

【グラフ2】

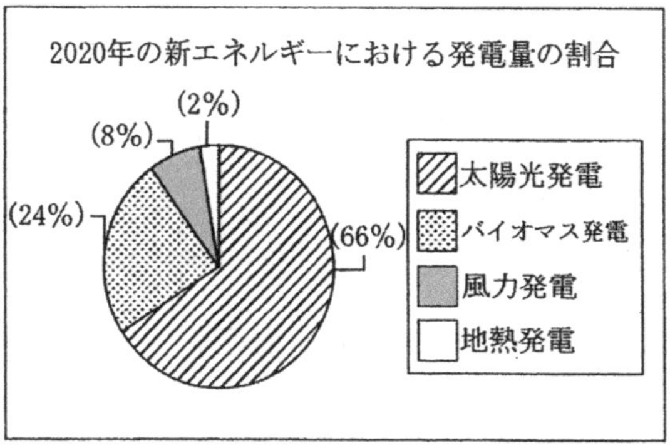

出典：令和 3 年度(2021 年度)エネルギー需給《じゅきゅう》実績(速報)，経済産業省(資源エネルギー庁)にもとづく

(1) 2020 年の総発電量は，2010 年の総発電量と比べて，①何億kWh，②どのように変化していますか。

(2) 2010 年の火力発電の発電量は何億 kWh ですか。上から 3 けたのがい数で答えなさい。

(3) 2010年, 2014年, 2018年の火力発電の発電量を比べたとき,発電量が多い順に並べなさい。

(4) 2020年のバイオマス発電の発電量は何億kWhですか。上から3けたのがい数で答えなさい。

6 《 ☆ 》を☆の約数の和を表す記号とします。例えば,《 1 》=1,《 4 》=1+2+4=7です。
[☆]を☆の約数の個数を表す記号とします。例えば, [1]=1, [4]=3です。
ただし, ☆は整数とします。次の問いに答えなさい。

(1) 《 20 》+《 23 》を求めなさい。

(2) 《 77 》÷[77]を求めなさい。

(3) 《 □ 》=80, [□]=2となるとき, □ にあてはまる数を求めなさい。ただし, □ には同じ数が入ります。

7 家から駅までの道のりは2400mです。妹は徒歩で,兄は自転車で，同時に駅に向かって出発しました。ところが兄は，途《と》中《ちゅう》で忘れ物に気づいたので家に取りに帰り，休憩《きゅうけい》をした後，再《ふたた》び駅に向かいました。徒歩の妹と自転車の兄の速さの比は3:5で一定です。グラフは妹が出発してからの時間と2人の間の距《きょ》離《り》を表したものです。次の問いに答えなさい。

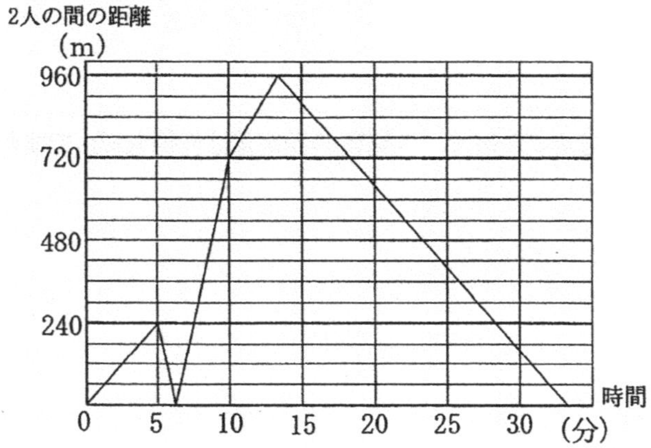

(1) 兄の速さを求めなさい。

(2) 兄は家に着いてから何分何秒後に,再び家を出発しましたか。

(3) 家に帰る途中の兄が,駅に向かう妹とすれ違《ちが》うのは,家から何mの地点ですか。

令和５年度　入学選考

理　科　問　題　冊　子

（40分）

（注意）

１．「はじめ」の合図があるまで問題冊子を開いてはいけません。

２．問題は ８ ページまであります。

３．答えはすべて「解答用紙」に記入しなさい。

受検番号［　　　　　　］氏名［　　　　　　　　　　］

大阪教育大学附属平野中学校

1 次の問いに答えなさい。

(1)　ベルトッツィ，メルダル，シャープレスの三人が，2022年のノーベル化学賞を受賞しました。求める物質を効率《こうりつ》よくつくることができる方法を提唱したことが，高い評価を受けました。この方法は，医薬品や材料の開発など，幅広い分野で活用され始めています。この方法の名称《めいしょう》は何ですか。次のア～オから1つ選び，記号で答えなさい。

ア　クイックケミストリー　　イ　スピードケミストリー
ウ　クリックケミストリー　　エ　タッチケミストリー
オ　スムースケミストリー

(2)　アメリカ航空宇宙局(NASA)が中心になって開発を行っている宇宙望遠鏡が，計画はたびたび延期されたものの，2021年12月25日に打ち上げられました。望遠鏡の調整の後，2022年7月11日には，アメリカ大統領ジョー・バイデンがホワイトハウスで行った特別イベントで，この宇宙望遠鏡が撮影《さつえい》した画像を公開しました。この宇宙望遠鏡の名称を，次のア～エから1つ選び，記号で答えなさい。

ア　ハッブル宇宙望遠鏡　　イ　ジェームズ・ウェッブ宇宙望遠鏡
ウ　ナンシー・グレース・ローマン宇宙望遠鏡　　エ　ケプラー宇宙望遠鏡

(3)　2022年6月から8月の日本における平均気温は，統計開始以来2番目に高かったと，気象庁から発表されました。また，2022年12月から2023年2月までの日本における平均気温は，例年並みか低くなるという見通しであることも，気象庁から発表されています。これらのようになるのは，太平洋の赤道付近から南アメリカ大陸沿岸《えんがん》にかけての海面の温度が，通常よりも低い状態が続く現象が起こっていることが原因の1つであると考えられています。

下線部の現象を何といいますか。次のア～エから1つ選び，記号で答えなさい。

ア　エルニーニョ現象　　イ　フェーン現象
ウ　ヒートアイランド現象　　エ　ラニーニャ現象

(4)　右の図のように，1kgのおもりをつるして固定し，手の位置を変えて手ごたえがどのように変わるかを調べました。手ごたえが大きくなるのは，ア，イのどちらに手を動かしたときですか。記号で答えなさい。

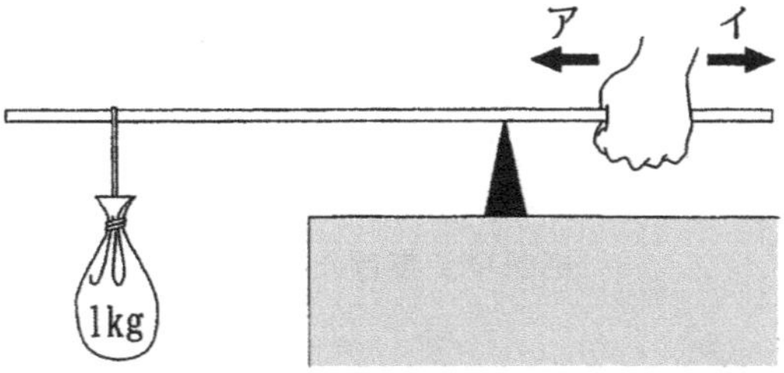

(5)　動物や植物が生きていくために共通して必要なものを，次のア～カからすべて選び，記号で答えなさい。

ア　水　　イ　二酸化炭素　　ウ　ちっ素　　エ　酸素　　オ　日光　　カ　養分

2 次の問いに答えなさい。

（1）　リカさんとマナブさんは，光の道すじを別の鏡でつなぎ，光がどのように進むか調べました。すると，鏡は光と鏡との間にできる角度と同じ角度で，まっすぐ光をはね返すことがわかりました。

　下の図の①，②のように，鏡に当たった光はどのように進みますか。矢印で表しなさい。

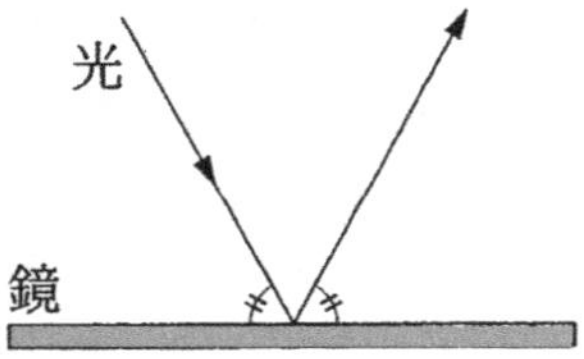

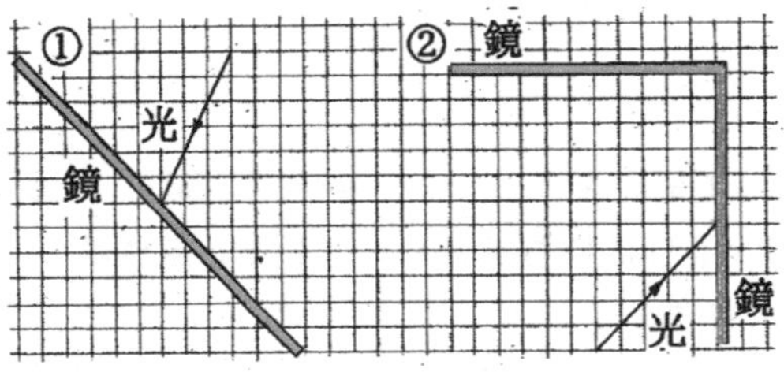

（2）　マナブさんは，鏡を4枚使ってはね返した光を1つのところに集めました。右の図は，4枚の鏡の光が重なったときのようすを表したものです。

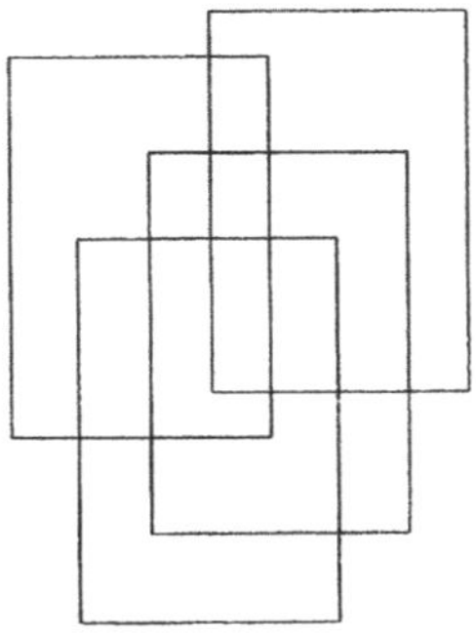

① 観察をして，1番明るくなると考えられる部分を塗《ぬ》りつぶしなさい。

② 光を集めたそれぞれの場所の温度を温度計ではかりました。2番目に温度が高くなる可能性のある部分をすべて塗りつぶしなさい。

（3）　リカさんは，虫めがねで日光を集める実験をしました。実験として適切なものを，次のア～エから1つ選び，記号で答えなさい。

ア　虫めがねを紙から遠ざけると，日光が集まるところが小さくなり，紙が早く焦《こ》げた。

イ　虫めがねを紙に近づけると，日光が集まるところが小さくなり，紙が早く焦げた。

ウ　虫めがねを紙から遠ざけると，日光が集まるところが大きくなり，紙が早く焦げた。

エ　虫めがねを紙に近づけると，日光が集まるところが大きくなり，紙が早く焦げた。

（4）　あるホームセンターで販売《はんばい》していたステンレス製ボウルで，中に入れた食品が燃えてしまうという事故がニュースになりました。このボウルの内部に金属の面をピカピカに仕上げる「鏡面加工」を施《ほどこ》していたことが原因ではないかと考えられています。

　光の性質を考えて，なぜステンレス製ボウルで，中に入れた食品が燃えてしまったのかを簡単に説明しなさい。

3 マナブさんの学級では，班ごとに「台風」について，本やインターネットで調べた事がらをまとめて，発表することになりました。次の問いに答えなさい。
（風の向きの表し方（例）：「北風」…北から南へ吹《ふ》く風のこと）

● 1班が調べてわかったこと

熱帯の海上で発生する低気圧を「熱帯低気圧」と呼びますが，このうち北西太平洋または南シナ海に存在し，なおかつ低気圧域内の①最大風速（10分間平均）がおよそ17m以上のものを「台風」と呼びます。

台風は，通常「東風」が吹いている日本から遠くはなれた南の海では（　②　）に移動し，そのあと太平洋にある高気圧のまわりを北に移動して日本に近づいてくると，上空の強い「西風」（偏西風《へんせいふう》）により速い速度で（　③　）へ進むなど，上空の風や台風周辺の気圧配置の影響を受けて動きます。また，台風は地球の自転（北極と南極を結ぶ軸のまわりを1日に1回転していること）の影響で北～北西へ向かう性質を持っています。

※気象庁ホームページより（抜粋《ばっすい》，一部改変）

（1）　下線部①について，いっぱんに風速は何によって表されていますか。次のア～ウから1つ選び，記号で答えなさい。

ア　秒速　　イ　分速　　ウ　時速

（2）（ ②)にあてはまる台風の進む向きを，次のア～エから1つ選び，記号で答えなさい。

ア　東　　イ　西　　ウ　南　　エ　北

（3）（ ③)にあてはまる台風の進む向きを，次のア～エから1つ選び，記号で答えなさい。

ア　南や東　　イ　南や西　　ウ　北や西　　エ　北や東

● 2班のプレゼンテーション資料より

次の写真は，2022年9月17日9時の台風14号の「雲画像」です。台風の雲はうずをまいていて，地表付近では，うずまきの中心に向かって時計の針の動きと反対向きに強い風が吹いています。中でも台風が進む方向の（　④　）側では進む方向と風の向きが同じになるので，特に強い風が吹きます。うずまきの中心には雲の少ないところが見えていますね。そこは「台風の目」と呼ばれ，風は（　⑤　），雨は（　　⑥　　）。

（4）（ ④)にあてはまるのは，左・右のどちらですか。

（5）　文中の（　⑤　），（　⑥　）にあてはまる文の組み合わせとして正しいものを，次のア～エから1つ選び，記号で答えなさい。

	⑤	⑥
ア	強く	あまりふりません
イ	強く	大雨がふっています
ウ	弱く	あまりふりません
エ	弱く	大雨がふっています

● 3班のプレゼンテーション資料より

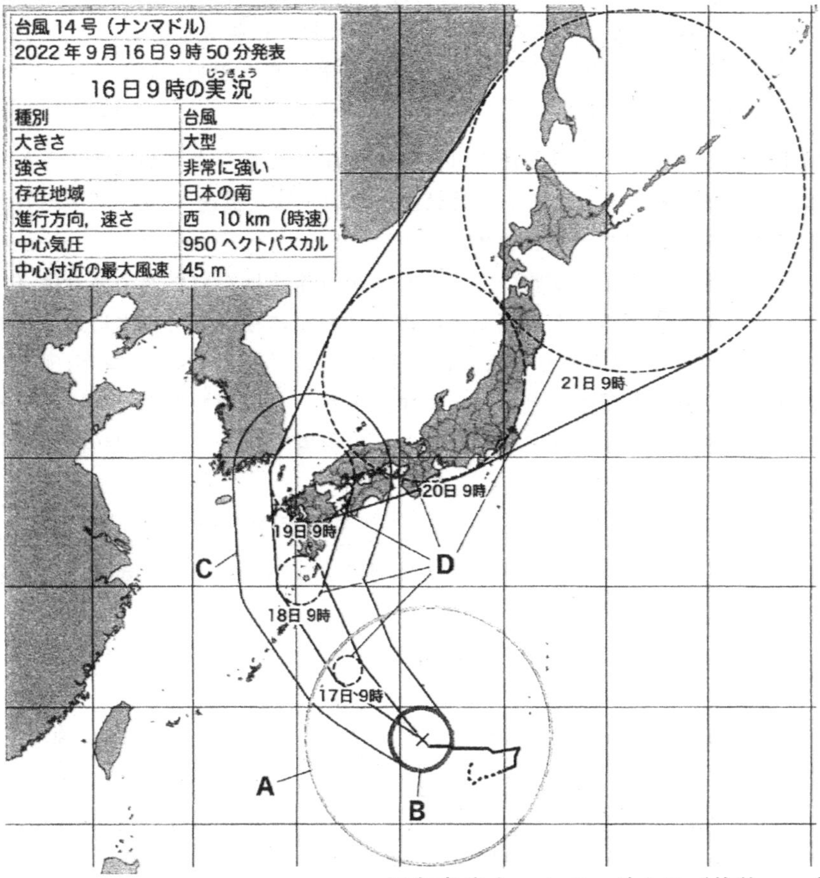

※気象庁ホームページより（抜粋，一部改変）

（6） 図のA，Bの説明として正しいものを，次のア～オからそれぞれ1つ選び，記号で答えなさい。

ア 風速15m以上の風が吹いている範囲《はんい》
イ 風速25m以上の風が吹いている範囲
ウ 風速35m以上の風が吹いている範囲
エ 強風注意報が発表されている範囲
オ 暴風警報が発表されている範囲

（7） 図のCの説明として正しいものを，次のア～オから1つ選び，記号で答えなさい。

ア 今後，風速15m以上の風が吹くおそれがある範囲
イ 今後，風速25m以上の風が吹くおそれがある範囲
ウ 今後，風速35m以上の風が吹くおそれがある範囲
エ 強風注意報が発表されるおそれがある範囲
オ 暴風警報が発表されるおそれがある範囲

（8） 図のDは予報円といい，台風の中心が進むと予想される範囲です。予報円が日ごとに大きくなっているのはなぜですか。簡単に説明しなさい。

● 4班のプレゼンテーション資料より

みなさん，「雨が降っていないのに，急に川が増水することがある」のを知っていますか。台風などの影響《えいきょう》で記録的な大雨が降ることが予測できる場合，ダムが放流をはじめることがあるのです。これを「事前放流」といいます。利用するために貯《たくわ》えていた水でさえ放流するダムもあるそうです。「せっかく貯《た》めていたのに，何だかもったいないな。」という気持ちになりますね。どうして「事前放流」をする必要があるのでしょうか。・・・(中略)・・・

令和４年台風14号は，記録的な勢力を保ったまま九州に上陸したあと，日本列島を縦断《じゅうだん》しました。このとき，過去最多の129のダムが台風接近に伴《ともな》う大雨が降る前に「事前放流」をおこなっていたのです。

ダムが「事前放流」を始める時には，サイレンが鳴るなどの合図があります。どんなに晴れていて，流れがゆるやかであったとしても，大変危険なのですぐに川から離《はな》れるようにしましょう。

(9)　「事前放流」の目的は何だと考えられますか。簡単に説明しなさい。

4 リカさんは，水を熱し続けるとどうなるかを調べるために，ビーカーで水を加熱しました。次の問いに答えなさい。

（1） リカさんは先生から，「ビーカーで水を加熱するときには，ふっとう石を入れて下さい。」と言われました。ふっとう石を入れなければいけない理由を簡単に説明しなさい。

（2） しばらく加熱を続けていくと，ビーカーの水面から湯気が出てきました。しかし，その湯気はビーカーから離《はな》れたところで目に見えなくなりました。目に見えなくなった理由を簡単に説明しなさい。

（3） さらに加熱を続けると，ビーカーの中からおおきな泡《あわ》が激しく出るようになりました。この泡を集めるために，水でみたした試験管に，ゴム栓《せん》をつけたろうとを取り付け，右の図のようにビーカーに入れました。この装置で再び加熱しました。しばらくすると泡が出てきました。しかし，その泡がろうとの中には入っていくものの，試験管の中にはたまっていきませんでした。

なぜ泡は試験管の中にたまらなかったのか，理由を簡単に説明しなさい。

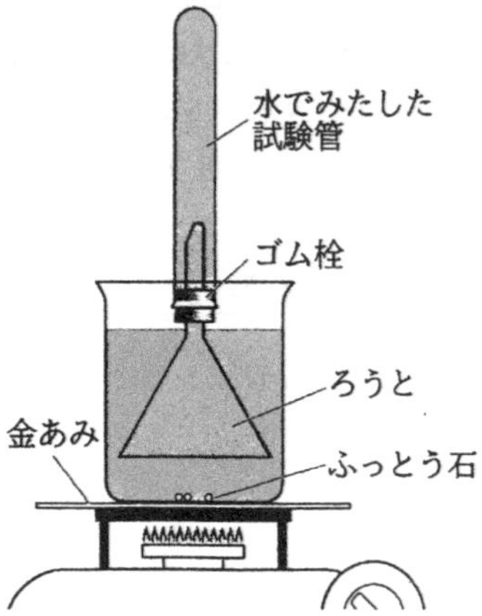

（4） ビーカーの水面から出た湯気も，ビーカーの中から激しく出た泡も，正体は水です。それぞれの水のすがたについて正しい組み合わせを，次のア～エから１つ選び，記号で答えなさい。

	湯気	泡
ア	気体	液体
イ	気体	気体
ウ	液体	液体
エ	液体	気体

（5） 水は，加熱をするとすがたを変えるとともに，体積も変化します。20℃の空気，水，金属を用意し，それぞれ同じ温度だけ変化させたとき，体積の変化の割合が一番大きいものはどれか答えなさい。

5 マナブさんは，気体による燃え方のちがいを調べるために，実験を行いました。
次の問いに答えなさい。

●準備するもの
・酸素ボンベ　・ちっ素ボンベ　・二酸化炭素ボンベ　・ろうそく　・燃焼《ねんしょう》さじ
・水そう　・びん　・金属のふた　・曲がるストロー　・ガスライター

●方法
1. びんの中に気体を入れる。
　① びんを水で満たし，びんの中の空気を追い出す。
　② 気体を少しずつ出し，<u>びんの7～8分《ぶん》めまで入れる</u>。
　③ 水中でふたをして，びんを取り出す。

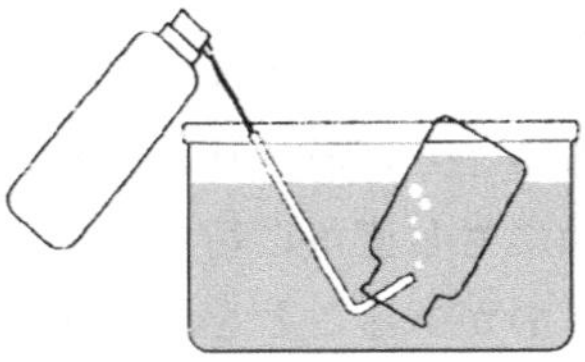

2. 気体を入れたびんの中に，火のついたろうそくを入れ，燃え方を調べる。

(1)　下線部のように，水を少し残して気体を集める理由は何ですか。簡単に説明しなさい。

(2)　マナブさんは，酸素，ちっ素，二酸化炭素をそれぞれ別のびんに入れたとき，どのびんに何を入れたのかを記録し忘れました。そこで，ビンに「ア」，「イ」，「ウ」と名前をつけ，それぞれに火のついたろうそくを入れ，燃え方を調べた結果は，下の表のとおりでした。酸素が入っていたびんは，ア～ウのどれですか。1つ選び，記号で答えなさい。

びん「ア」での燃え方	びん「イ」での燃え方	びん「ウ」での燃え方
びんに入れると，すぐに火が消えた。	びんに入れると，すぐに火が消えた。	ほのおが明るく，激しく燃えた。

(3)　問い(2)で選ばなかった2つのびんのうち，どちらにちっ素が入っているのかを，どのようにすれば決定できますか。決定の仕方を簡単に説明しなさい。

(4)　ちっ素，二酸化炭素は，空気に含まれている気体です。その体積の割合として正しい組み合わせを，次のア～エから1つ選び，記号で答えなさい。

	ちっ素	二酸化炭素
ア	21%	0.04%
イ	78%	0.04%
ウ	21%	1%
エ	78%	1%

6 次の問いに答えなさい。

（1） リカさんは，小学校で育てたホウセンカの花のつくりについて調べることにしました。ホウセンカの花はどの季節に咲《さ》きますか。次のア～エから1つ選び，記号で答えなさい。

ア 春　イ 夏　ウ 秋　エ 冬

（2） ホウセンカには，花びら，おしべ，めしべ，がくなどのつくりがあることがわかりました。そのつくりを示すために，1つの花をその軸《じく》に対し直角に切り，切った面を水平にあらわす「花式図《かしきず》」というものがあることを知りました。右の図は，ホウセンカの花を花式図で表したものです。図のアが示すつくりの名称を答えなさい。

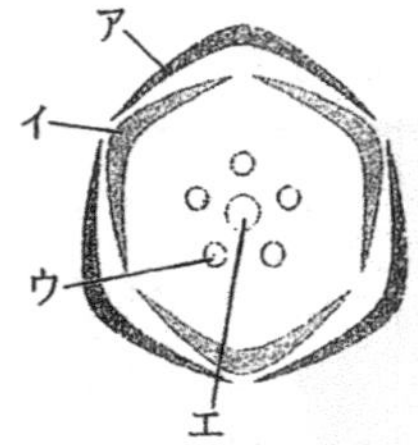

（3） 花のつくりを観察していると，先端《せんたん》の部分がベタベタしているつくりがありました。花式図でこの花のつくりにあたるものを，図のア～エから1つ選び，記号で答えなさい。また，なぜ先端がベタベタしているのか，理由を簡単に説明しなさい。

（4） マナブさんは，ヘチマやツルレイシなどのウリ科の植物の花について調べました。これらの植物の花は，2種類の花が咲くことがわかりました。そのうちの1種類の花をスケッチしたものが，右の図です。この花の名称を答えなさい。

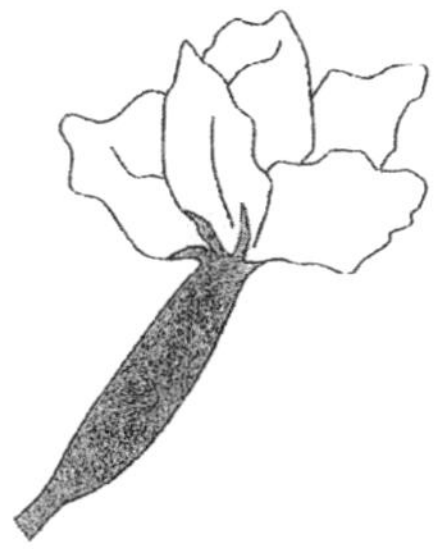

（5） マナブさんのスケッチした花にないつくりを，リカさんの表した花式図のア～エから1つ選び，記号で答えなさい。

（6） リカさんは，ホウセンカの花粉を顕微鏡《けんびきょう》で観察しました。顕微鏡の扱《あつか》い方《かた》として正しいものには○，正しくないものには × を答えなさい。

① 顕微鏡で観察するときは，光がよく当たるように，日光が直接あたる場所で観察する。

② 顕微鏡で観察するときは，真横から見ながら調節ねじをまわして，対物レンズとプレパラートをできるだけ遠ざける。

③ 顕微鏡で観察するときは，プレパラートを置いた後，接眼レンズをのぞきながら明るくする。

（7） 顕微鏡をのぞいて，右上に見えている花粉を中央に移動させて観察をするためには，プレパラートをどのように動かせば良いですか。簡単に説明しなさい。

令和５年度　入 学 選 考

社 会　問 題 冊 子

(40分)

（注意）

１．「はじめ」の合図があるまで問題冊子を開いてはいけません。

２．問題は８ページまであります。

３．答えはすべて「解答用紙」に記入しなさい。

受検番号［　　　　　　　　］氏名［　　　　　　　　　　　　］

大阪教育大学附属平野中学校

次のページからはじまる[1]～[3]の問いに答えなさい。

1　2021年10月から2022年3月までの間，アラブ首長国連邦《しゅちょうこくれんぽう》のドバイで万国博覧会《ばんこくはくらんかい》が開催《かいさい》されました。2025年4月には，大阪《おおさか》・夢洲《ゆめしま》で万国博覧会(大阪・関西万博《かんさいばんぱく》)が開催されます。

そこで，社会科の授業では，学習班に分かれて，万国博覧会について調べたことをまとめ，発表することになりました。これについて，下の会話文を読み，あとの各問いに答えなさい。

かづき　「a アラブ首長国連邦《れんぽう》のドバイって，どんなところかな？ 日本《にほん》とどんなつながりがあるのかな？」

みく　「去年，サッカーのワールドカップがあったカタールと同じ，アラビア半島にある国でしょう？」

なぎさ　「そういえば，カタールのドーハで，b 今年(2023年)の2月10日から『緑の砂《さ》漠《ばく》，よりよい環境《かんきょう》』をテーマにした国際博覧会(国際園芸展)があるってテレビのニュースでいっていたよ！」

ゆめ　「大阪の鶴見緑地《つるみりょくち》で，『自然と人間の共生』をテーマにした花博(国際園芸展)が，1990年にあったって聞いたことがあるよ。」

かづき　「ネットで調べてみたけど，c 1970年の大阪万博と，2005年の「愛・地球博」って呼ばれていた愛知《あいち》万博があったから，2025年に大阪・関西万博が開催されると，日本で3回目の万国博覧会になるね。」

みく　「万国博覧会も花博(国際園芸展)も国際的な博覧会でしょう？ 沖縄《おきなわ》やつくばでも国際博覧会があったって聞いているよ！」

なぎさ　「d いろいろな国際的な博覧会があるけど，健康や環境を守っていくようなテーマがついているね。国際的な組織があって決められているのかな？」

ゆめ　「たしか，e 大阪・関西万博のテーマは，『いのち輝《かがや》く未来社会のデザイン』だったね。どんなことなのかな？ 大阪府や大阪市がどんな取り組みをしているか，ホームページを利用して，調べてみようよ！」

（1）　下線部aについて，統計資料や地図帳を利用して，日本との関係を調べました。右の円グラフと図Ⅰは，そのときにつくったものです。円グラフのXにあてはまる国名を答え，その国の位置を，図Ⅰのア～エより一つ選びなさい。

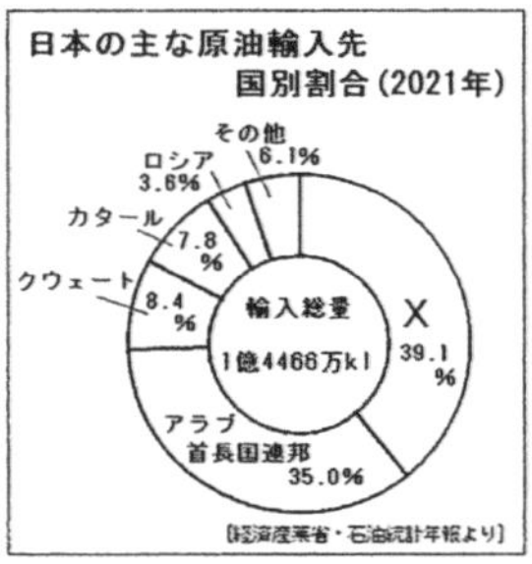

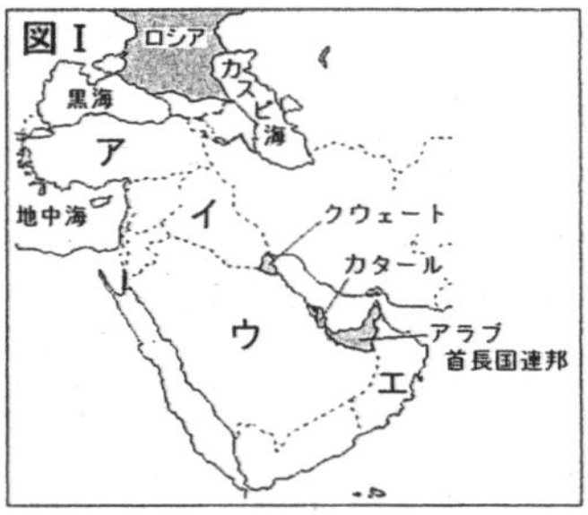

（2）　下線部bの国際博覧会(国際園芸展)について，調べたことを発表用のソフトを使ってまとめることにしました。次の写真や説明文は，発表用のソフトにまとめるときに利用した資料の一部です。説明文の(i)～(iv)にあてはまる語句の組み合わせとして，最も適切なものを，次のア～ウより選びなさい。

写真Ⅰ　アラビア半島の円形農場

写真Ⅱ　水耕栽培場《すいこうさいばい》(垂直《すいちょく》農法)

	i	ii	iii	iv
ア	砂漠	海水	環境	持続可能
イ	平原	地下水	人	再生可能
ウ	砂漠	地下水	環境	持続可能

(帝国書院「地理資料」より)

写真Ⅰの黒色(緑)の円形部分は，アラビア半島にある(　ⅰ　)につくられた円形農場を示しています。円形農場では，円の中心から(　ⅱ　)をくみ上げ，中心と円の端《はし》を結ぶ長いパイプをコンパスのようにまわして水をまき，小麦などの作物を栽培《さいばい》しています。

しかし，円形農場を増やし過ぎると(　ⅱ　)が枯《か》れてしまい，水資源を失うだけでなく，小麦の栽培ができなくなり，深刻な食糧《しょくりょう》不足の問題が生まれることになります。

そこで，近年は，貴重な水資源を有効に活用して「(　ⅲ　)にやさしい農業」を行い，安定して食糧を供給できるようにすることで「(　ⅳ　)な社会」をつくるために，写真Ⅱのように，施設《しせつ》内で土を使わず，水だけで農作物を育てる水耕栽培(垂直農法)が行われるようになってきました。ドーハの園芸博覧会では，このような「(　ⅲ　)にやさしく(　ⅳ　)な社会」をつくるための，さまざまな先端《せんたん》技術を利用した取り組みが示されると期待されています。

(3)　下線部ｃについて，1970年代から現在までの人々の生活のようすや，エネルギーの利用について調べたことをまとめました。下のⅠ・Ⅱのグラフは，まとめるときに利用したものです。次の各問いに答えなさい。

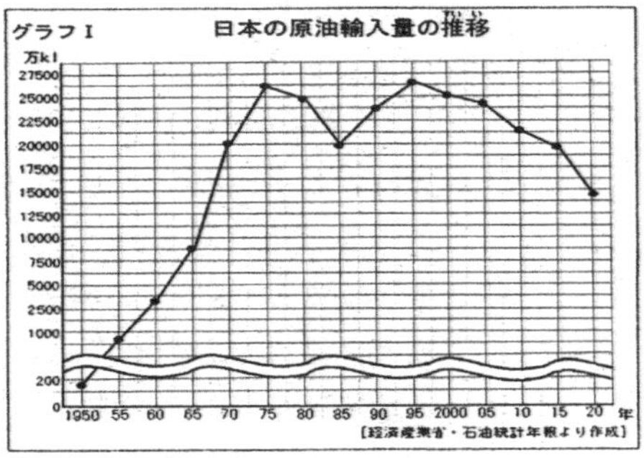

①　グラフⅠを見ると，1955年ごろから大阪万博があった1970年ごろにかけて，急速に原油の輸入量が増えていることがわかります。また，日本の経済はこの時期，急速に発展しました。日本の経済が急速に発展した時期を何と呼ぶか，答えなさい。

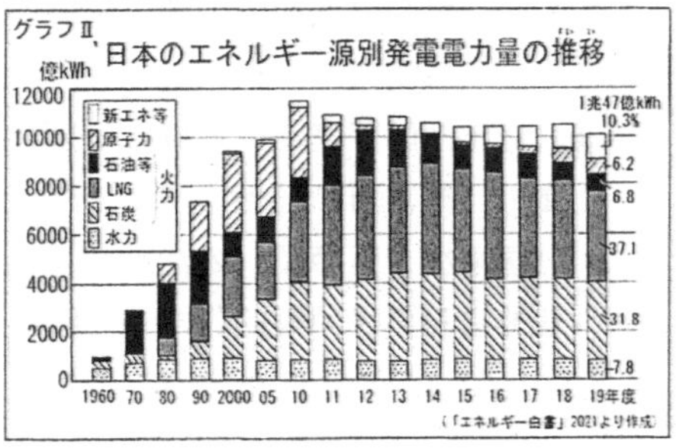

②　グラフⅠを見ると，愛知万博(愛・地球博)があった2005年ごろより，急速に石油の輸入量が減り，現在は1960年代後半の輸入量と同じぐらいになっていることがわかります。原油輸入量が減った理由として，グラフⅡから読み取れる最も適切なものを，次のア～オより選びなさい。

ア．持続可能な社会の実現に向けて，水素エンジン自動車やハイブリッド自動車，EV(電気)自動車の開発が進み，石油を使用する必要がまったくなくなったため。

イ．持続可能な社会の実現に向けて，地球温暖化を防ぐために，石油よりもCO_2の排出量《はいしゅつりょう》の少ない原子力発電や，石炭による火力発電に切りかえられたため。

ウ．2011年に起きた東日本大震災《ひがしにほんだいしんさい》により，原子力発電が見直され，原子力発電に代《か》わる新エネルギーとして，地熱や風力，波の力を利用した発電量が，LNG(液化天然ガス)や石炭による火力発電量より多くなったため。

エ．2011年に起きた東日本大震災により，原子力発電が見直され，原子力発電に代わる新エネルギーの開発が進むとともに，石油にかわる火力発電のエネルギー源として，LNGや石炭が用いられるようになったため。

オ．ペットボトルのリサイクル運動や，プラスチックごみの分別収集が行われたり，レジ(ビニル)袋《ふくろ》の使用を減らすマイ・バック運動などが行われたりしたことで，原料となる石油をまったく使用しなくなったため。

（４）　下線部ｄについて調べると，現在，171か国あまりが加盟している博覧会国際事務局(BIE)という国際組織があり，国際博覧会条約に基《もと》づいて，非営利(利益を得ることを目的としない)の万国博覧会や園芸博覧会，専門博覧会(沖縄博やつくば博など)の開催を決めていることがわかりました。これについて，次の各問いに答えなさい。

①　博覧会国際事務局について，さらに調べると，国際連合と同じように総会や事務局，専門委員会が設置されていることがわかりました。国際連合にも，さまざまな専門機関がありますが，人々を感染症《かんせんしょう》から守ったり，人々の健康を増進したりするために設置された世界保健機関の略称《りゃくしょう》を，アルファベット３字で答えなさい。

②　国際社会では，国際博覧会条約など，さまざまな国際条約や国際協定が結ばれています。2015年に，フランスのパリで気候変動枠組《わくぐみ》条約締約《ていやく》国会議(COP)が行なわれ，地球温暖化防止にむけて，新たな協定(「パリ協定」)が結ばれました。この「パリ協定」の内容として，最も適切なものを，次のア～エより選びなさい。

ア．先進国もしくは，工業が発展してきている国だけに，CO_2などの温室効果ガスの削減《さくげん》目標の達成を義務づけた協定が結ばれた。

イ．発展途上《とじょう》国には，経済を発展させ豊かな生活を実現する権利があるとして，CO_2などの温室効果ガスを削減することを義務づけない協定が結ばれた。

ウ．地球温暖化の責任は，豊かな生活をしてきた先進国が負うべきだとして，CO_2などの温室効果ガスの削減を先進国に義務づけた協定が結ばれた。

エ．地球温暖化を防止するために，先進国，発展途上国を問わず，すべての国にCO_2などの温室効果ガスの削減目標を，５年ごとに更新《こうしん》することを義務づけた協定が結ばれた。

③　近年，国際連合や政府とは別に，世界の紛争《ふんそう》地域だけでなく，飢餓《きが》や貧困《ひんこん》で苦しむ地域で，非営利で医療《いりょう》活動を行なう民間団体として，1999年にノーベル平和賞を受賞した「国境なき医師団」の活動がよく取りあげられます。このような国際的な活動を行っている非営利の民間組織(非政府組織)の略称を，次のア～オより選びなさい。

ア．ＯＤＡ　　イ．ＯＰＥＣ　　ウ．ＮＧＯ　　エ．ＮＰＴ　　オ．ＮＩＥＳ

（５）　下線部ｅについて，大阪府のホームページで調べると，下のような説明がありました。これについて，あとの各問いに答えなさい。

> ⅰ「いのち輝く未来社会のデザイン」とは，一人ひとりが自らの望む生き方を考え，それぞれの可能性を最大限に発揮できるようにすることを意味しています。
>
> このテーマのもと，ⅱ一人ひとりの生き方を支《ささ》える「持続可能な社会」を，国際社会の人々と共に創り出すことを目標の一つとしています。
>
> そして，大阪・関西万博は，さまざまな社会の課題について考えたり，科学技術の発展にともなう長寿命《ちょうじゅみょう》化《か》などについて考えたりするなかで，ⅲ一人ひとりが「幸福な生き方とはなにか」を自ら問う，初めての万博であるといえます。

①　下線部ⅰについて調べると，大阪府では４つの重点目標を立て，「いのち輝く未来社会」をつくりあげるための予算案を作成していることがわかりました。大阪府(地方公共団体)の予算案を承認《しょうにん》・決定する機関の名称《めいしょう》を答えなさい。

令和5年度　入学選考

国語　解答用紙

受検番号

氏名

※100点満点
（配点非公表）

1

一

二
a
b
c
d
A
B
C
D

三

四

五

六
Ⅰ
Ⅱ
Ⅲ

七

八

九
Ⅰ
20
40
うれしさ。

Ⅱ
20
くやしさ。

(　)　(　)

4	(1)　　　　cm^2	(2)　　　　cm^3	(3)　　　　cm
5	(1) ①　　　　億 kWh	②	
	(2)　　　　億 kWh		
	(3)　　　年 →　　　年 →　　　年		
	(4)　　　　億 kWh		
6	(1)	(2)	(3)
7	(1)分速　　　　m	(2)　　　分　　　秒後	(3)　　　　m

3	(8)	
	(9)	
4	(1)	
	(2)	
	(3)	
	(4)	(5)
5	(1)	
	(2)	
	(3)	
	(4)	
6	(1)	(2)
	(3)	記号 理由
	(4)	(5) (6) ① ② ③
	(7)	

	②		③	
(5)	①		②	

3

(1)	イギリス:	フランス:	(2)	
(3)	①		②	
(4)				
(5)	①	石狩平野:	根釧台地:	
	②	(い)	(お)	
	③		④	
	⑤			

1

(5)	キャッチフレーズ:
②	(原稿用紙 50 / 100 / 150 / 165)

令和5年度　入学選考

社会　　　解答用紙

受検番号	

氏　名	

※100点満点
（配点非公表）

1

(1) 国名　　位置

(2)

(3) ①　②

(4) ①　②　③

(5)
①
②　解答欄は下にあります。
③　Ⅰ　a　b
　　Ⅱ

2

(1)
① i
　 ii　日本に(　　　　　　)がない
②　③　④

(2) ①　②

(3)
①
②　i　ii　iii　iv

【解答

※100点満点
（配点非公表）

令和５年度　入学選考
理　科　解答用紙

受検番号		氏　名	

<table>
<tr><td>1</td><td>(1)</td><td></td><td>(2)</td><td></td><td>(3)</td><td></td><td>(4)</td><td></td><td>(5)</td><td></td></tr>
<tr><td rowspan="3">2</td><td>(1)</td><td colspan="5">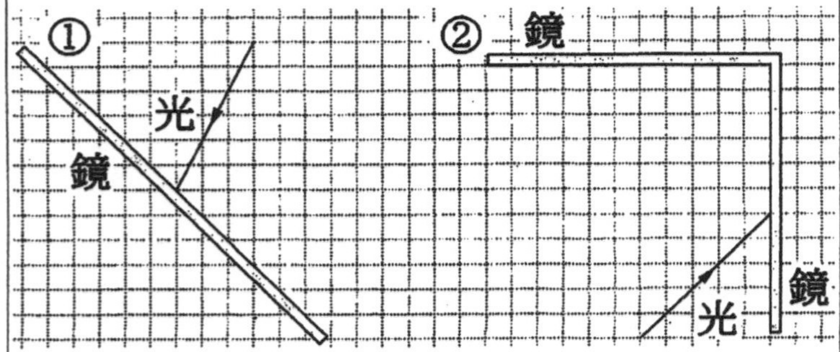
</td><td>(2)</td><td colspan="3">①
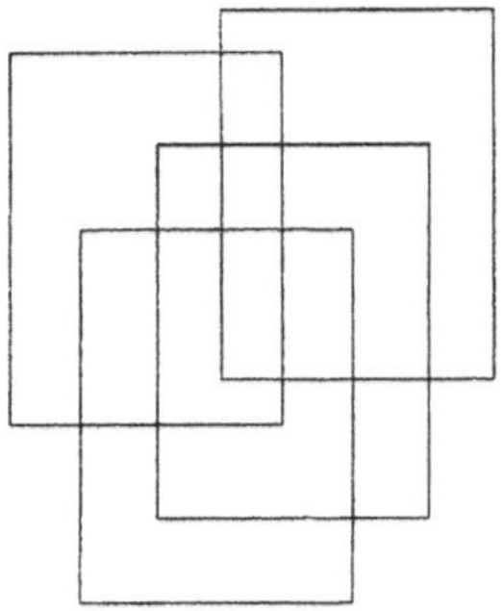
②
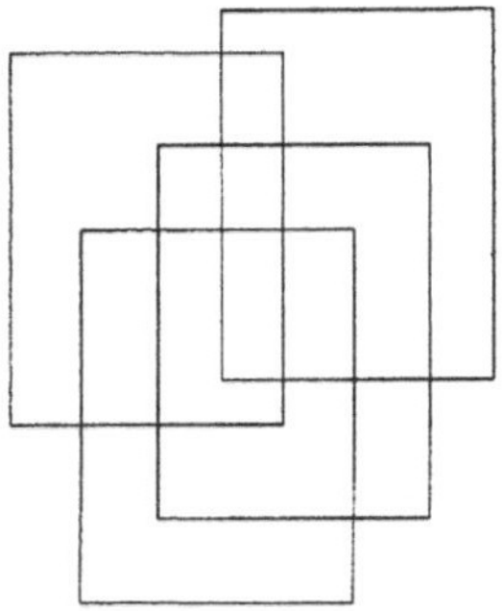</td></tr>
<tr><td>(3)</td><td colspan="9"></td></tr>
<tr><td>(4)</td><td colspan="9"></td></tr>
</table>

【解答

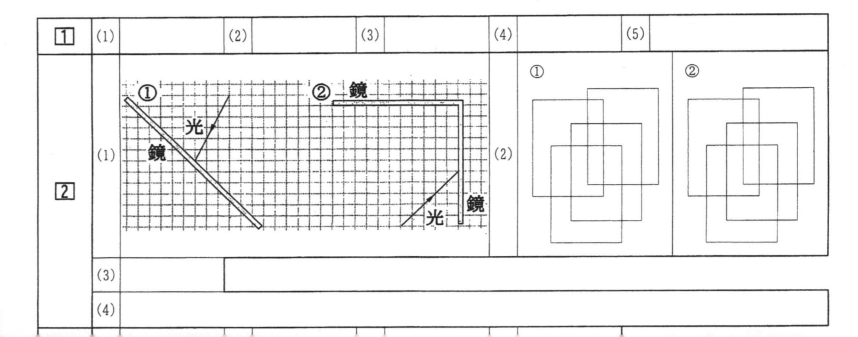

令和５年度　入学選考

※100点満点
（配点非公表）

算　数　解答用紙

受検番号		氏　　名	

1	(1)	(2)	(3)	(4)

2	(1)　　　　度	(2)　　　　通り
	(3)　　　　%	(4)　　　　cm^2
	(5) ノート　　　冊，えんぴつ　　　本，けしごむ　　　個	

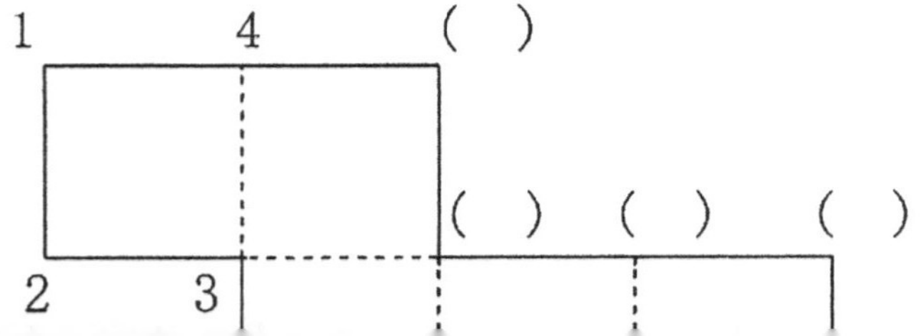

2

一

ともあれ

二

2

3

4

三

A

B

四

20

25

五

六

七

ア

イ

ウ

八

20

40

九

十

十一

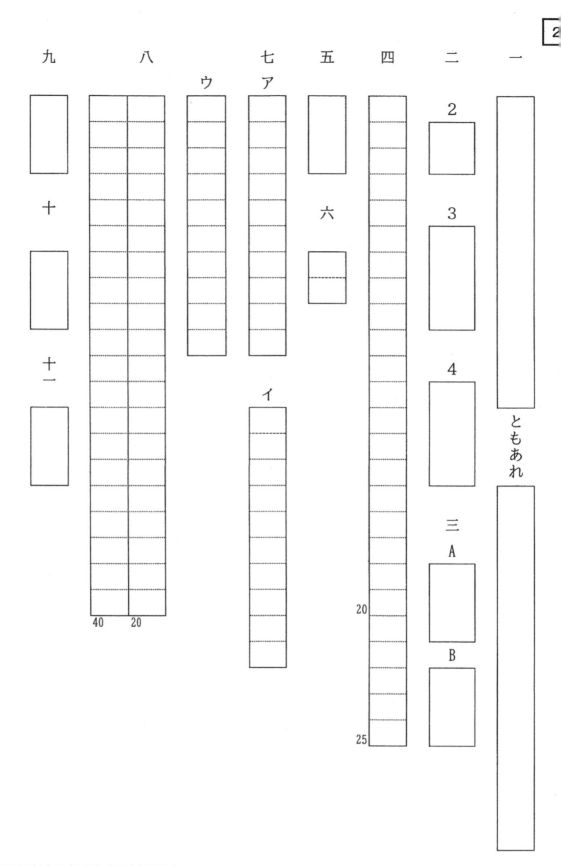

② 下線部iiについて，大阪府のホームページをさらに調べると，大阪府と大阪市が運営に協力している「バーチャル大阪」という web サイトがつくられていることがわかりました。この web サイトは，さまざまな人が集まり，一人ひとりの体験を通じて，未来に向けて「大阪の魅力《みりょく》」を創造し，「発信」できるようになっています。

そこで，この web サイトにあなた自身がつくりたいと考える「未来に向けた『魅力ある大阪』の創造」についての提案を，「大阪の特色ある歴史や文化，産業，街《まち》，ひと」などさまざまな視点から，下の例のように「キャッチフレーズ」をつくり，どのような取り組みを行うかについて，150 字程度にまとめて「発信」してください。

例

キャッチフレーズ	「大阪の “Konaもん” ！ 世界に広げな “Akanもん” ！」
具体的な 取り組み	大阪は，たこ焼きやお好み焼きなど「粉(Kona)もの」の食文化で有名です。この大阪の魅力ある食文化「Konaもん」を世界に向けて発信するために……… しな「Akanもん」！

③ 下線部iiiについて，次の各問いに答えなさい。

Ⅰ 日本国憲法《にほんこくけんぽう》は，人々が「幸福な生き方を求める権利」を，どのような権利として位置づけていますか。下の説明文の(a)・(b)にあてはまる語句をそれぞれ答えなさい。

日本国憲法では，自由権や平等権，社会権，「幸福な生き方を求める権利」などの，(a)人権について，人が生まれながらにもっている侵《おか》すことのできない (b)の権利として，すべての国民に保障されるものとしています。

Ⅱ 国民一人ひとりが「幸福に生きていける」ようにするため，政府(内閣)はさまざまな取り組みをしています。内閣の仕事にあてはまるものを，次のア～オより２つ選びなさい。

ア．国会の召集《しょうしゅう》を決める　イ．条約を承認する　ウ．法律を制定する
エ．政治が憲法に違反《いはん》していないか調べる　オ．衆議院《しゅうぎいん》の解散を決める

2 たいがさんは，長編テレビドラマで取り上げられた歴史上の人物と，時代背景などについて調べたことを下の表のようにまとめました。これについて，あとの各問いに答えなさい。

ドラマ	主な登場人物	内　容
A	西郷隆盛《さいごうたかもり》	江戸幕府《えどばくふ》がたおれ，新しい政府ができたころに重要な役割をはたした西郷隆盛の生涯《しょうがい》をえがいている。
B	金栗四三《かなくりしそう》 (マラソン選手)	第２次世界大戦が終わり，復興《ふっこう》する日本と 1964 年の東京オリンピックにいたるまでの日本人の活躍《かつやく》をえがいている。
C	X	織田信長《おだのぶなが》の家臣として活躍したが，最後には信長を殺害した本能寺の変を引き起こした（X）の生涯をえがいている。
D	渋沢栄一《しぶさわえいいち》	日本で最初の銀行や多くの会社の設立に関わり，日本経済の発展につくした渋沢栄一の生涯をえがいている。
E	北条義時《ほうじょうよしとき》	はじめて武家による政権をつくった源頼朝《みなもとのよりとも》につかえた北条義時や家臣たちの勢力争いをえがいている。

（1）　Aのころについて，年表を見て，あとの各問いに答えなさい。

1853 年	アメリカ合衆国のペリーが４せきの軍艦《ぐんかん》で浦賀《うらが》に来航し，幕府に開国をせまる。
1854 年	ペリーが再び来航し，幕府は日米和親《にちべいわしん》条約を結ぶ。
1858 年	幕府はアメリカ合衆国とａ日米修好通商《にちべいしゅうこうつうしょう》条約を結び，貿易が開始される。
1866 年	対立していた薩摩藩《さつまはん》と長州藩《ちょうしゅうはん》の同盟が成立し，倒幕《とうばく》運動がさかんになる。
1867 年	15 代目の将軍 徳川慶喜《とくがわよしのぶ》が政権を朝廷に返す。
1868 年	明治《めいじ》天皇が，新しい政治の方針をｂ五か条の御誓文《ごせいもん》で示す。
1869 年	大名が治めていた領地と領民を天皇に返させる･･･（Ｙ）
1871 年	すべての藩を廃止《はいし》して県を置く･･･（Ｚ）

①　年表中の下線部ａと同様の条約を，幕府は諸外国とも結びましたが，この条約は日本にとって不利な条件が２つありました。右の絵は 1886 年に起きた事件で，日本に領事裁判権《りょうじさいばんけん》がない（外国に治外法権《ちがいほうけん》を認めている）ために，日本国内で条約改正の必要性が強く主張されるようになりました。

ｉ　この事件の名前を答えなさい。

ⅱ　「領事裁判権がない」以外の不利な条件とは何か，「日本に（　　　）がない」という形で簡潔に説明しなさい。

②　年表中の下線部ｂで下の「五か条の御誓文（一部抜粋《ばっすい》）」の（　　）にあてはまる語句を答えなさい。

一　政治は，（　　　）を開き，人々は意見を述《の》べ合って決めよう。
一　これまでの悪いしきたりをやめよう。
一　新しい知識を世界から学んで，天皇中心の国にしよう。

③　年表中の(Ｙ)・(Ｚ)の名称として最も適切な組み合わせを，次のア～カより選びなさい。

	ア	イ	ウ	エ	オ	カ
Ｙ	地租改正《ちそかいせい》	地租改正	廃藩置県《はいはんちけん》	廃藩置県	版籍奉還《はんせきほうかん》	版籍奉還
Ｚ	廃藩置県	版籍奉還	地租改正	版籍奉還	地租改正	廃藩置県

④　Ａのドラマの主人公である西郷隆盛の活躍《かつやく》について説明した文章で，最も適切なものを，次のア～エより選びなさい。

ア．長州藩の出身である西郷隆盛は，木戸孝允《きどたかよし》と共に，幕府を倒す計画をたてた。

イ．旧幕府の勝海舟《かつかいしゅう》は，新政府軍の軍勢を率いていた西郷隆盛と話し合い，戦わずに江戸城《えどじょう》を明け渡すことを決定した。

ウ．新政府の代表者の一人となった西郷隆盛は，大久保利通《おおくぼとしみち》と共に使節団の一員としてヨーロッパやアメリカをめぐり，欧米《おうべい》のすぐれた文化を学んだ。

エ．大隈重信《おおくましげのぶ》たちと協力して，自由民権運動《じゆうみんけんうんどう》に参加した西郷隆盛は，大日本帝国憲法《だいにっぽんていこくけんぽう》の制定に重要な役割を果たした。

（2）　Bのころについて，下の写真やグラフを読んで，次の各問いに答えなさい。

①　右の写真は，戦争に敗れた日本が，1951年アメリカで開かれた講和会議で48か国と条約を結んだようすです。その翌年，日本は独立を回復しました。この条約の名前を答えなさい。

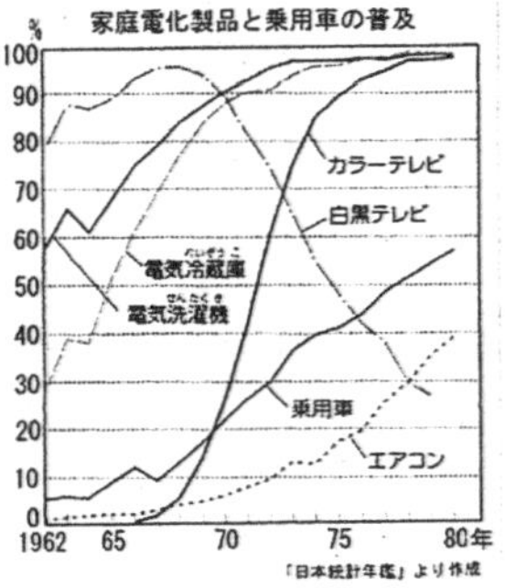

②　東京《とうきょう》オリンピックでは，選手たちの姿を多くの人が白黒テレビを見て，応援《おうえん》することができました。右のグラフにあるように，白黒テレビ，電気冷蔵庫，電気洗濯機は，当時の人々が手に入れたい家庭電化製品として「　　　」と呼ばれ，急速に普及《ふきゅう》しました。「　　　」に適切な語句を答えなさい。

（3）　Cのころについて，次の各問いに答えなさい。

①　Xの人物名を答えなさい。

②　Cのドラマでは，Xの人物は新しい武器であった鉄砲《てっぽう》に注目し，何度も試し撃《う》ちをする姿がえがかれていました。鉄砲がどのように日本で使われるようになったか，下の文章の（ i ）～（ iv ）に適切な語句を，次のア～コよりそれぞれ選びなさい。

1543年，（ i ）人を乗せた船が（ ii ）に漂着《ひょうちゃく》し，鉄砲が日本に伝わった。その後，国内でも（ iii ）などで生産が進み，1575年の（ iv ）の戦いでは，鉄砲の使用が勝敗を決定づける要因となった。

ア．堺《さかい》　イ．長崎《ながさき》　ウ．スペイン　エ．関ヶ原《せきがはら》　オ．京都《きょうと》
カ．長篠《ながしの》　キ．種子島《たねがしま》　ク．ポルトガル　ケ．壇ノ浦《だんのうら》　コ．アメリカ

（4）　Dの渋沢栄一は，2024年から1万円札の肖像画《しょうぞうが》にもちいられることが決まっています。下のア～カは，現在までに日本のお札《さつ》の肖像画としてもちいられた人物です。次の各問いに答えなさい。

ア

イ

ウ

エ

オ

カ

①　i・iiの文章は誰の紹介をしたものか，ア～カよりそれぞれ選び，人物名も答えなさい。

i　中津藩《なかつはん》（大分《おおいた》県）の下級武士の子どもでしたが，長崎で蘭学《らんがく》を学び，現在の慶應義塾《けいおうぎじゅく》大学を開いたり，「学問のすゝ《す》め」などを書いたりしました。

ii　福島《ふくしま》県で生まれ，医学の道に進み，アメリカでへびの毒についての研究をしたり，アフリカのガーナで黄熱病《おうねつびょう》という伝染病《でんせんびょう》の研究に取り組んだりしました。

② ア～カの一人は，活躍した時代が他の人物と明らかに違《ちが》います。その人物が活躍した時代のようすとして最も適切なものを，次のａ～ｄより選びなさい。

ａ．有力な貴族は朝廷《ちょうてい》で高い地位につき，地方の豪族《ごうぞく》から土地を寄付されるなど，豊かな生活を送った。また，日本独自のひらがな，かたかながつくられた。

ｂ．天皇を中心とする政治をめざして，役人の心構えや，能力のある人を身分に関係なく役人に取り立てる制度ができた。

ｃ．天皇が，仏教の力で国を治めようとして全国に国分寺《こくぶんじ》を建設し，都に大仏《だいぶつ》をつくった。また，遣唐使《けんとうし》を派遣《はけん》して国際色豊かな文化が発展した。

ｄ．大和《やまと》(奈良《なら》県)や河内《かわち》(大阪府)の豪族たちが力をもち，豪族たちが連合して大和朝廷(大和政権)という政府をつくった。

③ Ｄのドラマの主人公である渋沢栄一は，多くの民間の会社の育成に力を入れました。彼が設立に関わり，2014年には世界遺産にも登録された，群馬《ぐんま》県の官営（国営）の生糸《きいと》生産工場の名前を答えなさい。

（５） 表中Ｅのドラマの主人公である北条義時とその一族は，源氏の将軍が３代でとだえた後，幕府の実権をにぎり，政治を行いました。次の各問いに答えなさい。

① 北条氏が将軍に代わって政治を行うために，代々つとめた役職の名前を答えなさい。

② 13 世紀には，モンゴル(元《げん》)が２度にわたって九州北部に攻《せ》め込《こ》んできました(元寇《げんこう》)。右の絵は，御家人《ごけにん》の竹崎季長《たけざきすえなが》が，幕府の役人に，戦いでの自分の活躍ぶりについてうったえているようすを示しています。竹崎季長が幕府に要求した内容を答えなさい。

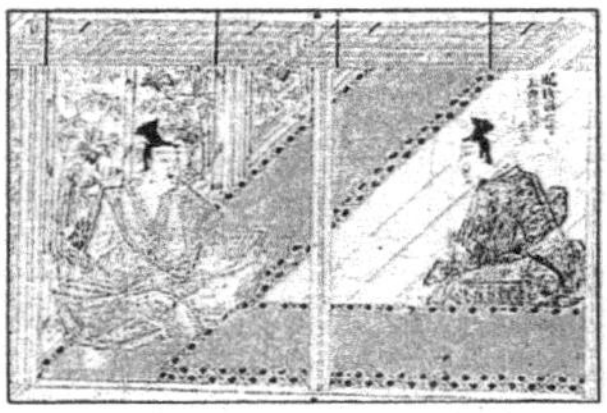

3 次の文章を読んで，あとの問いに答えなさい。

あきらさんは，家族で城崎《きのさき》温泉に旅行にでかけ，周辺の観光地である玄武洞《げんぶどう》をめぐったとき，「山陰海岸《さんいんかいがん》ジオパーク」の案内板をみました。あきらさんが自宅に帰ってから調べてみると，ジオパークとは，「ジオ（地球・大地)」と「パーク（公園)」を掛《か》け合わせた言葉で，地球（ジオ）を学び，丸ごと楽しむことができる場所であることがわかりました。現在，日本には，日本ジオパーク委員会が認定《にんてい》した「日本ジオパーク」が46地域あります（2022年１月現在)。その内，９地域がユネスコ世界ジオパークにも認定されていることがわかりました。

下の表や図，グラフは，世界と日本のジオパークについてまとめるときに利用したものの一部です。次の各問いに答えなさい。

（１） 世界ジオパークネットワーク加盟地域は44か国で合計169地域が指定されていることがわかりました。（2021年４月現在)。右の表１は，ジオパークの地域が多い国，上位８か国を示したものです。イギリスとフランスの位置を，地図１のＡ～Ｆよりそれぞれ選びなさい。

表1

ユネスコ世界ジオパーク数上位8か国(2021)

順位	国名	ジオパーク数
1位	中国	41
2位	スペイン	15
3位	イタリア	11
4位	日本	9
5位	イギリス・ドイツ	8
7位	ギリシア・フランス	7

（ユネスコHPより）

地図1

（２）　右の国旗は表１の８か国のうちのいずれかのものです。
その国名を答えなさい。

国旗

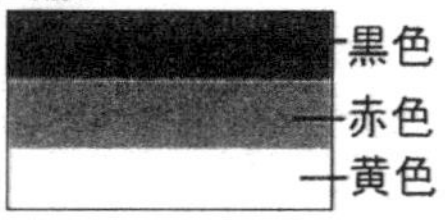

（３）　右の表２は，ジオパークがない都道府県の一覧を示しています。表２の都道府県の中から，①中国《ちゅうごく》地方と，②四国《しこく》地方にある都道府県名をすべて答えなさい。

（４）　右の表２の都道府県の中で，最も標高の高い山がある都道府県名を答えなさい。

表2 ジオパークがない都道府県

香川県《かがわ》	滋賀県《しが》
佐賀県《さが》	山梨県《やまなし》
岐阜県《ぎふ》	大阪府
三重県《みえ》	愛知県
栃木県《とちぎ》	徳島県《とくしま》
岡山県《おかやま》	沖縄県
福岡県《ふくおか》	広島県《ひろしま》

（日本ジオパークネットワークHPより）

（５）　ジオパークのある都道府県の農業や面積，人口などのようすについて調べ，表３と表４を作りました。表３と表４の(あ)～(か)は，同じ都道府県を示しています。また，(あ)～(か)の都道府県を地方ごとに分けると，その数は，北海道《ほっかいどう》地方，東北《とうほく》地方，関東《かんとう》地方，中部《ちゅうぶ》地方，近畿《きんき》地方，九州《きゅうしゅう》地方で，それぞれ一つずつになりました。
これについて，あとの各問いに答えなさい。

表3 野菜・果実・畜産《ちくさん》の生産額 上位3都道府県

	野菜	果実	畜産
1位	(あ)	(う)	(あ)
2位	(い)	(え)	(か)
3位	千葉県《ちば》	(お)	宮崎県《みやざき》

（データでみる県勢《けんせい》2023より）

表4 (あ)～(か)の都道府県別 面積・人口・生産量が一位の作物・山地面積

都道府県	面積(㎢)	人口（万人）	生産量が日本一位の作物	山地面積(㎢)
(あ)	83424	518	じゃがいも	40842
(い)	6097	285	れんこん	1444
(う)	9646	122	りんご	4868
(え)	13562	203	レタス	11543
(お)	4725	91	みかん	3832
(か)	9186	158	ぶた	4732

（データでみる県勢《けんせい》2023より）

①　右の地図２は，（あ）の都道府県にあたるものです。石狩平野《いしかりへいや》と根釧台地《こんせんだいち》にあたるものを，地図中のＡ～Ｄよりそれぞれ選びなさい。

地図2

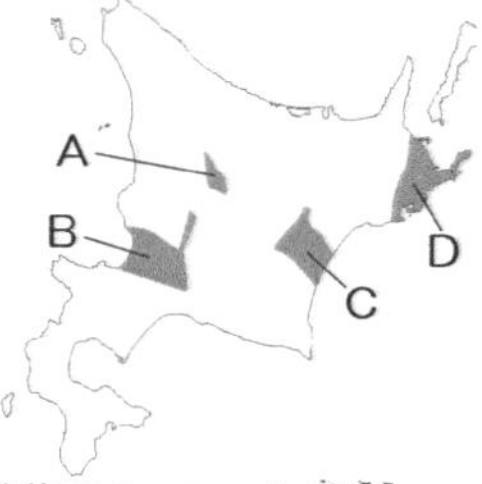

②　（い），（お）の都道府県には，かつて江戸幕府の親藩《しんぱん》の中の御三家《ごさんけ》がおかれていたことがわかりました。さらに調べると（い）には霞ヶ浦《かすみがうら》があり，（お）には世界遺産の紀伊山地《きいさんち》の霊場《れいじょう》と参詣道《さんけいみち》があることもわかりました。（い），（お）の都道府県名をそれぞれ答えなさい。

③　（う）は，東北地方にある都道府県で，今から約 5500 年前の人々が暮らしていた遺跡のあるところです。この竪穴《たてあな》住居などが復元された縄文《じょうもん》時代の遺跡名を答えなさい。

④　（え）の都道府県にあたる降水量と気温を表したグラフを，次のア～オより選びなさい。

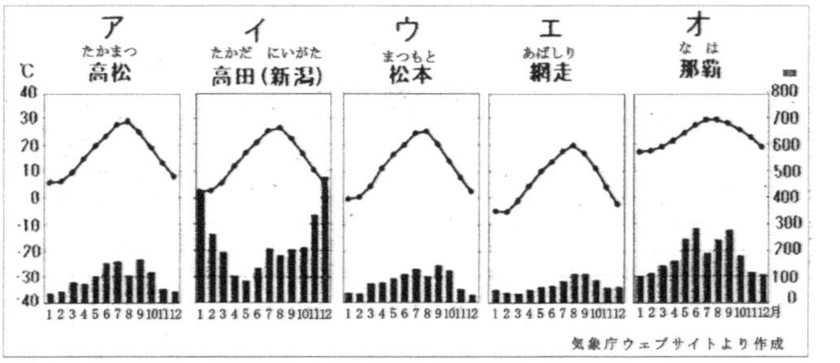

⑤　（か）の都道府県には，1549 年にキリスト教を伝えるため，スペインから宣教師《せんきょうし》がやってきました。この人物名を答えなさい。

令和4年度　入学選考

国語　問題冊子

（40分）

受検番号〔　　　　〕　氏名〔　　　　〕

（注意）

1　「はじめ」の指示があるまで問題冊子を開いてはいけません。

2　問題は十ページまであります。

3　答えはすべて、「解答用紙」に記入しなさい。

4　字数指定のある問題は、特に指示のない限り、句読点や「」などの記号も一字と数えます。

大阪教育大学附属平野中学校

1　次の文章を読んで、後の問いに答えなさい。

〔中学二年生のソラは、同級生に顔のホクロをからかわれたことをきっかけに保健室《ほけんしつ》登校になった。時々保健室に現れる俳句《はいく》好きのハセオと顔なじみになった頃、保健室の北村先生をくわえた三人で初めての句会をした。しかし、ハセオに「ヒマワリの種みたいだなそのホクロ」と詠《よ》まれたことがショックで学校を休んでしまう。ソラは、それを気にして家を訪ねてきたハセオと、近くの陸橋《りっきょう》で話をすることになった。〕

電車が、長い体をくねらせながらやってきて、けたたましい音とともに、橋の下を過ぎていく。二、三分おきに繰《く》り返される、1タンチョウな映像が、いやな記憶《きおく》がわきあがってくるのを、防いでくれるのだ。

ソラが、いつものとおりに＊欄干《らんかん》にもたれると、ハセオも、となりで同じポーズをとる。

しばらく、しんみりとした沈黙《ちんもく》が流れるのかなと思っていたが、

「ソラ、あのな、悪かったよ」

①ためらいもなく、頭を下げてくるあたりが、ハセオらしいと思いつつ、ソラは反応を示さなかった。

「あのな、あの句なんだけどな……いや、まず、これ見て」

ハセオは、さっと手を出す。どこからか取り出した様子はなかったから、ずっと手に握《にぎ》っていたようだ。てのひらを、ひらく。薄暗《うすくら》がりの中でも、あきらかなそれは、ヒマワリの種だった。

②ソラの顔がくもったのを察したのか、ハセオは早口になって、

「これ、北村センセの花壇《かだん》のやつを、一個もらってきたんだけど……おれにとってはな、ヒマワリって、こう、噴水《ふんすい》みたいというか、花火みたいというか……」

ハセオは、両手をけんめいに上下させた。たぶん、噴水のかたちを示したかったのだろう。でも、だれかを応援《おうえん》しているような、場違《ばちが》いなジェスチャーになってしまっていた。

「……こんな感じでな、地面の中のパワーが、あの茎《くき》を通って、噴《ふ》き出しているように見えんの。それで、ヒマワリの種は、そのおもとっていうか」

指先に挟《はさ》んだ種を、じっと眺《なが》めつつ、

「それで、あのときな、ソラの顔にホクロあるなー、ヒマワリの種みたいだなー、ソラの顔からヒマワリ、ぶわーっと生えたらおもしろいなーとか……ぜんぜん、そんな、バカにするつもりは、なかったんだよ。あのあとも、どうしてソラが怒《おこ》ってんのかわからなくて、北村センセに言われて、ようやく気づいたんだ。でも、どうしたらいいのかわからなくて」

こぶしを握りしめて、種を2フタタびてのひらにおさめてから、ハセオは、さっきと同じ、欄干でソラと並ぶポーズに戻《もど》る。

③ぽつぽつと話すハセオの声は、ときどきやってくる電車の轟音《ごうおん》にかき消されながら、続いていく。

「でもな、おれ、下手くそなんだよな。まだまだ、俳句、下手くそでさ。あの句もさ、挨拶《あいさつ》のつもりだったんだ。あのとき言っただろ？挨拶だって……そんで、おれも、ソラに何か挨拶の俳句が作れんかなと思って、それで出てきたのが、あの句でさ……でも、下手くそだよな、ぜんぜん伝わってないんだもんな、まだまだだよな……」

④ハセオは、話しているうちに、ソラに謝《あやま》っているというよりも、自分の俳句の下手さにしょげているようになった。

「挨拶句ってさ、うまくいくと、すげー句になるんだよな、たとえばさ、昔の人の句で、

たとふ(う)れば独楽《こま》のはじける如《ごと》くなり

っていうのがあって、これ、死んじゃった友だちっていうか、⑤　　に贈《おく》った、まあ、一種の挨拶句なんだけどさ、コマがばちばちーって戦うような二人だって言っててさ、こういうたとえができるのって、カッコいいと思うんだよな。おれの句、ぜんぜんだめだよな」

聞いているうちに、ソラは、怒《いか》りや3フカイカンよりも、呆《あき》れる気持ちが強くなってきた。

コイツ、どれだけ、俳句好きなんだよ。

ソラに謝っているのか、自分の力量不足を嘆《なげ》いているのか。

4だいたい、友だちが死んだときに詠まれた句を例にあげるなんて、不吉《ふきつ》じゃないか。友だちの前で——

そこまで思って、⑥ソラははっとした。

そうか、僕《ぼく》にとっては、ハセオはもう友だちなんだ。

「もう、いいよ」
その言葉が、素直《すなお》に出てきた。いま浮《う》かんだというよりも、すでにソラの中にあって、出るのを待っていた、という感じの言葉だった。
ハセオが、悪意で、ああいう句を作るやつじゃないことは、わかっていた。こんなに俳句が好きなハセオが、俳句を、揶揄《からか》うためや、馬鹿《ばか》にするために使うはずはない、ということ。
「そっか、ありがとう！」
その言葉が聞きたかった！　とばかりにハセオの顔が輝《かがや》いたのは、夕闇《ゆうやみ》の中でも、はっきりわかった。
ソラの手を、ぐっとつかんで、あらあらしく上下に振《ふ》る。
「おれ、ずっと俳句をやってきたけど、ソラだけなんだ、『俳句なんて』って言わなかったやつ。オヤジもさ、友だちもさ、みんな、『俳句なんて、古臭《ふるくさ》い』とか『将来《しょうらい》のために何の役にも立たない』とかって……」
⑦ソラははっとして、ハセオの顔を、正面から見た。
こういうふうに見えて、ハセオも、いろいろな言葉に傷《きず》ついてきたのかもしれない。
オヤジ――ハセオのお父さんって、どんな人なんだろう。
同年代の友だちに否定されるのは、わかる。俳句は、スポーツとかゲームとか、ふつうの中学生が好きこのんでするものじゃない。
だけど、親にも否定されるというのは、どんな理由なんだろう？　ソラの場合は、父も母も、ソラの好きなことや、言いたいことを、否定はしなかった。たとえ〝保健室登校〟になったとしても、〝行きたくない〟という意志《いし》を、尊重《そんちょう》してくれた。
ハセオの家では、そうした関係が、成り立っていなかったのだろうか。
気になったが、聞くことはためらわれた。いつか、ハセオが、話したいときに、話を聞いてやれる関係でいたい――いま、ソラが願っているのは、それだけだった。
ぶんぶんぶん。
激《はげ》しく手を振られて、ようやく解放《かいほう》されたソラの手には、何か違和感《いわかん》があった。
手を開くと、そこにはヒマワリの種がひとつ。

⑧「なに、これ」

「いや、やるよ」

「こんなんもらっても……さっき、うち見たでしょ？　植える庭、ないよ」

「じゃあ、こっから投げるか？」

ちょうど、鎖《くさり》をひきずるような音を立てて、陸橋の下を、電車が通過したところだった。

「線路のわきに、いつかヒマワリが咲《さ》くかもな。それはそれで、俳句に詠んでみたい」

ソラは、その言葉にうなずくと、ぱっと欄干の向こうへ、こぶしを振った。

ハセオは、フェンスに阻《はば》まれる恰好《かっこう》になりながらも、投げられたもののゆくさきを追おうと、身を乗り出した。

しかし――線路へまっさかさまに落ちていくヒマワリの種は、いくら目を凝《こ》らしても、見えなかった。

ハセオはすぐさま、ソラのほうに視線《しせん》を移した。⑨待ちかまえていたように、ソラはてのひらをさしだしてみせる。そこにはさっきと変わらず、大地のパワーのおおもとが、ひとつ。

「捨ててもいいって！」と、ちょっと照《て》れくさそうなハセオ。

「いいや」ソラはかぶりをふって、ぐっと手の内の種を握りしめた。

「取っておく」

（高柳《たかやなぎ》　克弘《かつひろ》『そらのことばが降ってくる』より。出題にあたり、一部表記を改めた。）

＊欄干《らんかん》……橋などの手すり。

問い

一　〜〜線1〜3のカタカナを漢字に直しなさい。

二　〜〜線4「だいたい」を文中と同じ意味で使って、短文を作りなさい。なお、短文には主語と述語を必ず記入しなさい。

三　――線①「ためらいもなく、頭を下げてくるあたりが、ハセオらしいと思いつつ、ソラは反応を示さなかった」とありますが、ここから分かる二人の登場人物関係として最も適当なものを次から選び、記号で答えなさい。

ア　一方は、自分の非を責めて、もう片方は相手を完全に無視している関係。
イ　一方は、相手を怖《こわ》がっており、もう一方は相手を見下している関係。
ウ　互いに、相手に関心を持ちながら、自分の素直な気持ちを示せる関係。
エ　互いに、相手に関心を持ちながら、素直に言葉に出せない関係。

四　――線②「ソラの顔がくもった」とありますが、その理由を説明した次の文中の（　X　）と（　Y　）に入る語句を、文章中からそれぞれ書きぬきなさい。

（　X　）を見て、（　Y　）がよみがえったから。

五　――線③「ぽつぽつと話すハセオの声」とありますが、ここでのハセオの様子を説明したものとして適当でないものを次から一つ選び、記号で答えなさい。

ア　不安げに話す様子　イ　慎重《しんちょう》に話す様子　ウ　冷静に話す様子　エ　申し訳なさそうに話す様子

六　――線④「ハセオは、話しているうちに、ソラに謝っているというよりも、自分の俳句の下手さにしょげているようになった」とありますが、ここから分かるハセオの人物像として適当でないものを次から一つ選び、記号で答えなさい。

ア　マイペース　イ　きまぐれ　ウ　探究心が強い　エ　向上心が強い

七　⑤に入る語句として適当な言葉をカタカナ四字で考えて書きなさい。

八　――線⑥・⑦「ソラははっと」とありますが、その時、ソラはどんなことに気づいたのか、それぞれ二十五字以内で答えなさい。

九　線⑧「なに、これ」「いや、やるよ」「こんなんもらっても……さっき、うち見たでしょ？　植える庭、ないよ」「じゃあ、こっから投げるか？」とありますが、このやり取りから読み取れる二人の関係について、適当なものを次から二つ選び、記号で答えなさい。

ア　価値観のちがいがあって、互《たが》いの意志疎通《いしそつう》がうまくいっていない。

イ　価値観のちがいがありながらも、互いに心が通い合っている。

ウ　個性が異なっていて、それぞれの主張がぶつかり合っている。

エ　個性が異なっていながらも、互いの言葉をしっかり伝えあっている。

十　——線⑨「待ちかまえていたように、ソラは手のひらをさしだしてみせる」とありますが、このときのソラの気持ちとして適当なものを次から二つ選び、記号で答えなさい。

ア　ハセオが、ヒマワリの種を差し出したのをまねて、たわむれようとする気持ち。

イ　ハセオにとってのヒマワリの種の意味が伝わったことを、行動で示したい気持ち。

ウ　ハセオのことを、ヒマワリの種を使って、笑いものにしようとからかう気持ち。

エ　ハセオに、ヒマワリの種を使って、自分の特技を見せて驚《おどろ》かせようとする気持ち。

十一　＝＝線の三か所の電車の通過音は、この物語でどのような効果を生み出していますか。どれにも当てはまらないものを次から一つ選び、記号で答えなさい。

ア　登場人物の心情に大きな変化が起きたことを示す効果。

イ　いやな記憶《きおく》がだんだんとかき消されていくことを示す効果。

ウ　物語中の一定の時間の進行を示す効果。

エ　物語の場面が変わったことを示す効果。

十二　この物語の語り手の特徴《とくちょう》として適当でないものを次から一つ選び、記号で答えなさい。

ア　主人公の気持ちを、セリフのように地の文に示している。

イ　てのひらや手の動作に注目させて、心情を伝えている。

ウ　「……」や「——」の記号を効果的に用いて、登場人物の語り口から心情を想像させている。

エ　登場人物の気持ちとひびきあうようにえがかれた風景を効果的に用いている。

２　次の文章を読んで、後の問いに答えなさい。

＊雪中の松柏《しょうはく》

マツやカシワは冬の間も葉を落とすことがありません。雪の降る中でも葉をつけています。雪の中でマツやカシワの強さがわかるように「雪中の松柏」という①ことわざには、困難にあったときに、人の真の強さがわかるという意味があります。多くの木々が葉を落とす中で、冬の間も葉を残しているマツやカシワは、古来よりめでたい植物とされてきました。

すでに紹介《しょうかい》したようにマツはめでたい植物の代表格です。カシワは＊端午《たんご》の節句の柏餅《かしわもち》などに使われます。カシワは、新しい芽が生まれてから古い葉が落ちます。代々と命が受《う》け継《つ》がれる様子から、子孫繁栄《しそんはんえい》のシンボルとされたのです。

マツは古いタイプの＊裸子《らし》植物です。そのため、葉を落とすというしくみを持たずに、葉を細くして寒さに耐《た》えているのです。このようにして寒さから身を守るマツやスギ、ヒノキなどの裸子植物は葉が細いので針葉樹と呼ばれます。

やがて、植物は裸子植物から＊被子《ひし》植物へと進化を遂《と》げます。しかし、被子植物の中にも葉を落とすしくみを持たず、冬の間も緑を保っているものがあります。これらの植物は葉の表面をワックス層で厚く覆《おお》って冬の間の水分の蒸発を防ぎます。このワックス層によって葉の表面に光沢《こうたく》があることから、②これらの植物は「照葉樹」と呼ばれています。

照葉樹も冬の間、緑を保ちます。たとえば、神様に捧《ささ》げるサカキやシキミなどは照葉樹です。【　③　】、クスノキやシイノキ、タブノキなどは神社のご神木とされます。すべての生命がなくなってしまったかに見える冬の間に、緑色の葉を保っている照葉樹は、神聖な植物とされてきました。ただ、残念ながら④照葉樹の頑張《がんば》りには限界があるようです。ワックス層のみで寒さから身を守る照葉樹の対応策は、暖かな地域では通用するものの、より寒い地域では十分ではありません。そのため、照葉樹は日本でも暖かい地方を中心に分布しています。このように古いタイプである針葉樹や照葉樹は、冬の間も葉を落とすことがありません。

じつは、冬の間も葉を落とさないとされるカシワは落葉樹です。つまり、冬になれば葉を落とす植物に分類されているのです。

葉を落として冬を乗り越《こ》えるという方法は、進化の過程で植物が作り出した新しいシステムです。冬になると木の葉が落ちるのは、当たり前のような気もしますが、そうではありません。今まで働いていた葉を落とすには、それなりのしくみが必要なのです。

葉は＊光合成をして、植物に必要な養分を作り出す大切な器官です。木の枝からは光合成に必要な水が葉に送られます。そして、葉

て作られた養分は枝へと送られるのです。木の枝と木の葉とは切っても切れない関係にあるのです

しかし、冬が近づくと植物は、この切っても切れない関係を断《た》ち切ろうとします。離層《りそう》と呼ばれる木の枝と葉との関係を切り離《はな》すためだけの細胞《さいぼう》層を新たに作ります。そして、［⑥］のです。やがて、特別な酵素《こうそ》の働きによって離層を形成している細胞と細胞のつながりが弱まり、葉が落ちるというしくみになっています。葉を落とすには離層という画期的なしくみが必要なのです。これが落葉樹という新しい植物が持つシステムです。

ところが、カシワはこの離層の発達が不十分です。そのため、葉が枯《か》れたまま、枝から落ちずにくっついています。この枯れてもなお葉が枝に残っている様子が、「たくましい」「めでたい」と人々を惹《ひ》きつけたのです。カシワの葉もまた、⑦古いシステムゆえに、人々に称《たた》えられました。

（稲垣《いながき》　栄洋《ひでひろ》『大事なことは植物が教えてくれる』より。出題にあたり、一部表記を改めた。）

＊雪中の松柏《しょうはく》……本来の意味は、植物の松や柏《かしわ》の葉は、雪が降っても緑色のまま変わらないことから、志や主義を決して曲げないこと。
＊端午《たんご》の節句……現在は、五月五日の子どもの成長を祝う日。
＊裸子《らし》植物……種でふえる植物の一つ。種になっている部分がむき出しになっているもの。
＊被子《ひし》植物……種でふえる植物の一つ。その多くは花を咲《さ》かせ、果実の中に種ができる。
＊光合成……植物が太陽の光のエネルギーを使って栄養分をつくるはたらき。

問い

一　――線①「ことわざ」とありますが、次の植物にまつわることわざについて、(1)［　］にひらがなで植物名を書きなさい。(2)その意味として適当なものをあとのア～ウから選び、それぞれ記号で答えなさい。

1　ぬれ手に［1］　　2　雨後の［2］　　3　［3］の背比べ

ア　同じようなものが次々にでてくること　　イ　みんな同じくらいで目立ったものがないこと　　ウ　苦労せずにもうけること

二　――線②「これらの植物」とありますが、どのような植物がふくまれますか。次から一つ選び、記号で答えなさい。

ア　マツ　　イ　カシワ　　ウ　スギ　　エ　サカキ

三　【　③　】にあてはまる語句として最も適当なものを次から選び、記号で答えなさい。

ア　しかし　　イ　つまり　　ウ　また　　エ　たとえば

四　――線④「照葉樹の頑張《がんば》り」とありますが、どのような頑張りですか。具体的に説明している部分を文章中から三十字以上、三十五字以内で探し、はじめと終わりの三字をそれぞれ書きぬきなさい。

五　――線⑤「木の枝と、木の葉とは切っても切れない関係にあるのです」とありますが、その理由を四十字以内で答えなさい。

六　⑥ に当てはまる語句として最も適当なものを次から選び、記号で答えなさい。

ア　地中から水を吸い上げる力を弱める　　イ　水と養分の行き来を遮断《しゃだん》する

ウ　効率よく水と養分を行き来させる　　エ　水分が蒸発するのを防ぐ

七　――線⑦「古いシステム」とありますが、カシワの「古いシステム」について述べた次の文を完成させなさい。ただし、（　X　）はあとのア～エから一つ選びなさい。また、（　Y　）は十五字以内、（　Z　）は十字以内で、文章中からそれぞれ書きぬきなさい。

カシワのシステムは、（　X　）という点で古いが、それが人々には（　Y　）に見え、（　Z　）だと称えられた。

（　X　）

ア　離層《りそう》の発達が不十分

イ　葉の表面にワックス層がある

ウ　神社のご神木とされる

エ　あたたかい地域でしか耐《た》えられない

八　この文章には、次の一文が抜けています。三段落よりあとのどこに入れるのが適切ですか。この一文が入る直後の三字を書きぬきなさい。

それでは、「雪中の松柏《しょうはく》」と、マツと並んで称《たた》えられたカシワはどうでしょう。

九　植物が寒さに耐える方法について説明したものとして最も適当なものを次から選び、記号で答えなさい。

ア　落葉樹は、葉と枝の特別な細胞のはたらきによって、寒さに耐えることができる。
イ　照葉樹は、葉の水分の蒸発を防ぐことで、どんな寒さにも耐えることができる。
ウ　針葉樹は、照葉樹と違い、冬の間も葉の緑を保つことで寒さに耐えることができる。
エ　針葉樹や照葉樹は、葉を落とすしくみを持たないので、葉の工夫で寒さに耐えることができる。

十　この文章の最後には本文をふまえて、「大事なことは植物が教えてくれる」という筆者の主張を示した一文が入ります。最後の一文として最も適当なものを次から選び、記号で答えなさい。

ア　植物が進化を重ねていくように、わたしたち人間も進化しているのです。
イ　植物はさまざまな知恵《ちえ》を使って、冬の寒さをしのいでいるのです。
ウ　効率よく機能的で、新しければ良い、というものではないのです。
エ　古いものから新しいものへの移り変わりは、植物も人間も同じなのです。

令和4年度　入学選考

算数　問題冊子

（40分）

（注意）

1.「はじめ」の合図があるまで問題冊子を開いてはいけません。

2. 問題は7ページまであります。

3. 答えはすべて「解答用紙」に記入しなさい。

4. 計算は問題冊子の余白や表紙の裏《うら》を使ってもかまいません。

＃教英出版　編集部　注
編集の都合上、余白は省略しています。

受検番号［　　　　　　］　氏名［　　　　　　　　　　　］

大阪教育大学附属平野中学校

1 次の □ にあてはまる数を求めなさい。

（1）$(9-4)\times3-15\div3=$ □

（2）$1\frac{2}{3}\times\left(5-2\frac{3}{4}\right)\div2.5=$ □

（3）$\frac{1}{3}-\frac{1}{5}+\frac{1}{12}-\frac{1}{20}+$ □ $=\frac{11}{12}$

（4）$101+202+303+404+505+606+707+808+909=$ □

2 次の問いに答えなさい。

（1）36人のクラスで算数と国語について「得意」か「得意でない」かどうかのアンケートをとったところ，右のような結果になりました。

＊算数が「得意」　…20人
＊国語が「得意」　…15人
＊両方とも「得意でない」　…９人

このとき，両方とも「得意」と答えた人は何人ですか。

（2）$\frac{1}{7}$を小数で表したときの小数第20位の数を答えなさい。

（3）３種類の値段の異なるお弁当Ａ，Ｂ，Ｃが１つずつあります。ＡとＢを買うと980円，ＢとＣを買うと1140円です。

① ＡとＣとでは，どちらの方がいくら高いですか。

② ＡとＣを買うと1200円です。このとき，Ｂのお弁当の値段はいくらですか。

（4）家と図書館の間を往復しました。9時ちょうどに家を出て，行きは分速 70mで歩いて図書館に到着《とうちゃく》しました。到着の 15 分後，図書館を出発し，帰りは分速 80mで歩いて，家に着いたのは 10 時ちょうどでした。家と図書館の間の道のりは何ｋｍですか。

（5）2022 をある整数で割ると，余りが 67 になりました。このような整数のうち，最も小さいものを答えなさい。

3 右の【図１】のように，半径が 20ｃｍである円の $\frac{1}{4}$ のおうぎ形と長方形とが重なっています。次の問いに答えなさい。ただし，円周率は 3.14 とします。

（1）色のついた部分の周りの長さを求めなさい。

【図１】

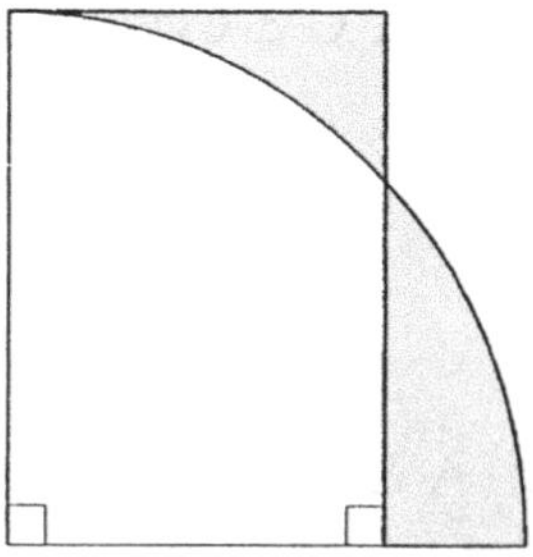

（2）【図２】の㋐の部分の面積と㋑の部分の面積が等しいとき，長方形の横の辺の長さを求めなさい。

【図２】

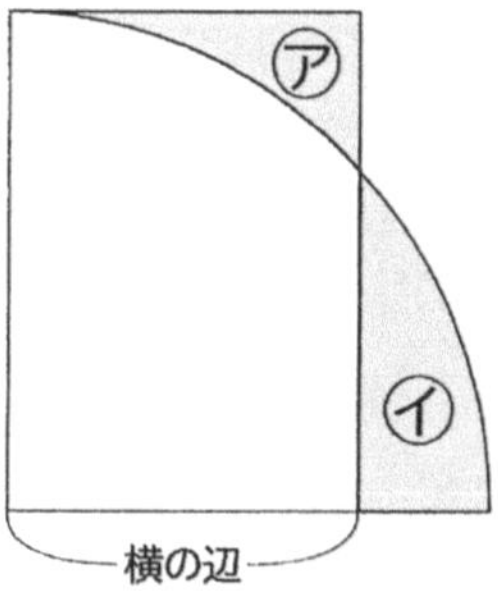

4 2020年7月1日から，プラスチック製レジ袋《ぶくろ》の有料化が法令で義務づけられました。

今回，2020年8月と2021年8月とに，あるコンビニエンスストアに来店した2000人を対象にアンケートを実施《じっし》し，レジ袋を買わなかった人の割合を調べました。ただし，2020年，2021年ともアンケートに回答した人数はそれぞれ2000人で，全員が正しく回答したとします。

アンケートの質問
①あなたは，商品を持ち帰る際，レジ袋を買いましたか

②あなたの年齢《ねんれい》を教えてください

下の表はアンケート結果をまとめたものです。次の問いに答えなさい。

【質問①のアンケート結果】

	買った	買っていない
2020年8月	70%	30%
2021年8月	28%	72%

【質問②のアンケート結果】

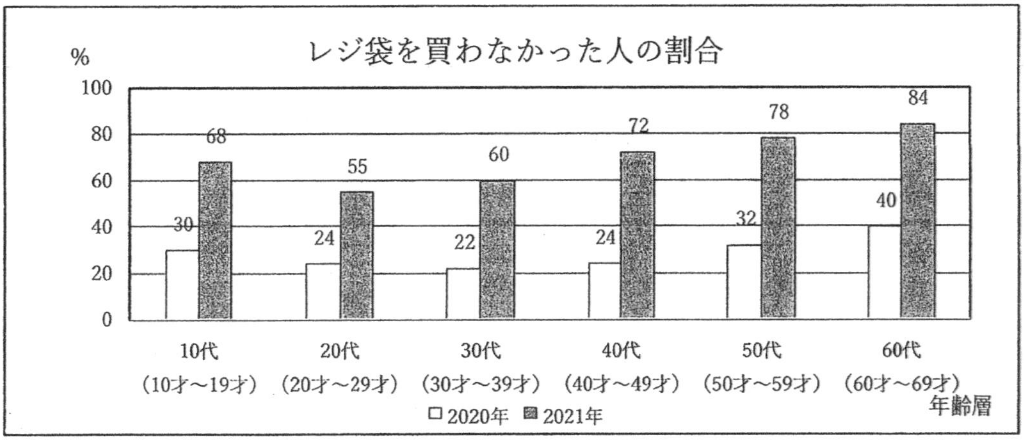

（1）質問①のアンケート結果から，レジ袋を買わなかった人数は，2020年から2021年で何人増えましたか。

（2）質問②のアンケート結果のグラフから，Aさん，Bさん，Cさんの3人が気がついたことを話しています。正しい意見を話している人を1人選び，記号で答えなさい。

Aさん…エコバッグを利用する人が増えたから「レジ袋を買わなかった人の割合」が上がったね
Bさん…「レジ袋を買わなかった人の割合」はすべての年齢層で増加しているよ
Cさん…2022年にレジ袋を買わなかった40代の人数は2020年に比べて3倍に増えているね

5 Ａさんと Ｂさんの２人がじゃんけんゲームをしました。そのじゃんけんゲームの得点ルールは下のようなものです。

〈得点ルール〉
・グーで勝ち …３点
・チョキで勝ち …２点
・パーで勝ち …１点
・負けやあいこ …０点

（１）15 回対戦をしたところ，Ａさんの結果は下の表のようになりました。
このとき，Ａさんの得点の合計を求めなさい。

結果	グーで勝ち	チョキで勝ち	パーで勝ち	負け	あいこ	合計
回数	4	2	1	3	5	15

（２）２回対戦をしたところ，２回とも Ａさんが勝ちました。
このとき，考えられる Ａさんの得点の合計は何通りありますか。

（３）２回対戦をしたところ，あいこになることはありませんでした。
Ａさんの得点の合計が１点のとき，Ｂさんはグー，チョキ，パーをそれぞれ何回ずつ出しましたか。考えられる出し方は３通りあります。ただし，回数には０回もふくむこととします。

6 1辺の長さが6ｃｍの正三角形の周りを，1辺の長さが3ｃｍの正三角形 ABC がすべらずに転がりながら1周し，もとの位置にもどります。このとき，頂点Ｃが通ったあとの長さを求めなさい。ただし，円周率は 3.14 とします。

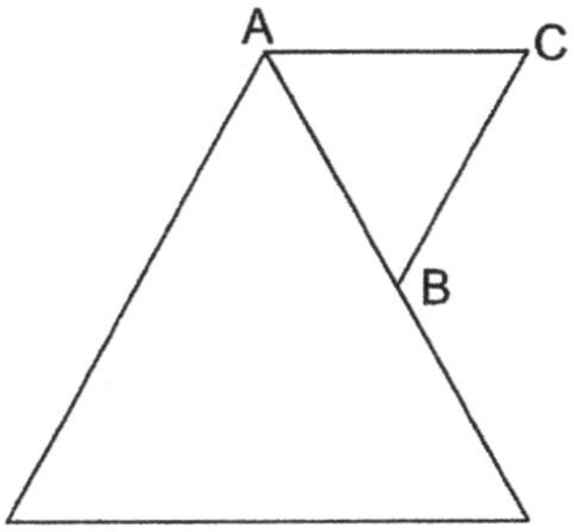

7 長方形の紙テープを【図1】のように，点線で山折りし，【図2】のように結びました。【図3】は紙テープを結んだあとのようすであり，五角形 ABCDE は正五角形になっています。

【図1】

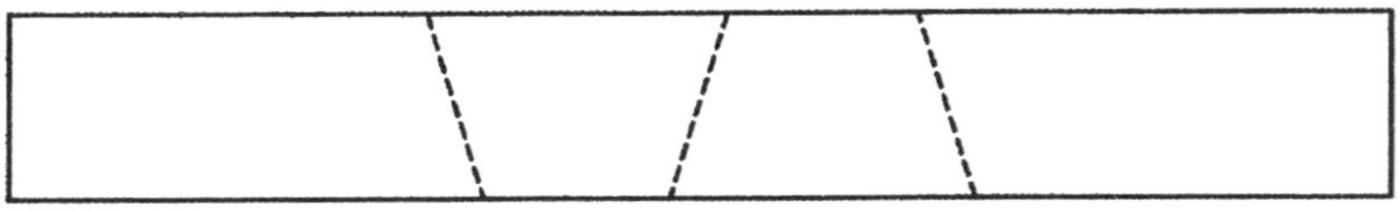

【図2】

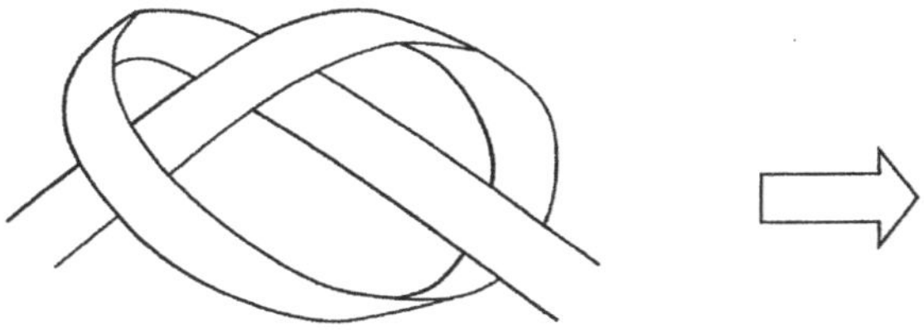

【図3】

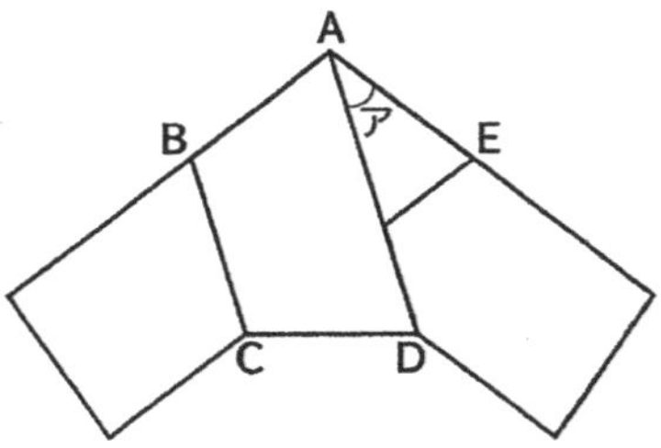

（1）【図3】のアの角の大きさを求めなさい。

（2）【図3】の結び目の部分には，紙テープが「2枚重なっている部分」，「3枚重なっている部分」，「4枚重なっている部分」があります。解答用紙の図に，紙テープが「4枚重なっている部分」をかき入れ，黒くぬりなさい。ただし，定規を使い，補助線を入れること。

（3）下の【図4】のように結ぶと，結び目に正何角形ができますか。

【図4】

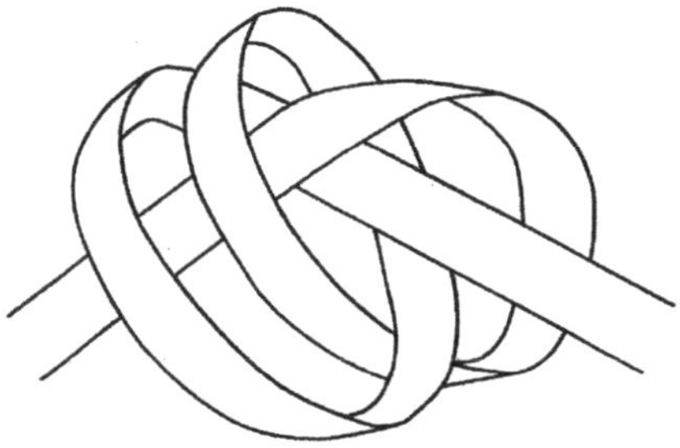

令和４年度　入学選考

理　科　問題冊子

（40分）

（注意）

1．「はじめ」の合図があるまで問題冊子を開いてはいけません。

2．問題は９ページまであります。

3．答えはすべて「解答用紙」に記入しなさい。

受検番号［　　　　　　　　］氏名［　　　　　　　　　　　　］

大阪教育大学附属平野中学校

1 次の問いに答えなさい。

（1） カブトムシの成虫は「昆虫《こんちゅう》の王様」とよばれ、子どもたちに人気ですが、ずんぐりした幼虫《ようちゅう》が固い地面をどのように掘《ほ》り進《すす》むかは、長年の謎《なぞ》でした。2021年夏に大阪大学の研究チームが、幼虫は固い地中でもでんぐり返りをくり返して、回転しながら掘り進むという動きをすると発表しました。カブトムシの幼虫は、やがてさなぎになり、さなぎの皮から出て成虫になります。このように、幼虫からさなぎを経て成虫になる、「完全へんたい」をおこなう昆虫を次のア～オから1つ選び、記号で答えなさい。

ア ショウリョウバッタ　イ シオカラトンボ　ウ ダンゴムシ
エ コガネグモ　オ モンシロチョウ

（2） スウェーデンの王立科学アカデミーは、2021年のノーベル物理学賞を、地球温暖化《おんだんか》を予測する物理モデルを開発した、アメリカ・プリンストン大学の眞《ま》鍋《なべ》淑《しゅく》郎《ろう》上席研究員はじめ3名に授与《じゅよ》すると発表しました。眞鍋氏は、温室効果ガスの濃度《のうど》上昇《じょうしょう》が気候に与《あた》える影響《えいきょう》を明らかにするなど、地球温暖化研究のきっかけをつくったことで知られていました。地球温暖化には、さまざまな原因があると考えられていますが、石油や石炭などの燃料を大量に使うことで、「温室効果ガス」が増加していることは無視《むし》できないものとなっています。この「温室効果ガス」と表現される、空気中に含《ふく》まれる気体の名前を答えなさい。

（3） リカさんは、動物のからだや植物のつくりの中に、水を多く含んでいるものがあることを知り、それに興味を持って調べることにしました。その結果、全体の重さに対して含まれている水の割合《わりあい》は、リンゴの実は約85％、キュウリは約95％、イカは約80％であることがわかりました。おとなのヒトの場合は約何％ですか。最も適切なものを次のア～オから1つ選び、記号で答えなさい。

ア 約90％　イ 約85％　ウ 約75％　エ 約60％　オ 約55％

（4） リカさんは、動物のようすを観察し、記録をしました。リカさんの記録の中で、秋のようすであるものを、次のア～エから1つ選び、記号で答えなさい。

ア　ヒキガエルのオタマジャクシが泳いでいる。
イ　ツバメが巣にたまごを産んでいる。
ウ　オオカマキリがたまごを産んでいる。
エ　アゲハチョウの幼虫が葉を食べている。

（5） 卓《たっ》球《きゅう》部《ぶ》のリカさんは、練習で使っているピンポン球がへこんでしまい、困《こま》っていました。すると先輩《せんぱい》が「ピンポン球をお湯につけると元に戻《もど》るよ」と教えてくれました。なぜ、お湯につけるとへこんだピンポン球が元に戻るのか、「体積」という言葉を使って簡単《かんたん》に説明しなさい。

（6） リカさんは、遠足でごみ処《しょ》理《り》場《じょう》の見学に行きました。そこで、アルミ缶《かん》とスチール缶を分けるために、強力な磁《じ》石《しゃく》のついたクレーンが使われていることを知りました。このクレーンに使われている磁石は、電気が流れることではたらく電《でん》磁《じ》石《しゃく》であり、電気を使わないふつうの磁石（永久磁石といいます）は使われていません。永久磁石ではなく、電磁石が使われている理由を簡単に説明しなさい。

2 リカさんは、購入《こうにゅう》したヒメダカ（観賞用に育てられたメダカ）をオオカナダモ（水草のなかま）を入れた水そうで飼い、たまごを産ませようと考えました。次の問いに答えなさい。

（1） ヒメダカを飼う水そうを置く場所はどのようにすればよいですか。最も適切なものを次のア～ウから１つ選び、記号で答えなさい。

ア　オオカナダモを入れるので、日光が直接当たる場所に置く。
イ　水の温度があまり変化しないように、日光が直接当たらない明るい場所に置く。
ウ　ヒメダカにたまごを産ませるのが目的なので、なるべく暗い場所に置く。

（2） メダカを飼う水そうに、オオカナダモなどの水草を入れなければいけないのはなぜですか。理由を２つ挙げなさい。

（3） ヒメダカのめすが産んだたまご（卵《らん》）は、おすが出す精子と結びつかないと育ちません。

① ヒメダカのめすは、次のア・イのどちらですか。記号で答えなさい。

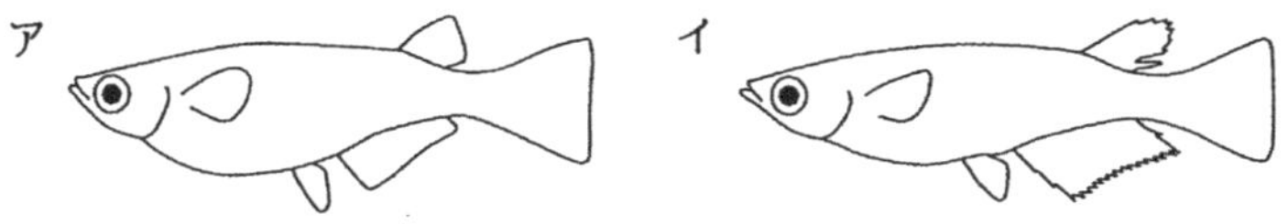

② たまごと精子が結びつくことを何といいますか。

（4） 水そうで飼うヒメダカに与えるえさ（乾燥《かんそう》ミジンコ）の量として最も適切なものを次のア～エから１つ選び、記号で答えなさい。

ア　５～10分で食べきれない量を１日に数回与える。
イ　５～10分で食べきれる量を１日に数回与える。
ウ　５～10分で食べきれない量を１週間に数回与える。
エ　５～10分で食べきれる量を１週間に数回与える。

（5） 適切な量のえさを与え、ヒメダカを数週間飼っていると、水そうの水が緑色に変化してきました。

① この状況《じょうきょう》と水の入れかえについて正しく説明しているものを次のア～カから１つ選び、記号で答えなさい。

ア　水がよごれたと考えられるので、水そうの水をすべてくみ置きの水と入れかえる。
イ　水がよごれたと考えられるので、水そうの水を半分くらい水道水と入れかえる。
ウ　水がよごれたと考えられるので、水そうの水を半分くらいくみ置きの水と入れかえる。
エ　水の中に緑色の小さな生物が発生したと考えられるので、水そうの水をすべてくみ置きの水と入れかえる。
オ　水の中に緑色の小さな生物が発生したと考えられるので、水そうの水を半分くらい水道水と入れかえる。
カ　水の中に緑色の小さな生物が発生したと考えられるが、水を入れかえる必要はない。

② 水の色が変化したころのヒメダカのようすは、飼いはじめたときのようすと比べるとどのようになっていると考えられますか。最も適切なものを次のア～ウから１つ選び、記号で答えなさい。

ア　成長がおそくなったり、病気になったりするヒメダカの数が増えている。
イ　成長が早くなるヒメダカの数が増えている。
ウ　水の色はヒメダカの成長には関係ない。

（6） 「メダカ」という名前は、「目が高い位置にある」という外見の特徴《とくちょう》に由来しています。メダカを観察したり、えさを与えたりするときに気をつけなければいけないことを、目の位置と関連づけて説明しなさい。

（7） メダカのからだの特徴の一つに、口が上を向いていることが挙げられます。これはどのような点で都合がよいと考えられますか。簡単に説明しなさい。

3 水溶液《すいようえき》について、次の問いに答えなさい。

（1） 次のア～オの液体で水溶液と呼《よ》んでよいものをすべて選び、記号で答えなさい。

ア デンプンを水にとかした、白色でにごった液体。
イ 食塩を水にとかした、無色で透明《とうめい》な液体。
ウ コーヒーシュガーを水にとかした、茶色で透明な液体。
エ 青色の絵のぐを水にとかした、青色でにごった液体。
オ 赤色のインクを水にとかした、赤色で透明な液体。

（2） ビーカーにとけのこったデンプンは、ろ紙でこして取り出すことができます。方法として正しいものを次のア～エから１つ選び、記号で答えなさい。

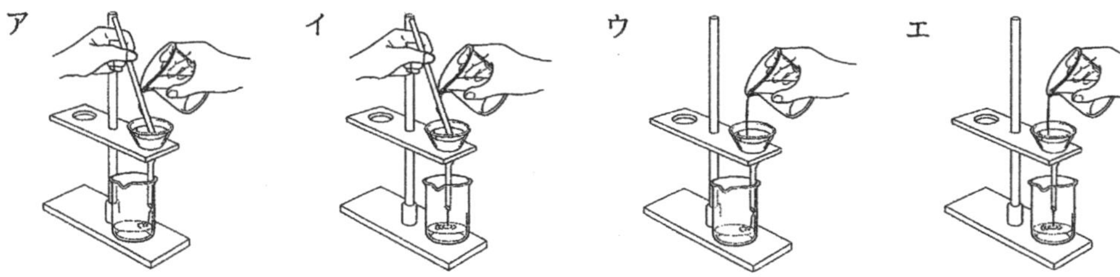

（3） ろ紙を使うときには、ろ紙をろうとに入れて、まず、上から水をかけます。水をかける理由を簡単に説明しなさい。

（4） ろ紙でこし取ったデンプンの、ろ紙へのつき方を正しく表しているものはどれですか。次のア～エから１つ選び、記号で答えなさい。

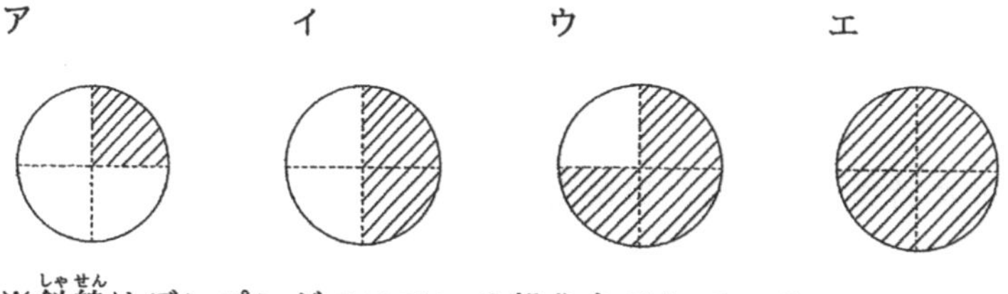

※斜線《しゃせん》はデンプンがついている部分を示している。

（5） リカさんは、水溶液の一つである炭酸水をあたためると、気体が出ることに気づきました。この気体を石灰水《せっかいすい》に通すと石灰水が白くにごりました。この気体の名前を答えなさい。

（6） リトマス紙を使うと、水溶液の性質が酸性・中性・アルカリ性のいずれかであることがわかります。炭酸水をリトマス紙につけるとどのような変化を示しますか。次のア～カからすべて選び、記号で答えなさい。

ア　青色リトマス紙が黄色に変化した。
イ　赤色リトマス紙が青色に変化した。
ウ　青色リトマス紙が赤色に変化した。
エ　赤色リトマス紙が緑色に変化した。
オ　青色リトマス紙の色が変化しなかった。
カ　赤色リトマス紙の色が変化しなかった。

（7） （6）と同じ変化をする水溶液を次のア～オから1つ選び、記号で答えなさい。

ア　食塩水　　　イ　石灰水　　　ウ　塩酸
エ　水　　　　　オ　アンモニア水

（8） リカさんは、炭酸水で満たした試験管に水草を入れゴム栓《せん》をし、太陽の光がよく当たる窓際《まどぎわ》に2時間置いて、十分に光を当てました。すると水草から泡《あわ》が出て気体が発生していることが確認《かくにん》できました。この試験管の液体をリトマス紙で調べると、（6）のリトマス紙の変化と異《こと》なる変化を示すものが出てきました。見られる変化を次のア～カからすべて選び、記号で答えなさい。

ア　青色リトマス紙が黄色に変化した。
イ　赤色リトマス紙が青色に変化した。
ウ　青色リトマス紙が赤色に変化した。
エ　赤色リトマス紙が緑色に変化した。
オ　青色リトマス紙の色が変化しなかった。
カ　赤色リトマス紙の色が変化しなかった。

（9） （8）の結果になったのは、水草がどのようなはたらきをしているからですか。下の説明文の（　①　）と（　②　）に気体の名前をそれぞれ入れ、③＜　＞のア～ウから適切なものを1つ選びなさい。

水草が水中の（　①　）を取り入れ、水に溶けている（　②　）の量が ③＜ア　増えたから　　イ　へったから　　ウ　変わらなかったから＞。

4 夏の夜空について、次の問いに答えなさい。

（1） 夏の夜空には、3つの明るい星をむすんだ「夏の大三角」が見えます。これらはそれぞれ、いくつかのまとまりに分けて、いろいろなものに見立てて名前をつけた星座《せいざ》の星々です。夏の大三角をつくる星が含まれる星座を次のア～コからすべて選び、記号で答えなさい。

ア はくちょう座《ざ》　イ ふたご座　ウ こいぬ座　エ オリオン座
オ おうし座　カ おおくま座　キ カシオペア座　ク こと座
ケ うお座　コ わし座

（2） 夏の午前4時ごろ西の空に見える夏の大三角は、8時間前にはどちらの方向に見えますか。東・西・南・北で答えなさい。

（3） 夏の大三角が東の空に見える頃《ころ》、さそり座はどちらの方向に見えますか。
東・西・南・北で答えなさい。

（4） さそり座の明るい星（一等星といいます）であるアンタレスは、どのような色に見えますか。最も正しいものを次のア～エから1つ選び、記号で答えなさい。

ア 白色っぽい色　イ 青色っぽい色
ウ 黄色っぽい色　エ 赤色っぽい色

（5） 夜空には多くの星が見えます。いつ、どの位置にどんな星が見られるかを、およそ知ることができる便利な道具の名前を答えなさい。

（6） （5）を使って南の空の星を見るときはどのように扱《あつか》えばよいですか。最も正しいものを次のア～オから1つ選び、記号で答えなさい。

ア 南を向いて立ち、「南」と書いてある側を下にして、顔の前に立ててかざす。
イ 南を向いて立ち、「南」と書いてある側を上にして、顔の前に立ててかざす。
ウ 南を向いて立ち、「南」と書いてある側を南にむけて、地面に置く。
エ 南を向いて立ち、「南」と書いてある側を下にして、頭上にかざす。
オ 南を向いて立ち、「南」と書いてある側を上にして、頭上にかざす。

5 電気のはたらきについて、次の問いに答えなさい。

（1） 新しい乾電池《かんでんち》と豆電球を用意し、乾電池のつなぎかたを変えたときの豆電球の明るさを観察しました。次のア～エの回路図のうち、（図1）の回路図の豆電球と同じ明るさになるものをすべて選び、記号で答えなさい。

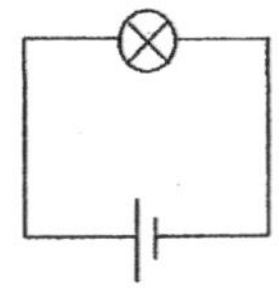

（図1）

ア

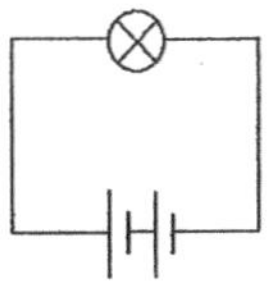

イ

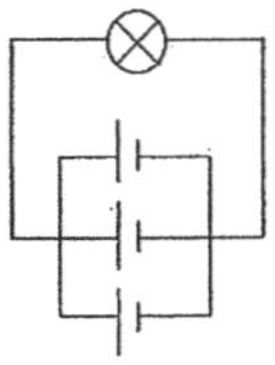

ウ

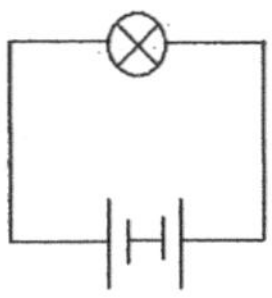

エ

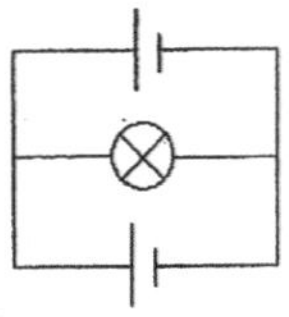

（2） （1）のア～エの回路図のうち、豆電球の明かりがつかないものを1つ選び、記号で答えなさい。

リカさんは、身のまわりで発光ダイオードが使われていることを知り、電球と発光ダイオードのちがいを調べました。

（3） 手回し発電機に豆電球と発光ダイオードをそれぞれつなげて、同じ方向にハンドルを回しました。しかし、豆電球の明かりはつきましたが、発光ダイオードの明かりはつきませんでした。その理由を簡単に説明しなさい。また、どのようになおせば発光ダイオードの明かりはつきますか。なおす方法を簡単に説明しなさい。

（4） （3）のつなぎ方にかえたあと、明かりがつくことを確認し、同じように手回し発電機のハンドルを回したところ、ハンドルの手ごたえにちがいがありました。手ごたえが大きいのは、豆電球と発光ダイオードのどちらをつないだときか答えなさい。

（5） 豆電球と発光ダイオードの、明かりがついている時間のちがいについて調べるために、コンデンサーを使って実験をしました。手回し発電機にコンデンサーをつないで、50回ハンドルを回して電気を蓄《たくわ》えました。

① コンデンサーを手回し発電機につないだまま、ハンドルから手をはなすと、どのようなことが起こるのか簡単に説明しなさい。

② 同じだけ電気を蓄えたコンデンサーＡとコンデンサーＢを用意し、コンデンサーＡに豆電球を、コンデンサーＢに発光ダイオードをそれぞれつなげて、明かりがついている時間を計りました。明かりがついている時間が長かったのは、豆電球と発光ダイオードのどちらをつないだときですか。

（6） 信号機にも発光ダイオードが使われています。雪が強くふったとき、発光ダイオードの信号機は、雪に覆《おお》われて表示が見えなくなることがあります。表示が見えなくなる理由を簡単に説明しなさい。

令和４年度　入学選考

社会　問題冊子

(40分)

（注意）

１．「はじめ」の合図があるまで問題冊子を開いてはいけません。

２．問題は８ページまであります。

３．答えはすべて「解答用紙」に記入しなさい。

受検番号［　　　　　　　　　　］氏名［　　　　　　　　　　　　　　　］

大阪教育大学附属平野中学校

6年生の社会科の授業では，各班でテーマを設定して調べ，発表することになりました。

1　ちはるさんの班では，教科書に登場する人物は圧倒的《あっとうてき》に男性が多いことに気づきました。そこで，教科書に登場する女性を時代ごとに書き出しました。あとの各問いに答えなさい。

A：女性の天皇のときに，都は奈良《なら》の平城京《へいじょうきょう》に移されました。この女性の天皇の孫である 1.聖武天皇《しょうむてんのう》は，ばく大な費用をかけて 2.全国に国分寺と国分尼寺《こくぶんにじ》を建てました。

B：12 世紀になると，武士が貴族の政治にかかわるほど大きな力をもつようになり，12 世紀の後半には，源頼朝《みなもとのよりとも》が 3.鎌倉《かまくら》で武士による政治のしくみを整えていきました。頼朝の死後，頼朝の 4.妻とその父が中心となって政治をすすめました。

C：はじめて女性に関する記述がでてきました。中国の歴史書『魏志《ぎし》』倭人伝《わじんでん》によると，当時の倭（日本）では，「もとは男の王が治めていたが，争いが絶えなかったので，5.邪馬台国《やまたいこく》の【　X　】を倭国《わこく》の女王にしたところ，争いがおさまった」とありました。

D：19 世紀末から 20 世紀の最初にかけて，日本は中国（清《しん》）や 6.ヨーロッパのある国【　Y　】と戦争をしました。とくに【　Y　】との戦争の時は，戦争に反対する意見も高まり，兵士として戦場にいる弟に，7.歌をよむ女性もでてきました。

E：最大で 500 人ほどの集落があり，貝や木の実を集めたり，イノシシなどの動物や魚などをとったり，土器などの道具を使って生活していました。※とくに性別に関する記述はない。

F：推古天皇《すいこてんのう》は女性として初めて天皇に即位《そくい》しました。推古天皇のおいである 8.聖徳太子《しょうとくたいし》（厩戸王《うまやとのおう》・厩戸皇子《うまやとのおうじ》）と豪族《ごうぞく》の蘇我《そが》氏は，天皇を中心とする政治のしくみを整えていきました。

※おい・・・兄弟姉妹の息子

G：各地で自分たちの願いを政治に生かそうとする社会運動が高まりました。このような中，9.平塚《ひらつか》らいてう《らいちょう》らは，女性の自由と権利の拡大をめざす運動を展開しました。

H：都は京都《きょうと》の平安京《へいあんきょう》に移され，やがて貴族が政治の中心になっていきました。貴族のなかでも 10.藤原《ふじわら》氏は大きな力をもち，天皇にかわって政治をすすめました。11.朝廷《ちょうてい》に仕える女性たちによって，多くの文学作品が生まれました。

I：12.岩倉具視《いわくらともみ》らを中心とする使節団が，アメリカとヨーロッパに向けて出発しました。この使節団に同行して，最初の留学生としてアメリカに渡《わた》ったのが，７才の津田梅子《つだうめこ》でした。帰国後，彼女は学校を開き，女性の英語教師の育成に力を注ぎました。

(1)　下線部 1 について，この天皇の宝物などを保管している右の写真の建物を何というか答えなさい。

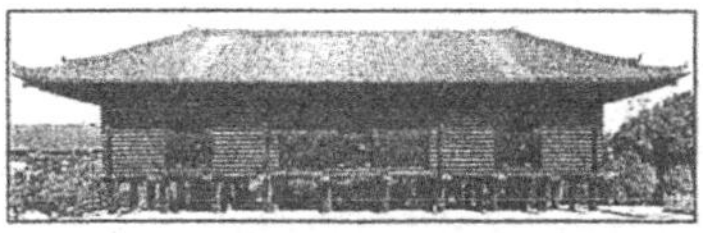

(2)　下線部２について，国分寺と国分尼寺の中心となる右の写真の寺院名を答えなさい。

〔写真〕

〔地図〕

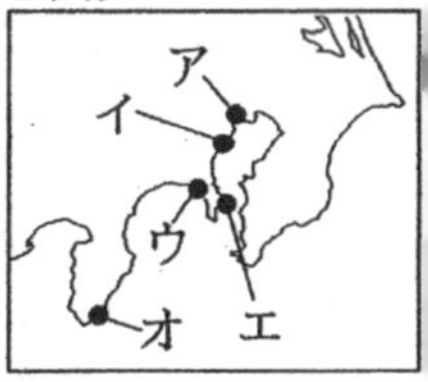

(3)　下線部３について，鎌倉の場所を右の地図中ア～オより選び，記号で答えなさい。

(4)　下線部４について，頼朝の妻は，ある戦いの時に「頼朝様が平氏をたおして鎌倉に幕府を開いてからの御恩《ごおん》は，山よりも高く，海よりも深いものです。お前たちも感謝の気持ちが浅くないでしょう。……」と御家人《ごけにん》をあつめて言いました。この妻の名前を答えなさい。

(5)　下線部５について，次の各問いに答えなさい。

①空欄《くうらん》部Ｘに入る適切な人物名を答えなさい。

②この時代につくられたものを，ア～エより選び，記号で答えなさい。

ア．

イ．

ウ．

エ．

(6)　下線部６・７について，次の各問いに答えなさい。

①Ｙの国名を答えなさい。(下線部６)

②この歌をよんだ人物名を答えなさい。(下線部７)

ああ　おとうとよ
君を泣く
君死にたまうことなかれ
末に生まれし君なれば
親のなさけはまさりしも
親は刃《やいば》をにぎらせて
人を殺せとおしえしや
人を殺して死ねよとて
二十四までをそだてしや

(7)　下線部８について，次の各問いに答えなさい。

①聖徳太子が定めた，右のような役人に対する心構えを何というか答えなさい。

・争いをやめてなかよくしなさい。
・仏教を敬いなさい。
・天皇の命令を守りなさい。

②右は，①のように仏教を重んじた聖徳太子が建立《こんりゅう》したといわれています。この現存する世界最古の木造建築の寺院名を答えなさい。

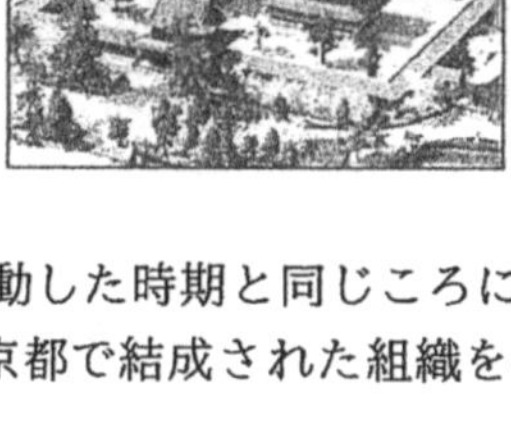

(8)　下線部９の人物が，女性の地位向上をめざして運動した時期と同じころに，差別をなくすために，「人の世に熱あれ，人間に光あれ」と宣言し，京都で結成された組織を何というか答えなさい

(9)　右は，下線部10の中で最も力をもった人物がよんだ歌です。この歌をよんだ人物名を答えなさい。

この世をば
わが世とぞ思う
もち月の
欠けたることも
なしと思えば

(10) 下線部11のひとりは，『枕草子《まくらのそうし》』でかな文字を使用し，生活や自然の変化を美しい文章で表現しました。この人物名を答えなさい。

(11) 下線部12の使節団の目的のひとつは，アメリカやヨーロッパの近代的な経済のしくみや産業について学ぶことでした。さらに政府は，外国の技術者を招いて技術を教わり，国営の場をつくりました。このようなことを何と呼ぶか，ア～エより選び，記号で答えなさい。

ア．殖産興業《しょくさんこうぎょう》　　イ．地租改正《ちそかいせい》　　ウ．廃藩置県《はいはんちけん》　　エ．版籍奉還《はんせきほうかん》

(12) ちはるさんが，書き出したA～Iを時代が古い順に並べ直すと，下のような順番になりました。③番目，⑤番目，⑦番目に適切なものはどれですか。A～Iよりそれぞれ選び，記号で答えなさい。

（E）→（　）→（③）→（　）→（⑤）→（　）→（⑦）→（　）→（G）

2　みさきさんの班では，ニュースでもよく話題になる「グローバル化」について調べました。下はその内容について，けんたさんとみさきさんが会話している様子です。あとの各問いに答えなさい。

みさきさん：「グローバル化」とはどのような意味ですか？

けんたさん：「グローバル」は，「地球規模の」という意味で，1.私たちが生活している「地球」が，2.情報通信や交通網《こうつうもう》などの発展により，社会的，あるいは経済的に一体化されていく状態を言います。

みさきさん：確かに私たちはインターネットで，簡単に外国の情報を入手したり，外国で生産された工業製品や衣服などを購入《こうにゅう》したりしていますね。私の大好きな外国企《き》業《ぎょう》のファーストフード店では，3.【 X 】産のじゃがいものフライドポテトの販売《はんばい》が休止になっています。大阪市内にもたくさん店舗《てんぽ》があって，私たちにとっても身近な食べ物になっています。

けんたさん：外国の企業が日本で多く出店することは，グローバル化と言うことができると思います。一方で，4.日本の工業製品もたくさん外国に輸出されていますよ。

(1)　下線部1について，私たちは「地球儀《ちきゅうぎ》」で地球全体の姿を知ることができます。次の各問いに答えなさい。

①地球儀や地球の姿についての説明として適切なものを，ア～エより2つ選び，記号で答えなさい。

ア．地球儀のたての線を緯線《いせん》，横の線を経線と言い，緯度と経度で地球上のすべての場所を表すことができる。

イ．経度0度の線はユーラシア大陸を通り，緯度0の線（赤道）は南アメリカ大陸を通過している。

ウ．ユーラシア大陸と北アメリカ大陸の間にあるのはインド洋である。

エ．赤道の北側を北半球，南側を南半球と言い，オーストラリア大陸は南半球にある。

②みさきさんは地球儀をつかって，ある２つの国Ａ･Ｂ間の距離《きょり》を計算することにしました。まず地球儀の赤道上に紙テープを貼《は》ると，一周で 20cm でした。赤道上の実際の距離は約 40000 kmです。紙テープを，Ａ・Ｂを直線で結んだ線に貼《は》ると８cmでした。Ａ・Ｂ間の実際の距離は何kmか，計算して答えなさい。　※赤道１周の長さを 40000 kmとして計算すること

(2)　下線部２で，みさきさんは情報《じょうほう》網と交通手段の発展について下の表Ⅰ～Ⅲにまとめました。次の各問いに答えなさい。

〔表Ⅰ〕　電話契約数《けいやくすう》の移り変わり

通信手段	1990 年度	2000 年度	2010 年度	2019 年度
Ａ電話（万件）	5456	6196	5747	5442
Ｂ電話（万件）	83	71	25	15
Ｃ電話（万件）	87	6094	11954	18480

（総務省 HP より作成）

〔表Ⅱ〕　日本の航空輸送量（国際線）

	1990 年度	2019 年度
運行距離（万キロ）	25389	65040
旅客数　（万人）	1032	2143
貨物　　（万トン）	62	146

（国土交通省 HP より作成）

〔表Ⅲ〕　訪日外客数と出国日本人数

	2010 年度	2019 年度	2020 年度
訪日外客数（千人）	8611	31882	4116
出国日本人（千人）	16637	20081	3174

※訪日外客数：日本を訪れた外国人旅行者の数　（国土交通省 HP より作成）

①表ⅠのＡ～Ｃに入る言葉の最も適切な組み合わせをア～カより選び，記号で答えなさい。

ア．Ａ：携帯《けいたい》　Ｂ：固定　Ｃ：公衆　　イ．Ａ：固定　Ｂ：携帯　Ｃ：公衆
ウ．Ａ：携帯　Ｂ：公衆　Ｃ：固定　　エ．Ａ：固定　Ｂ：公衆　Ｃ：携帯
オ．Ａ：公衆　Ｂ：固定　Ｃ：携帯　　カ．Ａ：公衆　Ｂ：携帯　Ｃ：固定

※固定電話：家庭など一定の場所に固定されている電話機
※公衆電話：不特定多数が利用できる公共の電話機

②表Ⅱから読みとれることで，最も適切なものをア～ウより選び，記号で答えなさい。

ア．1990 年度から 2019 年度にかけて，旅客数は増えているが，貨物数は減っている。
イ．1990 年度から 2019 年度にかけて，貨物量は３倍に増えている。
ウ．1990 年度から 2019 年度にかけて，運行距離は２倍以上に増えている。

③表Ⅲから読みとれることで，最も適切なものをア～ウより選び，記号で答えなさい。

ア．2019 年度から 2020 年度にかけて，訪日外客数は増加している。
イ．2019 年度から 2020 年度にかけて，出国日本人数は減少している。
ウ．2010 年度，2019 年度，2020 年度の訪日外客数と出国日本人数を比べると、いずれも出国日本人数のほうが多い。

令和４年度　入学選考
国語　解答用紙

受検番号

氏名

※100点満点
（配点非公表）

1

一
1
2
3

二

三

四
X
Y

五

六

七

八
⑥

25

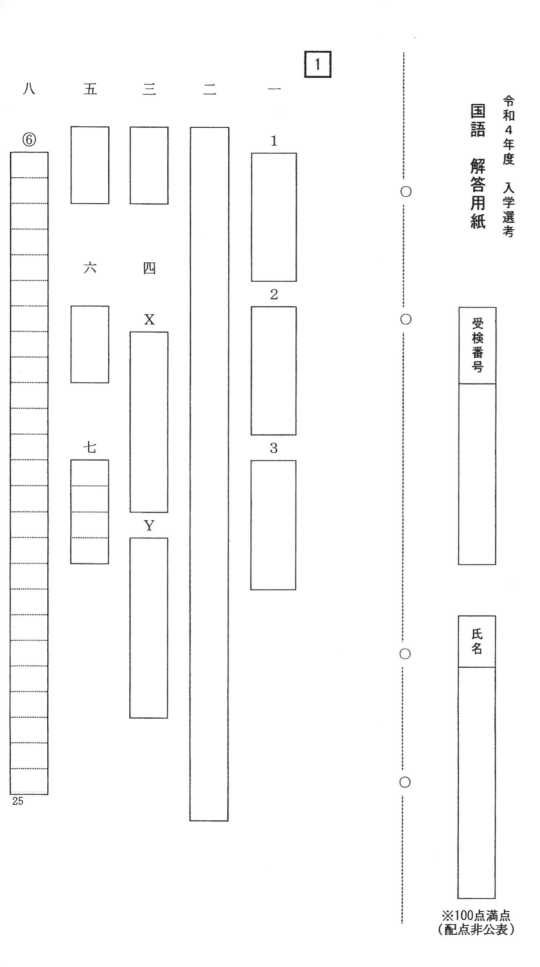

	（グー…[ ]回，チョキ…[ ]回，パー…[ ]回）， （グー…[ ]回，チョキ…[ ]回，パー…[ ]回）
6	cm

7	(1) 度	(2) 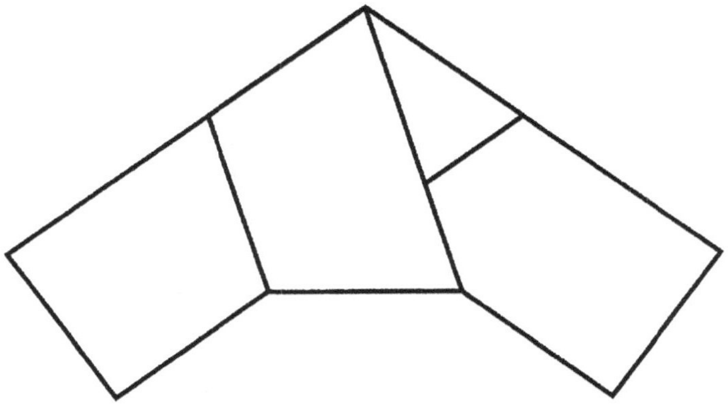	(3) 正（ ）角形

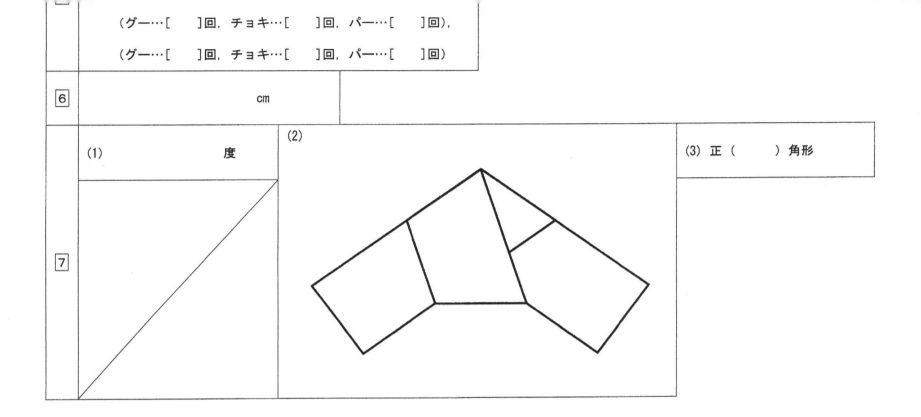

3	(1)		(2)		(3)			
	(4)		(5)		(6)		(7)	
	(8)		(9)	①	②	③		
4	(1)		(2)		(3)		(4)	
	(5)		(6)					
5	(1)		(2)					
	(3)	理由						
		なおす方法						
	(4)							
	(5)	①						
		②						
	(6)							

2	(1)	①		②			
	(2)	①		②		③	
	(3)						
	(4)	①		②			
		③	A	③	B		

3	(1)	①			
		②	I	②	II
	(2)	①		②	
	(3)				
	(4)				
	(5)				
	(6)				
	(7)	活動テーマ			
		活動内容			

令和4年度　入学選考

社会　　　解答用紙

受検番号		氏　名	

※100点満点
（配点非公表）

1	(1)						
	(2)						
	(3)						
	(4)						
	(5)	①		②			
	(6)	①		②			
	(7)	①		②			
	(8)						
	(9)						
	(10)						
	(11)						
	(12)	③		⑤		⑦	

【解答

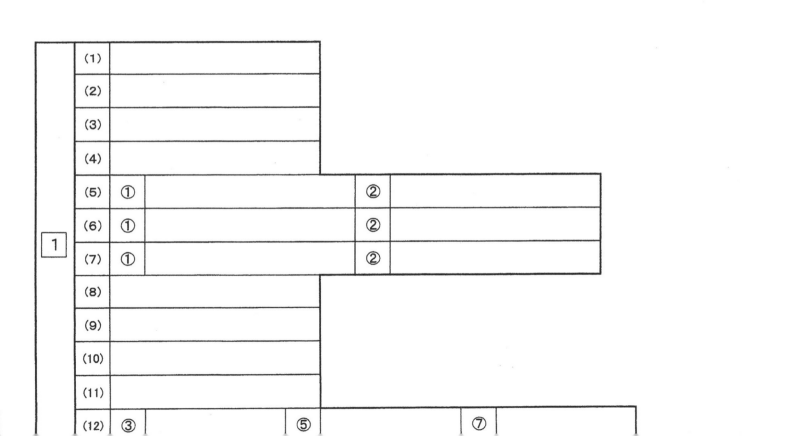

※100点満点
（配点非公表）

令和４年度　入学選考
理　　科　解答用紙

受検番号	

氏　名	

1	(1)		(2)		(3)		(4)	
	(5)							
	(6)							

2	(1)							
	(2)	1つ目						
		2つ目						
	(3)	①	②	(4)		(5)	①	②
	(6)							

【解答

※100点満点
（配点非公表）

令和４年度　入学選考

算　数　解答用紙

受検番号		氏　　名	

1	(1)	(2)	(3)	(4)
2	(1)　　　　人	(2)		
	(3)①（　　）の方が（　　　　）円高い	②　　　　円		
	(4)　　　　km	(5)		
3	(1)　　　　cm	(2)　　　　cm		
4	(1)　　　　人	(2)　　　　さん		

【解答

九

十

十一

十二

2

一

1 (1) (2)

2 (1) (2)

3 (1) (2)

二

三

四 ～

五

40 20

六

七

X

Y

15

Z

10

八

九

十

(3)　日本は，下線部３のＸから多くの農産物を輸入しています。下の表は，このうち小麦と大豆の輸入先の表です。表中のＸ・Ｙにあてはまる適切な国名の組み合わせを下のア～カより選び，記号で答えなさい。なお，ＸとＹはとなり合っている国です。

日本の小麦の輸入先(2019年)

国名	輸入量(万t)	全体に占める割合(%)
X	252.1	47.3
Y	183.2	34.4
オーストラリア	88.9	16.7
合計	1598.3	100

(財務省貿易統計より)
※合計にはその他の国もふくむ。

日本の大豆の輸入先(2019年)

国名	輸入量(万t)	全体に占める割合(%)
X	248.5	73.3
ブラジル	55.1	16.2
Y	33	9.7
合計	339.2	100

(財務省貿易統計より)
※合計にはその他の国もふくむ。

ア．Ｘ：ロシア　Ｙ：中国　　イ．Ｘ：中国　Ｙ：ロシア
ウ．Ｘ：アメリカ　Ｙ：カナダ　　エ．Ｘ：カナダ　Ｙ：アメリカ
オ．Ｘ：アメリカ　Ｙ：ロシア　　カ．Ｘ：ロシア　Ｙ：アメリカ

(4)　下線部４にあるように，日本の自動車は外国に多く輸出されています。日本の自動車産業についてその特徴《とくちょう》を調べてまとめました。次の各問いに答えなさい。

①日本の自動車会社の生産の特徴について説明した，下のア～エより適切なものを選び，記号で答えなさい。

ア．自動車工場では，「ライン」と呼ばれる製品を組み立てる流れがあり，すべてロボットによる作業が行われている。

イ．自動車を組み立てる大きな工場の周辺には，部品を製造する関連工場が多くあり，注文に応じて部品を大きな工場に届けている。

ウ．日本国内で生産された自動車は，専用のキャリアカーで港まで運ばれ，さらに専用の飛行機によって，外国に輸出される。

エ．日本の自動車会社が外国で生産を行う場合，現地の人たちを雇《やと》い，現地でつくられた部品を使用するため，費用が高くなってしまう。

②下の表とグラフは，日本の自動車生産･輸出と日本メーカーの海外生産についてのもので，グラフは表をグラフ化したものです。グラフ中のＡ～Ｃにあてはまる言葉の組み合わせとして，最も適切なものをア～カより選び，記号で答えなさい。

日本の自動車生産・輸出と日本メーカーの海外生産（単位　万台）

	1980	1990	2000	2010	2018	2019
国内生産台数	1104.3	1348.3	1014.3	962.9	973	968.4
輸出台数	596.7	583.1	445.5	484.1	481.7	481.8
海外生産台数	…	326.5	628.8	1318.2	1996.6	1885.3

（日本自動車工業会および日本自動車輸入組合しらべより作成）

日本の自動車生産・輸出と日本メーカーの海外生産

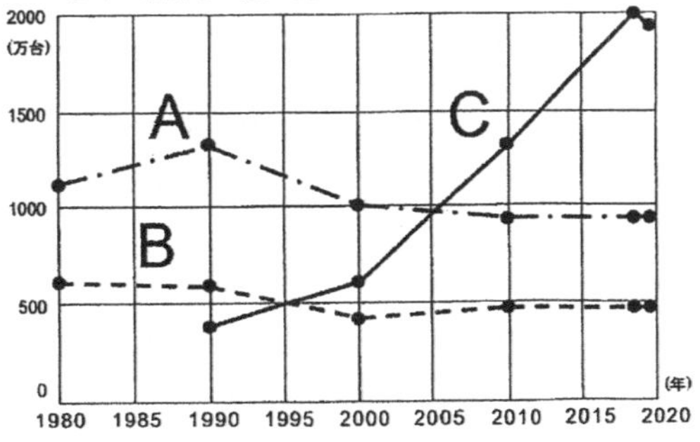

	A	B	C
ア	輸出	国内生産	海外生産
イ	国内生産	海外生産	輸出
ウ	海外生産	国内生産	輸出
エ	輸出	海外生産	国内生産
オ	国内生産	輸出	海外生産
カ	海外生産	輸出	国内生産

③自動車の性能は，時代とともに改良され，変化してきました。近年，開発された自動車の技術は，私たちのどのような願いによるものですか。空欄部A・Bに適切な言葉を答えなさい。

「(　A　)へのやさしさ」	「自動車の(　B　)性」
・ハイブリッドカー ・燃料電池自動車 ・電気自動車 ・水素エンジン自動車	・自動ブレーキ ・自動運転 ・エアバッグ ・誤発進防止システム

3　あきらさんの班では，「『持続可能な開発目標』にかかわる社会や人々の動き」について調べたことをまとめ，下の文章や図表，グラフを用いて発表しました。あとの各問いに答えなさい。

【発表用原稿《げんこう》】

みなさん，この17色に分けられたバッジ(右図)は，何のバッジか分かりますか？

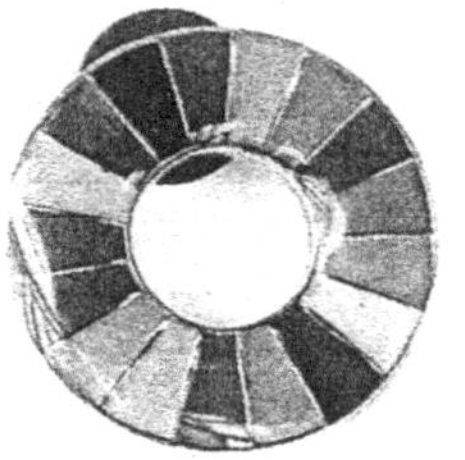

そうです。1.国際連合が2015年に採択《さいたく》し，2030年を目指して世界中の国々が達成しようとしている貧困《ひんこん》や飢餓《きが》の解消，2.人権の尊重や平和の確保，気候変動(環境《かんきょう》問題)への対処など，17の分野にわたる3.「持続可能な開発目標(ＳＤＧｓ)」を示しているバッジです。

日本は，4.地球温暖化対策推進法を制定するだけでなく，2020年10月に5.「脱炭素《だったんそ》宣言」を行いました。2030年には，2013年に比べて温室効果ガスの排出量《はいしゅつりょう》を46%削減《さくげん》するという数値目標をかかげるとともに，2050年には「カーボンニュートラル」の達成を目指しています。このように，ＳＤＧｓの一つである気候変動対策に，積極的に取り組もうとしています。

また，大阪市と大阪府は，2019年に「おおさかプラスチックごみゼロ宣言」を行い，2019年のG20大阪サミット開催や，2025年の大阪・関西万国《ばんこく》博覧会の開催《かいさい》を控《ひか》えて，6.使い捨てプラスチックの削減などに積極的に取り組んでいます。

7.「持続可能な開発目標」を達成するためには，国や地方公共団体，企業《きぎょう》，地域や学校だけでなく，私たち一人ひとりが目標達成に向けて積極的に取り組む必要があります。

※カーボンニュートラル：生産活動を行った時に排出される二酸化炭素と，吸収される二酸化炭素を同じ量にする。

(1)　下線部1の組織について調べ，右の組織図をつくりました。右の組織図について，次の各問いに答えなさい。

国際連合のしくみ

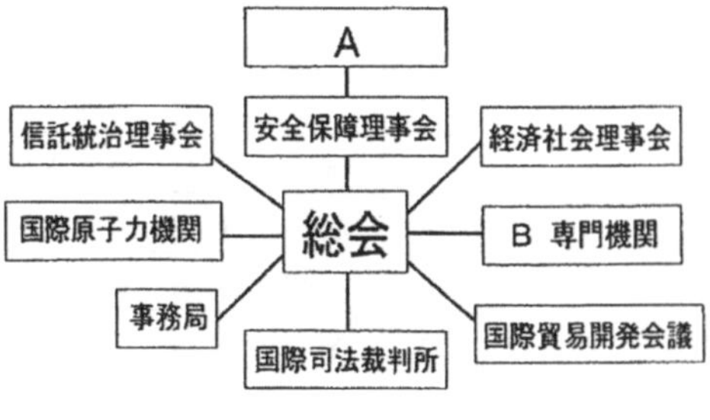

①図中Aは，安全保障理事会の承認《しょうにん》によって派遣《はけん》される活動で，日本の自衛隊も2012年から2017年まで南スーダンで道路整備などを行いました。この活動を何というか下の語句の空欄部に入る適切な言葉を答えなさい。

「国際連合の(　　　　　　)活動」

②経済社会理事会のもとには，図中Bに 15 の専門機関がおかれています。この中で，下のⅠ・Ⅱの機関名をそれぞれカタカナで答えなさい。

Ⅰ：教育や科学，文化にかかわり，国際的な協力や支援《しえん》を行っている専門機関

Ⅱ：すべての子どもが平和で健康的に生活できるように，世界中で募金《ぼきん》をつのり，食糧《しょくりょう》支援などを行っている専門機関

(2)　下線部２について，日本国憲法とかかわることを調べました。次の各問いに答えなさい。

①下線部２では，日本国憲法の三つの原則の中で，二つの原則が示されています。残り一つの原則は何か答えなさい。

②日本国憲法で保障されている基本的人権の説明として適切でないものを，次のア～オよりすべて選び，記号で答えなさい。

ア．私たちは，健康で文化的な最低限度の生活を営む権利をもっている。

イ．私たちは，子どもに普通《ふつう》教育を受けさせる権利をもっている。

ウ．私たちは，自由に転居したり，職業を選んだりする権利をもっている。

エ．私たちは，満 20 才になれば，国会議員に立候補できる権利をもっている。

オ．私たちは，自由に集会を開いて，自分の意見を主張する権利をもっている。

(3)　下線部３について，どのようなことを目指しているか調べてみると，次のような説明文を見つけることができました。説明文の(①)～(④)にあてはまる言葉の組み合わせとして，最も適切なものをア～オより選び，記号で答えなさい。

〔説明文〕

(①)の人々だけでなく，(②)の人々も含め，誰ひとり取り残されることなく，(③)が安定してこの(④)でくらし続けることができるように，世界のさまざまな問題を整理し，よりよい社会の実現に向けた具体的な目標が，持続可能な開発目標(ＳＤＧｓ) として示されています。

	①	②	③	④
ア	過去	将来	人類	宇宙
イ	現在	将来	人類	地球
ウ	将来	過去	動物	宇宙
エ	過去	将来	動物	地球
オ	現在	将来	人類	宇宙

(4)　下線部４のような，法律を制定することができる国の機関(国会)について調べてみると，日本には衆議院と参議院の二つの議院があること（二院制）がわかりました。日本の国会が，二院制である理由を簡潔に説明しなさい。

(5)　下線部５について，温室効果ガスである二酸化炭素について調べ，右のようなグラフをつくりました。
グラフ中の①～④にあてはまる国の組み合わせとして最も適切なものを，ア～オより選び記号で答えなさい。

	①	②	③	④
ア	中国	ロシア	アメリカ	インド
イ	アメリカ	インド	中国	ロシア
ウ	ロシア	アメリカ	中国	インド
エ	中国	アメリカ	インド	ロシア
オ	アメリカ	中国	インド	ロシア

二酸化炭素排出量の推移(上位５か国)

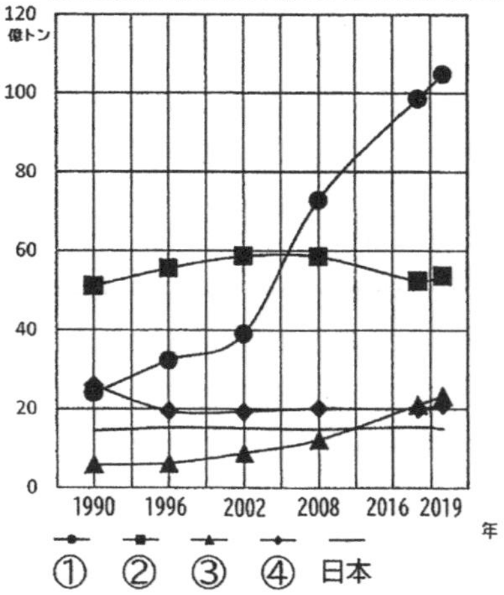

(6)　次の①～⑤はＳＤＧｓの17の達成目標の一部です。下線部６の取り組みと，かかわりの深い達成目標の組み合わせとして，最も適切なものをア～オより選び記号で答えなさい。

① 貧困をなくそう
② つくる責任・つかう責任を果たそう
③ 質の高い教育をみんなに
④ 人や国の不平等をなくそう
⑤ 海の豊かさを守ろう

ア	①と④
イ	②と③と④
ウ	③と⑤
エ	②と④と⑤
オ	②と⑤

(7)　下線部７について，現在，環境省では，「グッド ライフ アワード」という賞を設けて，持続可能な社会の実現のため，一人ひとりが現在の生活スタイルを見つめ直すきっかけをつくっています。生活スタイルに新しい動きを生み出すために，「環境と社会によい暮らし方」を支えるボランティア活動や，サービス・技術などを募集《ぼしゅう》し，支援する取り組みを行っています。
　あなたがこの賞に応募《おうぼ》することになったとして，下の〔例〕にならって「活動テーマ」を決め，その「活動内容」を考えて答えなさい。
　なお，「活動テーマ」は，問題中の【発表用原稿】や〔例〕と別のものにしてください。

〔活動テーマ例〕:「池《いけ》ケ《が》原《はら》湿原《しつげん》の環境保全活動を発信！『ヨシストローで地球環境もヨシ！』」
〔活 動 内 容 例〕: 池ケ原湿原で動植物の個体数調査などを行い，湿原の希少植物の成長の妨《さまた》げになるヨシを刈《か》り，それをストローに加工している。プラスチックごみ問題解決へ発信する。

令和３年度　入学選考

国語　問題冊子

（40分）

受検番号〔　　　　〕　氏名〔　　　　〕

（注意）

1　「はじめ」の指示があるまで問題冊子を開いてはいけません。

2　問題は８ページまであります。

3　答えはすべて、「解答用紙」に記入しなさい。

4　字数指定のある問題は、特に指示のない限り、句読点や「」などの記号も一字と数えます。

大阪教育大学附属平野中学校

問題は次のページからです

1　次の文章を読んで、後の問いに答えなさい。

A

わたしは、絵を描《か》く学生に、「きれいな絵を描こうと思ったらダメ、美しい絵を描こう」とアドバイスします。

では、美しい絵を描くには、どうしたらいいのでしょう。

人間は、さまざまな感情の中に生きています。

口では「いいね」と言いながら、頭の中では「だめだよ」と思っていたり、①「白」って言いながら、頭の中では「白じゃない」と思っていたり。その感情は、いろいろなものが交り合う「混沌《こんとん》」としかいいようがありません。

混沌とは、②はちゃめちゃ、ぐちゃぐちゃ、という意味ですが、この「混沌」こそが「人間の存在そのもの」なのです。みなさん、頭の中ではいろいろなことを考えているでしょう。

その混沌に、どのように秩序《ちつじょ》を与《あた》えるかということが、大人になっていくということなのです。

学校での例をあげて、考えてみましょう。

わたしは学校で卒業制作の審査《しんさ》をしています。成績優秀《ゆうしゅう》者の絵というのは、どういう絵だと思いますか？　実は、とってもぐちゃぐちゃなのです。ぐちゃぐちゃなのだけれど、ある種の規則のようなものを見つけかかっている、という作品なのです。③そういうものに、学生の作品のすばらしいものがあるのです。

何を描いて、何を描かないかをいっきに整理して、大切かもしれないものも捨ててしまって、「はい、これが答え」というような、そんな単純なことではないのです。

それは、「わたしはこう思うけれど、どうだろう？」という、混沌に満ちた人間どうしの問いかけだからです。つまり、芸術というのは人間の人間に対する問いかけ、［　④　］のコミュニケーションなのです。

「わたしはこう思うけれども、どう思う？」という、自分もわからないけれど相手もわからないかもしれない、おおよそすべての＊森羅万象《しんらばんしょう》に関する、なんとも言いがたいような思いをなんとか伝えようとすること。

混沌に秩序が見つかった場合、言いかえるとぐちゃぐちゃに順番がつけられるようになった場合、これまでめちゃくちゃだったものが、ある独特のオーケストレーションを奏《かな》でることができる。このときこそ、「美」が［　⑤　］のです。

美は混沌にある。混沌の中から、あるルールや規律、序列、そういうものを見つけ出すときに、美が発見されるのです。

【 X 】「きれい」とはどんなもののことでしょう。
「きれい」には、「きれいに片付く」など、整理するとか整とんするという意味があります。

学生さんや二十歳《はたち》前の若い人たちが、いま、そして将来にかかわる大切なものを、「これはわたしに必要だ」とか、「これはわたしに必要ない」という判断をするのは、少しあとにしましょう。だって、あなたが捨ててしまった中に大切なものがあったら、どうするのですか？

あなたが「大切だ」と思っているものが、実はだれかのまねで、だからふだん見なれていて、つまり目がなれてしまっている。でも実はそんなに良いものではないかもしれません。

そして、「たいしたものじゃない」というもののほうが、いつか輝《かがや》く原石かもしれない。ただ、磨《みが》いていないから見た目は泥《どろ》のかたまりにみえるかもしれない。けれども、それこそが磨けば光る宝石かもしれないのです。だから、簡単に整理してしまわないこと。できるだけ全部かかえもっていてほしいのです。

【 Y 】、⑥きれいな絵を描こうと思わないでほしいのです。あなたが捨ててしまったものこそが宝の山かもしれないのです。

「美は乱調にあり」といいますが、まさに混沌、いわばぐちゃぐちゃの中にこそ大切なものがあり、そこにはじめて秩序ができたときに、わたしたちは美的感覚を覚えていくのです。

身近な例では、美しい森がそうでしょう。その中を歩くと、葉が枯《か》れていたり、新芽がふいていたり、きのこがあったり虫がいたり、花が咲《さ》いていたり。美しい海の中もそうでしょう。これが宇宙なのです。それが自然なのです。この世は混沌の奏でるオーケストラなのですから。

（千住《せんじゅ》　博《ひろし》『未来のおとなへ語る　わたしが芸術について語るなら』より。出題にあたり、一部表記を改めた。）

＊森羅万象《しんらばんしょう》……この宇宙に存在するいっさいのもの。あらゆる事象、現象。

問い

一　文中の【 X 】・【 Y 】にあてはまる言葉を次から一つずつ選び、記号で答えなさい。

ア　では　　イ　しかし　　ウ　だから　　エ　さらに

二　——線①「「白」って言いながら、頭の中では「白じゃない」と思っていたり」とありますが、このような気持ちの状態を表すのに用いる熟語として最も適当なものを次から選び、記号で答えなさい。

ア　紙一重　　イ　空転　　ウ　異口同音　　エ　裏腹

三　――線②「はちゃめちゃ」の用例として正しいものを次から一つ選び、記号で答えなさい。
ア　お母さんは、はちゃめちゃなおどりかたをする。　　イ　今日の行き先は、はちゃめちゃだ。
ウ　兄は天気をはちゃめちゃに心配している。　　エ　このケーキは、はちゃめちゃにおいしい。

四　――線③「そういうものに、学生の作品のすばらしいものがあるのです」とありますが、「そういうもの」とはどのようなものですか。文章中から四十字程度で探して、はじめとおわりの五字を書きぬきなさい。

五　[④]にあてはまる言葉として最も適当なものを次から選び、記号で答えなさい。
ア　内面との対話　　イ　伝達不可能と思える内容　　ウ　感情の変化　　エ　個々の取捨選たくの理由

六　[⑤]にあてはまる言葉として最も適当なものを次から選び、記号で答えなさい。
ア　はっきりと分かる　　イ　導き出される　　ウ　こつぜんと姿を現す　　エ　創り出される

七　――線⑥「きれいな絵を描《か》こうと思わないでほしいのです」とありますが、それはなぜですか。次の文章中の[　　]に当てはまる言葉を、[A]の文章中の言葉を用いて、三十字以内で考えて答えなさい。
「絵を描くことは[　　　　　]ではないから。」

八　筆者の主張として最も適当なものを次から選び、記号で答えなさい。
ア　人間は、大人になるにつれて、感情を整理することが必要である。
イ　芸術は、整理できないものなので答えを求めず、ありのままを感じることが大切だ。
ウ　若い人は、見慣れているものを大切だと思ってしまうが、それは実は良いものではない。
エ　美しさの発見とは、例えば森を歩いている時に、混沌《こんとん》の中に秩序《ちつじょ》を見つけ出すようなものである。

九　筆者の用いている説明・説得の筋道について、最も適当なものを次から選び、記号で答えなさい。
ア　にた意味の言葉のちがいを明確にしていく過程で、言いたいことをよりはっきりとさせている。
イ　想定される読み手に呼びかけて否定し、言いたいことの正しさを強めている。
ウ　有名な人の言葉を用いることで、自分の言いたいことを強めている。
エ　最初に前提になることを明確に示すことで、後の言いたいことの説得力を増している。

十　この文章の[A]と[B]にそれぞれ小見出しをつける場合、適当なものを次から一つずつ選び、記号で答えなさい。
ア　混沌の中から生まれるもの　　イ　美は乱調にあり　　ウ　整った美のあり方　　エ　美を作り出す法則

問題は次のページに続きます

2　次の文章を読んで、後の問いに答えなさい。

①うちの妹は、あんまり人にどう見られるかを気にしないんだと思う。
そして、私はそういうあの子に、よくイライラさせられる。
去年の夏、家族で海に行った。
海岸沿いのホテルに泊《と》まって、両親と私たち、家族四人で夜の浜辺《はまべ》を1サンポした。夕日のオレンジ色がだんだんと*藍《あい》色に押《お》され、空が夜になっていく。遮《さえぎ》るもののない視界いっぱいの海と空を見上げていると、いつの間にか、うみかが横に来ていた。
実を言うと、私は、うみかの名前が羨《うらや》ましかった。
はるかとうみか。にてる名前だけど、一つだけで見た時に、はるかは普通《ふつう》の名前で、うみかの方が個性的でかわいい感じがした。うみかの名前の中には「海」がある。暗い夜の海とうみかは、よく2ニアってる。
普段から*『科学』派で、宇宙に関する本だっていっぱい読んでる妹は、私より、今もずっとたくさんのことを考えて、感動しながら星空を眺《なが》めているかもしれない。そう考えたら、*②迂闊《うかつ》に声をかけてはいけない気がした。少し迷ってから、ようやく「いいね」と話しかけた。
「きれいだね。私、絵を描《か》く時、月を黄色く塗《ぬ》ってたけど、本当は白に近い金色なんだって、今、気づいた」
遠い場所に来たことで、ビー玉を散らしたようにきれいな夜空は、自分の家から見る空と違《ちが》って『宇宙』なのだとはっきり思えた。
③波の音がしていた。
「空っていうと普通、昼間の水色の空を想像するけど、それって実は薄《うす》い膜《まく》みたいなもので、こっちの夜の色の空が地球を包んでる本当の空なんだって思えるね。不思議。暗いけど、怖《こわ》くない。暖かい感じがする」
旅の興奮と、日中海で泳ぎ疲《つか》れたことと、何より家族と一緒《いっしょ》にいるという気のゆるみが、いつになく暗闇《くらやみ》を身近に感じさせてくれた。
うみかが「え？」と短く声を上げ、私を見た。聞き取れなかったのかもしれない。④我ながら恥《は》ずかしいセリフだったから、私は言い直さずに下を向いた。
砂浜には、作り物みたいにきれいな形をした貝殻《かいがら》がたくさん落ちていた。⑤ザリガニのハサミのように表面がごつごつした巻き貝を手に取る。耳に当て、そして「うわぁ」と声を上げた。
「海の音がするよ、うみか」
ピンク色につやつや光った貝の内側から、水の底で聞くような遠い音が流れ込《こ》んできた。⑥自分がとても贅沢《ぜいたく》なことをしている気分になる。だって、貝が沈《しず》んでいた海底では、こんなにはっきりと星は見えなかったはずだ。
「この貝、どのぐらい深いところに沈んでたのかな。なんで、海の音がするんだろう。貝が記憶《きおく》して一緒に持ってくるのかな。だとしたら、テープレコーダーみたい」
うみかにも聞かせたくて、貝を手渡す。貝を耳に当てたうみかは、私と同じようにしばらく音を聞いた後で「お姉ちゃん」と呼びかけてきた。

何？」

「貝の中から聞こえる音は、海の音じゃなくて、自分の耳の音なんだよ」

うみかはにこりともしていなかった。

「よく、貝殻から海の音が聞こえるっていうけど、それを出してるのはお姉ちゃん自身。3ホケン室で、耳の断面図の写真見たことない？ 耳って、かたつむりの殻《から》みたいな蝸牛《かぎゅう》って4キカンがあるんだ。あの中、聞いた音を鼓膜《こまく》から脳に伝える役割をする体液が入ってるんだけど、それ、波みたいに揺《ゆ》れて動くんだって。お姉ちゃんが聞いたのは、その、蝸牛の体液が動いて認識《にんしき》した音だよ。普段は小さくて聞こえないんだけど、貝殻にぶつかると耳に跳《は》ね返って聞こえる。⑦だからこの音は海の音じゃないし、貝殻の記憶でもないよ」

浮《う》かべていた笑《え》みが強張《こわば》って、表情が固まる。うみかが私を見て「その音は――」と続けようとしたところで、頭の奥《おく》で真っ白い光が弾《はじ》けた。

猛烈《もうれつ》に腹が立った。無言でホテルの方に歩き出す。急に引き返した私を、うみかがびっくりしたように追いかけてくる。

「待ってよ。どうしたの、お姉ちゃん」

「知らない！」

実際、どう言えばいいのかわからなかった。

⑧「あ、貝殻……」

うみかから「返すね、はい」と渡《わた》されても、受け取る気がしなかった。

うみかはいっつもそうだ。こういうところが生意気だ。⑨私が何か言うと必ず言い返してくるし、そのことで私が怒《おこ》っても、自分の何が悪いのかわかってない。他の子の妹はみんな、お姉ちゃんの言うことは素直《すなお》に聞いてるみたいなのに。

学校で、うみかに特定の仲良しがいるふうじゃないことを、私が気にしてることだって、きっと気づいてない。

あの子の学年の子は、誰《だれ》もうみかを悪く言ってる様子はない。むしろ「うみかちゃん、おもしろい」って受け入れてる。だけど、教室移動も、トイレに行く時も、姿を見かける時、うみかはいつも一人だ。うちの学校は小さくて、どの学年もだいたい一クラスか、多くて二クラス。全校生徒がなんとなく互《たが》いの顔をわかり合ってる環境《かんきょう》の中で、兄弟や姉妹が他の学年にいることの意味は大きい。人気がある子のお姉ちゃんはそれだけで妹の学年から慕《した》われるし、地味な子のお姉ちゃんは、きっと自分の学年でも妹と同じで冴《さ》えないんだろうなって目で見られる。

私は、六年の自分のクラスでは目立つ方だし、スポーツ少年団でバレーやってるせいか友達も多い。誰《だれ》とでも話せる方だと思うけど、うみかのいる五年の子たちからはなんとなく人気がないらしいことを、肌《はだ》でひしひし感じてる。それってたぶん、「うみかのお姉ちゃん」だからだ。うみかはひょっとしたら、自分のクラスでも私にするように言い返したり、素直じゃないのかもしれない。

（辻村《つじむら》　深月《みづき》『1992年の秋空』より。出題にあたり、一部表記を改めた。）

＊藍《あい》色……こい青色。

＊『科学』……小学生向けの科学雑誌の名前。

＊迂闊《うかつ》……注意が足らないこと。うっかりすること。

問い

一　～～線1～4のカタカナを漢字に直しなさい。

二　――線①「うちの妹は、あんまり人にどう見られるかを気にしないんだと思う。そして、私はそういうあの子に、よくイライラさせられる」とありますが、「そして」は、何を読者に伝えていると考えられますか。適当でないものを次から一つ選び、記号で答えなさい。

ア　「妹は」「私は」と、二人のとらえ方のちがいを強調している。
イ　「妹」の行動の「私」へのえいきょうの大きさを強調している。
ウ　「うちの妹」「あの子」と、二人のびみょうなきょ離感を伝えている。
エ　「あんまり」「と思う」というあいまいな状態から、確信に変化する過程を伝えている。

三　――線②「迂闊《うかつ》に声をかけてはいけない気がした」とありますが、その理由として適当でないものを次から一つ選び、記号で答えなさい。

ア　相手と感動を共有したい。　　イ　相手の感じ方を大切にしたい。
ウ　相手の返し方が少し怖《こわ》い。　　エ　相手の感動のじゃまになるかもしれない。

四　――線③「波の音がしていた」とありますが、この文の効果を説明したものとして最も適当なものを次から選び、記号で答えなさい。

ア　日常の空間とちがって、静けさに包まれた特別な状きょうを演出するため。
イ　「私」の感覚がとぎすまされて、聞こえない音が聞こえることを示すため。
ウ　星空と対比させることで、より海の広さや大きさを印象づけるため。
エ　「私」の心の高ぶりを波の音に重ね合わせ、高まっていく気持ちを予感させるため。

五　――線④「我ながら恥《は》ずかしいセリフだったから、私は言い直さずに下を向いた」とありますが、この時の「私」の気持ちとして適当でないものを次から一つ選び、記号で答えなさい。

ア　ほこらしい　　イ　きまりが悪い　　ウ　満足　　エ　傷ついた

六　――線⑤「ザリガニのハサミのように表面がごつごつした巻き貝を手に取る」で用いられている表現技法として適当なものを次からすべて選び、記号で答えなさい。

ア　比喩《ひゆ》　　イ　オノマトペ（擬態《ぎたい》語）　　ウ　倒置《とうち》法　　エ　擬人《ぎじん》法

七　——線⑥「自分がとても贅沢《ぜいたく》なことをしている気分になる」とありますが、なぜ贅沢なのですか。三十字以内で説明しなさい。

八　——線⑦「——だからこの音は海の音じゃないし、貝殻《かいがら》の記憶《きおく》でもないよ」の「——」は何を示しているのですか。最も適当なものを次から選び、記号で答えなさい。

ア　気づかい　　イ　不安　　ウ　軽べつ　　エ　とまどい

九　——線⑧「「あ、貝殻……」うみかから「返すね、はい」と渡《わた》されても、受け取る気がしなかった」とありますが、この「……」を言葉でおぎなうとしたらどうなりますか。十五字以上二十字以内で考えて答えなさい。

十　——線⑨「私が何か言うと必ず言い返してくるし、そのことで「私」が怒《おこ》っても、自分の何が悪いのかわかってない」とありますが、「私」は妹の悪いところをどのように考えているのですか。次の文章中の□に当てはまる表現を、三十字以内で考えて答えなさい。

「□に気づかない無神経さ。」

十一　この文章から分かる「私」と「うみか」の関係として適当なものを次からすべて選び、記号で答えなさい。

ア　「私」も「うみか」も相手の気持ちを考えて行動しようとしている。
イ　「私」と「うみか」のそれぞれの相手を思う気持ちが、互《たが》いに伝わっていない。
ウ　「うみか」は「私」の気を引こうと、わざと「私」の気に入らないことをしている。
エ　「私」は「うみか」を幼く、未熟だと考えて、成長させようとしている。

十二　この文章の語り手の特徴《とくちょう》として適当でないものを次から一つ選び、記号で答えなさい。

ア　全ての登場人物の気持ちを語ることはできないが、主人公の気持ちはくわしく語ることができる。
イ　主人公の行動とは異なる気持ちも語ることができる。
ウ　風景など主人公の見ているものに気持ちをたくして語ることができる。
エ　主人公がいないときの他の登場人物の行動を語ることができる。

令和３年度　入学選考

算　数　　問　題　冊　子

（40分）

（注意）

1．「はじめ」の合図があるまで問題冊子を開いてはいけません。

2．問題は６ページまであります。

3．答えはすべて「解答用紙」に記入しなさい。

4．計算は問題冊子の余白や表紙の裏《うら》を使ってもかまいません。

受検番号［　　　　　　］氏名［　　　　　　　　　　］

大阪教育大学附属平野中学校

1 次の $\square$ にあてはまる数を求めなさい。

(1) $3\times7-(16-4\div2)=\square$

(2) $15-\left(\dfrac{2}{3}-\dfrac{1}{4}\right)\times12=\square$

(3) $0.5\times3\dfrac{1}{3}\div1\dfrac{1}{4}=\square$

(4) $\square\div0.2=(6+\square)\div0.5$

ただし，$\square$ には同じ数が入ります。

2 次の問いに答えなさい。

(1) ひろみさんは，22950cm^3 の虫かごにカブトムシを８匹《びき》飼っています。
しげみさんは，9600cm^3 の虫かごにカブトムシを４匹飼っています。
としみさんは，4500cm^3 の虫かごにカブトムシを２匹飼っています。
カブトムシ１匹あたりの容積が最も大きいのは，ひろみさん，しげみさん，としみさんの３人のうち，だれの虫かごか答えなさい。ただし，カブトムシの大きさは同じとします。

(2) 家から図書館の間を自転車で往復しました。行きは時速18km，帰りは時速12kmで走ったら，行きと帰りでかかった時間の差は８分でした。家から図書館までは何kmか答えなさい。

(3) だいきさん，かずみさん，ゆうたさんの３人が150個のあめを，次のように分けることにしました。まず，だいきさんが全体の４割より２個少なくもらいます。次に，かずみさんが残りの５割より１個多くもらいます。残りをすべてゆうたさんがもらいます。ゆうたさんがもらったあめの個数は何個か答えなさい。

(4) 右の図は１組の三角定規を重ね合わせた図です。
黒くぬった角の大きさを答えなさい。

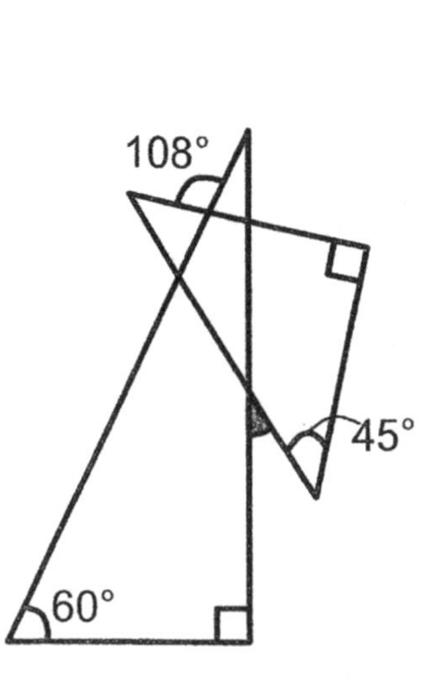

(5) 右の図のように，同じ大きさの折り紙８枚を順に置いていきました。最初に置いた折り紙をア～クから選び答えなさい。

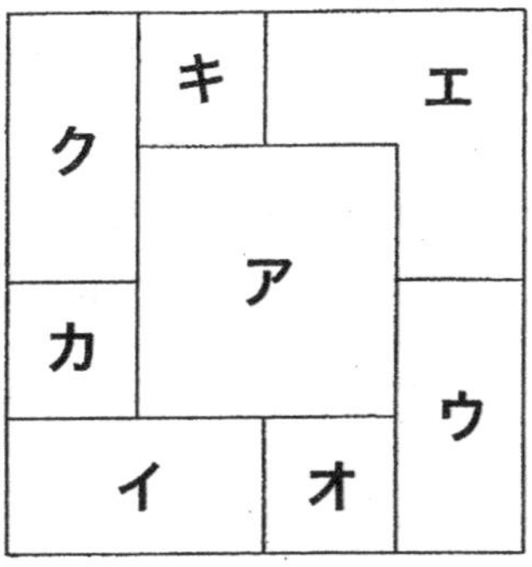

(6) 右の図のように１辺８cmの正方形があります。その各辺の中点を結んで，内部にさらに正方形をつくります。また，外側の正方形の１辺を直径とする半円を図のように４つかきます。このとき，色のついた部分の面積の和を答えなさい。
ただし，円周率は3.14とします。

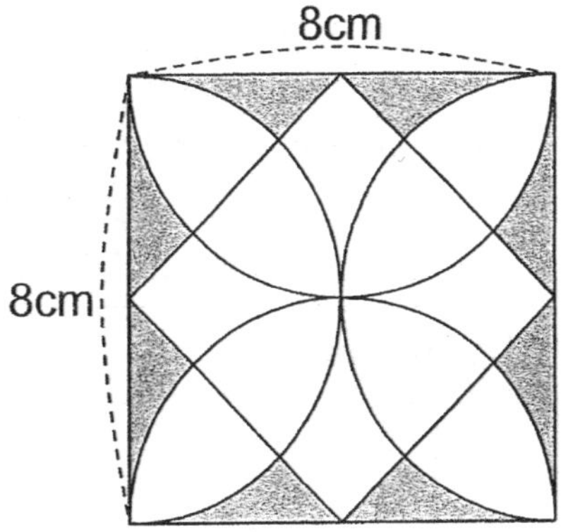

3 **ある宅配業者では，荷物を送るときに切手で配送料を支払《しはら》うことができます。りくさんは荷物を送るのに，63円切手と84円切手だけを使って配送料を支払うことにしました。図のような荷物の大きさは A,B,C の長さの和で表されます。表は，荷物の大きさとその配送料をまとめたものです。次の問いに答えなさい。**

[図]

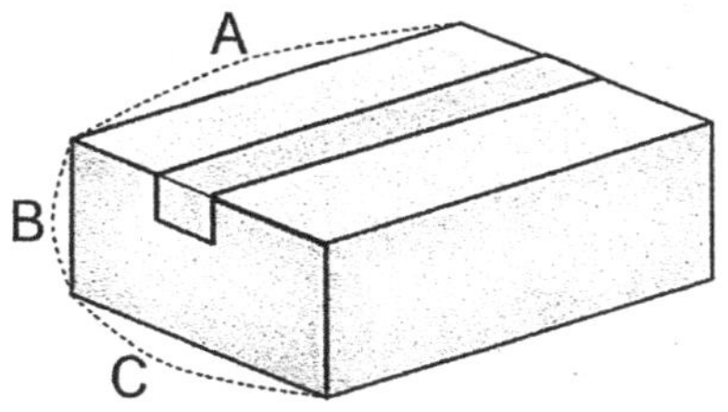

[表]

荷物の大きさ [A+B+C の長さ（cm）]	配送料（円）
60 未満	840
60 以上～80 未満	1050
80 以上～100 未満	1260
100 以上～120 未満	1470

(1) 荷物の大きさが100cmの配送料は何円か答えなさい。

(2) りくさんは２種類の切手を合わせて13枚使い，大きさが65cmの荷物の配送料をちょうど支払うことができました。このとき，63円切手は何枚必要か答えなさい。

(3) りくさんは２種類の切手で840円の配送料をちょうど支払いました。どちらの切手も少なくとも１枚は使うとすると，考えられる枚数の組み合わせは３通りあります。その枚数の組み合わせをすべて答えなさい。解答欄《らん》に（63円切手の枚数，84円切手の枚数）の順で答えなさい。

4 ウシ，ネズミ，ウサギ，カメ，サル，イヌ，イノシシの７匹の動物が集まり，登山レースを開催《かいさい》しました。麓《ふもと》のスタート地点を出発し，山頂に到着《とうちゃく》したら，再びゴールでもあるスタート地点に戻《もど》ります。出発時刻は各動物が自由に決め，行きも帰りも同じ道を通りました。レースの様子を，下の文章とグラフにまとめました。

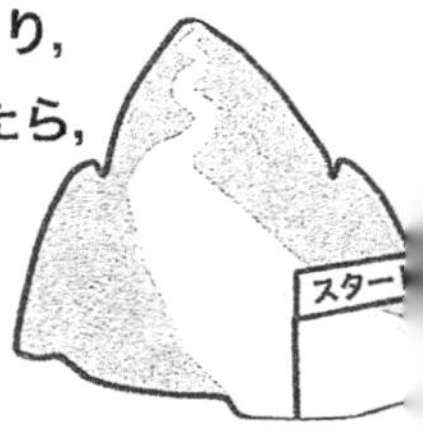

- ウシとカメとイノシシは，同時に出発し，一度も休憩《きゅうけい》せずにゴールした。
- ウシは，カメと同じ速さで山頂まで登ったが，山頂を越《こ》えてからはカメより速くなった。
- ネズミは，スタート地点でウシの背中に飛び乗り，ゴールの手前で背中から飛び降り，真っ先にゴールした。
- ウサギは山頂で休憩をしたのみで，後は休憩せずにゴールした。
- サルは足が速いが持久力がなく，少し進んでは休憩を繰《く》り返した。休憩のたびに，追いついてくるイヌとケンカをし，２匹とも無駄《むだ》な時間を過ごした。
- ウシ以外の動物は，進む速さが，いつも同じであった。

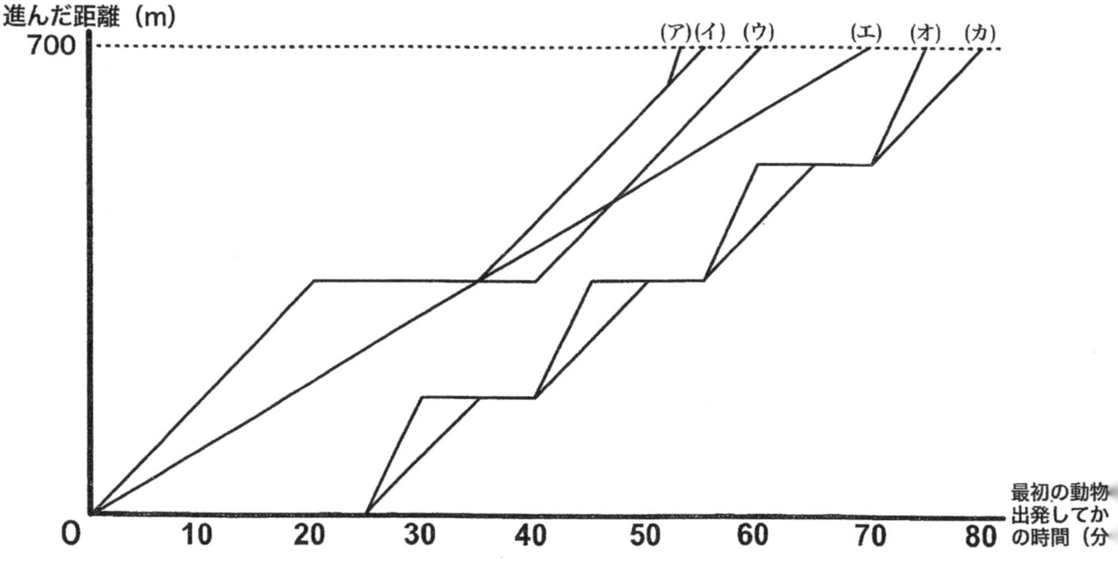

次の問いに答えなさい。

(1) ウシ，ウサギ，サルを示しているグラフの組み合わせとして正しいものを，次の①～⑤か
1つ選び答えなさい。

① ウシ …（ア），ウサギ …（ウ），サル …（オ）
② ウシ …（イ），ウサギ …（ウ），サル …（カ）
③ ウシ …（ア），ウサギ …（エ），サル …（カ）
④ ウシ …（イ），ウサギ …（ウ），サル …（オ）
⑤ ウシ …（イ），ウサギ …（エ），サル …（オ）

(2) スタート地点から山頂までの道のりは何ｍか答えなさい。

(3) イノシシは，全力で走りましたが，山頂で折り返すことを忘れ，そのまま山の裏側へ降り
行きました。山頂から 150m 進んだ地点で間違《まちが》いに気づき，引き返した結果，出発してか
70 分後に，カメと同時にゴールしました。その様子を，解答欄のグラフに書き加えなさい。

5 **ケンタさんは，新聞で「124 年ぶり！今年の節分の日は２月２日」という見出しを目にし，今年(2021 年)の節分が２月２日であることに興味を持ち，調べました。すると，節分の日の決め方には，地球と太陽の位置関係が関わっていることを知り，地球と太陽の関係について，さらに考察を深めました。次は，そのときのケンタさんのノートです。**

調べたこと

[地球が太陽の周りをまわる動きについて]

- 地球は，太陽を中心とする円周上を同じ速さで動いていると考えてよい。
- 地球は，約 365 . 2422 日で太陽の周りを１周し，同じ位置にもどってくる。

[節分の日の決め方]

- 節分は，立春の前日。　・立春は，地球と太陽の位置関係により決まる。

地球が太陽の周りを１周する様子

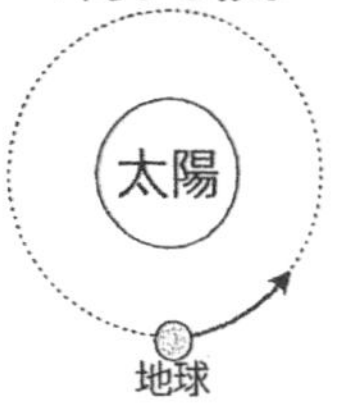

分かったこと・考えたこと

- 地球が太陽の周りを１周し，元の位置に戻るのに 365 日では足りない。
- 約 0 . 2422 日を 0.25 日として考えると，0.25 日は（ Ａ ）時間なので，１年につき，あと約（ Ａ ）時間ずつ必要となる。（ Ｂ ）年で，約 24 時間が必要となるため，（ Ｂ ）年に１度，366 日とすることで，同じ日にちに，同じ位置を通過するようにした。
- 約 0 . 2422 日を 0.25 日と考えたので，１年に約 0 . 0078 日のずれが積み重なり 124 年ぶりに，節分の日付が２月２日となった。

365 日経過した時の地球の位置

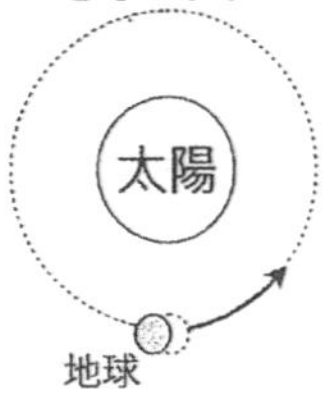

次の問いに答えなさい。

(1) 空欄（ Ａ ）（ Ｂ ）に入る数を答えなさい。

(2) 下線部では，地球が元の位置に戻るために必要となる時間が示されているが，距離《きょり》にすると，あと何万 km か，四捨五入《ししゃごにゅう》して上から２けたのがい数で答えなさい。
ただし，地球は 365.25 日で太陽の周りを１周するとし，地球が太陽の周りを１周する距離を９億 4200 万 km とします。

6 **１辺が１cm の立方体の積み木が何個かあり，それらの面と面をぴったりくっつけて１つの立体をつくります。下の図は，できた立体を真正面から見た図と真横から見た図です。次の問いに答えなさい。**

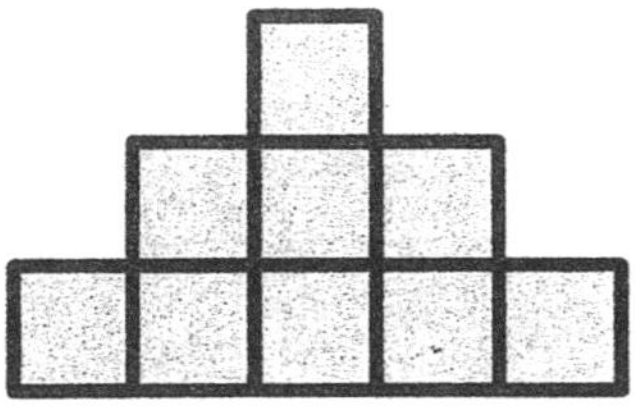

［ 真正面から見た図 ］

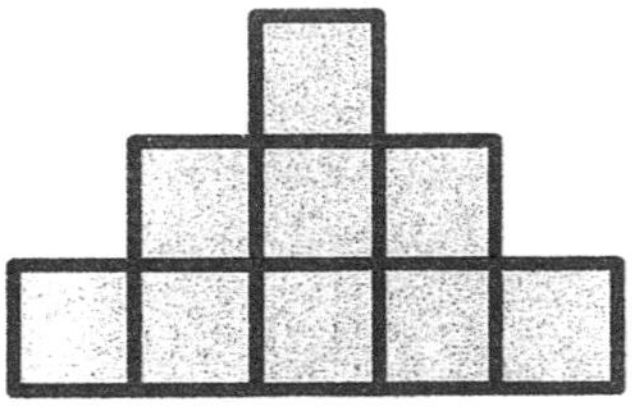

［ 真横から見た図 ］

(1) この立体をつくっている積み木の数について，最も多い場合は何個か答えなさい。

(2) この立体をつくっている積み木の数について，最も少ない場合は何個か答えなさい。

(3) この立体をつくっている積み木の数が，最も多い場合と最も少ない場合の表面積の差を答えなさい。

7 ある魔法《まほう》使いは，次のA，B，Cの魔法が使えます。
魔法Aを１回使うと，ミカン１個とイチゴ１個がリンゴ２個に変わります。
魔法Bを１回使うと，イチゴ１個とリンゴ１個がミカン３個に変わります。
魔法Cを１回使うと，リンゴ１個とミカン１個がイチゴ４個に変わります。

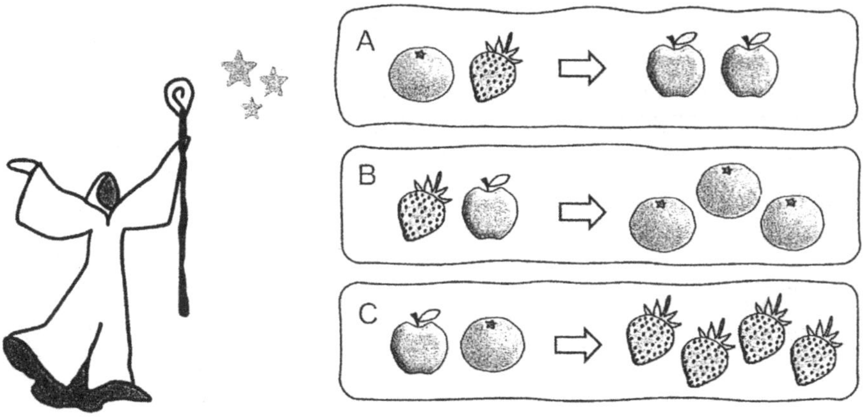

（例）ミカン，イチゴ，リンゴがそれぞれ２個ずつあるとき，魔法Ａを１回使うと，
ミカン１個，イチゴ１個，リンゴ４個となります。

次の問いに答えなさい。

(1) リンゴ，ミカン，イチゴをそれぞれ２個ずつ持っていたとき，魔法Ａを使ったあと，続けて魔法Ｂと魔法Ｃを使ったときのミカン，イチゴ，リンゴそれぞれの個数の変化を表にまとめました。表の空欄に入る数字，（あ）（い）を答えなさい。

		魔法A		魔法B		魔法C	
リンゴ	2	→	4	→	3	→	2
ミカン	2	→	1	→	(あ)	→	3
イチゴ	2	→	1	→	0	→	(い)

(2) リンゴ，ミカン，イチゴの個数が十分にあるとき，魔法Ａを１回使いました。リンゴの個数を，魔法を使う前と同じにするためには，さらにＡ以外の魔法をどのように使えばよいか説明しなさい。ただし，方法は１つとは限りません。

(3) リンゴ，ミカン，イチゴが2021個ずつありました。魔法を１回以上使ったとき，リンゴとイチゴは2021個に戻り，ミカンは2024個以上になりました。このときのミカンは，最も少なくて何個か答えなさい。

令和３年度　入学選考

理　科　問題冊子

(40分)

（注意）

1．「はじめ」の合図があるまで問題冊子を開いてはいけません。

2．問題は９ページまであります。

3．答えはすべて「解答用紙」に記入しなさい。

受検番号［　　　　　　　　］氏名［　　　　　　　　　　　　］

大阪教育大学附属平野中学校

1 次の問いに答えなさい。

(1) 令和３年１月20日午後８時頃《ころ》、東京の西の空に大きな流れ星が観測されました。この流れ星は半月と同じぐらいの明るさの光を放って５秒以上光り続けました。（朝日新聞記事より）

流れ星とは、地球の大気に突入《とつにゅう》した微小《びしょう》な天体が光を放つ現象です。今回のような特に明るい流れ星を何といいますか。最も適切なものを次のア～オから１つ選び、記号で答えなさい。

ア 彗星《すいせい》　イ 火星　ウ 火球　エ 流星　オ 隕石《いんせき》

(2) 令和２年７月に熊本県を中心に被害《ひがい》をもたらした集中豪雨《ごうう》は、「令和２年７月豪雨」や「熊本豪雨」などと呼《よ》ばれています。この集中豪雨を発生させた原因は、次々と発生する発達した雨雲（積乱雲《せきらんうん》）が列をなし、数時間にわたってほぼ同じ場所を通過または停滞《ていたい》することでつくり出される[　　　　]によるものと考えられています。

[　　　　]にあてはまる語を次のア～オから１つ選び、記号で答えなさい。

ア 爆弾《ばくだん》低気圧　イ 爆弾高気圧　ウ 棒状降水《ぼうじょうこうすい》帯
エ 線状降水帯　オ 台風

(3) ある日本のスーパーコンピュータの試験運用が、2020年から始まりました。最近は新型コロナウイルス感染症《かんせんしょう》に関連して、室内環境《かんきょう》における飛沫《ひまつ》の飛散シミュレーションが活発に実施《じっし》され、その結果がウイルス感染予防に役立てられています。2021年度から本格運用が開始される、このスーパーコンピュータの名称《めいしょう》を次のア～オから１つ選び、記号で答えなさい。

ア 京　イ サミット　ウ 天河　エ 北斎《ほくさい》　オ 富岳《ふがく》

(4)　池や川の水の中には小さな生物がいて、メダカはエサをあたえなくてもそれらを食べて育っています。次の問いに答えなさい。

①　池や川にいる次のア～エの小さな生物を、小さなものから順に並《なら》べかえて記号で答えなさい。

ア　ゾウリムシ　　イ　ミジンコ　　ウ　ボルボックス　　エ　ミドリムシ

②　水中の小さな生物を出発点として、生物どうしは「食べる・食べられる」の関係でつながっています。この生物間のつながりを何といいますか。

(5)　秋の夜、午後８時頃の日本の空には「夏の大三角」が見えます。夏の大三角をつくる星の名前を次のア～クからすべて選び、記号で答えなさい。

ア　シリウス　　イ　アルタイル　　ウ　ベテルギウス　　エ　ベガ
オ　プロキオン　　カ　カペラ　　キ　リゲル　　ク　デネブ

2 種子が発芽するためには水、適当な温度、空気が必要です。これらの発芽に必要な条件を調べるために、インゲンマメやトウモロコシの種子を使って実験をおこないました。次の問いに答えなさい。

(1) 温度と発芽の関係を調べるために、プラスチックの容器に肥料を含《ふく》まない土を入れたものを２つ用意して、インゲンマメの種子をそれぞれにまきました。両方とも水を適度にあたえます。１つは、冷蔵庫《れいぞうこ》に入れて、もう１つは日光が当たらないところへ置いて箱をかぶせました。この実験で箱をかぶせなければならない理由を簡単《かんたん》に説明しなさい。

(2) 空気と発芽の関係を調べるために、プラスチック容器に水をはって空気にふれないようにインゲンマメの種子を沈《しず》めたものと、インゲンマメの種子を空気にふれる程度に水をあたえたものを用意しました。空気にふれないように種子を沈めたものは本来発芽しないはずですが、たまに発芽するものがあります。実験操作《そうさ》に誤《あやま》りはないものとして、なぜ発芽するのか考えられる原因を簡単に説明しなさい。

(3) 右の図は発芽前のインゲンマメの種子を半分に切ったようすです。

① 半分に切った発芽前のインゲンマメの種子にうすめたヨウ素液をかけると、色が変わった部分がありました。何色から何色に変わりましたか。

② ①のとき、色が変化した部分を図中にわかるように黒く塗《ぬ》りつぶしなさい。

③ インゲンマメの種子が発芽してしばらくした後、①と同様にしてヨウ素液をかけました。②の色が変化した部分は、発芽前と比べてどうなりますか。簡単に説明しなさい。

④ ③のようになる理由を簡単に説明しなさい。

(4) 右の図のように、トウモロコシの種子を、芯《しん》についていた部分があるほうを①、上の部分を②に切り分けました。それを発芽の条件がそろった肥料を含まない土にそれぞれ植えました。比較《ひかく》のために、切り分けていない状態のトウモロコシの種子（以下③とする）も同じ条件で植えました。植えたあとの結果として最もふさわしいものを次のア～コから１つ選び、記号で答えなさい。

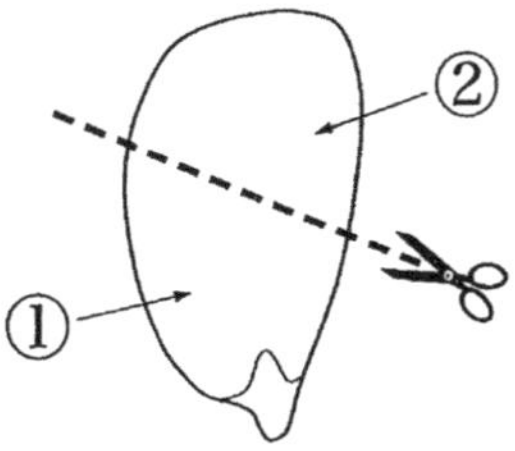

ア　①、②とも③と同じ大きさの葉で発芽する。
イ　①、②とも③より小さな葉で発芽する。
ウ　①、②とも③より大きな葉で発芽する。
エ　①は③と同じ大きさの葉で発芽するが、②は発芽しない。
オ　①は③より小さな葉で発芽するが、②は発芽しない。
カ　①は③より大きな葉で発芽するが、②は発芽しない。
キ　①は発芽しないが、②は③と同じ大きさの葉で発芽する。
ク　①は発芽しないが、②は③より小さな葉で発芽する。
ケ　①は発芽しないが、②は③より大きな葉で発芽する。
コ　①、②とも発芽しない。

3 水溶液《すいようえき》が示す酸性、中性、アルカリ性のことを「液性」といいます。この液性を調べるための薬品に、フェノールフタレイン液があります。この薬品は、無色の液体で特定の液性の水溶液でのみ、無色から赤色に変化します。次の問いに答えなさい。

(1) 石灰水《せっかいすい》にフェノールフタレイン液を数滴《すうてき》加えると、赤色に変化しました。フェノールフタレイン液は何性で赤色に変化していることになりますか。

(2) (1)に食塩水を加えていっても赤色のままで、うすい塩酸を加えていくと無色に戻《もど》りました。このことから、(1)の水溶液に何性の水溶液を加えることで無色になることがわかりますか。

(3) このような水溶液を扱《あつか》う実験では、こまごめピペットを使うため、誤ってピペットの中の液体が飛び出して顔にかかる恐《おそ》れがあります。あなたは実験の際にどのような器具を使って身を守りますか。簡単に説明しなさい。

(4) 薬品を扱ったり、加熱をしたりする実験は、いすを机《つくえ》の下にしまい、立っておこないます。その理由を簡単に説明しなさい。

(5) フェノールフタレイン液と同様に、BTB液でも液性を調べることができます。BTB液を数滴加えた水に、ストローで息を吹き入れると何色になりますか。

(6) ストローで息を吹き入れた水の液性を調べるために、リトマス紙を使って実験することもできます。リトマス紙は必ずピンセットで扱わなければなりません。そうしなければならない理由を簡単に説明しなさい。

(7) 室温25℃の理科室に三角フラスコを用意して、ストローで息を吹《ふ》き入れました。そのフラスコの口に、(1)の赤色の水溶液をしみこませたろ紙をのせ、数分置きました。すると、フラスコの口にあわせて丸く色が消えて、ろ紙そのものの色になりました。これには二酸化炭素が関係しています。このような結果になる理由を(2)と関連付けて説明しなさい。

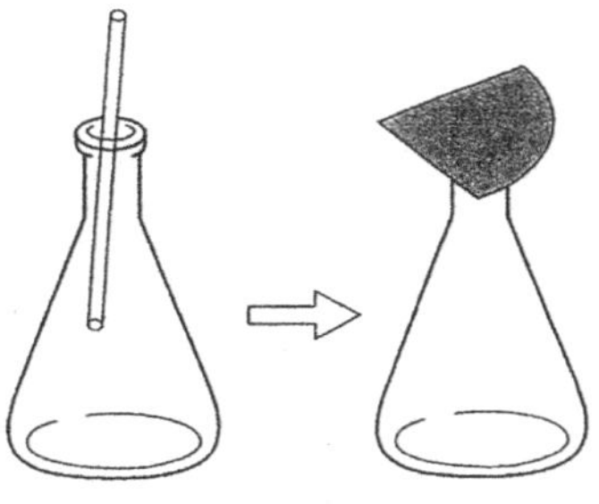

(8) (7)の実験で息を吹き入れるかわりに、空気を入れた三角フラスコに、もやしを20g入れ、25℃を保ったものでも、同様の結果が得られました。もやしは何というはたらきをしていると考えられますか。

4 マナブさんは、図のように糸におもりをつるしてふりこをつくり、ふりこの長さ、おもりの重さ、ふりこのふれはばをいろいろ変えて、1往復する時間をストップウォッチを用いて調べました。また、ふりこの利用について、本やインターネットで調べました。次の問いに答えなさい。なお、糸の重さは考えないものとします。

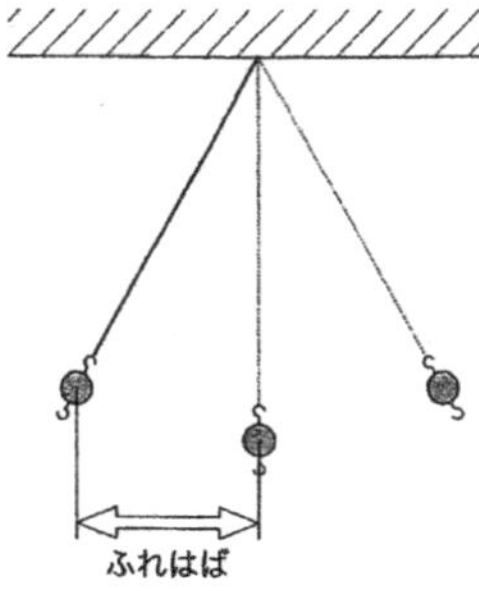

(1) ストップウォッチを使って時間をはかるときには、結果にばらつきが出ることがよくあります。ふりこの1往復する時間を求めるとき、どのような工夫《くふう》をすればよいかを説明しなさい。

(2) マナブさんは、ふりこの長さを長くしていっても、1往復する時間は変わらないと予想し、実験して確かめることにしました。このとき、どのような条件で調べれば良いですか。「ふりこの長さ」、「おもりの重さ」、「ふれはば」をすべて用いて簡単に説明しなさい。

(3) マナブさんは、次の㋐～㋒の条件で、おもりの重さを変えたときの1往復する時間を調べることにしましたが、先生から「実験の方法として正しくありません」と指摘《してき》されました。何をどのように変えればよいかを説明しなさい。

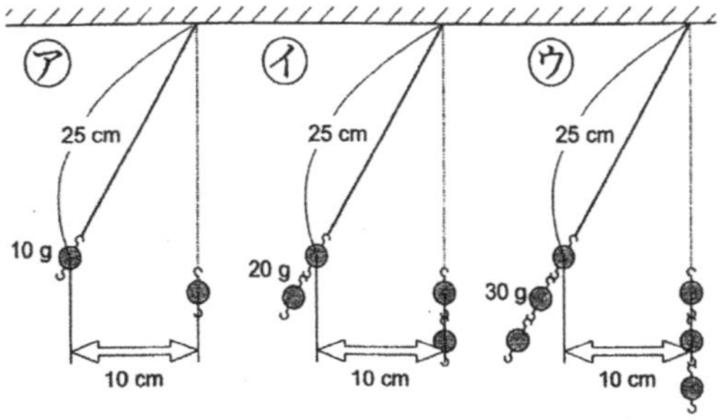

(4) ふりこの性質について説明している文章として正しいものを、次のア～カから1つ選び、記号で答えなさい。

ア ふりこの長さを変えても、1往復する時間は変わらないが、おもりの重さやふれはばを変えると、1往復する時間は変わる。
イ ふりこの長さやふれはばを変えても、1往復する時間は変わらないが、おもりの重さを変えると、1往復する時間は変わる。
ウ ふりこの長さやおもりの重さを変えても、1往復する時間は変わらないが、ふれはばを変えると、1往復する時間は変わる。
エ おもりの重さを変えても、1往復する時間は変わらないが、ふりこの長さやふれはばを変えると、1往復する時間は変わる。
オ おもりの重さやふれはばを変えても、1往復する時間は変わらないが、ふりこの長さを変えると、1往復する時間は変わる。
カ ふりこのふれはばを変えても、1往復する時間は変わらないが、ふりこの長さやおもりの重さを変えると、1往復する時間は変わる。

(5)　右の表は、１往復の時間の求め方を工夫し、方法を見直して実験をおこなった結果をまとめたものです。

ふりこの長さ [cm]	おもりの重さ [g]	ふれはば [cm]	1 往復する時間 [秒]
12.5	10	10	0.70
20	10	10	0.89
25	10	10	1.00
25	20	10	1.00
25	30	10	1.00
40	30	10	1.27
50	30	10	1.40
50	30	20	1.40
50	30	30	1.40
80	30	10	1.78

①　ふりこの長さを40cm、おもりの重さを25ｇ、ふれはばを15cmにして同様に実験をおこなったとき、ふりこが５往復する時間は何秒だと考えられますか。

②　ふりこの長さを変えて、おもりの重さを30ｇ、ふれはばを５cmにして、20往復する時間をはかると、12.7秒でした。糸の長さを何cmにして実験したと考えられますか。

③　下の図のように、ふりこの長さが80cmのふりこで、途中《とちゅう》にくぎにひっかかり長さの変わるふりこの場合、１往復する時間を求めると1.39秒でした。天井《てんじょう》からくぎまでの長さは何cmだと考えられますか。

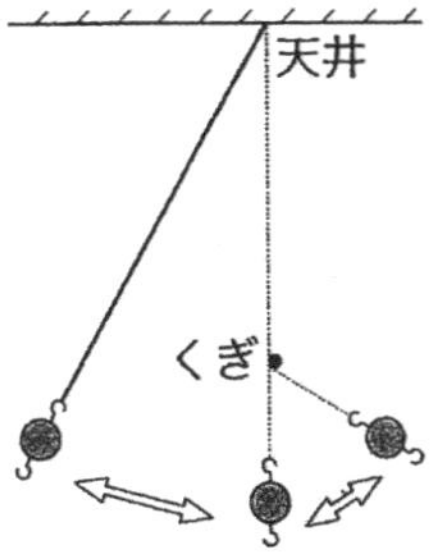

(6)　メトロノームはふりこの性質を利用した道具です。メトロノームはおもりの位置を上下させると、１分間にふれる回数を変えることができます。おもりをア・イのどちらに動かせば１分間にふれる回数が少なくなりますか。記号で答えなさい。

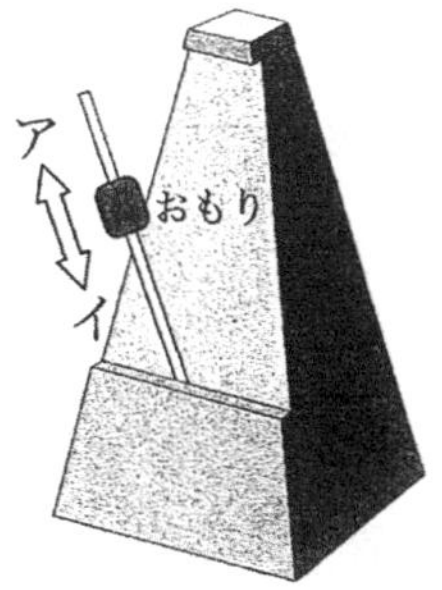

5　次の写真は、リカさんが北海道旅行で訪《おとず》れた昭和新山と、その解説板です。次の問いに答えなさい。

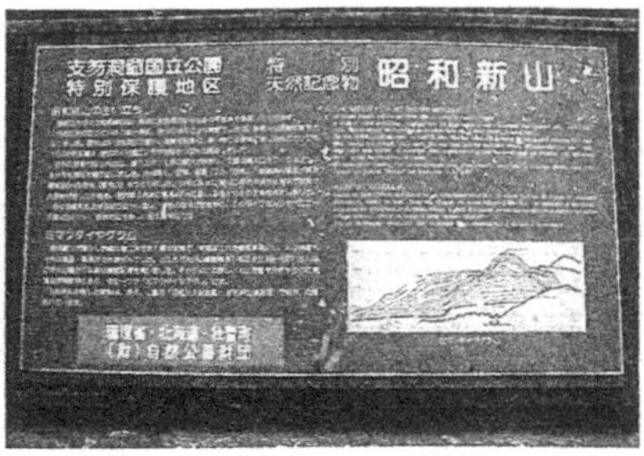

(1)　昭和新山はどのようにしてできましたか。次のア～エから１つ選び、記号で答えなさい。

ア　1944年からの有珠山《うすざん》の噴火《ふんか》で、畑が盛《も》り上《あ》がり、２年近くの間にできた。
イ　1944年からの有珠山の噴火で、有珠山から流れ出てきた溶岩《ようがん》が約２年で冷え固まってできた。
ウ　1944年にあった集中豪雨によって、大地が侵食《しんしょく》されて地中の岩石があらわれた。
エ　1944年にあった巨大地震《きょだいじしん》によって、土地が液状化し、地中の岩石がうき上がってできた。

(2)　右の図は、三松正夫《みまつまさお》によって作成された『ミマツダイヤグラム』と呼ばれているものです。この図は何をあらわしたものと考えられますか。次のア～エから１つ選び、記号で答えなさい。

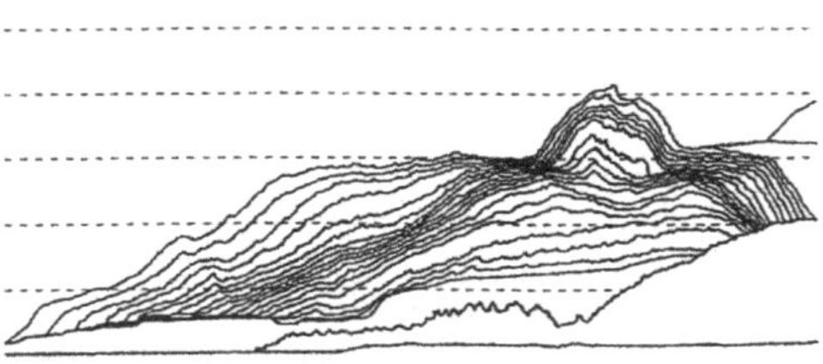

ア　昭和新山の等高線を示したもの。
イ　昭和新山を正確に測量し、断面のようすを示したもの。
ウ　昭和新山の地層《ちそう》を正確にスケッチしたもの。
エ　昭和新山が誕生《たんじょう》していく過程を記録した多数のスケッチを１つにまとめたもの。

(3)　2002年に有珠山や昭和新山の周辺の市町村が共同で、防災に関する地図を作成しました。この防災に関する地図は主にどのような自然災害を想定して作成されたと考えられますか。次のア～ウから１つ選び、記号で答えなさい。

ア　火山活動による災害
イ　地震災害
ウ　気象災害

6 右の図1のア～クは、地球と太陽と月の位置関係を表しています。次の問いに答えなさい。

図1

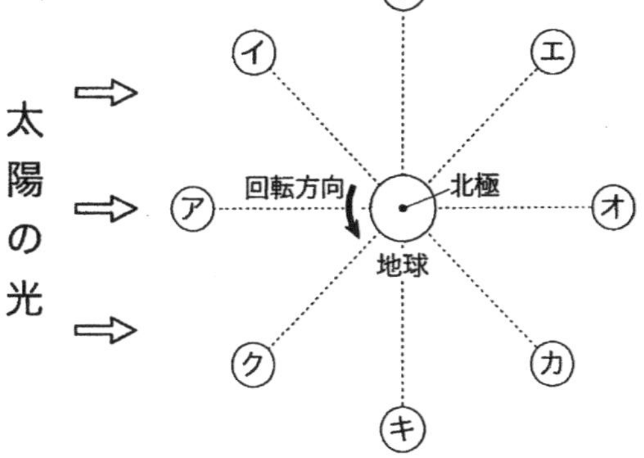

(1) 下の図2は大阪からある方角を見たときに見えた月のスケッチです。この月が見えるのは図1のどの位置に月があるときですか。図1のア～クから1つ選び、記号で答えなさい。

図2

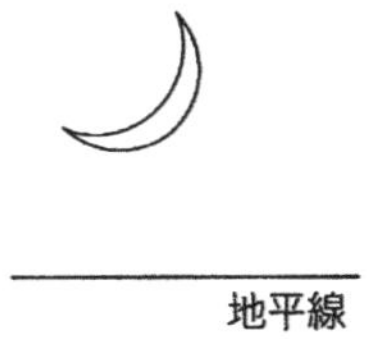

(2) 図2の月が見えるのはどの方角ですか。次のア～エから1つ選び、記号で答えなさい。

ア 北　イ 南　ウ 東　エ 西

(3) 図2の月が見えたのはいつですか。次のア～エから1つ選び、記号で答えなさい。

ア 明け方　イ 正午　ウ 日没《にちぼつ》後　エ 真夜中

(4) 大阪で図2の月が見えてから満月が見えるまで何日くらいかかりますか。次のア～オから1つ選び、記号で答えなさい。

ア 4日　イ 12日　ウ 19日　エ 27日　オ 30日

(5) 図2の月が見えてからしばらく経《た》って、大阪で日食が観察されました。何日くらい後に観察されたと考えられますか。次のア～オから1つ選び、記号で答えなさい。

ア 4日　イ 12日　ウ 19日　エ 27日　オ 30日

令和３年度　入 学 選 考

社 会　問 題 冊 子

（40分）

（注意）

１．「はじめ」の合図があるまで問題冊子を開いてはいけません。

２．問題は７ページまであります。

３．答えはすべて「解答用紙」に記入しなさい。

受検番号［　　　　　　　］氏名［　　　　　　　　　　］

大阪教育大学附属平野中学校

【1】　まさひろさんは、昨年の夏頃《なつごろ》に起きた出来事に関連したことを以下のようにまとめました。次の各問いに答えなさい。

> 2020年7月3日から九州地方各地では、（　X　）前線の停滞《ていたい》によって激しい雨が続き、多くの県で「大雨（　Y　）警報」が出され、河川《かせん》が氾濫《はんらん》するなど1.大きな被害《ひがい》が起きました。
>
> 「大雨（　Y　）警報」が出された県
>
> 7月4日　熊本《くまもと》県・鹿児島《かごしま》県
>
> 7月6日　福岡《ふくおか》県・佐賀《さが》県・長崎《ながさき》県
>
> 7月8日　2.長野《ながの》県・3.岐阜《ぎふ》県

> 2020年7月5日に、東京都で都知事選挙が行われました。この選挙は、東京都民が地方自治に参加する機会でした。［　Ⅰ　］
>
> また、4.地方においては議会があります。それぞれの議会では選挙で選ばれた議員が住民のさまざまな願いを聞き、その実現のために働いています。
>
> 住民の願いを実現させるために使うお金として税金があげられます。税金は国や都道府県、市（区）町村に納めます。このうち、住民が自分の故郷や任意の市町村に寄付する5.ふるさと納税という制度があり、寄付すると自分の住むまちに納める住民税から一定の金額が差し引かれます。

> 2020年8月28日に6.安倍晋三《あべしんぞう》内閣総理大臣（当時）が健康上の理由で辞任することを記者会見で表明しました。総理大臣としての連続在職日数は佐藤栄作《さとうえいさく》氏を抜《ぬ》いて2799日となり、歴代最長になったばかりのことでした。安倍総理大臣の辞任後、自由民主党では新しい総裁が選ばれました。総裁として選ばれたのは、（Z）氏でした。（Z）氏は9月16日に召集《しょうしゅう》された臨時国会で指名され、第99代目の内閣総理大臣に就任しました。
>
> 内閣総理大臣になるためには、まず［　Ⅱ　］

（1）　資料中の空らん部X・Yに入る言葉をア～オより選びそれぞれ記号で答えなさい。

ア．秋雨《あきさめ》　　イ．緊急《きんきゅう》　　ウ．臨時　　エ．梅雨《ばいう》　　オ．特別

（2）　資料中の下線部１·「大きな被害」について、次の各問いに答えなさい。

①　私たちの国は災害による被害を防ぐ防災や、被害をできるだけ少なくする減災のためにさまざまな取り組みを行っています。大雨による洪水《こうずい》や、地震《じしん》など、被害が想定される地域をあらかじめ示した地図を何というか答えなさい。

②　災害について説明した下の文章の空らん部 a～c に入る言葉の正しい組み合わせをア～カより選び記号で答えなさい。

> 国や都道府県、市町村などが災害時に被災者の救助や支援《しえん》を行うことを「 a 」といいます。ただし、「　a　」が迅速《じんそく》にすべての被災者に対して実施《じっし》されることは現実的には難しいため、自分自身や家族を守る「　b　」や、住民同士が協力する「　c　」の重要性が高まっています。

ア．a 共助　　b 公助　　c 自助　　　　イ．a 共助　　b 自助　　c 公助

ウ．a 公助　　b 共助　　c 自助　　　　エ．a 公助　　b 自助　　c 共助

オ．a 自助　　b 共助　　c 公助　　　　カ．a 自助　　b 公助　　c 共助

（3）　資料中の下線部２「長野県」は、海に面しない内陸にあります。そのため、このような大雨は、めずらしいことです。下のグラフは、高松市《たかまつし》（香川県《かがわけん》）・福井市《ふくいし》（福井県）・松本市《まつもとし》（長野県）の気温と降水量（1981 年～2010 年までの平均値《へいきんち》）を表したものです。松本市（長野県）のグラフをア～ウより選び記号で答えなさい。

ア．　　　　　　イ．　　　　　　ウ．

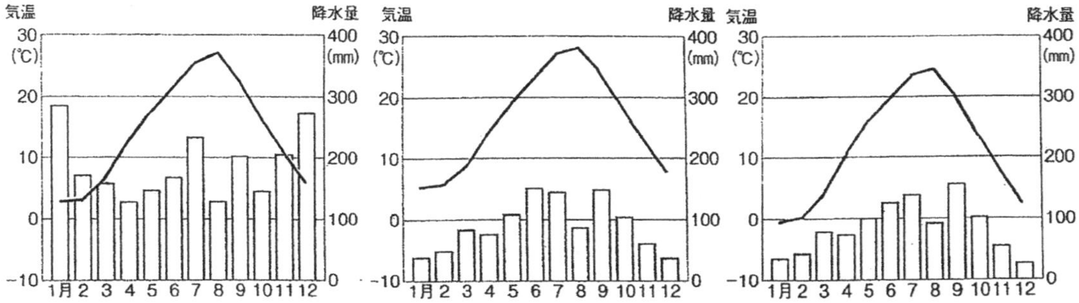

「理科年表」

（4）　資料中の下線部３「岐阜県」は、織田信長《おだのぶなが》に関係の深い場所の一つです。織田信長に関わる下の年表を読んで次の各問いに答えなさい。

年	出来事
１５４３年	鉄砲《てっぽう》がポルトガル人によって（　Ｘ　）島に伝わる。
１５６０年	（　　　Ａ　　　）
１５６７年	美濃《みの》（岐阜県）を支配し、室町《むろまち》幕府の将軍に依頼《いらい》されて京都に入る。
１５７１年	比叡山延暦寺《ひえいざんえんりゃくじ》を焼《や》き討《う》ちする。一向一揆《いっこういっき》などとの争いが続く。
１５７３年	将軍である（　Ｙ　）氏を京都から追放　　室町幕府滅亡《めつぼう》
１５７５年	（　　　Ｂ　　　）
１５８２年	（　　　Ｃ　　　）　　豊臣秀吉《とよとみひでよし》が山崎《やまざき》の合戦で勝利

①　年表中の空らん部Ｘ・Ｙに入る言葉をそれぞれ答えなさい。

②　年表中の空らん部Ａ～Ｃに入る歴史的出来事をア～ウより記号で選び、名称《めいしょう》もそれぞれ答えなさい。

ア．織田信長が家臣の明智光秀《あけちみつひで》に殺害される。

イ．織田信長が武田勝頼《たけだかつより》の軍勢を破る。

ウ．織田信長が今川義元《いまがわよしもと》の大軍を破る。

③　織田信長の政策について説明した下の文章で、正しいものをア～オより選び記号で答えなさい。

ア．朝廷《ちょうてい》から征夷大将軍《せいいたいしょうぐん》に任じられ、京都に幕府を開いた。

イ．キリスト教を保護し、学校や教会を建設することを許可した。

ウ．自分のむすめを天皇のきさきにして大きな権力をふるった。

エ．百姓《ひゃくしょう》から刀や鉄砲などの武器を取り上げて、反抗《はんこう》できないようにした。

オ．京都に近い安土《あづち》（滋賀《しが》県）に大きな城を築き、城下町には武士だけを住まわせて戦いに備えていた。

（5）　資料中の空らん部Ⅰには下の文章が入ります。文章中のａ・ｂについて正しければ○、誤っていれば正しい語句を答えなさい。

「このように、その土地に暮らす人々が地方自治を通じてa. 間接的に政治に参加し、b. 民主主義について学べることから、地方自治は"民主主義の学校"といわれています。」

令和3年度　入学選考

国語　解答用紙

受検番号

氏名

※100点満点
（配点非公表）

1

一　X　Y

二

三

四　～

五

六

七　絵を描くことは　（20）（30）　ではないから。

八

九

十　A　B

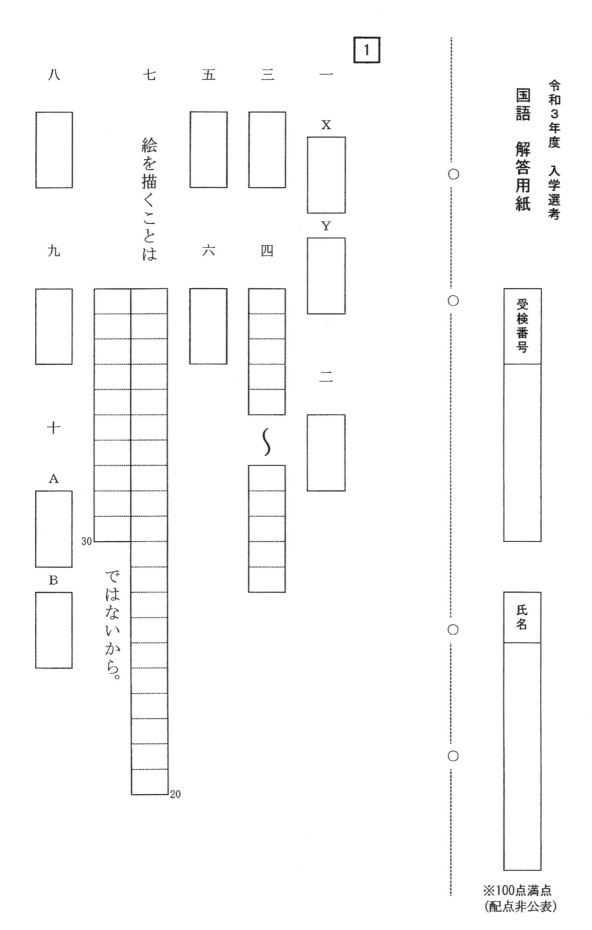

4		(3) 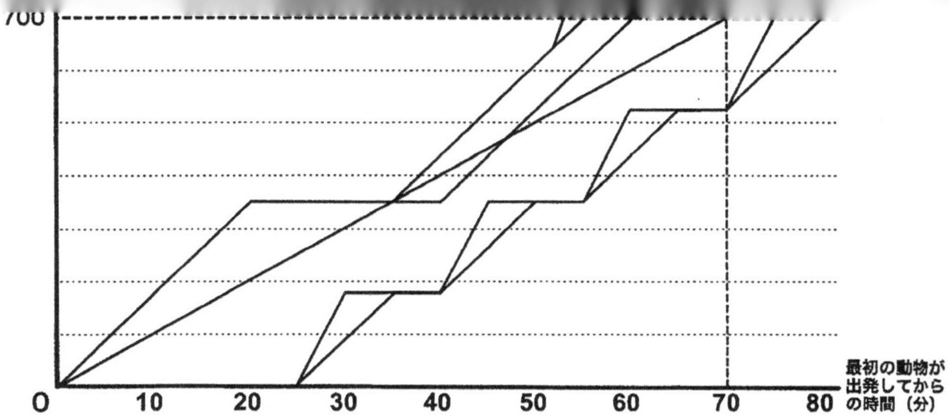	
5	(1) A	B	(2) 万 km
6	(1) 個	(2) 個	(3) cm^2
7	(1) あ	い	
	(2)		
	(3) 個		

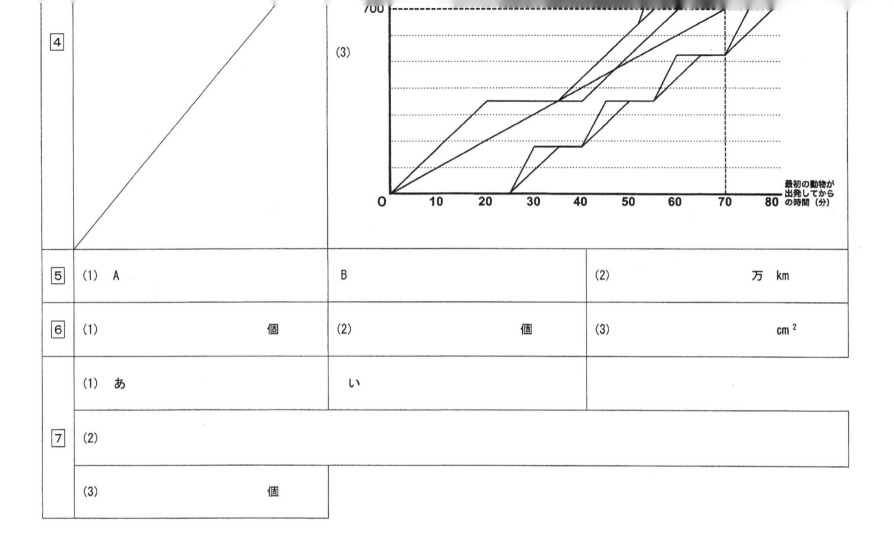

3	(4)							
	(5)	色	(6)					
	(7)							
	(8)							
4	(1)							
	(2)							
	(3)							
	(4)		(5)	① 秒	② cm	③ cm	(6)	
5	(1)		(2)		(3)			
6	(1)		(2)		(3)			
	(4)		(5)					

(9)	①	宣言	②			
(10)	a		b		c	

【2】	(1)	あ		い		う	
	(2)	①					
		②					
	(3)						
	(4)						
	(5)						
	(6)						
	(7)						
	(8)						

【3】	

令和3年度　入学選考

社会　　　解答用紙

受検番号			氏　名	

※100点満点
（配点非公表）

【1】	(1)	X			Y		
	(2)	①					
		②					
	(3)						
	(4)	①	X	島	Y	氏	
		②	A	記号	名称		
			B	記号	名称		
			C	記号	名称		
		③					
	(5)	a		b			
	(6)						
	(7)						

【解答

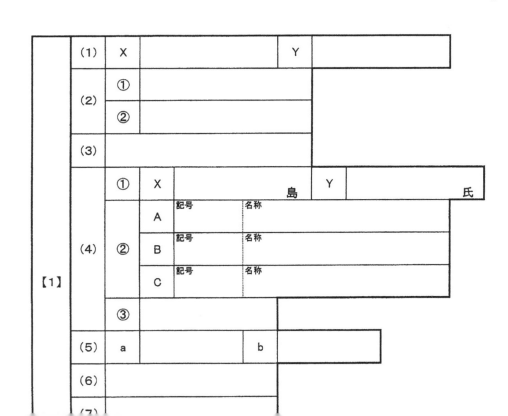

※100点満点
（配点非公表）

令和３年度　入学選考
理　科　解答用紙

受検番号	

氏　名	

1	(1)		(2)		(3)		
	(4)	①　→　→　→		②		(5)	
2	(1)						
	(2)						
	(3)	①　色　から　色					
		② 	③				
			④				

【解答

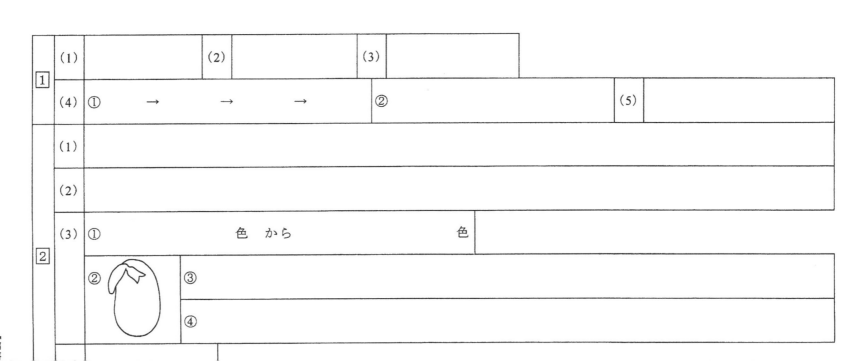

※100点満点
（配点非公表）

令和３年度　入学選考

算　数　解答用紙

受検番号			氏　　名	

1	(1)	(2)	(3)	(4)
2	(1)　　　　さん	(2)　　　　km	(3)　　　　個	
	(4)　　　　度	(5)	(6)　　　　cm^2	
3	(1)　　　　円	(2)　　　　枚		
	(3)　（　　，　　），（　　，　　），（　　，　　）			
	(1)			
	(2)　　　　m			

【解答

一

1

2

3

4

二

三

四

五

六

七

（30字／20字）

八

九

あ、貝殻

（20字　15）

20

返すね、はい。

十

（30字／20字）

に気づかない無神経さ。

十一

十二

（6）　資料中の下線部４の具体的な内容として正しいものをア～エよりすべて選び記号で答えなさい。

ア．予算を執行《しっこう》する。　　　イ．条例を制定・改正・廃止《はいし》する。

ウ．予算を議決する。　　　エ．議会を解散させる。

（7）　資料中の下線部５の制度の目的として正しいものをア～エより選び記号で答えなさい。

ア．税収の少ない地域を判断する目安にするため。

イ．過疎《かそ》などによって税収が多くなる地域の収入源を分散するため。

ウ．住民にかかる税の負担を大きく軽減するため。

エ．過疎などによって税収が少ない地域の収入源を確保するため。

（8）　資料中の空らん部Ｚに入る人物の氏名をひらがなで答えなさい。

（9）　資料中の下線部６の人物について次の各問いに答えなさい。

①　下線部６の人物を中心とする日本政府は、新型コロナウイルス感染症《かんせんしょう》（COVID-19）の拡大防止のために、2020 年４月７日に７都府県に対して、４月 16 日には対象を全国に拡大して、ある宣言を出しました。この宣言を何というか答えなさい。

②　①の宣言が出された場合、各都道府県の知事の権限でできることとして誤っているものをア～エより選び記号で答えなさい。

ア．他の地域からの移動を禁止する。

イ．住民に不要不急の外出を控《ひか》えるよう要請《ようせい》する。

ウ．学校や福祉施設《ふくししせつ》に使用制限を要請・指示する。

エ．飲食店などに休業要請を出す。

(10)　資料中の空らん部Ⅱには次の文章が入ります。下の文章中の a～c について、正しければ○、誤っていれば正しい語句を答えなさい。

「　a. 国会議員にならなければなりません。そして、国会で内閣総理大臣に b. 任命され、最後に天皇から c. 指名されることで就任という流れになります。　」

【２】　下の文章を読んで次の各問いに答えなさい。

今から 2500 年ほど前、中国や朝鮮半島から移り住んできた人々によって、日本列島に米作りの技術が伝えられました。1.(あ)板付《いたづけ》遺跡《いせき》からは、水田のあとが発見されました。また、(い)登呂《とろ》遺跡からは、当時の人々の住居や、収穫《しゅうかく》した米を保存するための倉庫のあとも発見されています。

米作りがさかんになることは、人口の増加につながりました。また、共同で農作業にあたることが多くなり、2.周りに堀《ほり》をめぐらした集落が生まれました。(う)吉野ヶ里《よしのがり》遺跡がこのような集落の代表的な遺跡です。

木製農具の先の部分に鉄が使用されるなど、さまざまな技術革新をへて、８世紀の初めには3.当時の中国にならった法律がつくられ、新しい政治のしくみが定まりました。そのしくみの中で、各地の農民は4.収穫した稲《いね》の一部を税として納めるようになりました。

鎌倉時代になると、5.収穫を増やすためにさまざまな努力がなされました。また、6.二毛作も広まりました。

室町時代には、米作りを村全体で力を合わせて行い、共同で水路を整えたり、その土地にあった稲の品種を選んだりして、生産量を増やしました。

1582 年から 1598 年にかけては、豊臣秀吉によって7.検地が実施《じっし》され、百姓たちは土地を耕す権利を認められたかわりに年貢《ねんぐ》を収める義務を負いました。

（１）　文章中の遺跡（あ）～（う）の位置を右の地図中Ａ～Ｃより選びそれぞれ記号で答えなさい。

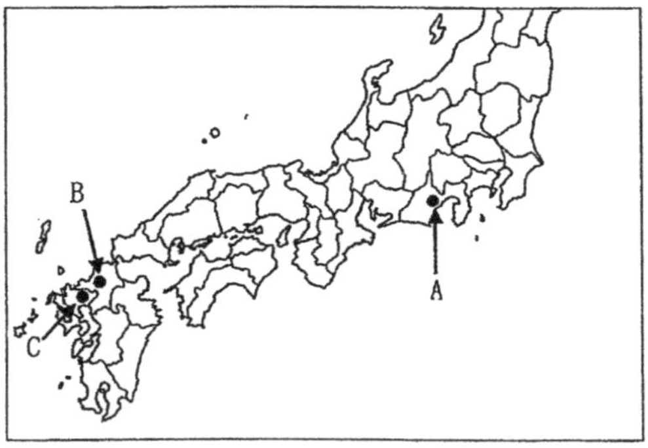

（２）　文章中の下線部１について次の各問いに答えなさい。

①　下線部１中の登呂遺跡には、地面を数十センチメートル掘《ほ》り下げて床《ゆか》をつくり、柱を立てて屋根をつくった竪穴《たてあな》式の住居がありました。当時の人々は、なぜ、このような竪穴式の住居に暮らしたのでしょうか。北海道などでは、背丈《せたけ》以上に掘り下げている住居跡《あと》が発見されていることをヒントにして、30 字以内で説明しなさい。

② 文章中の下線部１の時代の米作りについて説明した下の文章で、正しいものをア～エより選び記号で答えなさい。

ア．米作りの技術が伝わった場所は、一部の限定的な地域のみであった。

イ．米作りの技術は進化し、一年に二度の収穫が可能となった。

ウ．米作りの技術が各地に広がり、そこでの人々の生活に共通点が生まれた。

エ．海水を抜《ぬ》き、乾《かわ》かした土地を、水田として使用した。

（3） 文章中の下線部２のような集落を何というか答えなさい。

（4） 文章中の下線部３にある当時の中国の王朝をア～オより選び記号で答えなさい。

ア．漢《かん》　イ．隋《ずい》　ウ．唐《とう》　エ．宋《そう》　オ．元《げん》

（5） 文章中の下線部４「収穫した稲の約３％を納めさせる税」を何というか答えなさい。

（6） 下は、文章中の下線部５について説明したものです。空らん部Ａ・Ｂに入る言葉の組み合わせとして正しいものをア～エより選び記号で答えなさい。

「（　Ａ　）にすきをひかせて農地を深く耕し、肥料には（　Ｂ　）が使用された。」

ア．Ａ牛や馬　Ｂ草や灰　イ．Ａ罪人　Ｂ鰯《いわし》や菜種

ウ．Ａ罪人　Ｂ草や灰　エ．Ａ牛や馬　Ｂ鰯や菜種

（7） 文章中の下線部６「二毛作」とはどのような農業の方法か20字以内で説明しなさい。

（8） 文章中の下線部７「検地」を実施する際には、下のような板が必ず使用されていました。なぜこの板には２つの「メ」印（画像上の×印）が書かれているのか30字以内で説明しなさい。

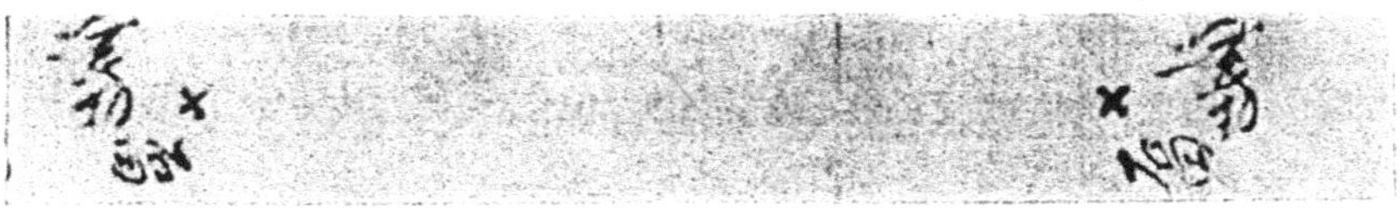

【3】　次のA～Eの円グラフは、京浜《けいひん》工業《こうぎょう》地帯《ちたい》・中京《ちゅうきょう》工業地帯・阪神《はんしん》工業地帯・北九州《きたきゅうしゅう》工業地帯・瀬戸内《せとうち》工業《こうぎょう》地域《ちいき》の 2017 年の工業出荷額《しゅっかがく》とその内訳を示しています。A～Eの円グラフと工業地帯・地域名を正しく組み合わせたものをア～エより選び記号で答えなさい。

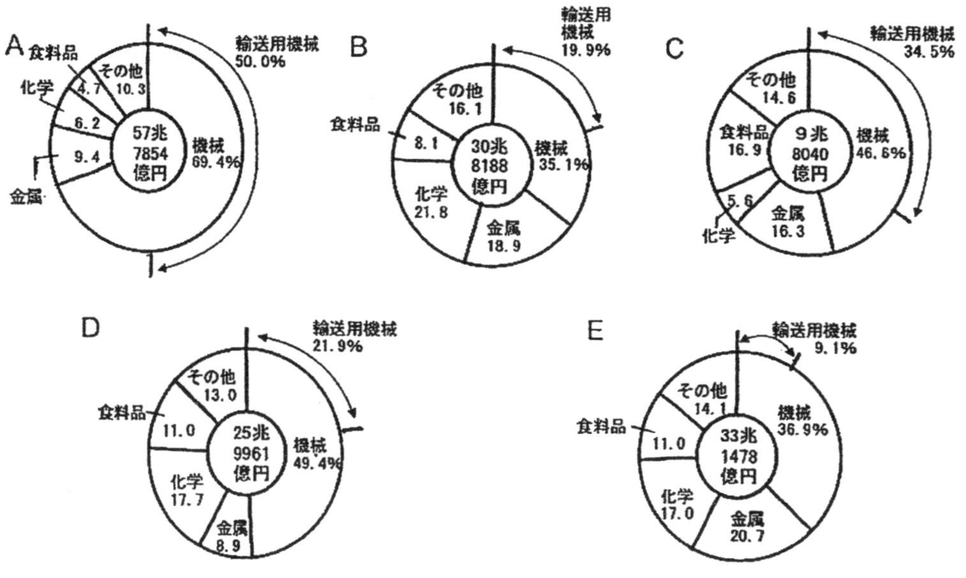

「日本国勢図会《ずえ》」

	京浜	中京	阪神	北九州	瀬戸内
ア	D	A	E	B	C
ウ	E	D	A	B	C

	京浜	中京	阪神	北九州	瀬戸内
イ	E	D	A	C	B
エ	D	A	E	C	B

令和２年度　入学選考

国語　問題冊子

（40分）

受検番号［　　　　］　氏名［　　　　］

（注意）

1　「はじめ」の指示があるまで問題冊子を開いてはいけません。

2　問題は八ページまであります。

3　答えはすべて、「解答用紙」に記入しなさい。

4　字数指定のある問題は、特に指示のない限り、句読点や「　」などの記号も一字と数えます。

大阪教育大学附属平野中学校

2020(R2) 大阪教育大学附属平野中
教英出版

問題は次のページからです

1　次の文章を読んで、後の問いに答えなさい。

1　言語をもつのは人間だけである――これが言語学者や動物学者の常識だった。【　A　】、最近の研究で、野鳥の一種・シジュウカラが、「単語」や「文法」を用いて仲間とコミュニケーションをとっていることがわかってきた。

2　シジュウカラはスズメほどの大きさの小鳥で、宅地や公園でもよくみられるとても身近な存在だ。本種は春先、樹木にできた空洞《くうどう》（樹洞《じゅどう》）に苔《こけ》を運んで巣をつくり、一夫一妻で繁殖《はんしょく》する。ヒナはおよそ七～一〇羽《わ》。親鳥から青虫をもらい、三週間ほどで親顔負けの大きさにまで成長する。樹洞のなかとはいえ、けっして安全なわけではない。1トキオリ、カラスがやってきて、入り口からヒナをつまみだし、食べてしまうことがある。【　B　】、ヘビは樹洞に侵入《しんにゅう》し、ヒナたちを丸呑《の》みにする。

3　親鳥は、巣に近づくカラスやヘビをみつけると、繰《く》り返し鳴き声を出して騒《さわ》ぎ立てる。このような鳴き声は他の鳥でも知られるが、長いあいだ単なる「叫《さけ》び声」であると考えられてきた。しかし、わたしの一連の研究から、①この声は天敵の種類をヒナに伝える「単語」であることが明らかになった。

4　シジュウカラの親は、カラスをみつけると「チカチカ」と鳴く。この声を聞くと、ヒナたちは樹洞のなかで、カラスの嘴《くちばし》が届かない位置でうずくまる。一方、親鳥はヘビをみつけると「ジャージャー」と＊しわがれた声を出す。これを聞くと、ヒナたちは一斉《いっせい》に樹洞を飛び出す。ヘビが侵入してくる前に、巣を脱出《だっしゅつ》することで、捕食《ほしょく》を回避《かいひ》できるのだ。【　C　】、「チカチカ」はカラスを、「ジャージャー」はヘビを示す声だといえる。

5　シジュウカラは秋から冬にかけて群れをなして生活するが、そのなかでもさまざまな音声を用いて2ジョウホウを伝え合う。群れの仲間に危険を知らせる際は「ピーツピ（警戒《けいかい》しろ）」と鳴き、仲間を呼ぶ際には「ヂヂヂヂ（集まれ）」と鳴く。しばしば、仲間とともに協力してフクロウやモズなどの天敵を追い払《はら》うことがあるのだが、その際は「ピーツピ・ヂヂヂヂ」と組み合わせる。これは「［　②　］（そして、ともに天敵を追い払おう）」という文であるといえそうだ。

6　この音声の組み合わせには規則がある。「ピーツピ・ヂヂヂヂ」と組み合わせるが、「ヂヂヂヂ・ピーツピ」とは発さない。実際に、正しい語順の音声をスピーカーから再生して聞かせてみると、シジュウカラは天敵を追い払うときと類似《るいじ》の行動（警戒しながら音源に近づく）で反応する。一方、語順を逆にした合成音を再生すると、これらの反応はみられない。③つまり、シジュウカラは（　　　　　　　　　　）と考えられる。

7　このように、シジュウカラにもある3テイドの言語能力が備わっていることがわかってきた。他の鳥たちにも同様の能力があるのかは未《いま》だ明らかではないが、④鳥類の音声研究はわたしたち人間の言語の起源を探《さぐ》るうえでも大きな鍵《かぎ》を握《にぎ》っているといえそうだ。

（鈴木《すずき》　俊貴《としたか》「シジュウカラ語を解き明かす」より。出題にあたり、一部表記を改めた。）

＊しわがれた……声がかすれた。声がかれた。

問い

一　〰〰線１～３のカタカナを漢字に直しなさい。

二　＝＝線部「公園」と同じ読みの二字熟語を二つ答えなさい。

三　【Ａ】～【Ｃ】にあてはまる言葉を次から一つずつ選び、記号で答えなさい。

ア　では　イ　つまり　ウ　また　エ　しかし

四　――線①「この声」とありますが、どのような声ですか。二十五字以内で答えなさい。

五　［②］にあてはまる適切な言葉を十字以内で答えなさい。

六　――線③「つまり、シジュウカラは（　　　）と考えられる」とありますが、（　　　）にあてはまるものとして最も適当なものを次から選び、記号で答えなさい。

ア　語順を正しく認識《にんしき》して、文の意味を解読している

イ　敵を正しく認識して、こわがらせている

ウ　自分のヒナを正しく認識して、他のヒナと区別している

エ　敵の発する単語を正しく認識して、同一の行動をしている

七　――線④「鳥類の音声研究はわたしたち人間の言語の起源を探《さぐ》るうえでも大きな鍵《かぎ》を握《にぎ》っているといえそうだ」と言える理由を次のようにまとめました。「　X　」「　Y　」にあてはまる語として適当なものを後からそれぞれ選び、記号で答えなさい。また（　Z　）にあてはまる言葉を文中から十八字で探して、書きぬきなさい。

> 鳥の中には、意味をもった音声である「　X　」や、「　X　」の組み合わせの規則である「　Y　」を用いて（　　　Z　　　）ものもいることが分かってきたから。

ア　単語　　イ　熟語　　ウ　説話　　エ　文法

八　この文章の②～⑥段落を内容のまとまりで二つに分けると、後半はどこからですか。番号で答えなさい。

九　この文章の題名は「シジュウカラ語を解き明かす」です。副題を付ける場合、最も適当なものを次から選び、記号で答えなさい。

ア　人間と言語　　イ　シジュウカラとカラスの会話を探る　　ウ　鳥と人間の共存　　エ　言語の起源を求めて

十　この文章の構成の仕方として、最も適当なものを次から選び、記号で答えなさい。

ア　まず筆者の意見を示して、次にそう言える理由を事例を用いて説明している。
イ　まず筆者が集めた事例を示して、次に導き出される意見を述べている。
ウ　まず筆者の意見を示して、その理由を事例を用いて説明し、最後にもう一度意見を述べている。
エ　まず筆者の意見を示して、予想される反対の意見を否定し、もう一度意見を述べている。

2　次の文章を読んで、後の問いに答えなさい。

「ぼく」は毎夏、いとこの少年たちと、子どもだけで「章《あきら》くん」の海辺の別荘《べっそう》で過ごすのを楽しみにしていた。でも、今年は、勝手にしきる「章くん」に納得《なっとく》がいかず、段々ふんいきが悪くなっていく。別れの前日、そのふんいきにたえかねた「じゃがまる」が泣き出してしまう。そんな中、「章くん」から自分の参加は今年で最後だと告げられて……。

①ぼくらの夏が今年で終わる。完全に終わる。

そしてもう二度と、始まらない。

小野寺《おのでら》さんの料理をダイニングに運ぶあいだも、その皿をテーブルに並べるあいだも、ぼくらは一様にだまりがちで、動きもどこかぎこちなかった。あの器用な智明《ともあき》が花瓶《かびん》を倒《たお》した。ナスはみそ汁《しる》の椀《わん》にごはんをよそった。ぼくはみんなで食べるニラ炒《いた》めの大皿にソースをかけてしまった。めちゃくちゃだ。

ぼくも、智明も、ナスも。だれもが似たようなショックと、そして似たような後ろめたさを感じていたのだと思う。

そんなぼくらに比べたら、②かえってじゃがまるのほうが冷静だった。

十二時を少しまわったころ、章《あきら》くんと一緒《いっしょ》にもどって来たじゃがまるは、赤い目をしながらも精一杯《せいいっぱい》、中学年としての威厳《いげん》を示してくれた。

「さっきはちょっと、おとなげなかったよ」

ぽつりと言って、テーブルの椅子《いす》に腰《こし》かける。

「あのこと、聞いた？」

ナスが尋《たず》ねると、

「うん。でも、ぼく、もういいんだ」

両足をぶらぶら揺《ゆ》さぶりながら、じゃがまるはもう何もかもあきらめきったような口ぶりで、

「でもさ、そういうことだったら、もっと早く言ってくれればよかったのに」

それにはぼくも同感だった。

章くんはどうしてだまってたんだろう？

こんな大事なことを、なんだって今まで隠《かく》してたんだ？

ぼくは問いかけるように章くんを見た。章くんはぼくがソースをかけたニラ炒めを噛《か》みしめているところだった。ぼくの視線に気づくと、たちまちけわしい目つきになって、

「あのな、恭《きょう》」
③ぼくはびくんと身を引いた。けれど章くんの口から出てきたのは、ぼくの恐《おそ》れていたソースの話題じゃなかった。
「午後、また競泳するぞ」
みんなで勝負する競泳なのに、章くんはぼくだけを見つめて、言ったんだ。
「④これが最後の勝負だ。がんばれよ」

天気のいい日には、空と海のあいだに佐渡島《さどがしま》が見える。今日みたいな晴天の日には粟島《あわしま》も見える。
水平線に浮《う》かぶその二つの島にむかって、ぼくらは平泳ぎで【　A　】進んでいった。
最後の競泳。
一キロほど沖《おき》へ出ると、そこをスタートラインに、今度はクロールでの本勝負だ。
スタートの直前、章くんに「行くぞ」と頭をはたかれて、ぼくはこくんとうなずいた。
「ようい、スタート」
ぼくらは陸へむけていっせいに泳ぎだした。
強烈《きょうれつ》な午後の日ざしが空のてっぺんから五つの頭を照らしだす。それはまるでカメラのフラッシュライトみたいに、息つぎのたびにぼくの瞳《ひとみ》を直撃《ちょくげき》した。額のあたりに一瞬《いっしゅん》の風を受けとめて、ぼくは再び水の中へすべりこんでいく。
ぼくはもう手をぬかなかった。【　B　】手足を動かし、高々としぶきをあげて、陸へ、陸へと突進《とっしん》していく。
二百メートルほど来たあたりで、ぼくは早くも章くんをぬいていた。そんなペースじゃ最後までもたないから、やや速度をゆるめて体を休ませる。そのあいだも背後から章くんの迫《せま》ってくる気配はなかった。それどころか距離《きょり》はどんどん開いていく。これじゃ前回のいかさまを1ハクジョウしているようなもんだけど、ぼくはそのままつっ走った。
わざと負けるなんて、もういやだ。「がんばれよ」とはっぱをかけられたとき、ぼくは章くんの目を正視できなかった。あんなやましさはたくさんだ。
ラスト百メートルの地点で、ぼくはスパートをかけた。うまく波に乗って体を押《お》しだす。ありったけの力をこめて海をかきわける。
気がつくと、ぼくは断トツの一位で陸の上にいた。
力を出しきった爽快《そうかい》感と、同じくらいの脱力《だつりょく》感。
砂浜《すなはま》で呼吸を2トトノえていると、数十秒遅《おく》れでゴールした章くんが疲《つか》れた足どりで歩みよってきた。すうっと右手をさしだしたので、反射的にぼくも右手を出すと、その手をパシャリとやられ、おまけにほおをつねられた。
「いて」
ぼくが顔をしかめると、章くんは愉快《ゆかい》そうにからからと笑い、そのまま別荘《べっそう》へ引きあげていった。
やせっぽっちの後ろ姿が、*蜃気楼《しんきろう》のむこうにかすんでいく。

ぼくはその場にへたりこみ、大の字になってまぶたを閉じた。
潮と魚とこんぶのにおい。
大きく息を吸いこむと、胸がつまって、苦しくなった。
章くんにつねられたほおがaじんじんしていた。
どれくらいそのまま寝《ね》ころんでいただろう。体じゅうに張りついた水滴《すいてき》が乾《かわ》ききったころ、死体みたいにじっとしていたぼくを、だれかが親切に埋めはじめた。ひざのあたりにひやっとした感触《かんしょく》。見ると、じゃがまるが【　C　】砂をかけている。
「ついに勝ったね」
目が合うと、じゃがまるは言った。
「うん」
ぼくがうなずくと、じゃがまるは急に声を落として、
「でも、ぼくはもう一生、恭くんや章くんに勝てないんだ」
その思いつめたような口ぶりに、ぼくはあわてて言いかえした。
「なんでだよ、じゃがまる。そんなことないよ」
「だって、もうこんなふうにみんなで泳ぐことなんてないでしょ」
「うーん」
「ほらね」
「いや……、でもさ、じゃがまる」
⑤ぼくは必死で言葉を探した。
「そりゃあ、ぼくらの競泳はこれで最後かもしれないけど、でもきっとそのうち、ぼくや章くんよりずっと速いやつが、じゃがまるの前に現れるよ。じゃがまるがそいつに勝ったら、それはさ、ぼくや章くんにも勝ったってことだろ？　そしたら手紙でも書いて知らせてくれよ」
「うん。それはいいかもね」
じゃがまるは大まじめにうなずいた。
「でも、何年かかるかなあ」
「すぐだよ、じゃがまるなら。だってぼくがじゃがまるくらいのころはさ、泳ぐどころか、海がこわくて近づけなかったんだから」
「恭くんが？」
「うん。なのに章くんってば、ぼくの手をがしっとつかんで、ぐいぐい引っぱって、水の中に放りこむんだ。⑥もう、悪魔《あくま》かと思ったよ。ぎゃーぎゃー泣きながらバタバタやって、必死で陸に逃げようとして……。でもさ、そうこうしているうちにちょっとずつ、ちょっとずつ、泳げるようになってってたんだ」

しゃべりながら、ぼくは再びまぶたをおろしていった。
波打ち際《ぎわ》でナスと智明がじゃがまるを呼んでいる。何かめずらしい貝殻《かいがら》を見つけたらしい。
じゃがまるは3イチモクサンに駆《か》けていき、ぼくは右手をそうっと動かして、章くんにつねられたほおに当てた。
まだ、bじんじんしていた。
とうぶん消えそうもない痛みだった。

（森《もり》　絵《え》都《と》『アーモンド入りチョコレートのワルツ』所収「子供は眠る」KADOKAWAより。
出題にあたり、一部表記を改めた。）

＊蜃気楼《しんきろう》……さばくや海岸などの空中や地平線近くに見えるはずのない遠くのけしきがうつって見えるもの。

問い

一　次の［　　］は、この物語の登場人物の呼び名と学年を示しています。［X］～［Z］にあてはまるものを次から選び、記号で答えなさい。

［X］（中三）・［智明《ともあき》］（中二）・［Y］（中二）・［ナス］（中一）・［Z］（小四）

ア　じゃがまる　　イ　恭《きょう》　　ウ　小野寺《おのでら》　　エ　章《あきら》　　オ　ニラ

二　〰〰線1～3のカタカナを漢字に直しなさい。

三　【A】～【C】にあてはまる言葉を次から一つずつ選び、記号で答えなさい。

ア　がむしゃらに　　イ　きゅうに　　ウ　ゆっくりと　　エ　せっせと　　オ　しっとりと

四　――線①「ぼくらの夏が今年で終わる。完全に終わる。」「そしてもう二度と、始まらない。」とありますが、この部分の効果として適当でないものを次から一つ選び、記号で答えなさい。

ア　「終わる」ということをくりかえして、今年が最後だという特別さを強調している。
イ　段落を変えて「始まらない」と示すことで、「ぼくらの夏」が何度もあった不思議さを強調している。
ウ　「ぼくらの夏」と示すことで、この仲間との特別の夏であることを強調している。
エ　段落を変えて「そして」と続けることで、とても大切なことだと強調している。

五　——線②「かえって」を、文中と同じ意味で使って、短文を作りなさい。なお、短文には主語と述語を必ず記しなさい。

六　——線③「ぼくはびくんと身を引いた」とありますが、ここからどういうことが読み取れますか。最も適当なものを次から選び、記号で答えなさい。
ア　「章くん」の言動に対して、「ぼく」は無意識にきょうふを感じている。
イ　「章くん」の言動に対して、「ぼく」はいいかげんいや気がさしている。
ウ　「章くん」の言動に対して、「ぼく」は絶対に逆らえないとあきらめている。
エ　「章くん」の言動に対して、「ぼく」はわざと反こう的な態度をとっている。

七　——線④「これが最後の勝負だ。がんばれよ」にこめられた気持ちを三十字以内で答えなさい。

八　——線⑤「ぼくは必死で言葉を探した」とありますが、なぜですか。この時のぼくの気持ちとして適当でないものを次から一つ選び、記号で答えなさい。
ア　まっすぐな相手に「次もある」というウソはつきたくないから。
イ　仲間ときそい合っていくよさは伝えたいと思ったから。
ウ　「次はない」状きょうのなかで他の方法を見つけようとしているから。
エ　自分が泳ぎきった達成感を相手にどうしても分かってほしいから。

九　——線⑥「もう、悪魔《あくま》かと思ったよ」とありますが、この時の「ぼく」の気持ちとして適当でないものを次から一つ選び、記号で答えなさい。
ア　厳しさを強調して、「章くん」との過去をなつかしく思う気持ち。
イ　過去を思い出して、「章くん」の厳しさに対して感謝する気持ち。
ウ　過去を例に出して、いつもえらそうな「章くん」の悪口を言いたい気持ち。
エ　ユーモアをもって、過去の「章くん」の接し方を表現しようとする気持ち。

十　＝＝線部a・b「じんじん」とありますが、aが「ほおの痛みとともに、つねられる原因となった、自分のこれまでの態度を後かいするような心の痛み」とすると、bはどのような痛みですか。aとのちがいが分かるように、あなたの考えを書きなさい。

令和２年度　入学選考

算数　問題冊子

（40分）

（注意）

1．「はじめ」の合図があるまで問題冊子を開いてはいけません。

2．問題は６ページまであります。

3．答えはすべて「解答用紙」に記入しなさい。

4．計算は問題冊子の余白や表紙の裏《うら》を使ってもかまいません。

受検番号［　　　　　　　］氏名［　　　　　　　　　　　　　　］

大阪教育大学附属平野中学校

1 次の □ にあてはまる数を求めなさい。

(1) $13+(49-7\times6) = \square$

(2) $\left(\frac{7}{15}+\frac{5}{12}\right)\times60 = \square$

(3) $6\times6\times3.14-4\times4\times3.14 = \square$

(4) $\square\times8-22 = 10$

2 次の問いに答えなさい。

(1) 電車が，1時間20分で96km走ったときの時速を求めなさい。

(2) 右の図のようなダイヤル錠《じょう》の暗証番号は，全部で何通りできるか答えなさい。各段の数字はそれぞれ0～9まで10個ずつあります。

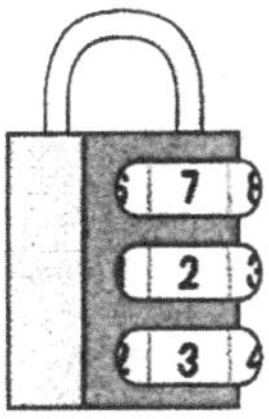

(3) 金と銀と銅のかたまりがあります。その体積と重さをはかったら，右の表のとおりでした。体積が同じ場合，一番軽いものはどれか答えなさい。

	体積(cm^3)	重さ(g)
金	30	579
銀	60	630
銅	70	623

(4) 右の図のように，立方体の積み木を机の上に積んで，外から見えるすべての面に色をぬりました。机に接している面はぬっていません。積み木をバラバラにしたとき，1面もぬられていない積み木は何個あるか答えなさい。

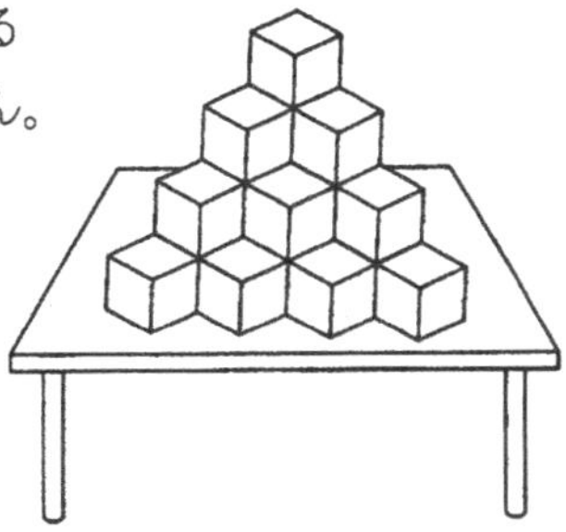

(5) 1から50までの整数を，右の図のような順序でAからCまで分類していきます。Cに入る整数の個数を答えなさい。

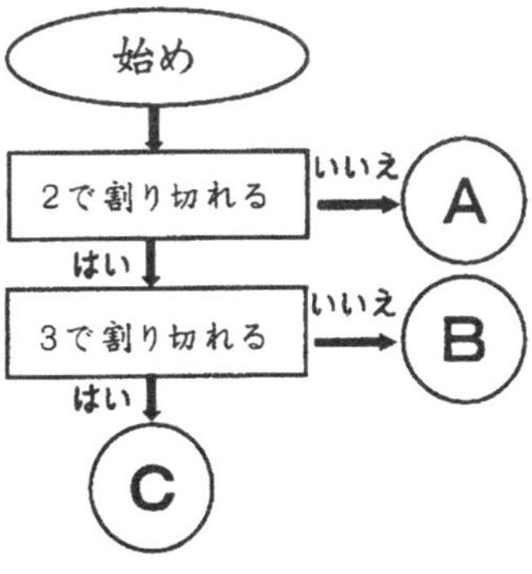

(6) 右の図では，縦，横，ななめのどの列にも，♠，♥，♦，♣のマークが1つずつ入ります。太枠《わく》に入るマークを答えなさい。

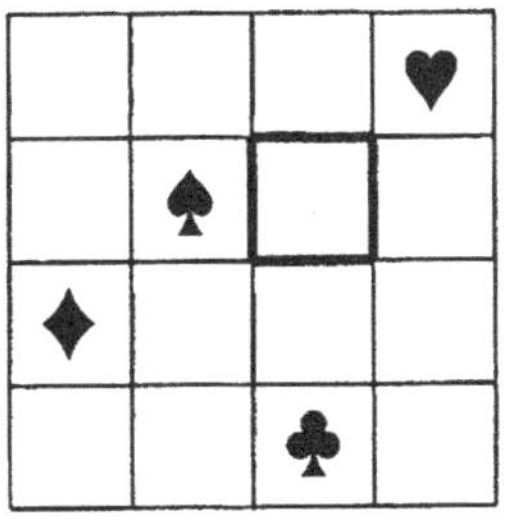

3 ある２つの果樹園Ａ，Ｂで，ある日収穫《しゅうかく》されたイチジクの数と重さについて調べました。下の資料と表は，収穫されたイチジクの数と重さについて調べたことを，まとめたものです。次の問いに答えなさい。

（資料）果樹園Ａと果樹園Ｂで収穫されたイチジクの数（個）とそれぞれの重さ（g）

果樹園Ａ　16 個 ｛ 83 , 78 , 88 , 93 , 95 , 88 , 83 , 86 , 88 , 87 , 90 , 85 , 97 , 80 , 92 , 87 ｝（g）

果樹園Ｂ　13 個 ｛ 80 , 93 , 84 , 104 , 93 , 75 , 84 , 97 , 90 , 77 , 98 , 82 , 87 ｝（g）

（表１）重さを５ｇずつに区切ったイチジクの個数

重さ(g)	果樹園A(個)	果樹園B(個)
75以上～ 80未満	1	2
80　～ 85	3	4
85　～ 90	7	1
90　～ 95	3	3
95　～100	2	2
100　～105	0	1
合計	16	13

（表２）収穫されたイチジクの重さについて

	果樹園A	果樹園B
もっとも重い重さ(g)	97 g	（ あ ）g
もっとも軽い重さ(g)	78 g	75 g
重さの平均(g)	87.5 g	88 g
もっとも個数の多いはんい	85g以上90g未満	80g以上85g未満
85g未満の個数の割合(%)	（ い ）%	およそ46%
85g以上95g未満の割合(%)	およそ63%	およそ31%
95g以上の個数の割合(%)	およそ13%	およそ23%

(1) 空欄《らん》（ あ ）（ い ）に入る数を答えなさい。

(2) 重さの平均について，果樹園ＡとＢのちがいはほとんどありませんが，重さのちらばりの様子にはちがいがあります。このちがいについて，簡単に説明しなさい。

4 下の図のように，折り紙を３回折ります。次の問いに答えなさい。

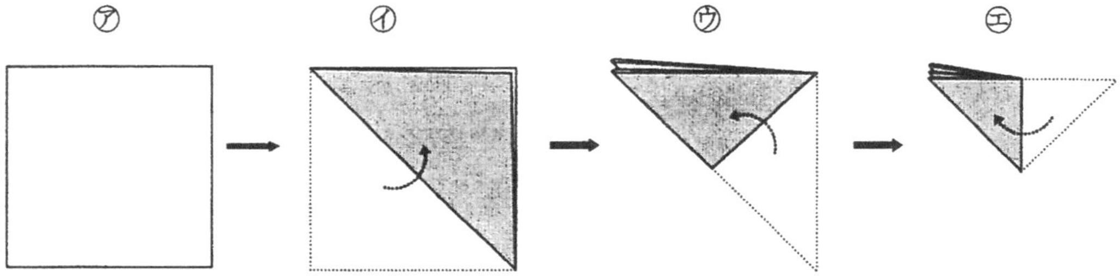

(1) ㋓の状態では，紙は何枚重なっていますか。

(2) ㋓を㋐の状態まで広げたとき，折り紙の辺と折り目でできる三角形は全部で何個ですか。

(3) ㋓を１回だけ直線で切り，広げてみると㋔の形になりました。どこを切ったのか図にかきなさい。

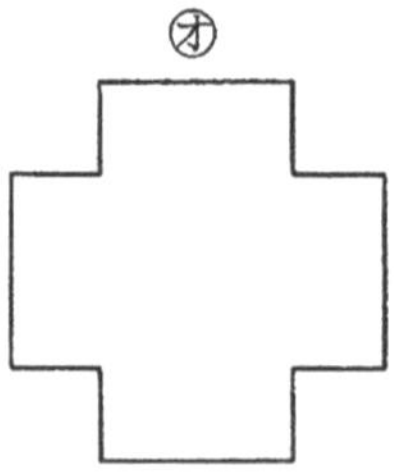

5 平成元年4月1日に導入された消費税は，税率3％からスタートし，これまで3度税率が変更《へんこう》されました。［資料Ⅰ］は，それをまとめた表です。令和元年の変更では，標準税率と軽減税率という2種類の仕組みが導入されたため，購入《こうにゅう》方法や購入物によって税率が異なります。ハンバーガーショップ『ヒラノッテリア』の販売《はんばい》価格については［資料Ⅱ］に示す通りです。平成元年から『ヒラノッテリア』の販売価格に変更はありません。次の問いに答えなさい。

［資料Ⅰ］

消費税率が変更された日	変更後の消費税率
平成元年4月1日	3％
平成9年4月1日	5％
平成26年4月1日	8％
令和元年10月1日	標準税率 10% 軽減税率 8％

［資料Ⅱ］

＊＊＊メニュー＊＊＊

・ハンバーガー：130円
・チーズバーガー：180円
・ポテト：100円
・コーラ：120円

※表示価格はすべて税抜《ぬ》き価格です。

◇消費税について◇

店内で飲食の場合：10%
持ち帰りの場合：8％
※消費税に1円未満の数が生じた場合、小数点以下を切り捨てます。

(1) 次の場合，いくら支払《しはら》ったか答えなさい。

① 令和2年にハンバーガー1つを店内で飲食した場合。

② 平成2年にチーズバーガー4つを買った場合。

(2) 平成10年と平成30年とでは，ポテト1つの税込《こ》み価格にいくらの差があるか答えなさい。

(3) 令和2年に，チーズバーガーとコーラを1つずつ買うとき，店内で飲食の場合と持ち帰りの場合とでは，どちらの方がいくら安いか答えなさい。

6 下の文章が成り立つように，空欄(あ)(い)に入る数を答えなさい。

イヌとサルがきびだんごを作ります。1箱分のきびだんごを作るのに，イヌは15分かかり，サルは10分かかります。イヌとサルが協力して作ったら，1箱分を(　あ　)分で作れます。

イヌとサルが，きびだんごを作る競争を始めました。競争が始まって30分後，キジがイヌの手伝いに加わりました。キジは，1箱分のきびだんごを作るのに20分かかります。キジが手伝い始めてから(　い　)分後，イヌとキジは，サルに追いつきました。

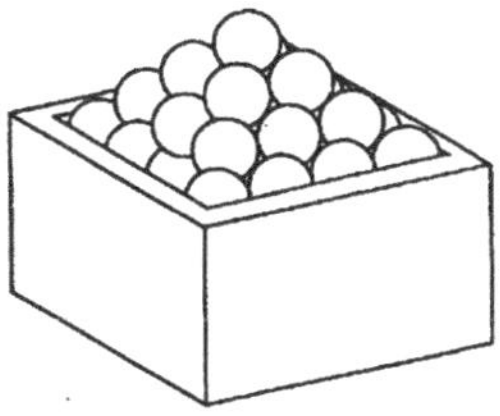

7　東京2020オリンピック・パラリンピック競技大会（以下，東京2020大会）の公式エンブレムは，デザイナーである野老朝雄《ところあさお》氏の作品で，算数のおもしろさが秘《ひ》められています。この作品は，正十二角形が基《もと》となっています。正十二角形のように辺の数が偶数《ぐうすう》である正多角形（正六角形，正八角形，正十角形など）はすべて，一辺がその正多角形の辺の長さと等しいひし形に分けることができます。〔図①〕の正十二角形をひし形に分けると，〔図②〕のようになります。〔図③〕は，それらのひし形を各辺の真ん中の点を利用して，さらに4つに分けたものです。

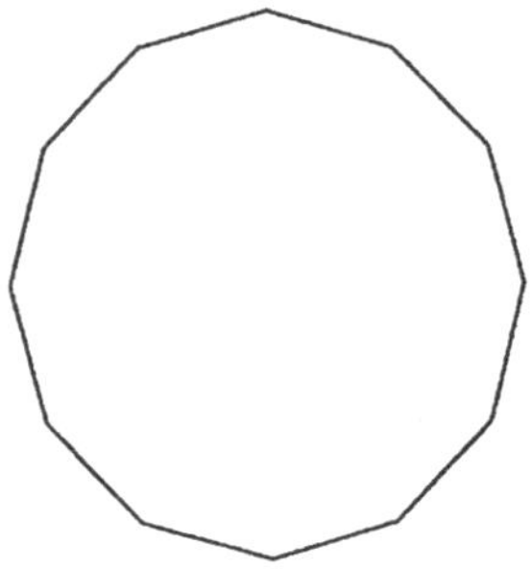

〔図①〕

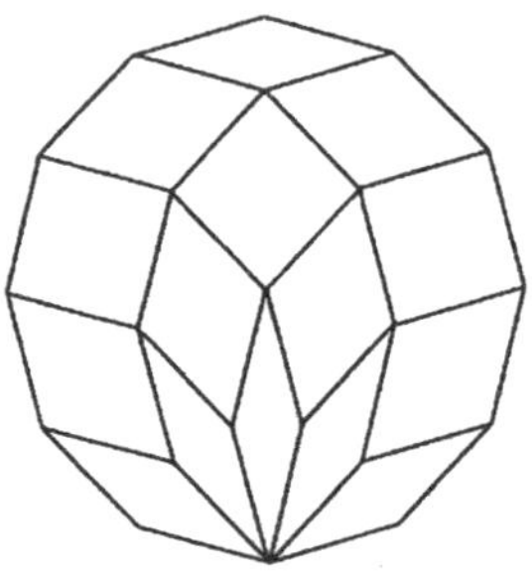

〔図②〕

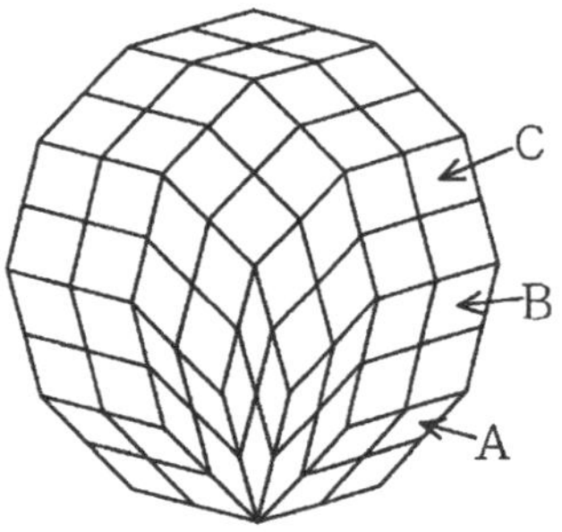

〔図③〕

〔図③〕の正十二角形は，3種類のひし形A，B，Cだけで構成されています。ひし形A，B，Cそれぞれの個数を変えずに，並べ方を変えるだけで，正十二角形をつくり直すことが可能です。例えば，〔図④〕のように，12個のひし形Aで花びらのような形をつくり，それぞれのひし形の辺を使って，さらに外側に向かってひし形をつくることをくりかえすと，正十二角形ができます。これが，東京2020大会公式エンブレムの基本形です。この基本形に，回転などの操作を行うと〔図⑤〕や〔図⑥〕ができます。それぞれから小さい正十二角形をくり抜き〔図⑤a〕〔図⑥a〕，ひし形の各辺の真ん中の点を結んで出来た長方形に色をつけたもの〔図⑤b〕〔図⑥b〕が，東京2020大会公式エンブレムに用いられる図形です。

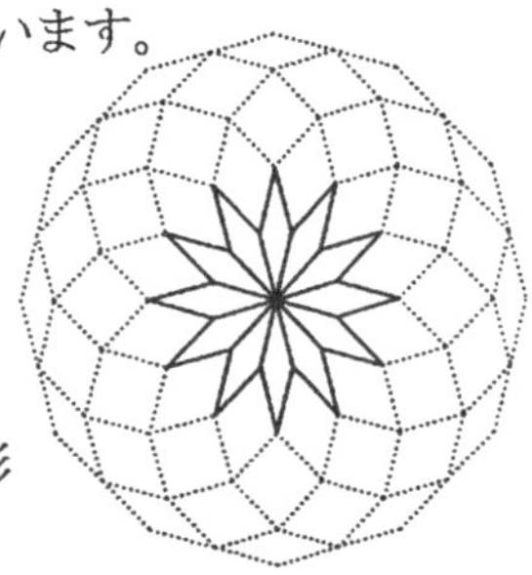

〔図④〕

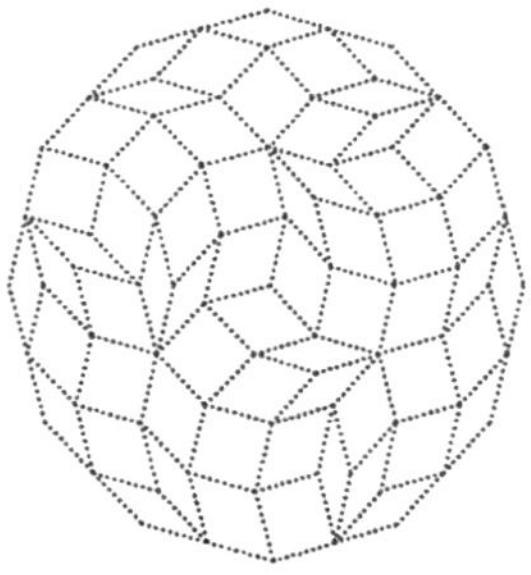

〔図⑤〕

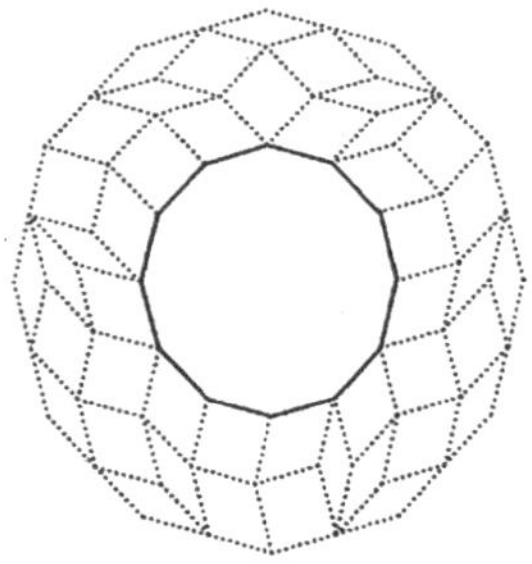

〔図⑤a〕

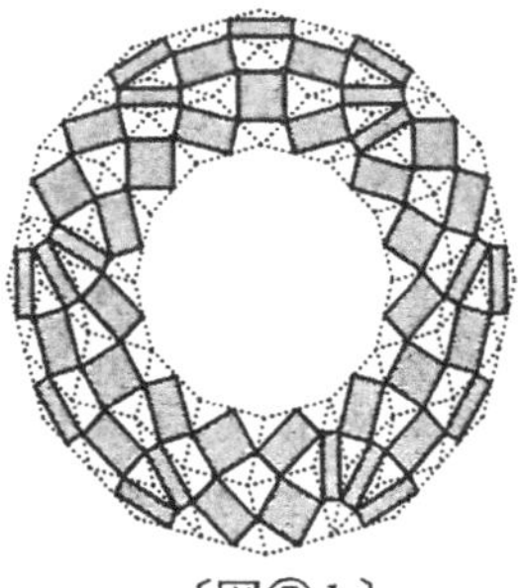

〔図⑤b〕

〔図⑥〕

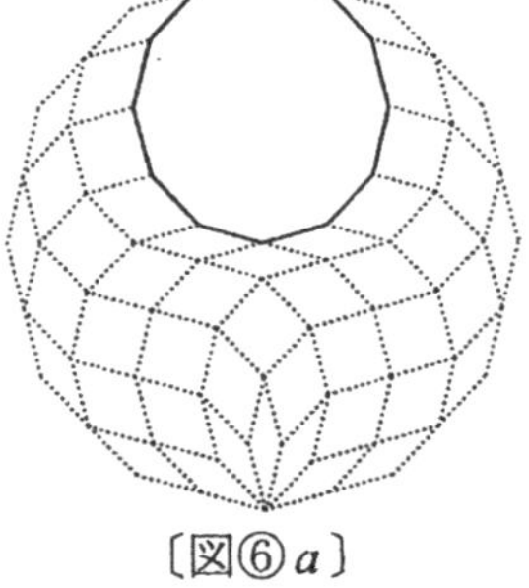

〔図⑥a〕

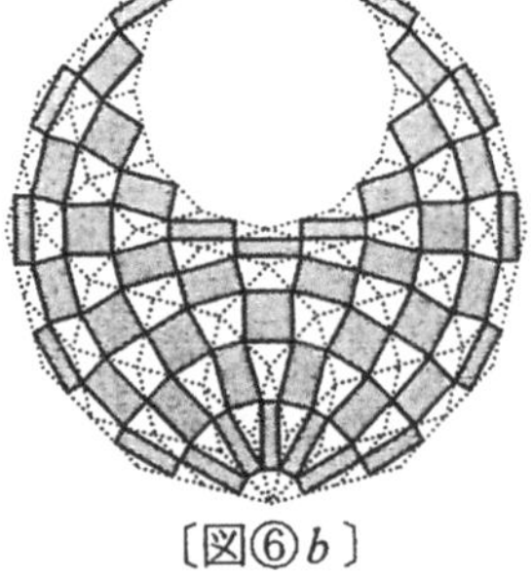

〔図⑥b〕

次の問いに答えなさい。

(1) 〔図③〕のひし形A，B，Cの個数の合計を答えなさい。

(2) ひし形Aの小さい方の角度を答えなさい。

(3) 下の〔図⑤c〕〔図⑥c〕は，〔図⑤b〕〔図⑥b〕の点線をそれぞれ消した図形です。
〔図⑤c〕〔図⑥c〕の色のついた部分の面積は，長方形の種類も数も同じであるため，等しくなります。〔図①〕の面積が$24cm^2$であるとき，〔図⑤c〕または〔図⑥c〕の色のついた部分の面積を求めなさい。

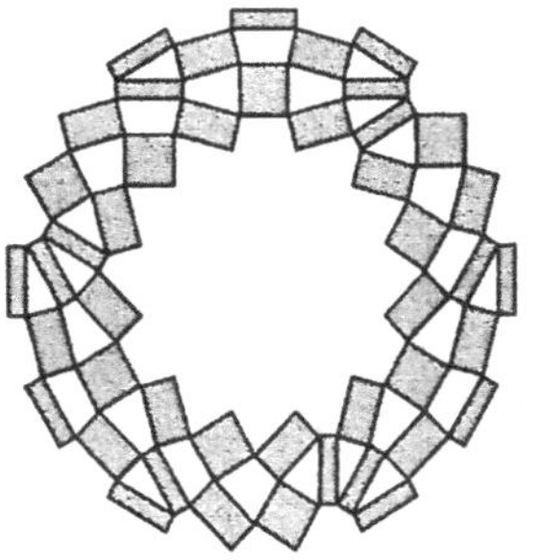
〔図⑤c〕

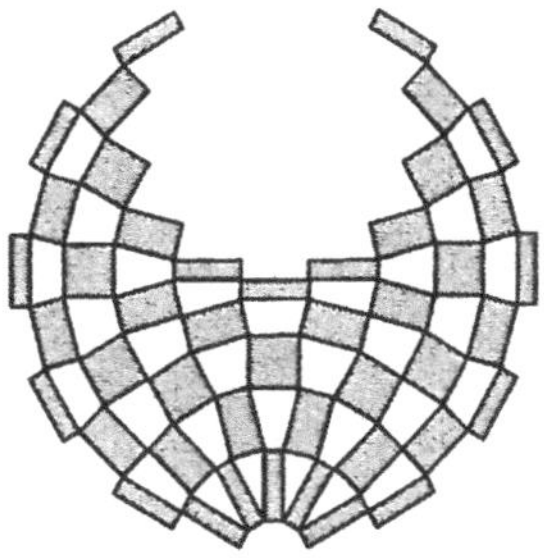
〔図⑥c〕

令和２年度　入学選考

理　科　問　題　冊　子

（40分）

（注意）

1．「はじめ」の合図があるまで問題冊子を開いてはいけません。

2．問題は７ページまであります。

3．答えはすべて，「解答用紙」に記入しなさい。

受検番号［　　　　　　　　］氏名［　　　　　　　　　　　　］

大阪教育大学附属平野中学校

2020(R2) 大阪教育大学附属平野中
K 教英出版

問題は次のページからです

1 次の問いに答えなさい。

(1) 2019 年，大阪府《おおさかふ》出身の吉野彰《よしのあきら》さんがノーベル化学賞を受賞しました。吉野さんは，2000 年に同じくノーベル化学賞を受賞した白川英樹《しらかわひでき》さんが発見した電気を通すプラスチックに注目して，画期的な電池の発明者の一人となりました。この電池を何といいますか。記号で答えなさい。

ア リチウムボタン電池　　イ ニッケル水素電池　　ウ リチウムイオン電池
エ アルカリ乾電池《かんでんち》　　オ 酸化銀電池

(2) 2019 年，小笠原諸島《おがさわらしよとう》で，新種の水生昆虫《こんちゅう》（水中や水面で生活する昆虫）オガサワラセスジダルマガムシが見つかりました。

① 昆虫のあしは左右 1 本ずつで 1 対《つい》と数えます。昆虫は何対のあしを持ちますか。

② 昆虫のあしは体のどの部位についていますか。

③ 昆虫のなかまでないものをすべて選び，記号で答えなさい。

ア ショウリョウバッタ　　イ シオカラトンボ　　ウ コガネグモ
エ アブラゼミ　　オ ハマダンゴムシ

(3) リカさんは，フラスコに室温の水を入れ，ゴム栓《せん》にガラス管をつけたものをはめました。図のように，ガラス管の水面の位置にペンで印をつけて，90 ℃の水に入れたときの水面がどう変化するか観察しました。

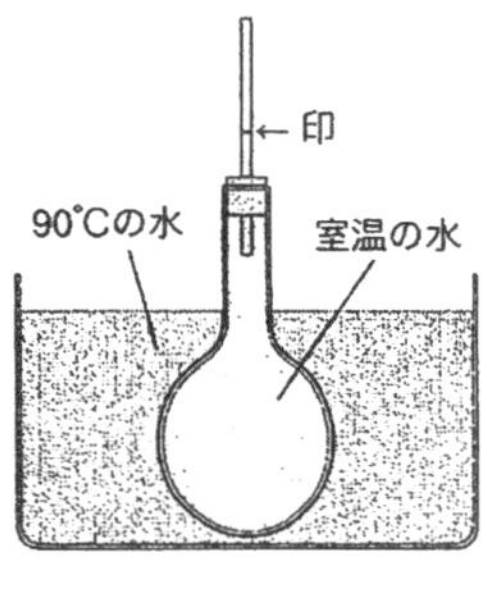

① ガラス管の水面はどう変化しますか。もっとも適切なものを選び，記号で答えなさい。

ア 変化しなかった。　　イ 水面が上がった。　　ウ 水面が下がった。
エ 水面が一瞬《いつしゅん》上がって，その後下がった。
オ 水面が一瞬下がって，その後上がった。

② ①のようになった理由を簡単に答えなさい。

(4)　下のア～エ の文章の中から，津波《つなみ》の特徴《とくちょう》について誤った説明をしているものを１つ選び，記号で答えなさい。

ア　津波の高さは発生した場所から遠いほど低くなる。
イ　津波は川をさかのぼってくることもある。
ウ　津波は一度だけでなく，くり返しやってくる。
エ　最初に来る津波の高さが最も高くなるとは限らない。

(5)　北海道の有珠山《うすざん》では，2000 年の噴火《ふんか》のとき，「ハザードマップ」を使って避難《ひなん》が行われ，１人の死傷者も出ませんでした。ハザードマップとはどのようなものですか。説明しなさい。

2 リカさんは下の実験をしました。次の問いに答えなさい。

【実験】

20 ℃と 60 ℃の水 70mL を入れたビーカーをそれぞれ用意して，食塩をとかしました。電子てんびんを使って 1.0g ずつはかりとりビーカーに入れてよくかき混ぜ，とけ残るまでくり返します。とけ残りが出たら，それまでにとけた量を表に記録します。

【結果】

	20 ℃	60 ℃
水 70mL に対してとけた食塩の量	25g	25g

(1) 食塩を 30 g とかすためには，20 ℃の水を何 mL ビーカーに入れる必要がありますか。

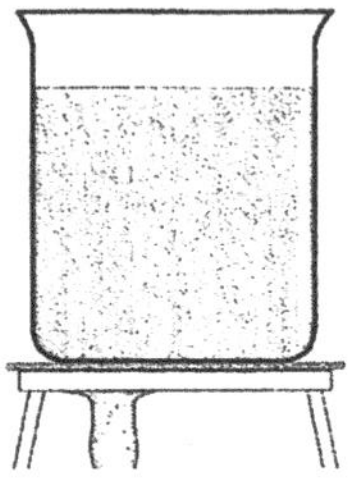

(2) 実験で用いるビーカーの水を，アルコールランプで右図のように熱しました。あたためられた水の動き方を，矢印で示しなさい。

(3) アルコールランプの使い方で誤っているものをすべて選び，記号で答えなさい。

ア 火をつけるときは，静かに上の方からマッチの火を近づける。
イ 火はふき消してはいけない。
ウ 燃料のアルコールはびんの半分以上入れてはいけない。
エ 火をつける部分のしんの長さは 1 cm 以上にする。
オ アルコールランプの火で別のアルコールランプの火をつけてはいけない。
カ 火が消えたら，いったんふたをとり，冷えてからふたをしなおす。

(4) 60 ℃の水 70mL に対してとけた食塩の量は，20 ℃の水のときと変わりませんでした。この水にとけた食塩を取り出す方法を考え，簡単に答えなさい。

(5) 電子てんびんを使って，食塩をとかした水の入ったビーカーの重さを調べました。電子てんびんの正しい使い方になるように，ア～カの順番を並《なら》べ替《か》え，3番目にくる記号を答えなさい。

ア はかるものを皿の上に静かにのせる。
イ 電源スイッチを入れる。
ウ 数字を読む。
エ 電子てんびんを水平なところに置く。
オ 表示の数字が安定するまで待つ。
カ 表示を「0」にするボタンを押《お》す。

3 リカさんは，ヒトが食べた物が，どのように養分として体内に取り入れられるのか興味を持ちました。次の問いに答えなさい。

(1) 口から入った食べ物は，どのような順に送られ，養分として取り入れられていきますか。正しいものを記号で答えなさい。

ア　口→胃→食道→大腸→小腸→肛門《こうもん》
イ　口→胃→食道→小腸→大腸→肛門
ウ　口→胃→大腸→小腸→食道→肛門
エ　口→食道→胃→大腸→小腸→肛門
オ　口→食道→胃→小腸→大腸→肛門

(2) 口から肛門までの食べ物の通り道を何といいますか。

(3) 吸収された養分の一部はたくわえられ，必要なときに使われます。この養分を一時的にたくわえる体の中のつくりを何といいますか。

(4) だ液による食べ物の変化を，次の実験で確認《かくにん》しました。あとの①～⑥に答えなさい。

【実験】

イ．ご飯つぶを１つぶずつ容器に入れ，すりつぶしました。この容器を２つ用意して，１つにはだ液を，もう１つには水を入れました。だ液を入れたものをＡ，水を入れたものをＢとします。

ロ．それぞれの容器を約 40 ℃の水で３分間あたためました。

ハ．それぞれの容器に，「ある薬品」を１～２てき加えて，色の変化を比べました。

① 実験で用いただ液をはじめ，胃液や腸液などをまとめて何といいますか。

② この実験で約 40 ℃の水を使ってあたためる理由を簡単に答えなさい。

③ この実験で用いた「ある薬品」とは何ですか。

④ ③の薬品は，デンプンがあれば，デンプンを何色にしますか。

⑤ ④の色に変化するのは，Ａ，Ｂのどちらですか。記号で答えなさい。

⑥ ⑤の結果から，だ液のはたらきについてわかることを簡単に答えなさい。

4 長さ 60cm の棒を３本用意し，おもりをつるして，棒を水平につり合うようにする実験をしました。次の問いに答えなさい。ただし，棒と糸の重さは考えないものとします。

(1) 図１のように棒の左はしに，20g のおもりをつり下げました。棒の左はしから 20cm のところに糸①を取り付けました。棒の右はしにも，おもりＡをつり下げて棒を水平につり合わせました。おもりＡの重さは何ｇですか。

図 1

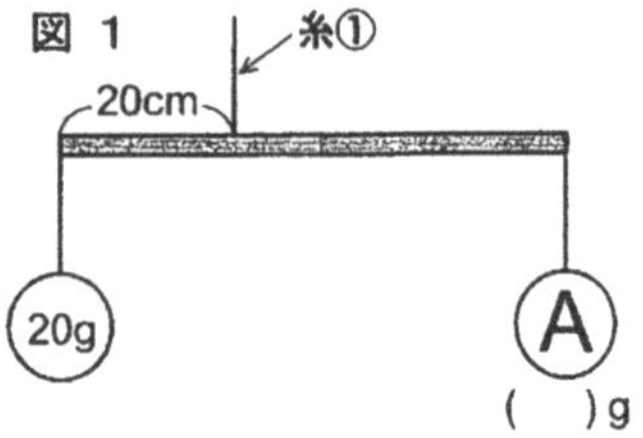

(2) (1)のとき，糸①にはたらく力の大きさは何ｇですか。

(3) 図２のように，２つ目の棒の左はしに糸①をつり下げ，左はしから 30cm のところに糸②を取り付けました。右はしにおもりＢをつり下げて２本の棒を水平につり合わせました。つり下げたおもりＢの重さは何ｇですか。

図 2

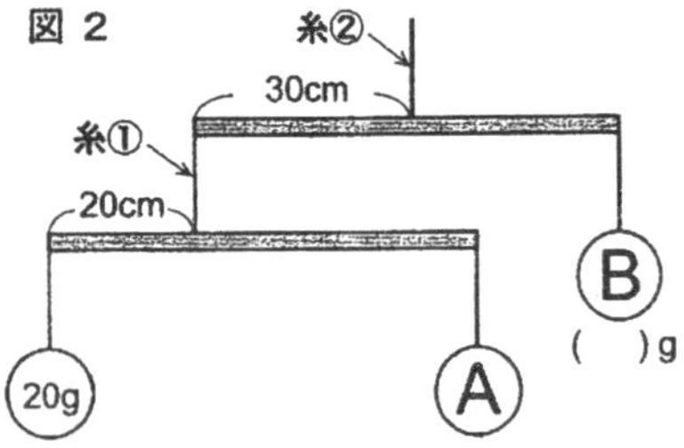

(4) さらに，図３のように３つ目の棒の左はしに糸②を取り付け，右はしに重さが 90g のおもりＣをつり下げて，すべての棒を水平につり合わせました。このとき，取り付けた糸③は３つ目の棒の左はしから何 cm の位置に取り付けましたか。

図 3

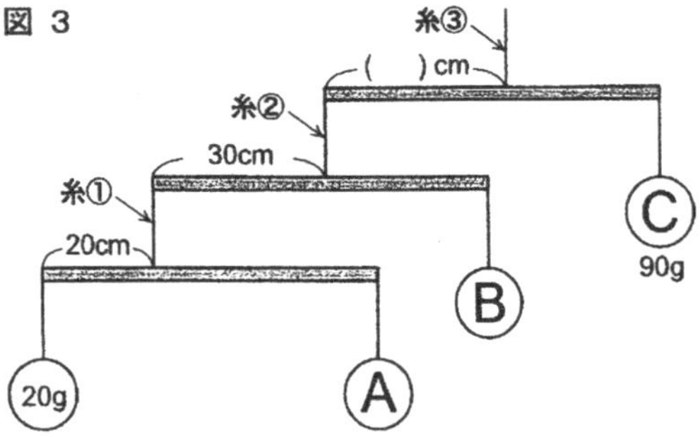

5 鉄でできた，くぎと針金《はりがね》を用意して，磁石を使った実験をしました。次の問いに答えなさい。

(1) 図１のように，棒磁石を実験用スタンドに固定し，Ｎ極側にくぎＡを１本くっつけました。くぎＡにもう１本のくぎＢを近づけたとき，どのようになりますか。説明しなさい。

図 1

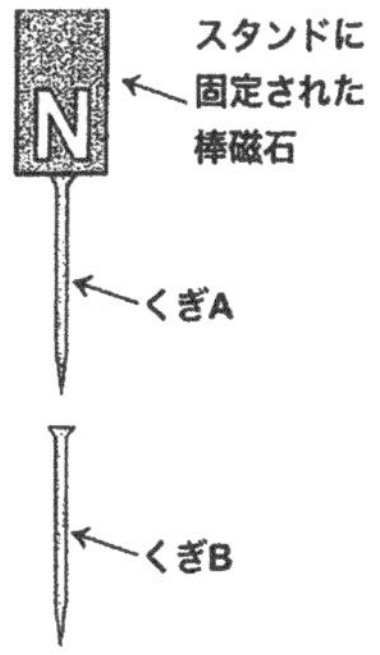

(2) 図２のくぎＡの先に方位磁針《じしん》を近づけました。このとき，方位磁針の色のついた針は，どの向きをさしますか。下のア～エから選び，記号で答えなさい。

図 2

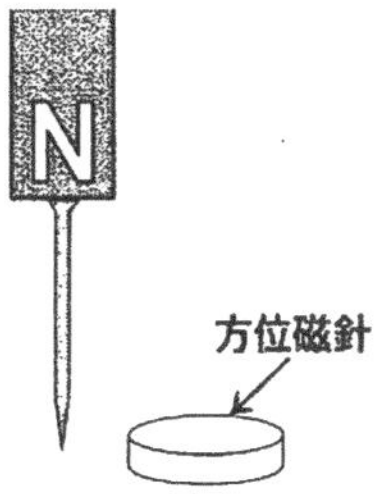

ア　北をさす　　　　イ　南をさす
ウ　くぎＡをさす　　エ　くぎＡと反対の向きをさす

(3) 図３のように，スタンドに固定した棒磁石のＮ極に，３本の鉄でできた長さ 10cm の針金を束ねてくっつけました。このあと，手をはなすと３本の針金はどのようになりますか。図に示しなさい。また，示した図のようになる理由を 50 字以内で説明しなさい。

図 3

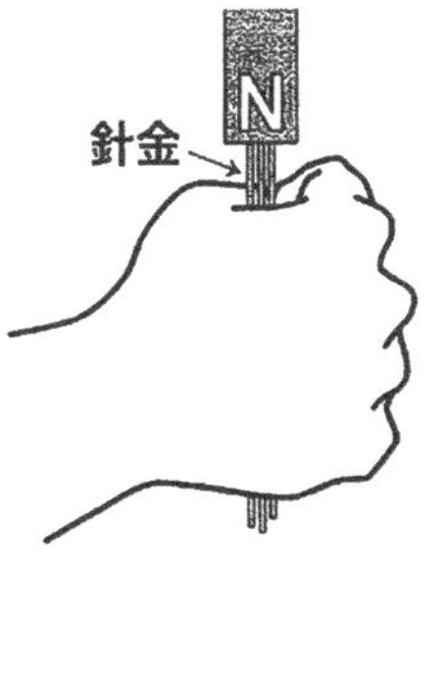

6 リカさんは，図のように土で山をつくって，流れる水のはたらきを調べる実験をしました。また，実際に学校の近くを流れる川に行き，川やまわりのようすを観察したり，本やインターネットで調べたりしました。次の問いに答えなさい。

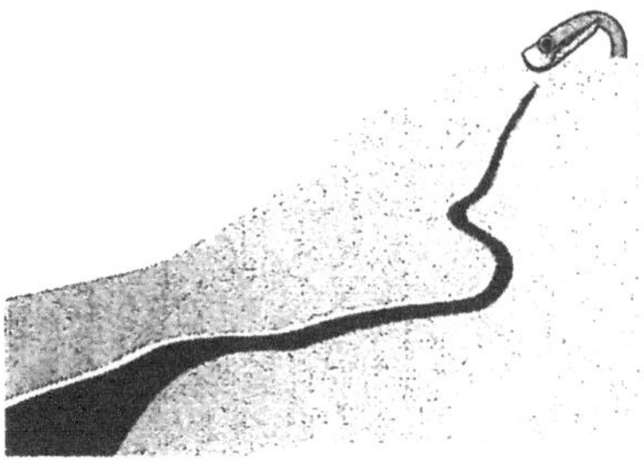

【実験でわかったこと】

・山の上からホースで水をゆっくり流すと，土がけずられて，みぞが深くなっていった。

・流す水の量を増やすと，流れが急になり，茶色くにごった。

・水が曲がって流れている場所では，土が積もっていくところと，けずられるところがあった。

・水の流れがゆるやかなところでは，砂や泥《どろ》が積もっていた。

【観察でわかったこと】

・川の流れはゆるやかで，川原ができている。

・川原の石は丸みをおびたものが多い。

・曲がって流れている場所では，川岸ががけになっているところがコンクリートで固められている。

【調べ学習でわかったこと】

・調べた地点から 1.5km 上流に川の水位を観測する地点があり，ライブカメラも設置されている。

・調べた川の上流には砂防ダムがいくつもつくられている。

(1) 流れる水が，地面などをけずるはたらきを何といいますか。

(2) 流れる水が，けずったものを運ぶはたらきを何といいますか。

(3) 流れる水が，けずったものを積もらせるはたらきを何といいますか。

(4) 水の流れが曲がっているところでけずられるのは，流れの内側・外側のどちらですか。また，その理由を 20 字以内で説明しなさい。

(5) リカさんが観察した川原の石が，丸みをおびている理由を説明しなさい。

(6) 砂防ダムの役割を 20 字以内で説明しなさい。

令和２年度　入 学 選 考

社 会　問 題 冊 子

（40分）

（注意）

1．「はじめ」の合図があるまで問題冊子を開いてはいけません。

2．問題は８ページまであります。

3．答えはすべて，「解答用紙」に記入しなさい。

受検番号［　　　　　　　　］氏名［　　　　　　　　　　　］

大阪教育大学附属平野中学校

次のページからはじまる[1]～[4]の問いに答えなさい。

1 小学校の冬休みの宿題として，９人の児童が自分の興味のある世紀の情報をそれぞれA～Iのカードにまとめました。次の問いに答えなさい。

A　３世紀中頃《なかごろ》～５世紀中頃

a. 特定の地域にb. 古墳《こふん》がつくられ始めた。その後，c. 大和朝廷《やまとちょうてい》が九州《きゅうしゅう》から関東《かんとう》を支配した。

B　７世紀～（ i ）世紀

遣唐使《けんとうし》は，この間，約20回送られた。d. その航路は何度も変更《へんこう》された。

C　（ i ）世紀末

風景などを色あざやかに描《えが》いた大和絵《やまとえ》が流行し，e. 貴族の家をかざった。また，f. ひらがなの使用がさかんになった。

D　12世紀～14世紀

実用性を重視した武家屋《や》敷《しき》が建てられた。東大寺南大門《とうだいじなんだいもん》の金剛力士《こんごうりきし》像《ぞう》に代表される，たくましさや力強さが表現された。

E　14世紀～15世紀

g. 金閣《きんかく》・銀閣《ぎんかく》が建てられた。h. 水墨画《すいぼくが》が流行し，i. 床《とこ》の間などにかざられた。

F　（ ii ）世紀

j. 鉄砲伝来《てっぽうでんらい》の後にキリスト教が日本に伝えられた。k. 朝鮮《ちょうせん》出兵の時に，技術者が日本に連れてこられた。

G　（ iii ）世紀

さかんであったアジア貿易が制限された。キリスト教の禁止後，外国船は平《ひら》戸《ど》・長崎《ながさき》以外にやってくることを禁止され，l. オランダ商館が出島《でじま》に移された。

H　（ iii ）世紀末～18世紀

農業技術が向上し，生産性が上がった。また綿花や菜種，藍《あい》などを積極的に作って売るようになった。

I　19世紀

新聞の発行や郵便ポストの設置が始まった。m. 官営《かんえい》富岡製糸場《とみおかせいしじょう》の営業が開始された。

（1）カード中（ⅰ）～（ⅲ）に適切な数字をそれぞれ答えなさい。

（2）カードAについて次の問いに答えなさい。

① 下線部aにあたる地域として正しいものをア～エより選び，記号で答えなさい。

ア　瀬戸内《せとうち》～近畿《きんき》　　イ　中部《ちゅうぶ》～関東　　ウ　北陸《ほくりく》～東北《とうほく》　　エ　九州～四国《しこく》

② 下線部bの設計や，土木工事，また金属加工などのさまざまな技術を大陸から日本にもたらした人々を何といいますか。

③ 熊本県《くまもとけん》と埼玉県《さいたまけん》の古墳から，同じ王の名前が刻まれた刀剣《とうけん》が発見されたことは，下線部cを証《しょう》明《めい》しているとされています。この熊本県と埼玉県の古墳の名前の組み合わせとして正しいものを，ア～カより選び，記号で答えなさい。

	熊本県	埼玉県		熊本県	埼玉県
ア	大仙《だいせん》古墳	江田船山《えたふなやま》古墳	イ	大仙古墳	稲荷山《いなりやま》古墳
ウ	江田船山古墳	稲荷山古墳	エ	江田船山古墳	大仙古墳
オ	稲荷山古墳	江田船山古墳	カ	稲荷山古墳	大仙古墳

（3）カードB中の下線部dについて，遣唐使は，安全な朝鮮半島沿いの航路ではなく，直接，唐に向かう危険な航路をとらざるをえなくなりました。その理由を次の語を用いて説明しなさい。

〔　百済《くだら》　・　新羅《しらぎ》　・　唐《とう》　〕

（4）カードCについて次の問いに答えなさい。

① 下図は当時の下線部eの代表的な建築様式です。この様式の名前を答え，その特徴《とくちょう》を正しく説明したものをア～エより選び，記号で答えなさい。

ア　主人が生活する中央の建物の前に，池や庭があるつくり。

イ　中程《なかほど》にふくらみをもたせた柱を，多く用いたつくり。

ウ　ほりに囲まれ，やぐらから見張りをたてられる，戦いに備えたつくり。

エ　客人を茶でもてなすための小さなつくり。

図

② 下線部fは，主にどのような人々が使用し，どのような文学作品を残したかを正しく説明したものをア～エより選び，記号で答えなさい。

ア　主に朝廷に仕える女性たちが使用し，『源氏物語《げんじものがたり》』や『枕草子《まくらのそうし》』を残した。

イ　主に身分の低い農民たちが使用し，『徒然草《つれづれぐさ》』を残した。

ウ　主に朝廷に仕える女性たちが使用し，『土佐日記《とさにっき》』を残した。

エ　主に朝廷に仕える男性たちが使用し，『古事記《こじき》』を残した。

（5）カードEについて次の問いに答えなさい。

① 下線部gにある金閣・銀閣を建てた将軍の名前と場所の組み合わせで正しいものをア～エより選び，記号で答えなさい。

	金閣		銀閣	
ア	将軍名＝足利尊氏《あしかがたかうじ》	場所＝東山《ひがしやま》	将軍名＝足利義満《あしかがよしみつ》	場所＝北山《きたやま》
イ	将軍名＝足利義政《あしかがよしまさ》	場所＝東山	将軍名＝足利義満	場所＝北山
ウ	将軍名＝足利義満	場所＝北山	将軍名＝足利尊氏	場所＝東山
エ	将軍名＝足利義満	場所＝北山	将軍名＝足利義政	場所＝東山

② 下線部hを日本で大成させた人物の名前を答え，その人物の作品を次より選び，記号で答えなさい。

ア

イ

ウ

エ

③ 下線部iをもつ部屋のつくりは，Eの時期につくられるようになった建築様式です。これを何といいますか。またiは，現代の和室においても用いられるつくりです。右の写真のア～エよりiにあたる部分を選び，記号で答えなさい。

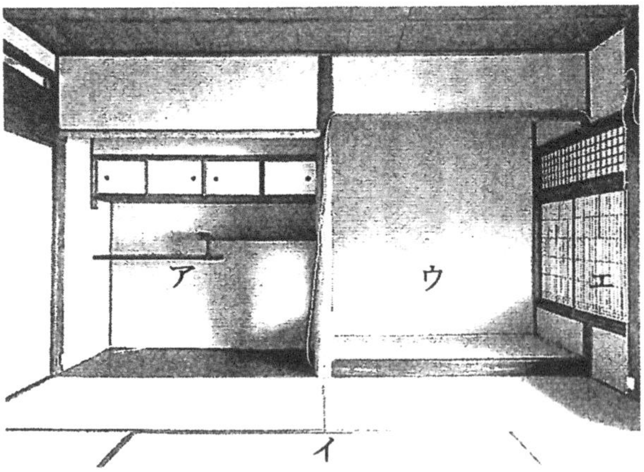

令和２年度　入学選考

国語　解答用紙

受検番号

氏名

※100点満点
（配点非公表）

1

一
1
2
3

二
・

三
A
B
C

四
25

五
10

六

七
X
Y
Z
18

八

九

十

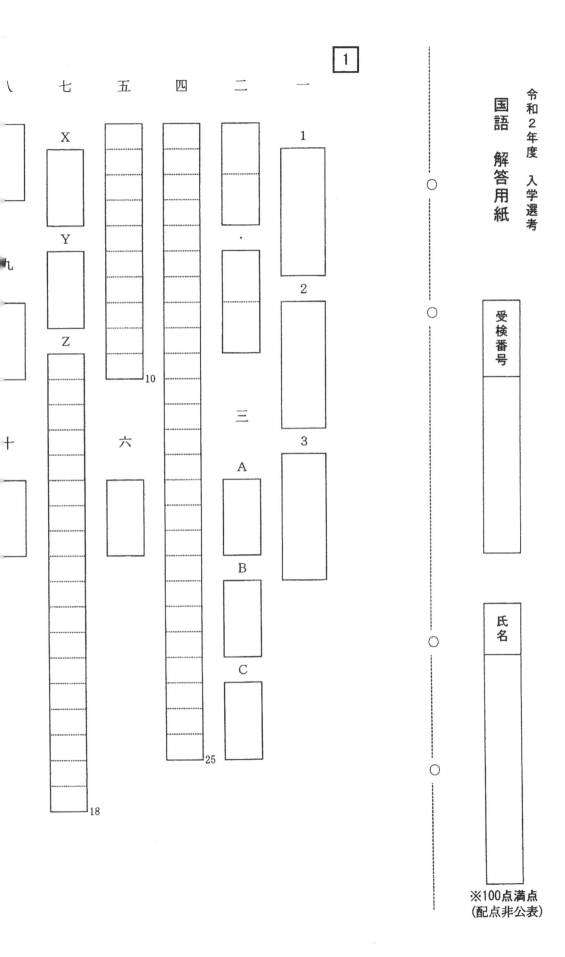

4	(1)　　　　枚	(3) 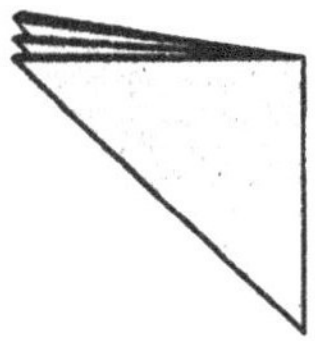	
	(2)　　　　個		
5	(1) ①　　　　円	②　　　　円	(2)　　　　円
	(3)　　　　の方が　　　　円安い。		
6	あ	い	
7	(1)　　　　個	(2)　　　　度	(3)　　　　cm^2

3	(4)	① ②
		③ ④ 色 ⑤
		⑥
4	(1)	g (2) g (3) g (4) cm
5	(1)	
	(2)	
	(3)	図  理由
6	(1)	(2) (3)
	(4)	側
	理由	
	(5)	
	(6)	

2	(1)		
	(2)	①	
		②	
	(3)		
	(4)		

3	(1)		(2)	
	(3)	漢字2字	(4)	
	(5)			
	(6)	① 漢字3字	②	

4	(1)				
	(2)	①		②	

令和2年度　入学選考

社会　　解答用紙

※100点満点
(配点非公表)

受検番号	

氏　名	

1	(1)	(i)		(ii)		(iii)	
	(2)	①		②		③	
	(3)						
	(4)	①	様式名	記号		②	
	(5)	①					
		②	名前	記号			
		③	様式名	記号			
	(6)	①		②	記号	県名	
	(7)						

【解答用

※100点満点
(配点非公表)

令和２年度　入学選考
理　　科　解答用紙

受検番号	

氏　名	

1	(1)		(2)	①	②	③
	(3)	①	②			
	(4)					
	(5)					
2	(1)	mL				
	(2)	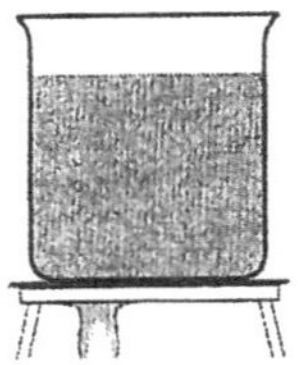				
	(3)					
	(4)					
	(5)					

【解答用

※100点満点
(配点非公表)

令和２年度　入学選考

算　数　解答用紙

受検番号	

氏　名	

1	(1)	(2)	(3)	(4)

2	(1)　時速　　　　*km*	(2)　　　　通り	(3)
	(4)　　　　個	(5)　　　　個	(6)

3	(1)　あ	い	

2

一
X
Y
Z

二
1
2
3

三
A
B
C

四

五

六

七
20
30

八

九

十

(6) カードFについて次の問いに答えなさい。

① 下線部jにある鉄砲やキリスト教を日本に伝えた人々の，出身国の組み合わせとして正しいものをア～エより選び，記号で答えなさい。

ア　フランス・オランダ　　　イ　フランス・スペイン

ウ　ポルトガル・オランダ　　エ　ポルトガル・スペイン

② 下線部kの際，豊臣秀吉《とよとみひでよし》が本拠地《ほんきょち》にした場所では，朝鮮から連れてこられた技術者たちが有田焼《ありたやき》の基礎《きそ》を築いた。この場所がある県を，右の地図中のア～エより選び，記号で答えなさい。また，その県名を答えなさい。

(7) カードG中の 下線部lにあるように，オランダとの貿易は出島といわれる長崎湾につくられた人工の島で，行われるようになりました。この理由として正しいものをア～エより選び，記号で答えなさい。

ア　キリスト教の影響《えいきょう》が，その他の地域にひろがることを防ぐため。

イ　民間の商人に場所を限定して貿易をさせるため。

ウ　日本についての知識が少ないオランダ人を守るため。

エ　オランダが，人工の島での貿易を幕府に願い出たため。

(8) カードI中の下線部mの営業を始めた日本は，なぜ製糸業に力を入れることにしたのでしょうか。次の語を用いて30字以内で答えなさい。〔　西洋　・　輸出品　〕

2 日本は災害の多い国です。災害が発生した時，国（政府）や都道府県・市町村が政治のはたらきを通じて私たちをどのように支えているのかについて，下の文章を読んで次の問いに答えなさい。

> 東日本大震災《だいしんさい》は2011年3月11日14時46分に発生した。マグニチュードは9.0，震度《しんど》6弱以上の揺《ゆ》れを観測した県は8県あり，大津波《おおつなみ》により沿岸部では非常に大きな被害《ひがい》が生じた。
>
> a.被災《ひさい》した各地には，臨時に（　X　）が設置され，被害状況《じょうきょう》の確認などの指示をすぐに出した。また，被害が大きかった県は，b.災害救助法を適用し，救助活動を行った。
>
> 2012年2月10日，国は常に被災地に目を向けながら復興事業を行うために，（　Y　）を設置し，取り組みを続けている。また，一般《いっぱん》市民もc.様々な防災に対する取り組みを行っている。

（1）文章中（　X　）・（　Y　）に入る適切な語の組み合わせをア～カより選び，記号で答えなさい。

ア　X＝災害対策本部　　Y＝防災庁　　　　イ　X＝災害対策本部　　Y＝復興庁

ウ　X＝都市再生本部　　Y＝防災庁　　　　エ　X＝都市再生本部　　Y＝復興庁

オ　X＝地域再生本部　　Y＝防災庁　　　　カ　X＝地域再生本部　　Y＝復興庁

（2）文章中の下線部aに設置された避難所《ひなんじょ》では，様々な工夫がなされました。①・②の写真にはどのような工夫《くふう》がみられますか。それぞれ15字以内で答えなさい。

①

②

（3）文章中の下線部bについて正しく説明しているものをア～エより選び，記号で答えなさい。

ア　都道府県や市区町村が，防災計画や災害予防，災害発生時の復旧などの準備をするための法律

イ　災害発生時に備えて必要な資金を事前に国に求めるための法律

ウ　災害発生直後，都道府県や市区町村が日本赤十字社《せきじゅうじしゃ》などの協力をもとに救助活動や支援《しえん》を行うための法律

エ　災害時に警察や消防が活動できる権限を大幅《おおはば》に拡大するための法律

（4） 次の会話文は下線部 c の例のうちの一つです。ケンタさんとヤスフミさんが，平野区で実施《じっし》されている防災に関する取り組みについて話しています。

ケンタ　：今年の３月に開かれる「ひらのＢＯＳＡＩキャラバン」はどんな取り組みなの？

ヤスフミ：大阪教育大学附属平野中学校の近くには，同じ附属校である幼稚園《ようちえん》，小学校，高等学校，特別支援学校があって，これらの学校が協力して，地域の人たちと，交流する取り組みを行っているんだよ。中学生も運営《うんえい》する側として参加するんだ。

ケンタ　：そうなんだ。「防災」について学べるの？

ヤスフミ：そうだよ。小学校でも学んだと思うけれど，災害からぼくたちみんなのくらしを守るためにどんなことができるのかを学ぶんだよ。

ケンタ　：誰《だれ》でも参加できるの？

ヤスフミ：できるよ。

ケンタ　：僕《ぼく》もぜひとも参加したいな！

下線部のように，中学生が防災訓練の運営に参加する意義を考え，45 字以内で答えなさい。

３ 小学校のある学級で，日本各地の気候や生活・産業について班ごとにまとめました。これらを読んで次の問いに答えなさい。

１班

・さんご礁《しょう》に囲まれた美しい海があり，多くの観光客が訪《おとず》れる。
・台風が多く通るので，伝統的な住居には a. 強い風を防ぐための工夫がある。
・サトウキビやパイナップルなど，暖かい気候で育つ果物や，花の栽培《さいばい》がさかんだ。

２班

・大きな川の河口付近の平野部である。
・b. 集落を水害から守るために，周囲を堤防《ていぼう》で囲んだりしている。
・広大な平野部と豊かな水を活《い》かして，昔から c. 稲作《いなさく》がさかんに行われる。

３班

・（　A　）平野には最上川《もがみがわ》・赤川《あかがわ》などの河川が，養分《ようぶん》を多く含んだ土を運んでくる。
・豊かな（　B　）を利用した c. 稲作がさかんである。

４班

・冬は，最高気温が０℃未満の真冬日が何日も続くことがある。
・地名などには，d. 先住民族の文化が受け継《つ》がれている。

（1）（　A　）・（　B　）に入る適切な語の組み合わせをア～カより選び，記号で答えなさい。

ア　A＝庄内《しょうない》　B＝雪解《ゆきど》け水
イ　A＝越後《えちご》　B＝雪解け水
ウ　A＝仙台《せんだい》　B＝雪解け水
エ　A＝庄内　B＝温泉
オ　A＝越後　B＝温泉
カ　A＝仙台　B＝温泉

（2）下線部ａの工夫として正しいものをア～エよりすべて選び，記号で答えなさい。

ア　しっくいで屋根のかわらを固めている。

イ　さんごなどを積み上げた石垣《いしがき》や，樹木で，家のまわりを囲んでいる。

ウ　家の屋根のかたむきを急にする。

エ　窓や玄関《げんかん》は，ガラスを重ねた二重《にじゅう》の窓にしている。

（3）下線部ｂでこのような場所を何というか，漢字２字で答えなさい。

（4）下線部ｃの稲作は，50年ほど前から，生産量が消費量を大幅に上回るようになりました。この状況《じょうきょう》に対して1969年から2018年に実施《じっし》された政策をア～エより選び，記号で答えなさい。

ア　国が農家に対して，直接人々に安い値段で米を販売《はんばい》することをすすめた。

イ　国が農家に対して，稲の作付面積を減らし，他の作物をつくるようにすすめた。

ウ　国が農家に対して，積極的に米を輸出するようにすすめた。

エ　国が農家に対して，余っている米をすべて焼却《しょうきゃく》処分することをすすめた。

（5）下線部ｄの先住民族は，川や海での漁や山菜の採集，また農耕などをいとなみ，くらしていました。この先住民族の名前を答えなさい。

（6）　下の雨温図は，２班と３班が調べた地域のものである。雨温図と下の文章を読んで問いに答えなさい。

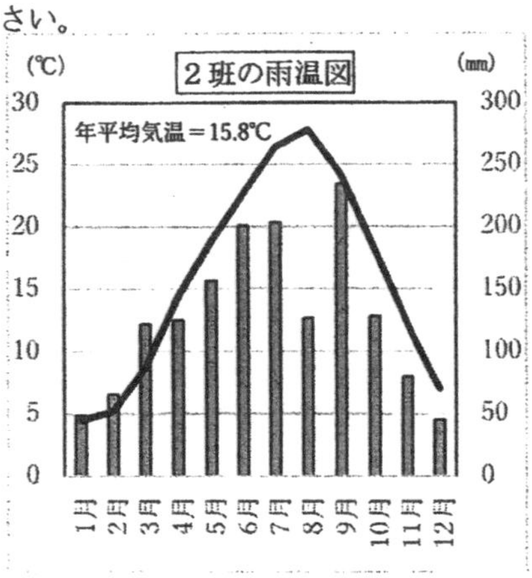

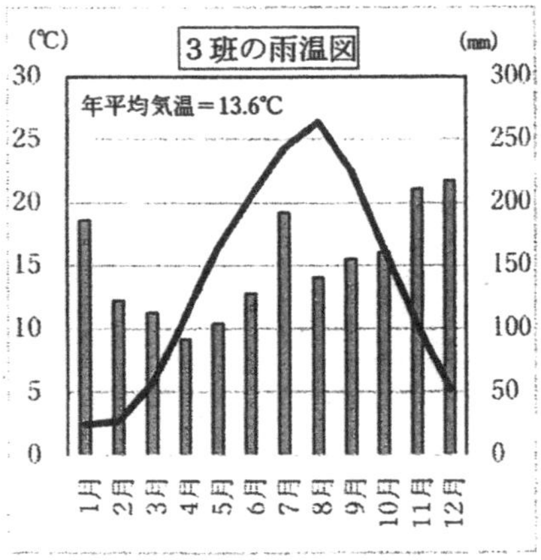

（気象庁ＨＰより）

日本列島は南北に長いので，その緯度《いど》や，大陸から吹《ふ》いたり太平洋《たいへいよう》から吹いたりする（　ｉ　）の影響により，地域によって気候が大きく変わる。

２班の雨温図を見ると，平均気温は高く温暖な気候といえる。夏の降水量は冬の降水量より（　ii　）。このことから２班の地域は（　iii　）側の気候であることがわかる。

３班の雨温図を見ると，冬に降水量が多い。つまり，雪が多く降るということになる。平均気温が低く，（　iv　）地方や東北地方の気候であることがわかる。

① 文中の（　i　）に入る適切な語を漢字３字で答えなさい。

② 文中の（　ii　）～（　iv　）に入る適切な語の組み合わせをア～カより選び記号で答えなさい。

ア　ii＝多い　iii＝日本海《にほんかい》　iv＝北陸

イ　ii＝少ない　iii＝太平洋　iv＝北陸

ウ　ii＝多い　iii＝太平洋　iv＝北陸

エ　ii＝少ない　iii＝日本海　iv＝東海《とうかい》

オ　ii＝多い　iii＝太平洋　iv＝東海

カ　ii＝少ない　iii＝太平洋　iv＝東海

4　次の文章を読んで，あとの問いに答えなさい。

日本国憲法は，国の中にある法律や規則の中で，最高の効力をもっている。その柱の一つは，a. 基本的人権の尊重である。それを守るために，b. 国の権力を３つに分け，おたがいに権力をおさえあい，バランスを保っている。３つの権力のうち，立法権は国会が，行政権は内閣が，そして，司法権は裁判所がそれぞれ担《にな》っている。

（１）下線部ａについて，日本国憲法の中で保障されている権利として，誤っているものを次のア～エより選び，記号で答えなさい。

ア　裁判を受ける権利　　イ　政治に参加する権利

ウ　豊かで文化的な生活をいとなむ権利　　エ　働く人々が団結する権利

（２）下線部ｂについて次の問いに答えなさい。

① 裁判所の国会に対する仕事の説明として，正しいものをア～エより選び，記号で答えなさい。

ア　法律が憲法に違反《いはん》していないかを審査《しんさ》する。　　イ　内閣総理大臣を指名する。

ウ　衆議院の解散を決める。　　エ　国会の召集《しょうしゅう》を決める。

② 内閣の裁判所に対する仕事の説明として，正しいものをア～エより選び，記号で答えなさい。

ア　裁判官を辞《や》めさせるかどうかの裁判を行う。　　イ　最高裁判所長官を任命する。

ウ　裁判所の判決が正当であるかを審査する。　　エ　最高裁判所長官を指名する。

平成三十一年度　入学選考

（40分）

国語　問題用紙

受検番号〔　　　　〕　氏名〔　　　　〕

（注意）

1　「はじめ」の指示があるまで問題用紙を開いてはいけません。

2　問題は7ページまであります。

3　答えはすべて、「解答用紙」に記入しなさい。

4　字数指定のある問題は、特に指示のない限り、句読点や「」などの記号も一字と数えます。

大阪教育大学附属平野中学校

問題は次のページからです

1 次の文章を読んで、後の問いに答えなさい。

※「キリコさん」は、「私」の家のお手伝いさんです。

十一歳《さい》の夏休み、仕事で一ヵ月ヨーロッパを回っていた父親から、お土産《みやげ》に①万年筆をもらった。銀色で細身の、スイス製の万年筆だった。

キャップを取ると、磨《みが》き込《こ》まれた流線型のペン先が現れ、それは見ているだけでも（　②　）ほどに美しく、持ち手の裏側にはその曲線によく似合う筆記体で、私のイニシャルYHが彫《ほ》ってあった。

おもちゃ以外のお土産をもらうのは生まれて初めてだったし、まわりで万年筆を使っている子など一人もいなかったから、自分が一足飛びに大人になったような気がした。この万年筆さえ手にしていれば、何か特別な力を発揮できると信じた。

私はいつどんな時も、書きたくて書きたくてたまらなくなった。国語の漢字練習帳がいるからと母に嘘《うそ》をつき、お金をもらって*大学ノートを買った。学校から帰るとランドセルを置き、真っすぐ机の前に向かってとにかく万年筆のキャップを外した。いざとなって、自分が何を書くつもりなのか、ちっとも考えていないことに気づいたが、私はひるまなかった。そんなことは大した問題とは思えなかった。インクがしみ出してくる瞬間《しゅんかん》や、紙とペン先がこすれ合う音や、罫《けい》線の間を埋《う》めてゆく文字の連なりの方が、ずっと大事なのだった。

大人たちはすぐに、娘《むすめ》が何やら夢中になって書いていると気づいたが、必要以上に*干渉《かんしょう》はしなかった。とにかく机の前で書き物をしているのだから、それは勉学、例えば漢字の書き取りのようなものに違《ちが》いないと思い込んだらしい。

スリッパをはいて階段を登ってはいけないとか、お風呂《ふろ》に入った後は冷たいものを飲んではいけないとか、あの頃《ころ》課せられていた多くの禁止事項《じこう》の中に〝書き物〟が加えられなかった代わりに、大人たちは誰《だれ》も書かれた内容については興味を示さなかった。③どうせ自分たちの知っている漢字ばかりなんだから、という訳だ。

私はまず手始めに、自分の好きな本の1イッセツを書き写してみた。『ファーブル昆虫記《こんちゅうき》』のフンコロガシの章。『太陽の戦士』の出だしのところ。『アンデルセン童話集』から『ヒナギク』と『赤いくつ』。アン・シャーリーが朗読する詩。『恐竜図鑑《きょうりゅうずかん》』のプテラノドンの項。『世界のお菓子《かし》』、トライフルとマカロンの作り方。……

想像したよりずっとわくわくする④作業だった。たとえ自分が考えた言葉ではないにしても、それらが私の指先を擦《す》り抜《ぬ》けて目の前に現れた途端《とたん》、いとおしい気持ちに満たされた。

言葉たちはみんな私の味方だ。あやふやなもの、じれったいもの、臆病《おくびょう》なもの、何でもすべて形に変えてくれる。ブルーブラックのインクで縁《ふち》取られた、言葉という形に。

そしてふと気がついて手を休めると、ノート一面びっしり文字で埋め尽《つ》くされている。ついさっきまでただの白い紙だったページに、意味が与《あた》えられている。しかもそれを授《さず》けたのは自分自身なのだ。

私は疲労《ひろう》感と優越《ゆうえつ》感の両方に浸《ひた》りながらページを撫《な》で付けた。まるで世界の隠《かく》された２ホウソクを、手に入れたかのような気分だった。

"書き物"に対する態度が、他の大人と唯一《ゆいいつ》違っていたのがキリコさんだった。干渉しない点については同じだが、彼女《かのじょ》は明らかにこの作業を、勉学とは違う種類のものとして認めていた。敬意さえ払《はら》っていたと言ってもいい。

子供部屋やダイニングテーブルで作業に熱中している私を見つけると、一瞬キリコさんは立ち止まり、姿勢をただし、邪魔《じゃま》しないように注意を払いながら通り過ぎた。あるいはおやつを運んでくる時は、不用意にノートの中身に目をやって盗《ぬす》み見していると誤解されないよう、気を使っているのが分かった。自分の手元に視線を落とし、一切《いっさい》声は掛《か》けず、ノートからできるだけ遠いところにジュースを置いた。コップに付いた水滴《すいてき》で、ページが濡《ぬ》れてはいけないと思ったからだろう。

やがて私は他人の文章を書き写すだけでは満足できなくなり、作文とも日記ともお話ともつかないものを書き付けるようになった。クラスメイト全員の人物評と先生の悪口、一週間の食事メニュー、百万円あったら買いたい品物のリスト、テレビ漫画《まんが》の予想ストーリー、自分の生《お》い立ち・＊みなしご編、無人島への架空《かくう》の３リョコウ記。とにかく、ありとあらゆるものだった。

今日は何にも書くことがないという日は、一日もなかった。キャップさえ外せば、⑤万年筆はいつでも忠実に働いた。

⑥だから初めてインクが切れた時は、うろたえた。

「どうしよう、万年筆が壊《こわ》れちゃった」

私は叫《さけ》び声を上げた。

「もう壊しちゃったの？　せっかくのパパのお土産なのに。新しいのは買いませんからね。壊したあなたが悪いんです」

新しいのは買いませんからね――⑦これが母の口癖《くちぐせ》であり、得意の台詞《せりふ》だった。私は自分の不注意を呪《のろ》い、絶望して泣いた。

「大丈夫《だいじょうぶ》。インクが切れただけなんだから、補充《ほじゅう》すれば元通りよ」

⑧救ってくれたのは、やはりキリコさんだった。

「スイスのインクなのよ。パパがまたスイスへ行くまで待たなきゃならないの？」

「いいえ。街の文房具《ぶんぼうぐ》屋さんへ行けば、必ず売っています」

⑨必ずという言葉を強調するように、キリコさんは大きくうなずいた。

キリコさんは正しかった。私は万年筆を壊してなどいなかった。約束どおり彼女は新しいインクを買ってきて、補充してくれた。ケースの裏に書いている説明書は外国語だったから、二人とも読めなかったけれど、彼女は慎重《しんちょう》に方向を見定め、＊崇高《すうこう》な儀式《ぎしき》の仕上げをするように、万年筆の奥《おく》にインクを押《お》し込めた。

「ほらね」

それがよみがえったのを確かめると、キリコさんは得意そうに唇《くちびる》をなめた。⑩一層唇が光って見えた。

（小川洋子「キリコさんの失敗」『旅の本人』所収　KADOKAWAより。出題にあたり、一部表記を改めた。）

＊大学ノート……多目的な利用を想定したノート。基本的に横線のみでマス目はない。
＊干渉《かんしょう》……わきから口出しすること。
＊みなしご……親や親せきなどの保護者のいない未成年者のこと。
＊崇高《すうこう》……けだかく尊いこと。

問い

一　〜〜線1〜3のカタカナを漢字に直しなさい。

二　——線①「万年筆」とありますが、この万年筆が「私」にとって特別な理由として、適当でないものを次から選び、記号で答えなさい。

ア　ペン先が美しく、持ち手の裏側にイニシャルが彫《ほ》ってある。
イ　日本ではあまり手に入らないものである。
ウ　父親から初めてもらったお土産《みやげ》である。
エ　他の子が持っていないものである。

三　文中の（　②　）に入る言葉として最も適当なものを次から選び、記号で答えなさい。

ア　胸が焼け付く　　イ　胸をなでおろす　　ウ　胸が晴れる　　エ　胸が高鳴る

四　——線③「どうせ自分たちの知っている漢字ばかりなんだから」とありますが、「大人たち」がこのように考える理由がわかる一文の最初の五字を文章中から書きぬきなさい。

五　——線④「作業」とありますが、私のこの感覚が変化するのは文章中のどこですか。最初の五字を書きぬきなさい。

六　——線⑤「万年筆はいつでも忠実に働いた」とありますが、ここで用いられている表現のくふうとして最も適当なものを次から選び、記号で答えなさい。

ア　倒置《とうち》法　　イ　擬人《ぎじん》法　　ウ　反復法　　エ　体言止め

七　――線⑥「だから初めてインクが切れた時は、うろたえた」とありますが、なぜですか。「この万年筆でなければ、」に続く形で、三十字以内で答えなさい。

八　――線⑦「これが母の口癖《くちぐせ》であり、得意の台詞《せりふ》だった」とありますが、ここから「私」が母の言葉をどのように受け止めていることが分かりますか。最も適当なものを次から選び、記号で答えなさい。

ア　母の言葉は自分の気持ちを考えていないと腹立たしく思っている。
イ　母の言葉で自分の気持ちを見ぬかれたとおどろいている。
ウ　母の言葉の正当性を認め、自分を責めている。
エ　母の言葉をさすがだと感心している。

九　――線⑧「救ってくれたのは、やはりキリコさんだった」とありますが、なぜ「やはり」なのですか。キリコさんの人物像をふまえて解答らんの文を完成させなさい。ただし、文章中の言葉を用いて三十五字以内で書くこと。

十　――線⑨「必ずという言葉を強調するように、キリコさんは大きくうなずいた」とありますが、この時のキリコさんの心情として適当でないものを次から選び、記号で答えなさい。

ア　「私」がどんなに絶望しているか分かっているという共感。
イ　「私」の不安を分かって落ち着かせようとする思いやり。
ウ　「私」の思いちがいをしっかりと正そうとする正義感。
エ　「私」のピンチを今こそ自分が救うのだという決意。

十一　――線⑩「一層唇《くちびる》が光って見えた」とありますが、この表現の効果として最も適当なものを次から選び、記号で答えなさい。

ア　「私」にとって、キリコさんの存在がまるで別人のようになったことを示す効果。
イ　「私」にとって、キリコさんのかがやきや存在感が増したことを示す効果。
ウ　キリコさんが、この成功をしめしめと思っていることを示す効果。
エ　キリコさんのやる気が、がぜん増したことを示す効果。

2 次の文章を読んで、後の問いに答えなさい。

ある人物がどんな性格であったか、あるいはある時その人が取った行動はどんな理由によるものなのか。多くの場合、そうしたことを突《つ》き止めるのはかなり困難です。というのも、ある行為《こうい》をなした本当の理由は、その当人でさえうまく説明できないことが①ままあるからです。後から振《ふ》り返ったとき、自分がとった行動の理由を*整合的に説明しようとして、記憶《きおく》に操作を加えることさえ起こってきます。

結局のところ、個人の内なる心理を探《さぐ》るのは、裁判での*審理《しんり》などでよく見られるように、現在のことであっても難しい。それが過去のこととなればなおさらです。けれども、人々はまさにそれが知りたいのです。過去の大事件に関係した人物ともなると、いよいよ②その思いが募《つの》ってきます。

このような事態を1ヨキしてか、著名人の中には詳細《しょうさい》な日記を書き残したり、自伝を執筆《しっぴつ》したりする人が多くいます。また、近親者たちから証言を集めて、少しでもその人物の実像に迫《せま》ろうとする努力がなされたりもします。しかし、③個々の証言を付き合わせてみるならば、たちどころに*矛盾《むじゅん》があちこちで発生してくることでしょう。

④ある人の生涯《しょうがい》の*軌跡《きせき》を詳《くわ》しくたどりたい、との思いから書かれるのが「伝記」です。⑤伝記という作品ジャンルにおいては、場合によっては、想像力をたくましくしてフィクション的な内容をも2カミして執筆がなされます。それは伝説的なストーリーと紙一重《ひとえ》の位置にあるかもしれません。古代末期ローマにおける*『聖人伝』の場合と同様に。けれども、そうすることによって、確かにその人物の真実に迫ることができたりするのです。ここに、歴史小説をはじめとする歴史文学の存在価値があると言ってよいでしょう。自伝を含《ふく》む伝記とは、歴史的であると同時に文学的な性格を帯びているのです。

他方、虚構《きょこう》（ウソ）を排《はい》することを⑥建前とする歴史家は、個人の内面という不確かな問題を深く議論することを避《さ》ける傾向《けいこう》があります。（思想史の場合はもちろん別ですが。）それは、先にも述べたように、最終的な判断を下すことが3ヨウイでないためだと思います。そこで彼《かれ》は、事実としてより安定した事柄《ことがら》、例えば新聞の記事レベルでの出来事を出発点に、⑦歴史を組み立てていくことになります。個人を扱《あつか》う場合でも、主人公が属した社会・国家・共同体などの人間集団の枠《わく》組みを常に意識しながら考察を加えるのです。

ですから、歴史家は個人の偉大《いだい》さとか愚《おろ》かさを4ケンショウすることに重点を置いて研究するよりも、むしろ特定の個人への思い入れ（共感）を抑《おさ》えつつ、より広い視点に立って出来事の展開や意味を問うていきます。通常、その人物と社会（などの大小の集団）の関わりや背後に控《ひか》える時代やその流れこそが真のテーマだったりするからです。

以上の結果として、歴史家が扱う個人の歴史は、「伝記」ほどにはロマンチックでないかもしれません。

（中谷功治『歴史を冒険するために―歴史と歴史学をめぐる講義』より。出題にあたり、一部表記を改めた。）

＊整合的……ずれがなく、つじつまが合うように。
＊審理《しんり》……事実や事のすじみちを調べて明らかにすること。
＊矛盾《むじゅん》……つじつまが合わないこと。
＊軌跡《きせき》……ある人がたどってきた人生の跡《あと》。
＊『聖人伝』……キリスト教においてその尊い活動で名前が知られた人々の伝記作品。

問い

一　～～線1～4のカタカナを漢字に直しなさい。

二　――線①「まま」を使って短文を作りなさい。なお、短文には主語と述語を必ず記しなさい。

三　――線②「その思い」とありますが、どのような思いですか。「～という思い」に続く形で、文章中の言葉を用いて十五字程度で書きなさい。

四　――線③「個々の証言を付き合わせてみるならば、たちどころに矛盾《むじゅん》があちこちで発生してくる」とありますが、それはなぜですか。文章中から四十字で探し、はじめと終わりの四字をそれぞれ書きぬきなさい。

五　④ に当てはまる言葉として最も適当なものを次から選び、記号で答えなさい。

ア　むしろ　イ　だから　ウ　それでも　エ　つまり

六　――線⑤「伝記という作品ジャンル」とありますが、この文章で筆者が「伝記」について説明している内容として適当なものを次からすべて選び、記号で答えなさい。

ア　伝記には、虚構《きょこう》が加えられることがある。
イ　伝記、歴史小説、自伝は、同様の性格を帯びている。
ウ　伝記では、個人の真実を突《つ》き止めることはできない。
エ　伝記には、個人の偉大《いだい》さや愚《おろ》かさがえがかれることもある。

七　――線⑥「建前」とありますが、これと反対の意味を持つ漢字二字の熟語を答えなさい。

八　――線⑦「歴史を組み立てていく」とありますが、歴史家が歴史を組み立てていく方法を、文章中の言葉を用いて四十字以内で説明しなさい。

九　この文章における筆者の論の筋道として最も適当なものを次から選び、記号で答えなさい。

ア　一つの問いに対して、二つの解決の方法を比べ、その違《ちが》いを述べている。

イ　一つの問いに対して、様々な事実を集めて調査し、最もふさわしい方法を提案している。

ウ　一つの問いに対して、過去の例を引用することで、現在の方法のよさを説得している。

エ　一つの問いに対して、一つの方法のよさを考察して、他の方法に応用しようとしている。

十　この文章で筆者が述べている内容として最も適当なものを次から選び、記号で答えなさい。

ア　人々は過去よりも現在の人物の実像を求めている。

イ　歴史家は人間集団の枠《わく》組みのみを意識して考察する。

ウ　伝記は歴史家の問う歴史よりもロマンチックである。

エ　個人の性格や行動の理由を突《つ》き止めるのは困難である。

平成 31 年度　入学選考

算数　問題用紙

（40分）

（注意）

1．「はじめ」の合図があるまで問題用紙を開いてはいけません。

2．問題は５ページまであります。

3．答えはすべて「解答用紙」に記入しなさい。

4．計算は問題用紙の余白や表紙の裏《うら》を使ってもかまいません。

5．円周率は，3.14 とします。

受検番号［　　　　　　　］氏名［　　　　　　　　　　　　　　］

大阪教育大学附属平野中学校

1　次の □ にあてはまる数を求めなさい。

(1) $\frac{8}{5}\times\frac{7}{2}\div\frac{49}{35}\div 4$ ＝ □

(2) $160\div\{23-(72\div 6-3\times 3)\}$ ＝ □

(3) $\left\{10-\left(3\frac{1}{4}-1.75\right)\div\frac{3}{11}\right\}+2\times 1.75$ ＝ □

(4) $1+3+5+7+9+\cdots\cdots+2017+2019$ ＝ □

2　次の問いに答えなさい。

(1) 4.2 m^2 の板をぬるためには $2\frac{1}{2}$ dL のペンキが必要です。このペンキが1 Lあるとき，何 m^2 の板をぬることができるでしょうか。

(2) 360m^2 の北プールには80人の人が，200m^2 の南プールには50人の人が泳いでいます。北プールと南プールのどちらのほうがこんでいると言えるでしょうか。

(3) 右の図は，点 O を対称《たいしょう》の中心とした点対称な図形の半分です。残り半分をかいて完成する図形の面積を求めなさい。ただし，1目もりを1 cm とします。

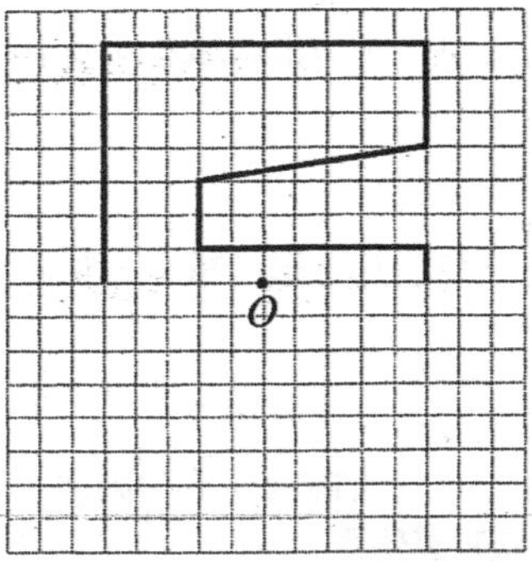

(4) 店で買い物をします。買い物の合計額から30%割引かれる割引券と，500円分の金券があります。この割引券と金券は，同時に使うことはできません。金券よりも割引券を使う方が得になるのは，合計額が何円以上の買い物からでしょうか。

(5) 分数の分母の中に分数がある分数を連分数《れんぶんすう》といいます。
連分数は，右の例のように計算することができます。

［例］ $\dfrac{1}{\dfrac{1}{2}} = 1 \div \dfrac{1}{2} = 2$

$1+\dfrac{3}{1+\dfrac{3}{\square}} = \dfrac{11}{5}$ のとき，$\square$ にあてはまる数を答えなさい。

(6) 1から50までの整数を $1\times2\times3\times4\times5\times\cdots\cdots\times24\times25$ のようにすべてかけます。この答えは，一の位から0が何個連続で並びますか。

3 1辺の長さが4 *cm* の正方形の紙を，下の図のように右にずらしながら1枚，2枚，3枚，…と並べていきます。次の各問いに答えなさい。

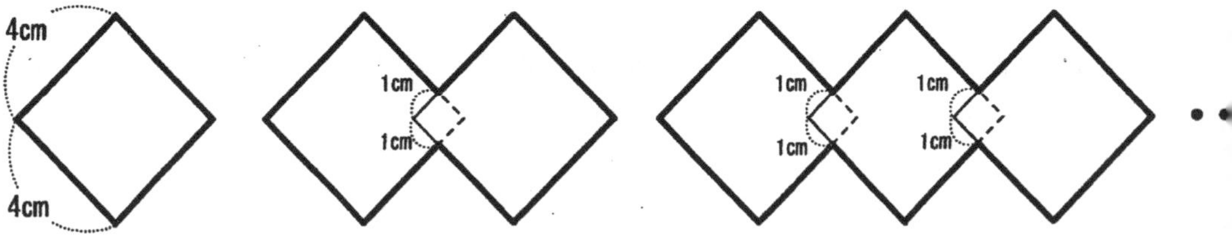

1枚　　2枚　　3枚

(1) 正方形の紙を4枚並べたときにできる図形の周りの長さ（太線）を求めなさい。

(2) 正方形の紙を x 枚並べたときにできる図形の周りの長さ（太線）を，x を用いて表しなさい。

4　次のように長方形を直線で区切り，三角形をしきつめたような模様があります。

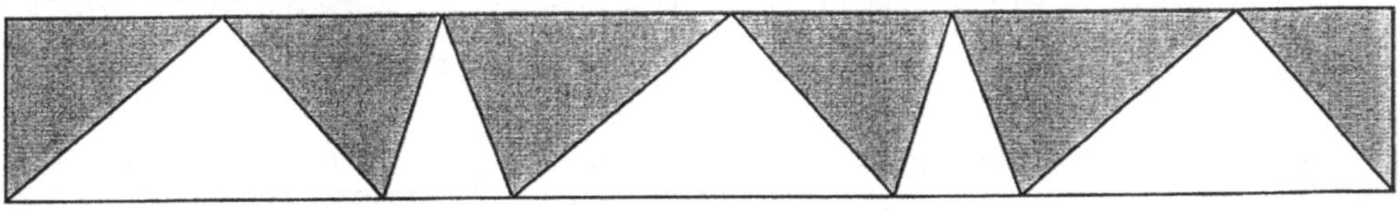

下の文は，白色の三角形の面積の和と，灰色の三角形の面積の和について考える，田中さんと鈴木さん，佐藤《さとう》さん３人の会話です。

田中さん「一番大きい三角形が白だから，白の方が面積は大きいと思うな。」

鈴木さん「でも，灰色の三角形の方が数は多いよ。」

佐藤さん「どちらの面積の和も同じじゃないかな。」

田中さん「どうして？」

佐藤さん「例えば，長方形の中で頂点ＡをＤに移動させても，三角形ＡＢＣと三角形ＤＢＣの面積は変わらないよ。」［図Ⅰ］

［図Ⅰ］

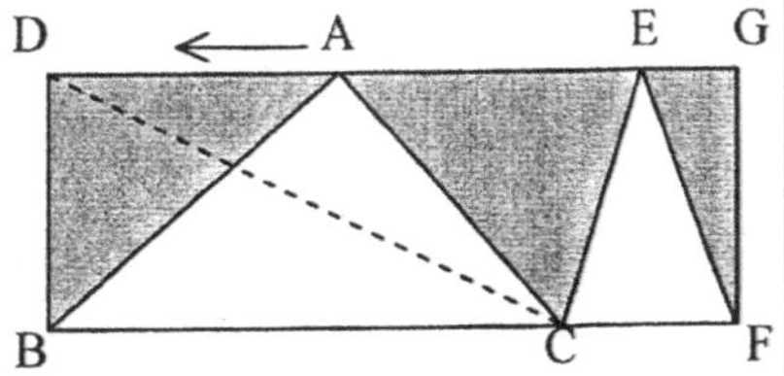

鈴木さん「確かにそうだね。同じように頂点ＥをＤに移動させてみよう。」

田中さん「白色の三角形の面積の和は，長方形の面積のちょうど半分だ。」［図Ⅱ］

［図Ⅱ］

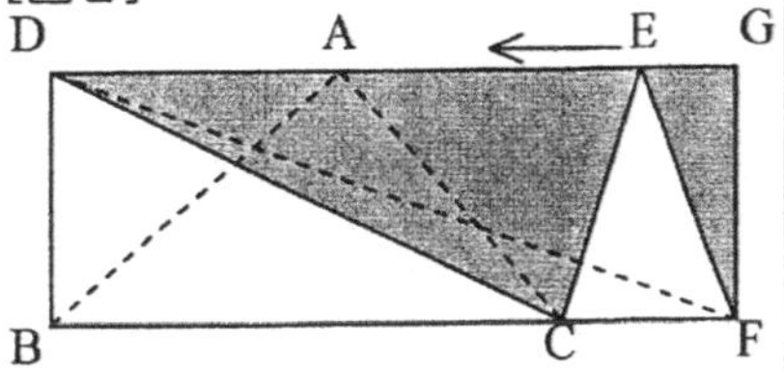

佐藤さん「上の模様も，同じように頂点を移動させて考えてみて。」

鈴木さん「なるほど。頂点を移動させると，どちらも長方形の半分の面積だとわかるね。だから，白色の三角形の面積の和と灰色の三角形の面積の和は等しいね。」

(1)　________の部分のようにいえる理由を述べなさい。

(2)　右の図のように，台形を直線で区切ると，三角形が５つできました。白色の三角形の面積の和と，灰色の三角形の面積の和について正しく書かれていることを，次の中から選び，記号で答えなさい。また，理由を述べなさい。

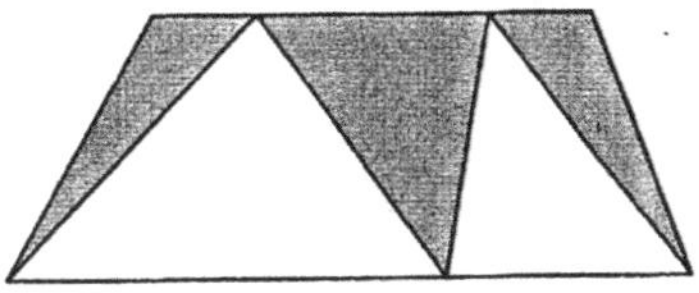

㋐　白色の三角形の面積の和と，灰色の三角形の面積の和は等しい。

㋑　白色の三角形の面積の和は，灰色の三角形の面積の和より小さい。

㋒　白色の三角形の面積の和は，灰色の三角形の面積の和より大きい。

(3)　右の図のように，平行四辺形を直線で区切ると，三角形が５つできました。ABとBCの長さの比は2:3，DEとEFとFGの長さの比は1:2:3である。三角形ADEの面積が$1cm^2$であるとき，三角形BCFの面積を求めなさい。

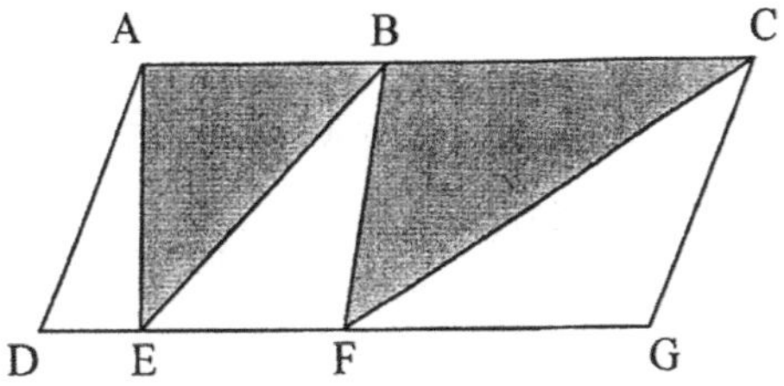

5 下の資料①は，H中学校のA組の生徒のある日の家庭学習時間を記録したものです。資料②は，資料①の記録をいくつかの範囲《はんい》に区切って整理した表です。次の各問いに答えなさい。

［資料①］

75	80	100	170	135	60	35	60
145	125	65	80	120	180	140	100
85	160	110	60	80	190	100	90
125	85	50	80	130	70	120	95
80	95	80	90	75	70	110	115

（単位は分）

［資料②］

時間（分）	人数（人）
以上　　未満 30 ～ 60	2
60 ～ 90	16
90 ～ 120	ア
120 ～ 150	8
150 ～ 180	イ
180 ～ 210	2
210 ～ 240	0
計	40

(1) 資料②のア，イにあてはまる数を答えなさい。

(2) 学習時間が長いほうから数えて10番目の人は，何分以上何分未満の範囲に入るでしょうか。

(3) 学習時間が90分未満の人は，組全体の人数の何％でしょうか。

6 今日は平成 31 年 1 月 26 日です。西暦《せいれき》2019 年の今年， 5 月 1 日に平成から新しい元号に改められます。新しい元号の時代には，来年は東京オリンピックが，その 5 年後には大阪万博《ばんぱく》が開催《かいさい》されることが決まっています。日本で初めての元号は，西暦 645 年からの「大化」と言われており，最近では，昭和 64 年 1 月 7 日に「昭和」から「平成」に改められました。次の各問いに答えなさい。

(1) 元号が改められることなく「大化」のままだったとすれば，今年は大化何年になりますか。

(2) 東京オリンピックは 56 年ぶりの開催です。前回の東京オリンピックは，昭和何年の開催だったでしょうか。

(3) 前回の大阪万博は昭和 45 年に開催されています。大阪万博は何年ぶりの開催となるでしょうか。

7　1辺の長さが1 *cm* の正三角形があり，ある頂点を中心として，残りの2つの頂点を結ぶように円の一部をかきます。この作業を，すべての頂点で行ってできた図形Xがあります。この図形について，次の各問いに答えなさい。

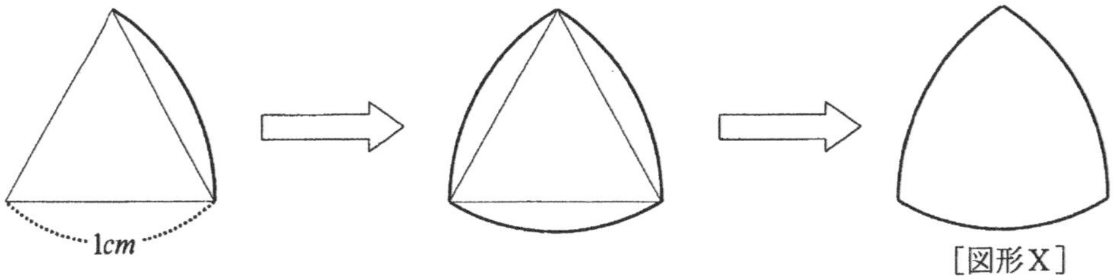

[図形X]

（1）この図形Xの周りの長さ（太線）を求めなさい。

（2）図Iのように，図形Xがすべることなく，一直線上を頂点Aが元の位置にもどるまで回転します。このとき，図形Xが通過した部分を表したものを，次の中から選び，記号で答えなさい。

[図I]
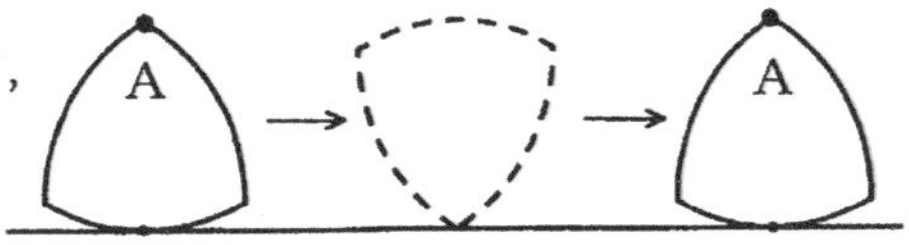

㋐
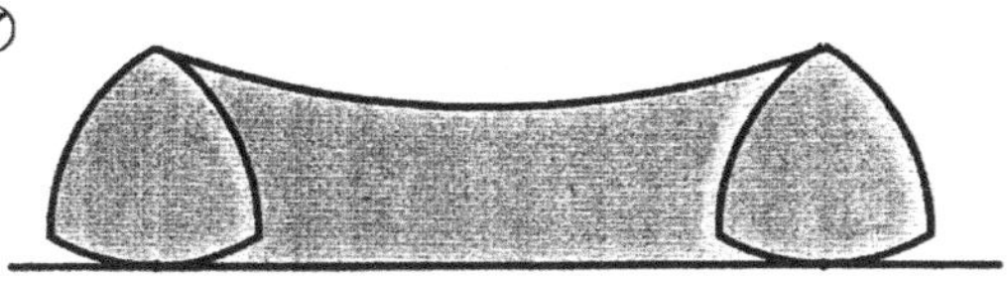

㋑
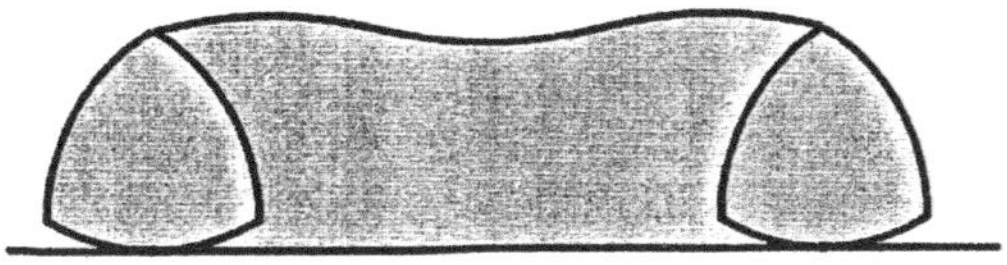

㋒

㋓
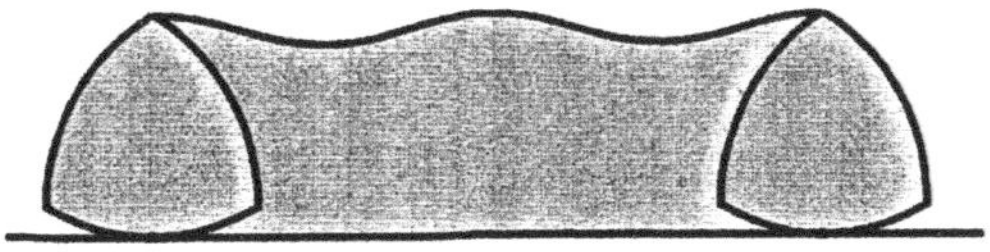

（3）図IIのように，図形Xの点Bが円と触《ふ》れています。図形Xがすべることなく円の周りを転がると，次に点Bが円に触れたのは，ちょうど円を半周したところでした。さらに半周すべることなく転がると，図形Xは再び元の位置にもどりました。

①　この円の半径を求めなさい。

②　図形Xが通過した部分の面積を求めなさい。

[図II]
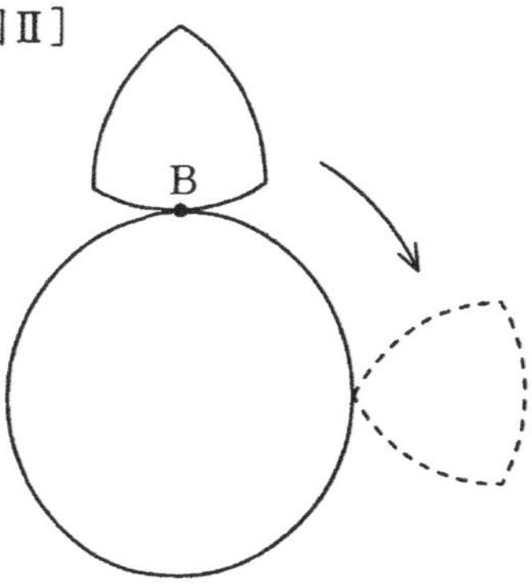

平成31年度　入学選考

理　科　問　題　用　紙

(40分)

（注意）

1．「はじめ」の合図があるまで問題用紙を開いてはいけません。

2．問題は８ページまであります。

3．答えはすべて，「解答用紙」に記入しなさい。

受検番号 [　　　　　　　　] 氏名 [　　　　　　　　　　　　]

大阪教育大学附属平野中学校

問題は次のページからです

1 次の問いに答えなさい。

(1) 2018 年 8 月 12 日から 13 日にかけて，ペルセウス座流星群が観測されました。このときは，新月の時期と重なることで観測しやすい条件となり，天文ファンが盛んに観測を行いました。新月は，太陽と地球と月の位置がどのように並んだときに観察できるものですか。下のア～ウから最も適切な位置関係を選び，記号で答えなさい。

ア　太陽・地球・月　　イ　太陽・月・地球　　ウ　月・太陽・地球

(2) JAXA（宇宙航空研究開発機構）が開発した，小惑星《しょうわくせい》探査機「はやぶさ 2」は，2014 年 12 月に打ち上げられ，今年 2 月に目的の小惑星への着地に挑戦《ちょうせん》します。目的の小惑星は何という名前ですか。下のア～オから選び，記号で答えなさい。

ア　アマテラス　　イ　イトカワ　　ウ　ヒコボシ
エ　リュウグウ　　オ　カグヤ

(3) 下のア～オの説明の中で，火山のはたらきでできた地層の特徴《とくちょう》を説明しているものをすべて選び，記号で答えなさい。

ア　一つの地層の中で，大きい粒《つぶ》の上に，小さい粒のものが積み重なっていることがある。
イ　地層からとった土を水でよく洗い，かいぼう顕微鏡《けんびきょう》でみると，小さな角ばった粒が見られる。
ウ　地層の中から，魚や貝，木の葉などの化石が見つかることがある。
エ　地層の中のれきは，まるみを帯《お》びている。
オ　地層の中に，小さいあながたくさんあいた石が混じっていることがある。

(4) 学校などの大きな建物を建てるとき，その土地のいくつかの場所で，地下深くの土や岩石を掘《ほ》り取って，調査をします。この調査で得られた試料を何試料といいますか。

(5) エナメル線を同じ方向に複数回まき，コイルを作って，鉄しんを通し，乾電池《かんでんち》を接続しましたが，電磁石になりませんでした。どのような作業を追加しなければなりませんか。追加する作業を簡潔に答えなさい。ただし，乾電池や回路自体は正常なものとします。

(6)　右の図のようなドアノブでは，矢印のイよりアの部分を持つ方が楽にノブをまわすことができます。これはなぜですか。
「支点」「力点」という言葉を使って説明しなさい。

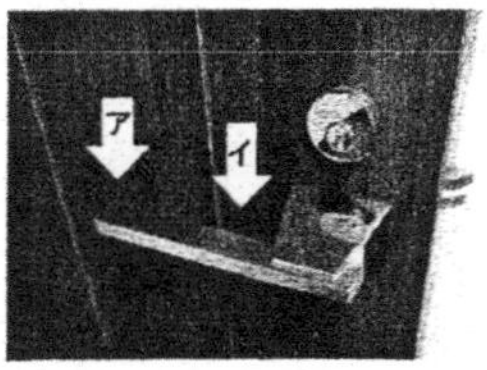

(7)　気体検知管を使うと，中の薬品の色の変化で，酸素や二酸化炭素がふくまれる割合を調べることができます。気体検知管の使い方について，次の問いに答えなさい。

①　下の気体検知管の両はしを折り取ったあと，ゴムのカバーをつけるのは，下の図のア・イのどちらですか，記号で答えなさい。

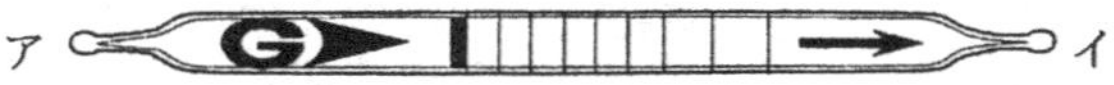

②　二酸化炭素用気体検知管（0.5 ～ 8 %用）を使い，集気びんの中でろうそくを燃やした後のびんの中の空気を調べたところ，下の図のように色が変わりました。この実験の結果として正しいものを下のア～エから選び，記号で答えなさい。

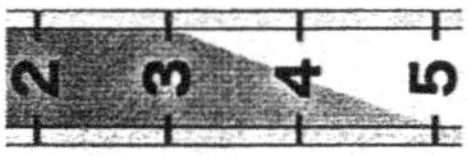

ア　3までは完全に変化しているので「3 %」である。
イ　5まで変化しているので「5 %」である。
ウ　3と5の中間である「4 %」である。
エ　めもりがはっきり読めないので，実験は失敗である。

③　二酸化炭素用気体検知管では気をつけなくてもよいが，酸素用気体検知管を使うとき，安全上，気をつけなければいけないことを説明しなさい。

(8)　インゲンマメの発芽に必要なものを調べるため，右の図のような実験装置をつくり，太陽の光が当たる場所に数日置きました。次の問いに答えなさい。

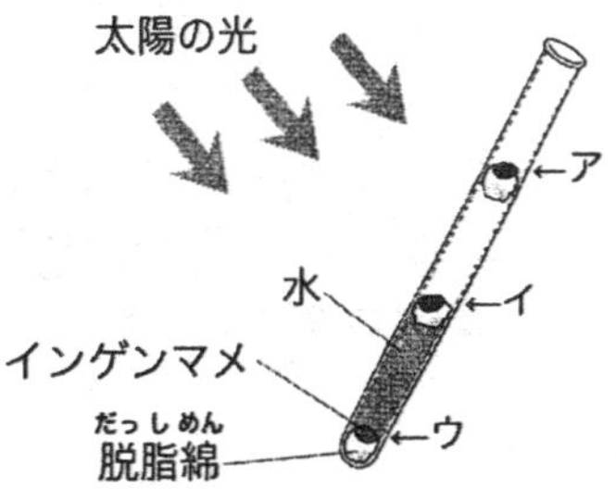

①　数日後，発芽するのはどれですか。図のア～ウから選び，記号で答えなさい。

②　この実験の結果から，インゲンマメが発芽するために必要なものを下のア～オからすべて選び，記号で答えなさい。

ア　（太陽の）光　　イ　空気
ウ　（最適な）温度　　エ　水　　オ　養分

2 ガクさんとリカさんは，太陽の光と影《かげ》のでき方について，実験や活動を行いました。次の問いに答えなさい。

(1) ガクさんとリカさんが方位磁針の使い方について会話をしています。(　　　) にそれぞれ適切な言葉を入れなさい。

ガクさん：方位磁針を使うと，北や南などの方位を調べることができるね。使い方を確《かく》認《にん》しましょう。

リカさん：まず方位磁針は（　ア　）なところに置くか，（　ア　）な状態で手にもつんですよね。

ガクさん：このとき，近くに鉄や（　イ　）がないことを確認してくださいね。

リカさん：針の動きが止まったら，針に色がついている方と文字ばんの（　ウ　）をあわせましょう。これで方位がわかります。

(2) 太陽の位置と影の向きを調べるために，右のような装置をつくりました。正午の棒の影がどのようにできるか，影ができた向きがわかるように解答らんにかき入れなさい。また，正午から時間がたつと，影はどちらの方向へ移動していきますか。「東・西・南・北」のいずれかの方位で答えなさい。

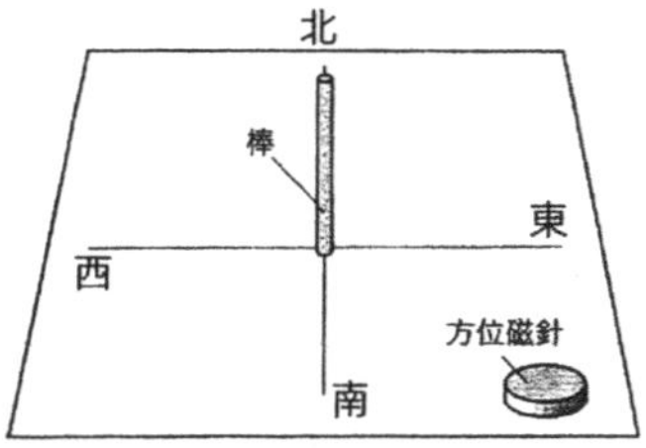

(3) 影《かげ》踏《ふ》み遊び（子が鬼《おに》に自分の影を踏《ふ》まれたら，その子が鬼になる遊び）を，晴れた日に，何も太陽の光をさえぎるもののない運動場に，コートをかいてその中で行います。コートから出ると反則です。リカさんはこのコートの中に，鬼に影を踏まれない「無敵ゾーン」があることに気がつきました。

コートと太陽の見える方向から，リカさんが見つけた「無敵ゾーン」の範《はん》囲《い》を解答らんに示しなさい。

また，なぜその範囲が「無敵ゾーン」になるのか，簡潔に説明しなさい。

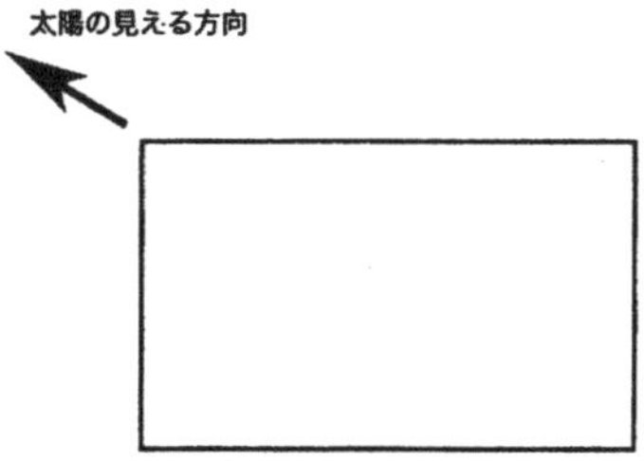

(影踏み遊びのコートを上から見たようす)

(4) ガクさんは日なたの地面の温度を調べるために，図のように温度計のえきだめの部分を土の中に入れ，うすく土をかぶせました。しかし，これでは正確な温度をはかることができません。正確な温度をはかるには，どのようにすればよいか，簡潔に説明しなさい。

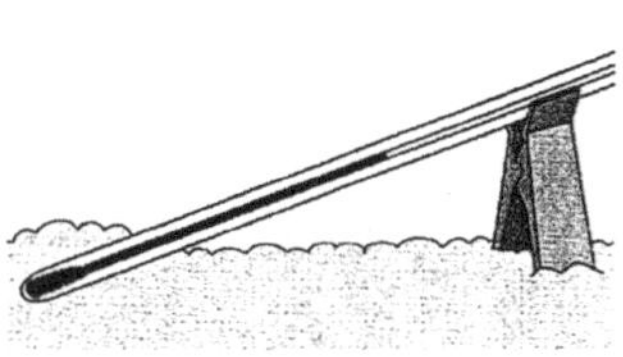

3　電気のはたらきについて，次の問いに答えなさい。

(1)　乾電《かんでん》池《ち》２本，豆電球，スイッチを使って２種類の回路をつくります。

乾電池（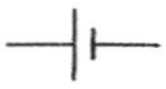），豆電球（），スイッチ（）それぞれの電気用図記号を使って回路図にあらわしました。①のつなぎ方を何といいますか。

①

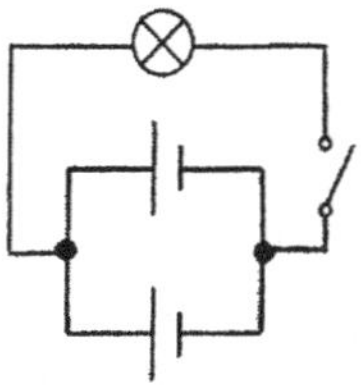

②

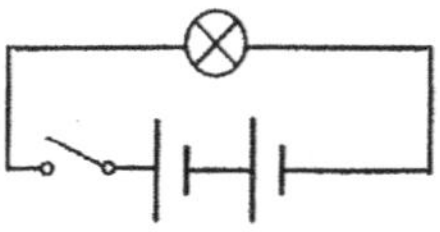

(2)　スイッチは，単純に電気を流したり，切ったりするもの（）の他《ほか》に，スイッチを操作することで別の導線につながるスイッチ（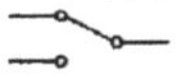）も存在します。今回，別の導線につながるスイッチを使って，(1)の①のつなぎ方と②のつなぎ方をきりかえる右の図のような回路をつくりました。

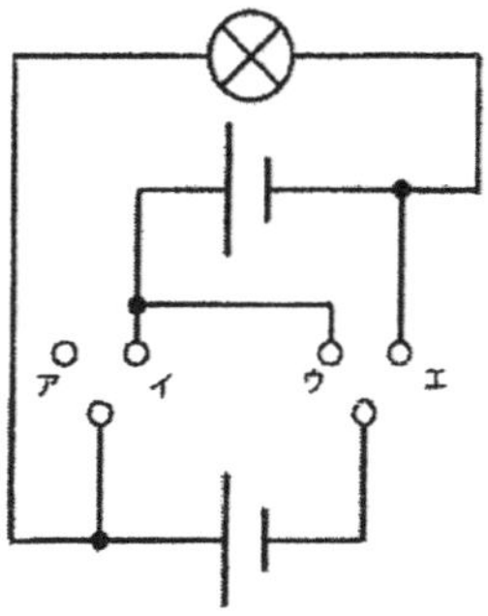

豆電球をより明るくつけるためには，スイッチはそれぞれアとイ，ウとエのどちらにつながっていればよいですか，正しいくみあわせを下のA～Dから選び，記号で答えなさい。

A　アとウ　　B　アとエ　　C　イとウ　　D　イとエ

(3)　階段のスイッチは，階段の上と下のはなれたところにありますが，どちらのスイッチを操作しても１つのライトをつけたり消したりすることができます。この回路は，特別な機械は使っておらず，(2)のスイッチ（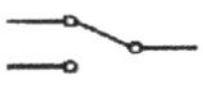）と，導線の接続でできています。

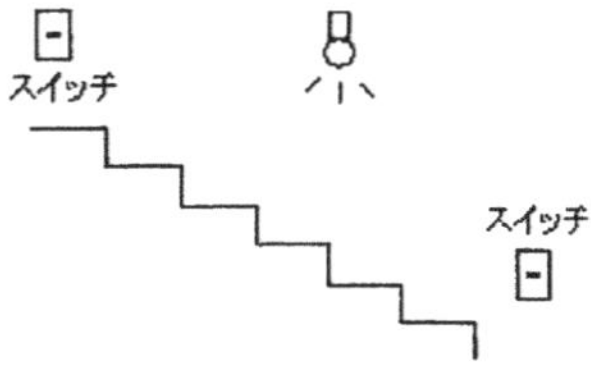

これと同じしくみのものを，スイッチ（）２個と豆電球を使ってつくります。この回路図をかきなさい。電池（電源）は省略してかきなさい。

(4)　(1)の②のつなぎ方で，乾電池２本を光電池におきかえて，実験を行いました。このとき，太陽の高さを表す角度が40度でした。光電池に効率よく太陽の光をあてるには，太陽の光と光電池が垂直になるように，光電池を傾《かたむ》ける必要があります。光電池を地面に対して何度に傾けると，豆電球が一番明るくつきますか。

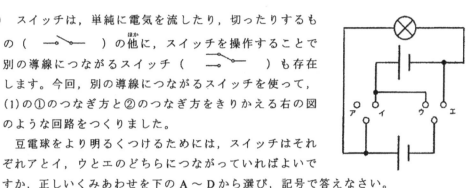

4　リカさんは，先生の机の上にあったコンピュータの内部を調べました。右の図は調べたコンピュータの内部を表しています。次の会話は，リカさんと先生の会話のようすです。次の問いに答えなさい。

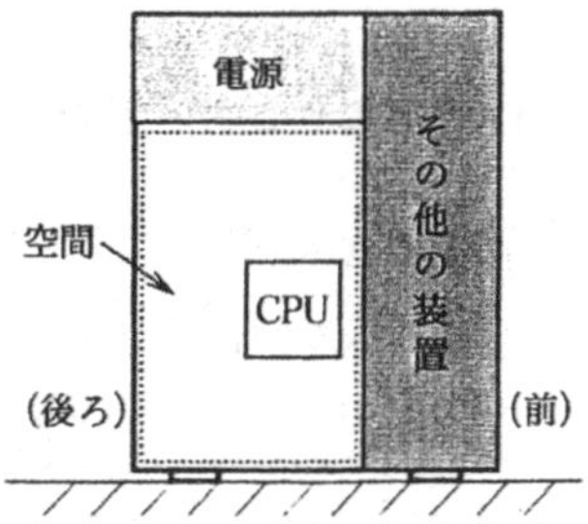

リカさん：先生，コンピュータのケースの後ろに扇風機《せんぷうき》のようなものがついていますね。

先　　生：それは「冷却《れいきゃく》ファン」といいます。コンピュータ内部の空間のあたたかくなった空気を効率よく外に出すための重要な部品です。

リカさん：どうして，コンピュータの内部があたたかくなるのですか。

先　　生：コンピュータは計算やデータのやりとりをするとき，大量の電気を用います。その際，熱が発生するのです。特に「CPU」と呼ばれる部品では，とてもたくさんの熱が発生します。

リカさん：これが，CPUですか。何だかハリネズミみたいですね。

先　　生：それは，「ヒートシンク」という金属でできた部品です。その下にCPUがあります。CPUは熱に弱いので，CPU自体の温度を下げる必要があります。CPUで発生した熱を空気に逃《に》がすためにヒートシンクが取りつけられているのです。

(1)　CPUで発生した熱であたためられた空気の動きとして正しいのは，下のア～ウのどれですか。記号で答えなさい。

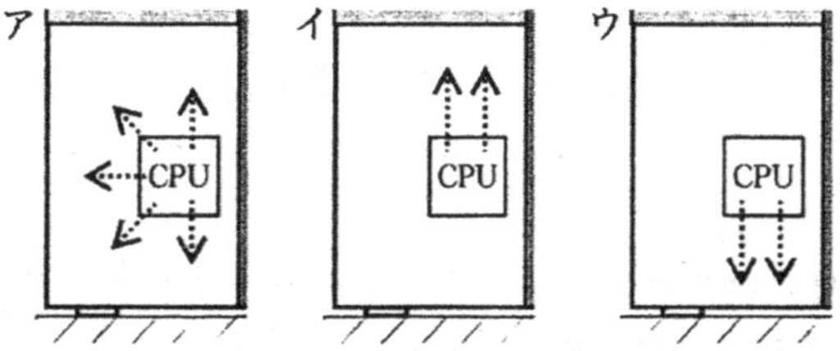

(2)　冷却ファンは，下のア～カのどの位置に取りつけたとき，もっとも効率がよいと考えられますか。記号で答えなさい。ただし，冷却ファンを通る空気の向きを➡で表しています。

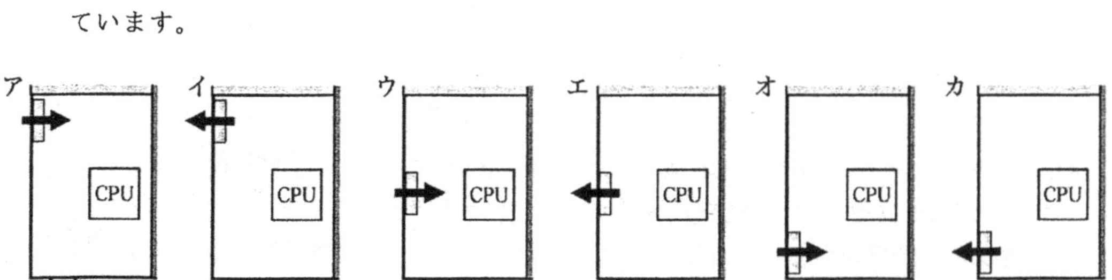

(3)　右の図は，加工しやすいアルミニウムでできたヒートシンクです。

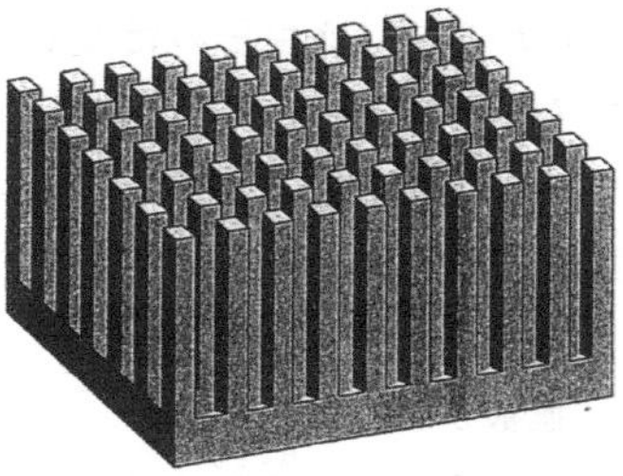

①　アルミニウム（金属）でできている理由

②　図のような形になっている理由

をそれぞれ「熱」という言葉を使って説明しなさい。

(4)　アルミニウムという金属に興味をもったリカさんは，正方形のアルミニウム板を用意し，下の図 1 のように，「い」，「ろ」，「は」，「に」と油性ペンで書いた後，ろうそくのろうを板の表面にぬりました。さらに，図 2 のように，　　の部分を切り取り，×で示した部分をガスバーナーであたためました。この実験で，文字を書いた部分のろうがとけ始める順をひらがなで答えなさい。

図 1

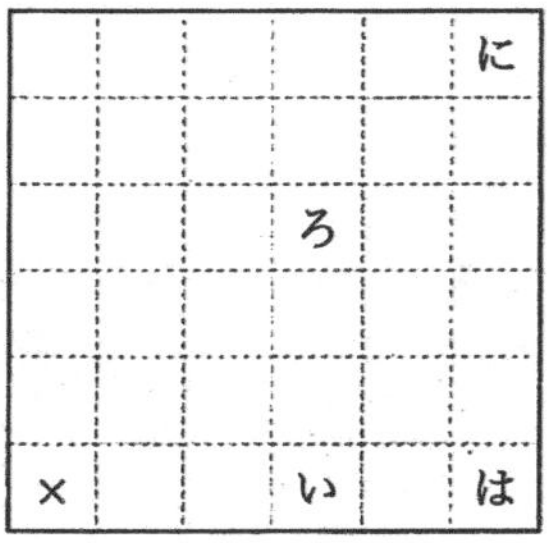

図 2

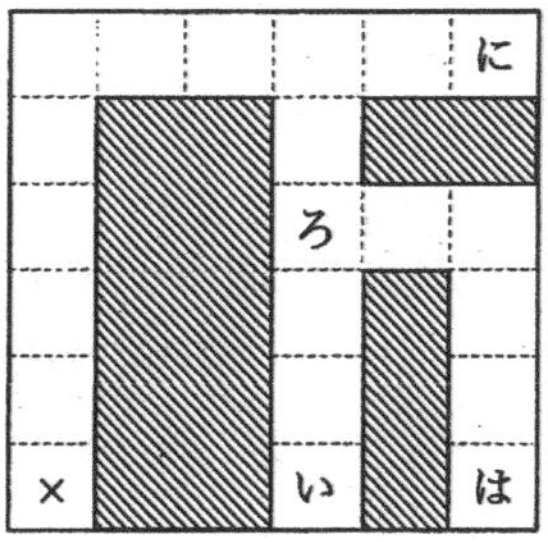

5 マナブさんは生物のたんじょうについて興味をもち，メダカの観察をした後，ヒトの胎《たい》児《じ》（子宮の中にいる子ども）の成長と子宮のようすを本やインターネットで調べました。次の問いに答えなさい。

［観察 1］

・受精して7日目のメダカの卵をかいぼう顕微鏡《けんびきょう》で観察したところ，心臓が動いており，血液が流れていた。

・1分間に何回拍動《はくどう》するかを3回数えたところ，121回，128回，125回だった。

［観察 2］

・卵からかえってすぐのメダカをかいぼう顕微鏡で観察したところ，口をパクパク動かし，心臓が動いていた。

・1分間に何回拍動するかを3回数えたところ，173回，206回，220回だった。

［調べ学習でわかったこと］

・メダカの卵の直径は約 1mm，ヒトの卵《らん》の直径は約 0.14mm。

・ヒトが生まれるころ，羊水《ようすい》はほとんどが胎児の尿《にょう》。

(1) 受精して7日目のメダカの卵のスケッチを下のア～エから選び，記号で答えなさい。

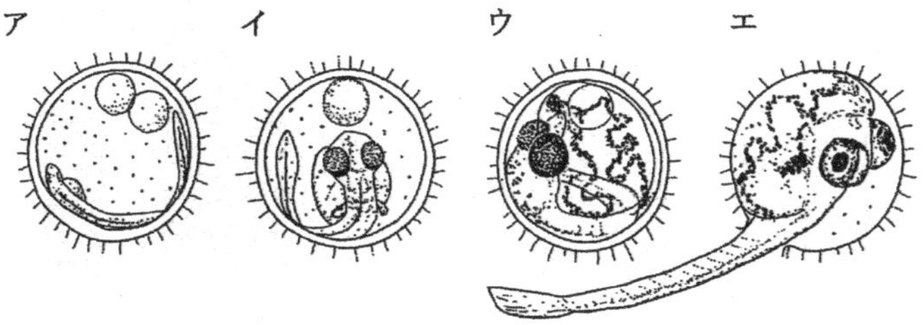

(2) 受精して7日目のメダカの卵と，かえってすぐのメダカの1分間あたりの拍動の数に違《ちが》いがあるのはなぜですか。説明しなさい。

(3) ヒトの卵が，メダカの卵よりも，小さくてもよいのはなぜですか。説明しなさい。

(4) 右の図は，ヒトの子宮の中の胎児のようすを示していますが，省略されている部分があります。解答らんの図に省略されている部分をかき加えなさい。

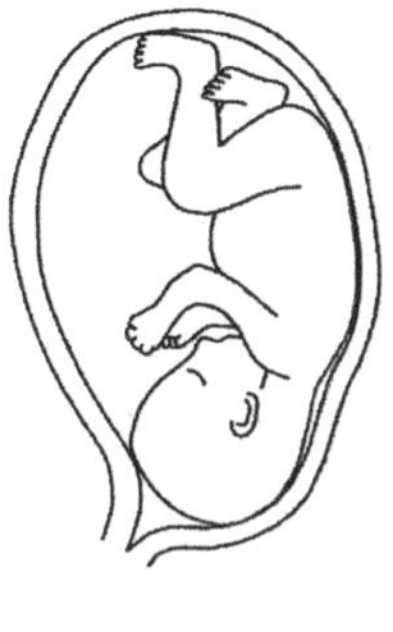

(5)　ヒトの胎児が尿を出すのは，胎児のからだの中の臓器がはたらいているからです。このとき，尿をつくるはたらきをしていると考えられるものを，下のア～エから選び，記号で答えなさい。

ア　肺　　イ　じん臓　　ウ　ぼうこう　　エ　小腸

(6)　ヒトの胎児が生まれるまで，からだの中ではたらいていないと考えられるものを，下のア～エから選び，記号で答えなさい。

ア　肺　　イ　心臓　　ウ　耳　　エ　じん臓

2019(H31) 大阪教育大学附属平野中
K 教英出版

平成31年度　入学選考

社会　問題用紙

(40分)

（注意）

1．「はじめ」の合図があるまで問題用紙を開いてはいけません。

2．問題は8ページまであります。

3．答えはすべて，「解答用紙」に記入しなさい。

受検番号［　　　　　　　　　］氏名［　　　　　　　　　　　　　］

大阪教育大学附属平野中学校

2019(H31) 大阪教育大学附属平野中
K 教英出版

1　小学校のある学級で「米づくり・水産物の今と変化」というテーマで調べ学習をおこないました。下はその授業の中で児童が調べた内容をまとめたレポートの一部です。このレポートを参考にして次の問いに答えなさい。

米づくり・水産物の今と変化

◎ 米づくりについて

米の生産量が多い都道府県

・第1位（ a ）　第2位（ b ）　第3位（ c ）

米づくりの変化

・d. 昔と比べて，同じ広さの土地からとれる米の量は増加している

・e. 昔と比べて，米づくりにかかる時間は短くなっている

◎ 水産物の今と変化

漁かく量の多い漁場

・f. 太平洋《たいへいよう》側と東《ひがし》シナ海《かい》側の大陸だな

長崎県《ながさきけん》での漁から出荷《しゅっか》までの工夫《くふう》

・漁に出る前に仲間とよい漁場についての情報を交換《こうかん》する

・魚群探知機で魚の群れを探す

・g. 魚を運ぶ船だけが水あげのために漁港にもどる

・消費地まで（ h ）のついたトラックで運ぶ

日本の漁業の変化

表「日本の魚種別漁かく量の変化」

	1980 年	2015 年
いわし類	2442	671
さば類	1301	557
かつお類	377	264
たら類	1649	230
いか類	687	168
貝類	338	292
海そう類	183	72

（単位　千トン）

（農林水産省　「漁業・養殖《ようしょく》業生産統計年報」より）

グラフ「日本の水産物の輸入額の変化」

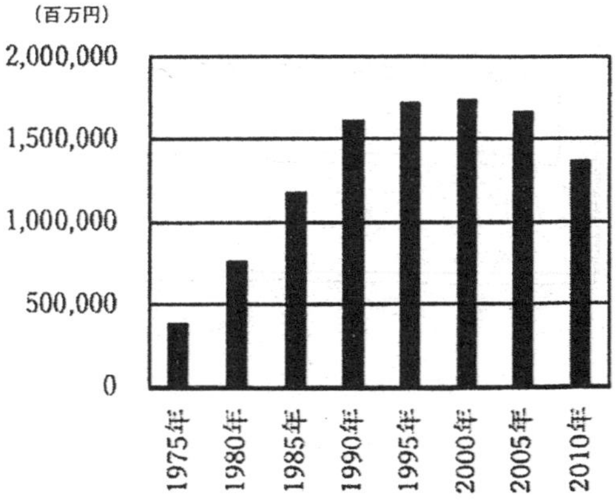

（水産庁　「国別輸入金額の推移」より）

（1）レポート中の空らんa～cに当てはまる都道府県名の組み合わせとして正しいものを次より選び，記号で答えなさい。

	a	b	c		a	b	c
ア	北海道《ほっかいどう》	秋田県《あきたけん》	岩手県《いわてけん》	イ	新潟県《にいがたけん》	北海道	熊本県《くまもとけん》
ウ	新潟県	北海道	秋田県	エ	北海道	秋田県	熊本県

（2）下線部ｄの理由を正しく説明した文章を次よりすべて選び，記号で答なさい。

ア 品種改良をおこない，より実りの多い種を開発したから

イ 雪解け水にたくさんの養分がふくまれているから

ウ 夏の日照時間が長く，稲《いね》が成長しやすいから

エ 化学肥料や，環境《かんきょう》に配慮《はいりょ》した新しい肥料の開発が進んだから

（3）下線部ｅのようになった理由を，資料ⅠとⅡを関連づけて文章で答えなさい。

資料Ⅰ

資料Ⅱ

明治《めいじ》時代以前は曲がりくねったあぜ道でそれぞれ水田が区切られていた。水田の形には色々なものがあった。

（4）下線部 f について，次の各問いに答えなさい。

① よい漁場となる理由として正しいものを次から選び，記号で答えなさい。

ア 水深が 200m ぐらいとひかく的浅く，魚のえさとなるプランクトンがよく育つから

イ 水深が 1000m ぐらいとひかく的深く，魚の生活するエリアが広いから

ウ 沿岸の波が穏《おだ》やかで，漁港に船が停泊《ていはく》しやすいから

エ 漁をおこなう時期が制限されていて，安定して水産物をとることができるから

② ①の根拠《こんきょ》となることを次から選び，記号で答えなさい。

ア 太陽光が海底まで届くこと　　イ 地熱により海水温が高いこと

ウ わき水に栄養分がふくまれていること　　エ 下水処理により有害物質が少なくなったこと

（5）下線部 g のように，魚を運ぶ船だけが水あげのため漁港にもどっている間，そのほかの船は沖《おき》に停泊していたり，漁場近くの港で待機したりしています。この理由を 25 字以内で答えなさい。

（6）空らん h には，漁でとったものを，より遠くの消費地に運ぶために欠かせないものが入ります。5 字以内で答えなさい。

（7）次のア～エは，レポート中の表「日本の魚種別漁かく量の変化」とグラフ「日本の水産物の輸入額の変化」のどちらから読み取れる内容ですか。表から読み取れるものには 1，グラフから読み取れるものには 2，どちらからも読み取ることができないものには×と答えなさい。

ア 2010 年の日本の水産物の輸入額は，1975 年と比べると，2 倍以上である

イ 2015 年のいわし類・さば類・海そう類の漁かく量は，1980 年と比べて 4 分の 1 以下に減少した

ウ 2015 年の日本の漁かく量が 1980 年と比べて減少したのは，水産物の輸入額増加が原因である

エ 日本の水産物の輸入額は，1975 年から 1995 年にかけて増加傾向《けいこう》だった

（8）今回の調べ学習において，児童たちは米づくりが抱《かか》える課題について調査しました。すると「すべての水田の水位の管理」がとても大変な課題だとわかりました。一つひとつの水田に足を運んでおこなわなければならないため，この作業にはとても時間がかかるからです。しかし，児童は，スマートフォンと水田に設置した水位の計測機の二つを使って，この課題を解決している農家があることを知りました。この農家は，二つをどのように利用して課題解決に取り組んだのかを 40 字以内で答えなさい。

2 次の地形図Ⅰ・Ⅱについて次の各問いに答えなさい。

※どちらの地形図も実際の距離《きょり》を 10000 分の１に縮めたものとします。

地形図Ⅰ 本校（大阪教育大学附属平野中学校）付近

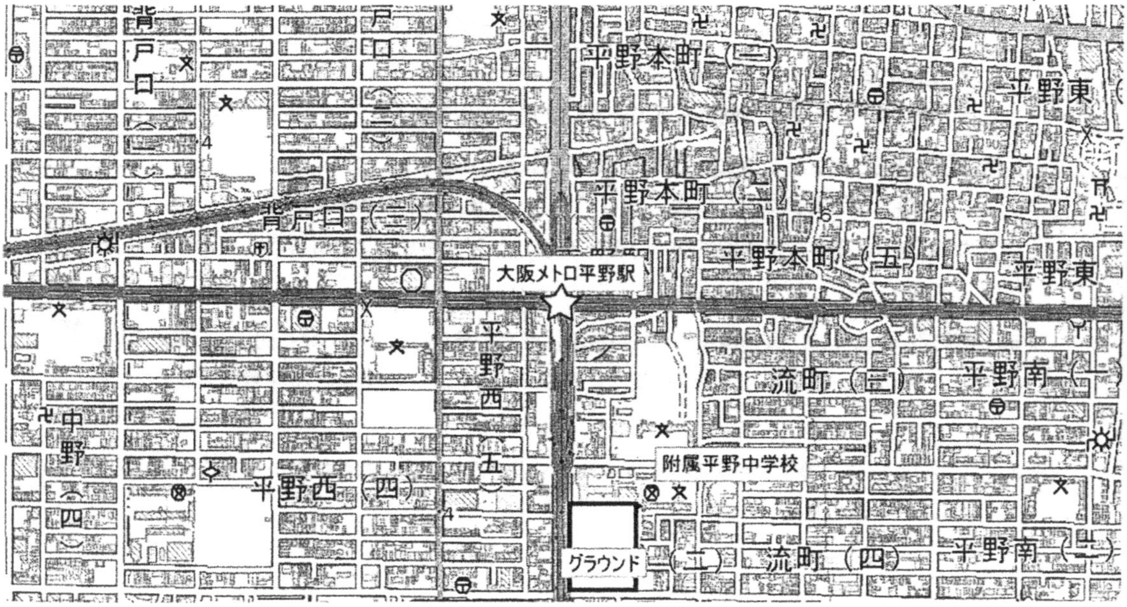

（国土地理院　１：10000 地形図 より一部改変）

（１）地形図Ⅰ上の１cm は，実際の距離では 100mになります。大阪メトロ平野駅から本校までの距離を地形図上で測ると，ちょうど 6.5cm でした。実際の距離は何mか答えなさい。

（２）地形図Ⅰ上で太線で囲われている本校のグラウンドは，縦 1.2cm，横 1.0 cmでした。実際のグラウンドの面積は，約何㎡になりますか。次より選び，記号で答えなさい。

ア 約 120000 ㎡　　イ 約 12000 ㎡　　ウ 約 1200 ㎡　　エ 約 120 ㎡

（３）地形図Ⅰの中に示された地域について，正しく説明したものを次から選び，記号で答えなさい。

ア 本校の北の大通りを渡《わた》り，さらに北東に進むと，多くの寺院がある地域に行くことができる

イ 大阪メトロ平野駅から，大通りを東へ進むと，左側に消防署が見える

ウ 大阪メトロ平野駅から，大通りを西へ進んだところにある交番の南西に本校がある

エ 最も西にある郵便局と消防署は同じ道路沿いにある

オ 小・中学校よりも寺院の数の方が多い

平成三十一年度　入学選考

国語　解答用紙

受検番号	

氏名	

※100点満点
（配点非公表）

1

一　1　2　3

二

三

四

五

六

七　この万年筆でなければ、　11　30

八

九　キリコさんは、他の大人たちと違《ちが》って　12　35　から。

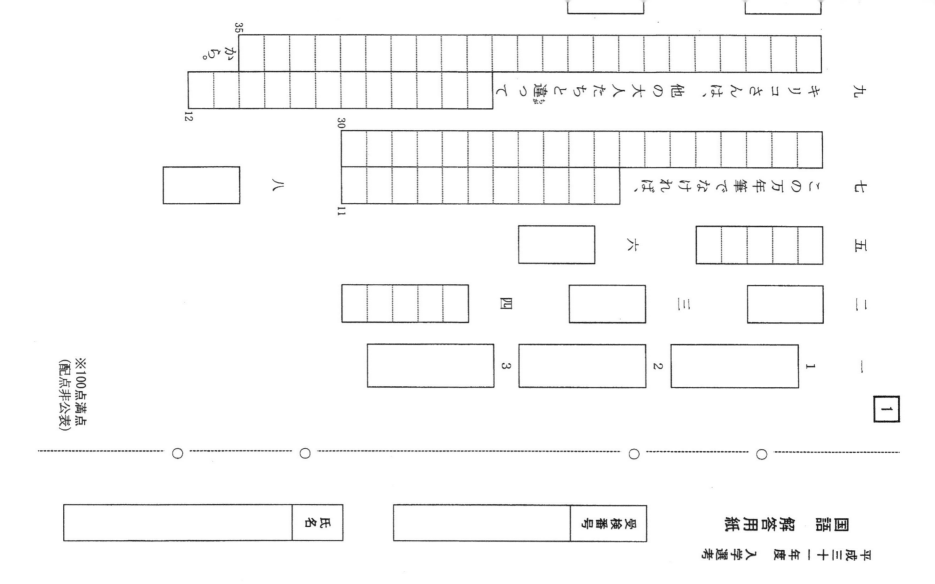

4	(2) （理由）		(3) cm^2
5	(1) ア ｜ イ	(2) 分以上 分未満	(3) %
6	(1) 大化 年	(2) 昭和 年	(3) 年ぶり
7	(1) cm	(2)	
	(3) ① cm	② cm^2	

3	(1)		(2)	
	(3)		(4)	度

4	(1)		(2)	
	(3)	①		
		②		
	(4)	（　　）→（　　）→（　　）→（　　）		

5	(1)		(2)			
	(3)					
	(4)		(5)		(6)	

3	(1)	天皇		(2)		
	(3)	記号	都道府県名			
	(4)			(5)		
	(6)	①		②	記号	都道府県名
	(7)	G		H		
	(8)	①	記号	都道府県名		
		②				

4	(1)	①		②		③		
	(2)	i	月　日	ii	月　日			
	(3)			(4)				
	(5)	記号		正答		記号		正答
	(6)							
	(7)	①						
		②						

平成31年度　入学選考

社会　　　解答用紙

受検番号			氏　名	

※100点満点
（配点非公表）

1	(1)		(2)	
	(3)			
	(4)	①	②	
	(5)			
	(6)			
	(7)	ア　　イ	ウ	エ
	(8)			

2	(1)		(2)		(3)		(4)	

【解答用

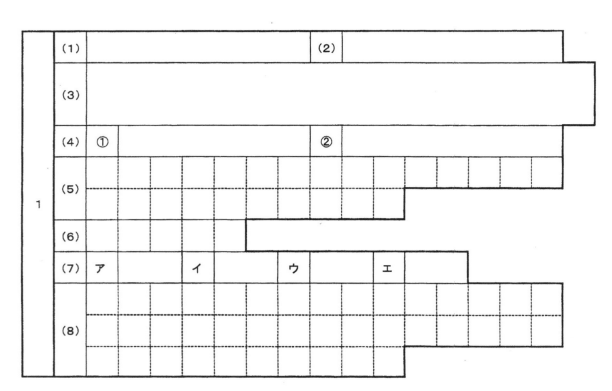

平成３１年度　入学選考
理　　科　　解答用紙

受検番号	

氏　名	

※100点満点
(配点非公表)

1	(1)		(2)		(3)	
	(4)	試料				
	(5)					
	(6)					
	(7)	①	②	③		
	(8)	①	②			
2	(1)	ア	イ	ウ		
	(2)	移動する方向		(3)	無敵ゾーンになる理由	

(上から見た図)

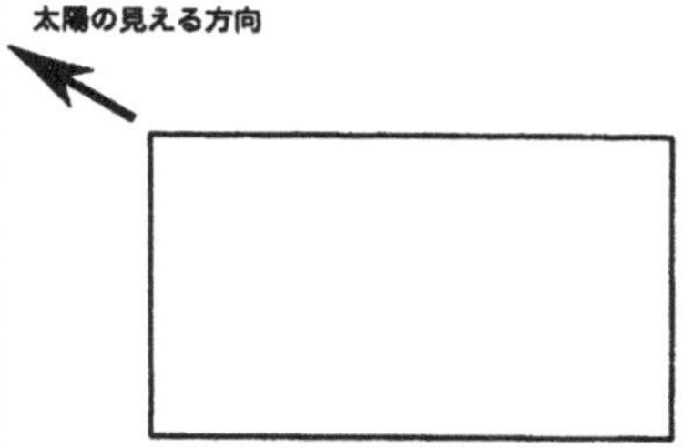

(影踏み遊びのコートを上から見たようす)

【解答

平成31年度　入学選考

算　数　解答用紙

受検番号		氏　名	

※100点満点
（配点非公表）

1	(1)	(2)	(3)	(4)
2	(1) m^2	(2) プール	(3) cm^2	
	(4) 円以上	(5)	(6) 個	
3	(1) *cm*	(2) *cm*		
	(1)			

【解答

2

一

1

2

3

4

二

三

15

という思い。

四

〜

五

六

七

八

20

40

九

十

（4）地形図Ⅱの地点Aから地点Bの断面図を次から選び，記号で答えなさい。

地形図Ⅱ （大阪府堺《さかい》市《し》大仙《だいせん》古《こ》墳《ふん》付近）

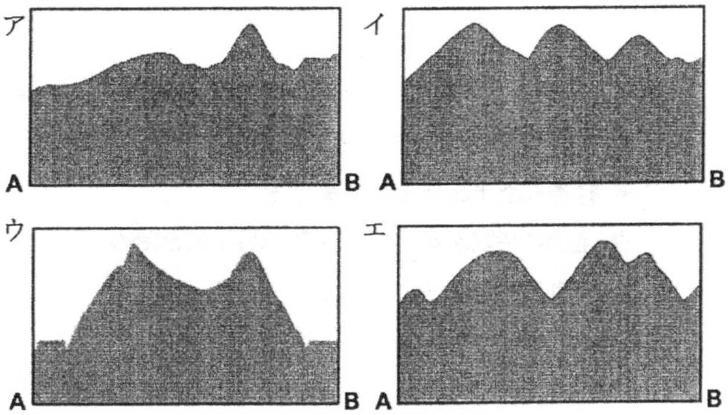

（国土地理院　1：10000 地形図 より一部改変）

3　小学校のある学級で「平《たいらの》清盛《きよもり》と源《みなもとの》頼朝《よりとも》の一生」という年表を作成しました。この年表を参考にして，次の問いに答えなさい。

年号	平清盛の一生	源頼朝の一生
1118年	誕生	
1147年		誕生
1156年	A.天皇《てんのう》の武士として戦う	
1159年	B.源頼朝の父を戦いでやぶる	B.父とともに平氏にやぶれる
1160年		C.伊豆《いず》へ流される
1167年	太政大臣《だいじょうだいじん》になる	
1168年	出家する	
1172年	D.天皇と関係を築き権力をつかむ	
	平氏一族で朝廷《ちょうてい》の役職の多くを独占《どくせん》する	
1177年		E.北条政子《ほうじょうまさこ》と結婚《けっこん》する
1179年	F.中国《ちゅうごく》との貿易をさかんにする	
1180年	G.安徳《あんとく》天皇が即位《そくい》する	平氏をたおすために兵をあげる
1181年	死去	
1185年		H.源《みなもとの》義経《よしつね》が壇ノ浦《だんのうら》で平氏を滅《ほろ》ぼす
1188年		頼朝が義経をうてと命令を下す
1192年		I.征夷《せいい》大将軍になる
1199年		死去

（1）下線部Aの天皇の名前を漢字で答えなさい。

（2）下線部Bのできごとの名前を次より選び，記号で答えなさい。

ア　保元《ほうげん》の乱　　イ　石橋山《いしばしやま》の戦い　　ウ　一ノ谷《いちのたに》の戦い　　エ　平治《へいじ》の乱

（3）地図Ⅰ中から下線部Cの場所を選び，記号で答えなさい。
また，その都道府県名を答えなさい。

地図Ⅰ

（4）下線部Dの方法として正しいものを次より選び，記号で答えなさい。

ア 自分の娘《むすめ》を天皇のきさきにする
イ 建造した大仏《だいぶつ》を天皇に捧《ささ》げる
ウ 全国に寺院を建てて，仏教の力で国を治める
エ 天皇の子を養子にむかえる

（5）下線部Eの人物は，源頼朝の死後1221年に発生した争いの時，下の文章の内容をおもな御家人《ごけにん》たちにうったえました。この文章中の空らんに当てはまる言葉の組み合わせとして正しいものを選び，記号で答えなさい。
（空らんに同じ言葉を何度使ってもかまいません。）

> みな心を一つにして聞きなさい。頼朝様が平氏をたおして幕府《ばくふ》をひらき，先祖代々の（ a ）や自分が開発した（ b ）の支配を認めてくださったこの（ c ）は，山よりも高く，海よりも深い。お前たちもこの（ d ）に報《むく》いる気持ちがあるでしょう。

	a	b	c	d
ア	役職	領地	御恩《ごおん》	奉公《ほうこう》
イ	領地	領地	奉公	御恩
ウ	領地	領地	御恩	御恩
エ	領地	役職	御恩	御恩

（6）下線部Fについて次の問いに答えなさい。
① 平清盛がおこなった貿易の相手国である，当時の中国の国名を答えなさい。
② この貿易を進めるために，平清盛が整備した港の場所を地図Ⅰから選び，記号で答えなさい。
また，その都道府県名を答えなさい。

（7）下線部G・Hの人物の説明として正しいものを次より選び，それぞれ記号で答えなさい。

ア 源頼朝のおい　イ 源頼朝の子　ウ 源頼朝の孫　エ 源頼朝の弟
オ 平清盛のおい　カ 平清盛の子　キ 平清盛の孫　ク 平清盛の弟

（8）下線部Ⅰの立場になった源頼朝は，それ以前から，鎌倉《かまくら》で幕府の基礎《きそ》をつくり始めていました。
次の問いに答えなさい。
① 地図Ⅰ中から鎌倉の場所を選び，記号で答えなさい。また，その都道府県名を答えなさい。
② 頼朝が鎌倉幕府の基礎づくりのために，おこなったことを次より選び，記号で答えなさい。

ア 中国と貿易を始めた　イ 貴族に取り入り太政大臣になった
ウ 全国に守護・地頭を置いた　エ 武士の法律や制度を整えた

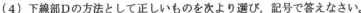

4 日本の憲法の歴史や特色について調べ，表にまとめました。次の各問いに答えなさい。

〔大日本帝国憲法《だいにっぽんていこくけんぽう》〕

1881年	人々の要求を受けて，10年後に国会を開くことを政府が約束する 各地域で憲法についての学習会が開かれ，様々な憲法案が発表される・・・A
1882年	（人物名　①　）がヨーロッパに派遣《はけん》されて憲法について調査をする →皇帝《こうてい》の権力が強い（国名　②　）の憲法を参考にして，憲法案を作成する
1885年	内閣制度が開始される　（①）が初代の内閣総理大臣に就任する
1889年	2月11日　大日本帝国憲法が発布される
特色	・・・B

〔日本国憲法《にほんこくけんぽう》〕

1945年	日本は敗戦し，（国名　③　）を中心とする連合国軍に占領《せんりょう》される →新しい憲法の作成や様々な改革の指示が出される・・・C
1946年	（ｉ　月　日）日本国憲法が公布される
1947年	（ⅱ　月　日）日本国憲法が施行《しこう》される
特色	・・・D

（1）表中の空らん①～③に当てはまる人物名と国名を答えなさい。

（2）表中の日本国憲法の公布と施行の日付ｉ・ⅱをそれぞれ答えなさい。

（3）表中のAについて，右の写真は五日市《いつかいち》（現東京都《とうきょうと》あきる野《の》市）で発表された憲法案の記念碑《きねんひ》です。この憲法案の約200条の中で最も多く取り上げられている事がらを次より選び，記号で答えなさい。

ア 戦争と平和　　イ 貧富《ひんぷ》の差　　ウ 産業の発展
エ 選挙の方法　　オ 国民の権利　　カ 土地と税金

（4）表中のBに入る特色について，誤っているものを次から選び，記号で答えなさい。
ア 天皇は神のように尊い存在である　　イ 日本は永久に続く家系である天皇が治める
ウ 国民は言論，出版，結社が認められない　　エ 天皇は陸海軍を統率《とうそつ》する

（5）下は大日本帝国憲法のもとで開かれた帝国議会について説明した文章です。下線部ア～オの中で誤っているものを二つ記号で選び，それぞれ正しく直しなさい。

> 右の絵はア　貴族院《きぞくいん》の選挙の様子である。警察官が投票している人を監視《かんし》するなど，ものものしい雰囲気《ふんいき》であった。
>
> 当時の選挙権は一定の金額以上の税金を納《おさ》めるイ　20歳《さい》以上のウ　男性（男子）と決められており，それは国民のエ　約1.1％であった。1890年に行われた第1回総選挙では，オ　自由民権運動《じゆうみんけんうんどう》の流れをくむ政党が多数の議席を獲得《かくとく》した。

（6）表中のCで当時おこなわれたさまざまな改革の内容として，誤っているものを下からすべて選び，記号で答えなさい。

ア　労働組合をつくることができる
イ　大人と子どもが同じ権利をもつ
ウ　軍隊は解散となる
エ　ほとんどの農民が農地をもてるようになる
オ　小さな会社が集まって大会社になる
カ　政党が再びつくられるようになる
キ　思想や言論が自由になる
ク　小学校6年・中学校3年が義務教育になる

（7）表中のDについて，日本国憲法の三大原則の一つに「国の政治のあり方を決定する権利が国民にある」というものがあります。国民が政治に参加する主な方法は，選挙で代表者を選ぶことですが，現在課題も残っています。次の各問いに答えなさい。

①「国の政治のあり方を決定する権利が国民にある」ことを表した言葉を漢字4字で答えなさい。

② 下の資料は，年齢《ねんれい》別の投票率を表したグラフと，20歳代を中心とした人々の，「投票に行かない理由」をまとめたものです。投票率を上げるために，あなたは“投票に行かない人々”にどのようにうったえるか，資料を参考にして45字以内で答えなさい。

第48回衆《しゅう》議院《ぎいん》議員選挙　年齢別投票率

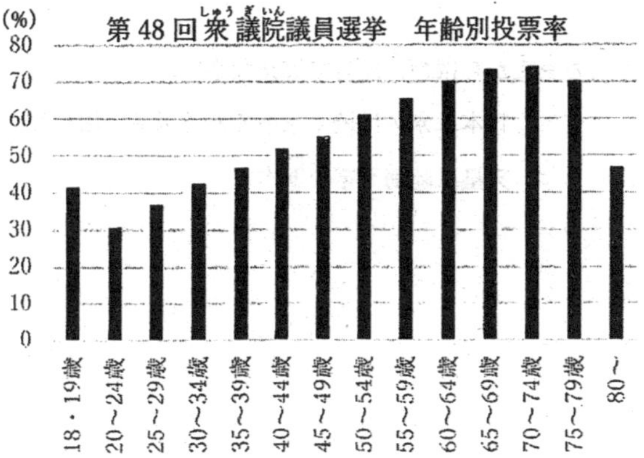

（総務省HP「第48回衆議院議員総選挙・最高裁判所裁判官国民審査《しんさ》速報資料（抽《ちゅう》出《しゅつ》調査）より」）

投票に行かない理由
・選挙に関心がない
・仕事があって忙《いそが》しい
・適当な候補者も政党もいない
・選挙によって政治はよくならない

（総務省HP「目で見る投票率」より）